KB152477

# 기술의 시대
## Tools and Weapons

# 기술의 시대

**초판 1쇄 발행** 2021년 3월 15일

**지은이** 브래드 스미스, 캐롤 앤 브라운 / **옮긴이** 이지연

**펴낸이** 조기흠
**편집이사** 이홍 / **책임편집** 유소영 / **기획편집** 정선영, 임지선, 박단비
**마케팅** 정재훈, 박태규, 김선영, 홍태형, 배태욱 / **디자인 본문** 김종민 **표지** 손혜영 / **제작** 박성우, 김정우

**펴낸곳** 한빛비즈(주) / **주소** 서울시 서대문구 연희로2길 62 4층
**전화** 02-325-5506 / **팩스** 02-326-1566
**등록** 2008년 1월 14일 제25100-2017-000062호

**ISBN** 979-11-5784-453-1 03320

이 책에 대한 의견이나 오탈자 및 잘못된 내용에 대한 수정 정보는 한빛비즈(주)의 홈페이지나 아래 이메일로
알려주십시오. 잘못된 책은 구입하신 서점에서 교환해 드립니다. **책값은 뒤표지에 표시되어 있습니다.**

한빛비즈 홈페이지 www.hanbitbiz.com / 페이스북 hanbitbiz.n.book / 블로그 blog.hanbitbiz.com

TOOLS AND WEAPONS
Copyright © 2019 by Brad Smith and Carol Ann Browne
Published by arrangement with William Morris Endeavor Entertainment, LLC
All rights reserved.
Korean Translation Copyright © 2020 Hanbitbiz, Inc.
Korean edition is published by arrangement with William Morris Endeavor Entertainment, LLC.
through Imprima Korea Agency
이 책의 한국어판 저작권은 Imprima Korea Agency를 통해 William Morris Endeavor Entertainment,
LLC.와의 독점 계약으로 한빛비즈(주)에 있습니다.
저작권법에 의하여 한국 내에서 보호를 받는 저작물이므로 무단전재 및 복제를 금합니다.

지금 하지 않으면 할 수 없는 일이 있습니다.
책으로 펴내고 싶은 아이디어나 원고를 메일(hanbitbiz@hanbit.co.kr)로 보내주세요.
한빛비즈(주)는 여러분의 소중한 경험과 지식을 기다리고 있습니다.

기술이 인류를 소외시키는 사회에 대한 통찰과 예측

# 기술의 시대
# Tools and Weapons

브래드 스미스, 캐럴 앤 브라운 지음
이지연 옮김

빌 게이츠 서문

한빛비즈
Hanbit Biz, Inc.

두 분 어머니께 바칩니다.
두 분 다 이제는 이 책을 읽으실 수 없지만,
책에 대한 두 분의 사랑이
저희가 이 책을 집필할 수 있는 원동력이 되었습니다.

# 기술 혁신이 불러올 문제에 대한 가장 명확한 가이드

내가 브래드 스미스에게 처음 조언을 구했을 때는 사업을 하면서 가장 힘든 고비를 넘기던 시기였다. 20년이 지난 지금도 나는 그의 조언을 듣는다.

브래드는 1993년 마이크로소프트의 법무팀에 합류했다. 하지만 우리가 서로를 제대로 알게 된 것은 1990년대 말 미국 정부가 우리 회사를 상대로 독점금지법 위반 소송을 벌인 때였다. 우리는 함께 머리를 맞대고 수많은 시간을 보냈다. 그리고 곧 그가 얼마나 세련된 생각을 하는 사람인지 금세 알 수 있었다. 나는 인간적으로도 브래드를 좋아하게 됐고 그의 전문적 판단을 신뢰하게 됐다.

그 소송 기간에 브래드는 우리 회사의 법무 전략을 확립했다. 그는 그 후로도 회사를 위해 더 중요한 일들을 해냈다. 그는 문화적, 전략적으로 회사를 큰 변화의 길로 안내했다. 그 변화가 바로 이 책의 핵심 내용이다.

마이크로소프트 초창기에 나는 우리 회사가 연방 정부 사람들과 대화를 거의 하지 않는 것에 자부심을 갖고 있었다. 나는 사람들을 보고 이렇게 말하곤 했다. "이렇게 성공했는데 워싱턴에 사무실도 한 칸 없다는 게 참 대단하지 않아?" 독점금지법 위반 소송을 진행하면서 나는 그게 결코 현명한 태도가 아니었다는 것을 뼈저리게 느꼈다.

소송이 정리되고 브래드는 나를 비롯해 마이크로소프트의 수많은 이들에게 우리가 접근법을 바꿔야 한다고 설득했다. 그리고 그 방법을 몸소 보여주었다. 브래드는 법률가이지, 소프트웨어 개발자는 아니다. 기술에 대한 이해도 매우 뛰어나긴 했지만, 그는 나를 포함해 회사 내 나머지 사람들과 생각하는 방식이 확실히 달랐다. 이것은 칭찬이다. 그는 우리가 정부와 협력사들, 심지어 때로는 경쟁사까지 포함해서 이 업계의 다른 구성원들과 소통하는 데 더 많은 시간과 노력을 쏟아야 한다는 것을 알아봤다. 브래드는 외교관이 되었어도 훌륭하게 일을 해냈을 것이다. 어릴 때 국제 관계에 관심이 있었다는 얘기가 그냥 나온 게 아니었다.

브래드의 생각은 마이크로소프트의 이익에만 머물지 않았다. 그리고 이 점은 브래드에 관한 많은 것을 이야기해준다. 그는 기술이 얼마나 중요한지, 그리고 정책이 기술에 얼마나 큰 영향을 주고 중심적인 역할을 하는지 이해했다. 브래드는 계속 구경꾼으로만 남는 것은 우리 회사에도 도움이 되지 않을 뿐만 아니라 업계 전체를 위해서도 잘못하는 일이라고 결론 내렸다. 물론 무언가를 우리 혼자서 해내야 할 때도 있겠지만, 서로 협력했을 때 모두에게 훨씬 큰 이익이 되는 경우도 많이 있다. 인공지능, 안면인식, 사이버보안과 관련된 사안 등이 바로 그런 예다.

이 책에서 설명하듯이 정부가 더 많은 규제를 가지고 개입하는 것이 모두를 위해 더 좋을 경우도 있다. 사업하는 사람으로서 정부에 더 많은 규제를 요청하는 것은 분명 아이러니컬하다. 이 사실은 브래드 자신도 충분히 인지하고 있다. 특히 마이크로소프트를 비롯한 IT 기업들이 미국과 유럽, 기타 여러 나라들의 지도자들과 더 많이 교류해야 한다고 브래드는 생각하고 있다. 이제 워싱턴에 사무실이 없는 것을 자랑하던 시절은 끝났다.

브래드의 비전이 지금보다 더 중요했던 때는 없다. 전 세계 정부들이 수많은 IT 기업들을, 산업계 전체를 매의 눈으로 바라보고 있다. 이들의 기술이 어떻게 사용되는가? 어떤 영향을 끼치고 있는가? IT 기업은 어떤 책임을 갖는가? 각국의 정부, 그리고 더 큰 커뮤니티 차원에서 이들 이슈를 어떻게 생각해야 하는가?

이런 질문들이 20년 전과 꼭 같지는 않지만, 그 당시 브래드가 보여주었던 통찰은 현재의 우리에게도 절실하다.

안면인식 기술로 불거진 이슈들을 예로 들어보자. 아직까지는 이게 크게 공공연한 논쟁의 주제가 되고 있지는 않지만, 머지않아 그렇게 될 것이다. 안면인식 툴을 사용할 때 소프트웨어 기업들은 어떤 한계를 두어야 하는가? 업계는 이 문제를 어떻게 생각해야 하고, 정부는 어떤 규제를 도입하는 것이 합당한가?

브래드는 이런 문제들을 예상하고 이를 논의하기 위한 파트너십을 결성하는 데 앞장서왔다. 앞으로 IT 업계는 서로 머리를 맞대고 전 세계 소비자와 정부를 상대로 협의해야 할 때가 올 것이다. 모든 사람의 동의를 얻는 것은 불가능할 수도 있다. 하지만 구심점을 마련하지 않는다면 규제는 나라별로 제각각 달라질 테고, 이는 소비자에게도, IT 업계에도, 사회에도 좋은 일이 아닐 것이다.

이 책은 사이버보안, IT 인력 구성의 다양성 문제, 미국과 중국의 관계 등 모두 열다섯 가지나 되는 폭넓은 이슈를 다루고 있다. 그중에서 가장 중요하다고 생각하는 것이 어느 장이냐고 묻는다면, 나는 프라이버시에 관한 장을 꼽을 것이다. 엄청난 양의 데이터를 수집할 수 있다는 점은 양날의 검이다. 그 덕분에 정부나 기업, 개인들이 더 나은 의사결정을 내릴 수 있는 것도 사실이지만, 다른 한편으로는 그 많은 데이터를 사용하면서 어떻게 사람들의 사생활에 대한 권리를 보호할 것이냐 하는 커다란 문제가 대두된다.

그러나 브래드가 설명하는 것처럼, 기술은 상대적으로 새로운 것이어도 프라이버시라는 문제 자체는 결코 새로운 것이 아니다. 조금씩 내용은 달라도 사람들은 이미 수백 년째 이 문제를 고민해왔다. 이 책 안에는 어쩌면 나치 독일이 자국민의 정보를 수집한 일이 언급되고 있을 것이다. 하지만 1812년 전쟁(1812년부터 1815년까지 미국과 영국 사이에 벌어진 전쟁. 옮긴이)이나 상호법률협조조약의 간략한 역사까지 나올 거라고 짐작하는 사람은 별로 없을 것이다.

브래드는 폭넓은 관심사를 가졌을 뿐만 아니라, 그 어떤 주제든 깊이 파고드는 능력을 소유하고 있다. 그리고 그가 무슨 얘기를 해도 법률 설명처럼 지루한 느낌을 주지 않는다. 브래드와 공동 저자 캐럴 앤 브라운Carol Ann Browne은 훌륭한 스토리텔러들이다. 두 사람은 IT 기술과 인권, 사이버보안 관련 문제들을 콘퍼런스 장소에서, 전 세계 법정에서 실시간으로 타결한다는 것이 어떤 일인지 내부자의 관점을 보여준다. 브래드는 느긋이 앉아서 분석만 하는 사람이 아니라, 사람들을 한자리에 모아 해결책을 찾아내는 사람이다.

위에서 언급한 문제들에 관해 브래드와 나는 직접 만나서, 또는 이메일로 끊임없이 연락을 주고받고 있다. 지금도 나는 브래드의 지혜와 판단력에 의지하고 있다. 그의 경험과 정보력을 생각하면 IT 업계가 현재 직면한 여러 문제를 함께 고민할 때 브래드보다 더 나은 가이드는 없을 것이다.

이 책이 다루는 이슈들은 날로 그 중요성이 커지고 있다. 이 책은 새로운 기술이 야기하는 여러 문제에 대해 분명한 관점을 제시하고 IT 기업과 사회가 나아가야 할 길을 보여줄 것이다. 오늘날 IT 업계에서 논의가 가장 시급한 문제들에 관해 명확하고 설득력 있는 가이드가 될 것이다.

빌 게이츠Bill Gates

2019년 4월

# 차례

들어가며

# 클라우드

## : 세상이 담긴 서류 캐비닛

문명은 늘 데이터로 운영되었다.

인간의 역사는 말하는 능력이 생기면서 시작됐다. 언어의 발명으로 사람들은 자신의 생각과 경험, 소망, 요구를 공유할 수 있었다. 글을 쓰는 능력이 생기면서 진보는 더욱 빨라졌다. 아이디어가 더 쉽고 정확하게 사람들에게 전파됐다. 단순히 사람 간의 전파가 아니라 다른 지역으로까지 아이디어가 퍼졌다.

그리고 지식이라는 짚 더미 위에 불꽃이 튀는 사건이 일어났다. 글로 쓴 것을 저장하고, 찾아보고, 공유하는 능력이 인류에게 생긴 것이다. 바로 도서관을 지은 것이다. 이는 고대 세계에서 발전한 국가의 상징이었다.[1] 책과 문서를 보관하는 곳이 생겼다는 것은 사람들이 더 쉽게 소통할 수 있다는 뜻이었다. 단순히 공간만을 뛰어넘는 것이 아니라 시대를 초월해 한 세대에서 다음 세대로 정보를 전해줄 수 있게 되었다. 수백 년이 지나 요하네스 구텐베르크Johannes Gutenberg가 인쇄기를 발명하자, 그 불길은 이제 들불이 되어 작가와 독자, 모두의 힘을 막강하게 키워주었다.

그리고 그 들불이 전 세계를 휩쓸었다. 이후 수백 년간 교역은 폭발적으로 증가했고, 이는 다시 소통을 증가시키고, 소통의 증가는 다시 교역의 증대를 낳았다. 20세기 초가 되자 모든 사무용 건물에는 문서 보관 시설이 필요했고, 방마다 서류 캐비닛이 들어섰다.[2] 데이터는 늘 사회에 중요한 역할을 해왔으나, 지금과 같은 역할을 수행했던 적은 없었다. 교역이 둔화되고 경제가 휘청일 때조차 데이터는 꾸준한 속도로 증가하고 있었다. 데이터가 21세기의 석유라고 말하는 이들도 있다. 하지만 이것은 오늘날의 현실을 다 반영하지 못한 표현이다. 100년 전에 수많은 자동차와 비행기, 기차들을 석유로 움직였듯, 지금은 인간 생활의 많은 곳에서 데이터를 연료로 삼고 있다. 아니 현대 문명에서 데이터는 불을 때는 석유보다는 숨을 쉬는 공기에 더 가깝다.

석유와 달리 데이터는 인간 스스로 만들어내는 재생 가능한 자원이다. 2020년 말이 되면 2010년이 시작됐을 때보다 25배나 많은 디지털 데이터를 갖게 된다.[3] 인공지능 기술까지 생긴 우리는 데이터를 가지고 그 어느 때보다 많은 일을 하고 있다.

이런 일들을 가능하게끔 지원하는 디지털 인프라를 '클라우드 cloud'라고 한다. 이름만 들어서는 보드랍고 푹신할 것 같지만, 실제로 클라우드는 요새다. 당신이 스마트폰으로 무언가를 찾아볼 때마다 매머드급 데이터 센터에서 데이터를 끌어온다. 데이터 센터는 아무나 쉽게 발을 들여놓지 못하는 현대의 경이로운 성채와 같다. 그러나 운이 좋아서 데이터 센터를 방문한다면, 지금의 세상이 어떻게 돌아가는지 한층 더 잘 이해할 것이다.

클라우드 내부를 들여다보기에 가장 좋은 곳 중에 하나는 전 세계에서 사과 수확이 가장 많은 곳이다. 워싱턴주의 작은 마을 퀸시는 시애틀에서 동쪽으로 약 240킬로미터 지점의 주간고속도로 90번 근처에 자리한다. 이 마을이 여기에 자리 잡은 것은 결코 우연이 아니다. 퀸시는 워싱턴주의 농경 분지 한가운데 위치한다. 근처에는 미국 서부에서 가장 큰 물길인 컬럼비아강의 거친 물결이 수천 년간 깎아놓은 가파른 협곡이 있다. 미국에서 가장 큰 발전소인 그랜드쿨리댐 Grand Coulee Dam을 포함한 수력발전망이 마을에 전기를 공급한다. 세계 최대의 전기 소비자, 현대식 데이터 센터가 자리 잡기에 최적의 환경인 셈이다.[4]

퀸시 중심가에서 몇 블록 떨어진 곳에 가면 별 특징 없는 건물들이 높다란 울타리와 벽으로 꽁꽁 둘러싸인 채 줄지어 늘어선 모습을 볼 수 있다. 그중에는 요즘 IT 기업들의 로고가 그려진 것들도 있고, 식별할 수 있는 어떤 표시도 없는 것들도 있다. 이 시설들 중에 가장 큰 곳을 '컬럼비아 데이터 센터Columbia Data Center'라고 부른다. 바로 마이크로소프트가 소유한 시설이다.

데이터 센터의 규모를 직접 보면 전율과 함께 약간 으스스한 기분이 든다. 퀸시에 있는 마이크로소프트의 시설은 더 이상 그냥 건물한 채가 아니다. 두 개의 데이터 센터 캠퍼스를 스무 동이 넘는 건물들이 가득 채우고 있고, 총 면적은 약 19만 제곱미터에 이른다. 건물한 채는 미식축구 경기장 두 개만 한 크기로, 대형 여객기 두 대가 너끈히 들어갈 듯하다. 바로 이 건물들 속에 서버 컴퓨터 수십만 대와하드 디스크 수백만 개가 놓여 있다. 이것들은 모두 3년마다 더 빠르고 효율적인 모델로 교체된다.

데이터 센터의 크기를 실감할 수 있는 가장 좋은 방법은 끝에서부터 중심부까지 직접 걸어들어가 보는 것이다. 각 건물 밖에는 세계최대 규모의 발전기들이 몇 초 안에 가동될 준비를 하고 있다. 혹시지역 전력망이 기능을 못하더라도 데이터 센터가 잠시라도 꺼지는일이 없도록 하기 위해서다. 발전기는 그 높이만 6미터가 넘는데, 이는 2,000가구 이상의 집에 전기를 공급할 수 있는 규모다. 발전기들은 디젤 연료탱크와 연결되어 있어서 전기를 공급받지 못 해도 48시간까지 데이터 센터를 돌릴 수 있다. 그리고 혹시라도 필요하다면 그보다 훨씬 더 긴 시간도 가동할 수 있도록 급유 계약이 체결되어 있다. 와이오밍주 샤이엔에 있는 것처럼 좀더 최근에 만들어진 마이크로소프트의 데이터 센터는 좀더 깨끗한 천연가스로 발전기를 가동해지역 전력망에 대한 예비 전력 공급소의 역할을 한다. 이렇게 거대한발전기 수십 대가 데이터 센터 건물 바로 옆에서 대기하며 혹시라도 그랜드쿨리댐에서 공급되는 수력 발전 전력이 부족할 때를 대비하고 있다.

각 건물의 내부에는 줄줄이 늘어선 거대한 보안실이 변전소 역할을 하고 있다. 주로 전력망에서 23만볼트의 전기를 끌어와 240볼트로 낮춘 후 데이터 센터의 컴퓨터에 전력을 공급한다. 변전실 내부에는 1.8미터 높이의 선반이 줄지어 있고, 선반 하나에는 자동차 후드를 열면 볼 수 있는 것 같은 배터리가 500개 이상 연결되어 있다. 이곳으로 통하는 문은 모두 방탄 재질이고 벽면은 모두 방염 소재여서 옆방으로 불이 옮겨붙지 않게 되어 있다. 보통 데이터 센터 건물 하나에는 이런 변전실이 네 개 이상 있고, 구조에 따라 다르지만 건물 안에 5,000개 이상의 배터리가 있을 수도 있다. 이것들의 목적은 두 가지다. 첫 번째 전력망에서 오는 전기는 선반에 있는 배터리들을 계속 충전시킨다. 혹시 모를 전압 급등을 피함으로써 컴퓨터로 가는 전류가 꾸준하게 일정한 수준을 유지하기 위해서다. 그리고 정전이 일어날 경우에는 발전기가 돌아갈 때까지, 이 배터리들이 데이터 센터를 가동시키게 된다.

또 다른 방탄문과 방염 소재 벽을 통과하면 제복을 입은 경비원 둘이 지키고 있는 공항 검색대 느낌의 금속 탐지기가 나온다. 이곳을 통과해야만 이 단지의 진짜 목적을 만날 수 있다. 마이크로소프트의 정직원 중에서도 사전에 승인을 받은 사람들만 입장할 수 있는 곳이다. 작은 접견실에 들어서면 등 뒤로 철문이 닫힌다. 그렇게 안에 갇힌 채 기다리고 있으면 카메라로 지켜보고 있는 경비 직원들이 다음 번 방탄문을 열어준다.

그렇게 마침내 들어선 동굴처럼 크고 휑뎅그렁한 방이 바로 우리가 누리는 디지털 생활의 초석이자 정보화 시대의 성전인 그곳이다. 나지막이 윙윙거리는 소리에 정신을 차려보면 컴퓨터로 꽉꽉 채워진 천장 높이의 선반들이 저 멀리 시선이 닿지 않는 곳까지 늘어서 있다. 거대한 쇳덩어리와 회로로 구성된 이 도서관이 소장하고 있는 것은 크기는 동일해도 각기 고유한 내용의 데이터를 품은 서버들이다. 그렇다. 이곳이 바로 디지털 세상의 서류 캐비닛이다.

이 건물들 중 한 건물, 그 방들 중 어느 한 방의 어딘가에 당신의 데이터 파일이 있다. 당신이 아침에 쓴 이메일, 어젯밤에 작업한 문서, 어제 오후에 찍은 사진이 있다. 아마 당신이 다니는 은행, 병원, 회사가 작성한 당신에 대한 개인 정보도 들어 있을 것이다. 이 수백만 대의 컴퓨터 중 어느 하나에 있는 하드 드라이브 속에서 콩알만 한 부분을 차지하고 있을 것이다. 모든 파일은 암호화되어 있다. 다시 말해 정보는 오직 해당 데이터에 대한 권한을 가진 사용자만이 읽을 수 있게 부호화되어 있다.

데이터 센터 건물 하나에는 이런 방들이 여럿 있고, 화재가 일어날 경우를 대비해 서로 철저히 차단되어 있다. 컴퓨터 한 대는 건물 내의 전원 세 군데와 연결되어 있다. 각 선반은 컴퓨터가 뿜어내는 열기를 건물에 재순환시킬 수 있는 구조로 배열되어 난방 필요성을 줄인다. 겨울철 전력 수요를 줄이기 위해서다.

서버룸을 나올 때는 철저한 보안 절차를 처음부터 다시 거쳐야 한다. 신발도 벗고 벨트도 뺀다. 비행기를 탈 때도 이 정도는 아니지 않나 하는 생각이 들 때쯤, 입퇴장 시에 반드시 보안 확인을 하는 이유를 안내자가 설명해준다. 그 누구도 USB에 데이터를 복사해가거나 어느 누구의 개인 데이터가 든 하드 디스크를 훔쳐가서는 안 되기 때문이라고 말이다. 하드 디스크 자체도 밖으로 내보낼 때는 특별한 절차를 거쳐야만 한다. 하드 디스크 교체 시기가 되면 데이터를 새로운 컴퓨터에 복사하고 기존 파일은 삭제한다. 그리고 폐기할 디스크를 문서 파쇄기 같은 거대한 금속 장비에 통과시킨다.

어찌 보면 가장 놀라운 부분은 투어의 마지막 단계에 나타난다. 안내자는 지역별 데이터 센터마다 이런 빌딩이 또 있다고 설명한다. 기업이나 정부, 비영리 단체 등의 데이터가 다른 곳에서도 끊임없이 백업되게 하기 위해서다. 이렇게 하면 혹시라도 지진이나 허리케인, 기타 자연 재해나 인공 재해가 발생하더라도 두 번째 데이터 센터가 있으니 클라우드 서비스를 계속 원활하게 가동할 수 있다. 지진이 일본 북부를 뒤흔들었을 때 일본 남부에 있던 데이터 센터 덕분에 마이크로소프트가 계속해서 서비스를 할 수 있었던 것처럼 말이다.

현재 마이크로소프트는 20개국 이상의 100개소가 넘는 곳에서(계속 늘어나고 있다) 크고 작은 데이터 센터를 소유하고, 운영하고, 임대하고 있다. 이를 통해 140개가 넘는 시장에서 200개의 온라인 서비스를 제공하며 수십억 고객들을 지원하고 있다.

내가 마이크로소프트에 들어온 1993년에는 소프트웨어 회사를 차리는 데 많은 자본이 필요하지 않았다. 차고나 대학 기숙사에서 시작해 IT 기업을 창업하는 사람들이 많이 있었고 마이크로소프트의 공동설립자 빌 게이츠Bill Gates와 폴 앨런Paul Allen도 그런 경우였다. 그 시절에는 소프트웨어를 만드는 데 돈이 많이 들지 않았다는 얘기다. 좋은 컴퓨터 한 대와 작은 예금 통장 하나, 얼마든지 피자를 먹겠다는 의지만 있으면 창업을 할 수 있었다.

마이크로소프트가 손바닥만 한 스타트업으로 시작해 지금의 다국적 기업으로 성장하는 동안 우리는 이 같은 장면을 수없이 보았다. 2004년 우리가 자이언트컴퍼니Giant Company Software라는 스파이웨어 전문 소프트웨어 회사를 인수하려고 했을 때다. 우리는 자이언트컴퍼니에 접촉을 해보려고 기술지원 전화번호라고 나와 있는 번호로 전화를 걸었다. 마이크로소프트라고 밝히고 그쪽 CEO를 바꿔달라고 하자, 수신자는 맞은편에 앉아 있던 유일한 다른 직원에게 그대로 전화기를 건네주었다. 물론 인수협상은 일사천리로 진행됐다.[5]

나는 우리 데이터 센터 중 한 곳을 방문할 때마다 자이언트컴퍼니가 생각난다. 지금도 빌 게이츠와 폴 앨런이 시작했던 것과 같은 방식으로 신규 소프트웨어 앱을 만들 수 있다. 오픈소스 개발자들이 늘 하는 일이다. 하지만 전 세계적인 규모로 클라우드 컴퓨팅을 하는 데 필요한 플랫폼을 제공하는 일은 어떨까? 이건 전혀 다른 얘기다. 깜박거리는 수천 대의 컴퓨터와 배터리들, 거대한 발전기들 사이를 거닐고 있으면, 딴 시대 같다는 말로는 부족하며 마치 다른 행성에 온 것 같다. 데이터 센터 캠퍼스를 짓기 위해서는 수백만 달러가 소요된다. 그리고 건설이 끝나면 유지관리와 업그레이드가 시작된다. 캠퍼스를 확장해야 하고, 서버나 하드 드라이브, 배터리는 더 새롭고 효율적인 장비로 교체하거나 업그레이드해야 한다. 데이터 센터에 '완성'이란 없다.

여러모로 현대식 데이터 센터는 전 세계가 들어선 새로운 디지털 시대의 중심부를 차지한다. 현대식 데이터 센터는 거대한 데이터와 스토리지, 컴퓨팅 파워를 결합해 전 세계 경제 발전에 유례없는 토대를 마련해주었다. 동시에 우리 시대의 가장 어려운 이슈라고 할 수 있는 것들을 상당수 초래하기도 했다. 이 새로운 시대에 우리는 공공의 안전과 개인의 편의, 그리고 프라이버시 사이에서 어떻게 중심을 잡아야 할까? 이 기술을 이용해 우리나라와 기업과 개인의 삶을 분탕질하려는 사이버 공격으로부터 우리 자신을 어떻게 보호해야 할까? 우리가 사는 공동체에 파문을 일으키고 있는 이 경제적 영향을 어떻게 관리해야 할까? 지금 우리가 만들고 있는 세상은 우리 아이들에게 일자리를 남겨둘까? 심지어 그 세상은 우리가 통제할 수는 있는 것이긴 할까?

이 모든 질문에 답하기 위해서는 먼지 기술이 어떻게 변화하고 있는지를 제대로 파악해야 한다. 그리고 그러려면 과거에 기술이 어떻게 변화해왔는지를 아는 것도 도움이 될 것이다.

역사의 여명이 밝은 이래 인류가 만든 모든 도구는 이용될 수도, 악용될 수도 있었다. 심지어 바닥을 쓰는 빗자루도 사람 머리를 내리치는 데 사용될 수 있다. 도구의 힘이 막강해지면, 그로 인한 혜택이나 피해의 크기도 커진다. 디지털화가 몰고 온 변화가 대단한 것들을 약속하는 것은 사실이지만, 세상은 정보기술을 강력한 도구이자 무시무시한 무기로 만들어놓았다.

새로운 기술의 시대는 새로운 불안의 시대를 낳고 있다. 그 긴장감이 가장 두드러지는 분야는 전 세계 민주주의다. 이민, 무역, 소득 불평등 문제로 고통받는 국가들은 포퓰리즘 정치가나 국수주의자들이 조장하는 분열에 직면해 있고, 그 분열의 일부는 엄청난 기술 변화에서 기인한다. 기술의 혜택은 골고루 전해지지 않았고, 그 기술 변화의 성격과 속도는 개인, 공동체, 국가 전체를 힘겹게 만들고 있다.

민주주의 사회는 전체적으로 지난 100년보다 더 큰 도전에 직면해 있고, 이런 취약성을 다른 나라에서 적극 이용하려고 드는 경우도 있다.

이 책은 전 세계에서 가장 큰 IT 기업의 조종석에서 바라본 이러한 이슈들을 점검하고 있다. 어느 한 기업, 심지어 산업 전체보다 더 큰 힘을 상대하기 위해 분투 중인 IT 업계의 이야기를 들려준다. 단순한 트렌드나 아이디어를 넘어, 빠르게 변화하는 세상에 대처하기 위한 사람들의 노력과 여러 의사결정, 조치들에 관해 이야기한다.

마이크로소프트라는 곳에서 사안을 바라보면, 또 다른 드라마가 펼쳐진다. 20년 전에 우리는 어쩌면 현대 정보기술과 세상의 첫 번째 충돌이라 할 수 있는 것의 심장부로 어쩔 수 없이 밀려들어 왔다. 미국 법무부와 20개 주는 독점금지법 위반으로 소송을 걸어 마이크로소프트를 산산이 조각내려 했다. 이후 각국의 정부들도 그 뒤를 따랐다. 경쟁을 촉진하려는 정부 관리들은 윈도 운영체제가 너무 중요해서 규제를 할 수밖에 없다고 결론 내렸다. 비록 우리는 회사가 쪼개지지 않게 소송에서 우리 입장을 방어하는 데 성공했지만, 여기저기 상처투성이가 되어버린 힘겨운 싸움이었다. 2002년 마이크로소프트의 법무팀장으로 임명된 나의 임무는 전 세계 정부와 IT 업계의 여러 기업과 일종의 평화 협상을 타결하는 것이었다. 거의 10년 가까운 세월이 걸리긴 했지만,[6] 우리는 우리가 저질렀던 실수보다 더 큰 일을 해냈다. 법무팀장으로서 나는 그 모든 일에 어떤 식으로든 직접적 책임을 졌다.

이런 난관을 극복하는 동안 우리는 나이를 먹었고 그만큼 더 현명해졌다. 우리는 거울 속에서 우리가 보고 싶은 우리 모습뿐만 아니라, 남들이 바라보는 우리 모습을 들여다보아야 한다는 사실을 배웠다. 그것은 마치 새 학교의 첫 수업에 참석한 기분이었다. 그 수업을 우리가 가장 먼저 수강했던 것은 아니지만, 우리는 그 누구보다 빨리 학교를 졸업한 혜택을 누렸다.

오늘날 기술 관련 이슈들은 20년 전보다 훨씬 더 넓고 깊다. 우리는 기술적으로나 사회적으로나 중요한 변곡점에 도달했다. 기회가 손짓하고 있지만 하루빨리 처리해야 할 시급한 문제들이 대두되었다.

20년 전의 마이크로소프트와 마찬가지로 IT 업계는 변화가 필요하다. 오늘날의 시대는 기본적이지만 너무나 중요한 원칙 하나를 인식하게 됐다. 당신의 기술이 세상을 변화시킨다면 그렇게 변화된 세상에 사람들이 적응할 수 있게 도와줄 책임도 있다는 원칙이다. 당연한 소리 아닌가 싶을 수도 있지만, 긴 세월 빠른 성장과 심지어 스스로를 파괴적으로 혁신하는 데 초점을 맞춰온 분야에서는 꼭 그렇지가 않다. 간단히 말해, 기술을 창조하는 기업은 미래에 대해 더 큰 책임을 인정해야만 한다.

그런데 똑같이 중요한 또 다른 원칙이 있다. IT 업계 스스로는 이런 도전에 대처하지 못한다는 원칙이다. 세상에 필요한 것은 자체 규제와 정부의 조치가 서로 적절히 섞이는 것이다. 이러한 과정에는 세상의 민주주의가 고도로 함축되어 있다. 기술이 그토록 파괴적이 힘이 되었을 때는 폭넓은 사회경제적 합의를 도출하는 것이 민주주의에 무척 중요하기 때문이다. 하지만 수많은 민주국가의 정부들이 행동으로 옮길 의지를 북돋는 데 애를 먹고 있는 것으로 보인다. 지금이야말로 민주정부들이 각자, 또는 함께 힘을 합쳐 새로운 정책과 프로그램을 내놓을 때다. IT 업계와도 새로운 형태의 협력이 필요하다. 간단히 말해서 각국 정부는 기술의 속도를 따라잡기 위해 더 빨리 움직여야 한다.

이런 도전들은 아무런 각본 없이 찾아오지만, 우리는 과거로부터 중요한 통찰을 배워 오늘날에 적용할 수 있다. 1700년대 중반 영국 중부지역에서 시작된 제1차 산업혁명 이후 역사적으로 기술의 변화는 여러 차례 전 세계에 파문을 일으켰다. 절대로 유례가 없을 것 같은 오늘날의 여러 도전들도 잘 찾아보면, 다르긴 해도, 오늘날 우리에게 통찰을 줄 수 있는 비슷한 역사 사례가 있는 경우가 많다. 이 책은 미래의 기회와 도전을 다루지만, 과거로부터 어떤 교훈을 끌어내고 무엇을 배울 수 있을지에 관한 이야기도 함께 나눈다.

　　궁극적으로 이런 문제들은 기술 자체뿐만 아니라 기술이 우리의 일자리와 안전, 그리고 가장 기본적인 인권과 관련해 시사하는 바가 크다. 우리는 이 급속한 기술 변화의 시대를 전통적인 가치, 또는 시대를 초월한 가치들과 조화시킬 방법을 찾아야 한다. 이 목표를 달성하기 위해서는 혁신을 이어가면서도 그 혁신을 만들어내는 기술과 기업이 반드시 민주 사회를 전제하도록, 우리의 운명은 우리가 정할 수 있도록 만들어야 한다.

# 01

# 감시

## : 3시간짜리 도화선

2013년 6월 6일 워싱턴주 레드먼드. 초여름의 햇살이 구름을 뚫고 나온 날이었다. 도미닉 카Dominic Carr는 마이크로소프트 캠퍼스의 5층에 자리한 본인의 사무실 블라인드를 조금 더 열었다. 한 달은 더 지나야 태평양 연안 북서부에 여름이 제대로 찾아오겠지만, 창으로 쏟아져 들어오는 햇살은 곧 날이 따뜻해질 거라고, 조금은 생활 리듬이 느려질 거라고 말해주는 듯했다.

전화기를 집어든 도미닉은 옆 건물의 회사 카페에서 샌드위치를 사기 위해 엘리베이터를 타고 내려갔다. 두 건물 사이의 분주한 통로를 걸어가는데, 뒷주머니에서 전화기가 웅웅거렸다. 도미닉은 나에게 직접 보고를 하는 홍보팀 수장으로 미디어와 관련해서 아주 골치 아픈 몇몇 이슈를 처리하고 있었다. 도미닉은 전화기 없이는 그 어디에도 가지 않았고, 심지어 책상을 떠나는 일도 드물었다.

이메일의 수신 알림이었다. 화면에 '마이크로소프트/프리즘PRISM' 이라는 글자가 떴다. 프리즘이란 당시 회사에서 세일즈 부문 지도부의 연례행사를 일컫는 말이었다. 일상적인 마이크로소프트 사업에 관한 일상적 소통이었다.

하지만 이 이메일은 일상적인 이메일이 아니었다. 이제 곧 지구촌 곳곳에서 엄청난 이슈를 폭발시킬 3시간짜리 도화선이었다.

"알려드릴 사항이 있어 이 글을 씁니다. 〈가디언Guardian〉은 오늘 저녁 프리즘, 즉 미국의 대형 IT 기업 몇 곳과 국가안보국 사이의 자발적 비밀 협력 프로그램에 관한 기사를 발표할 예정입니다." 이렇게 시작하는 이메일은 미국 국가안보국National Security Agency, NSA을 언급하고 있었다.

이메일을 보낸 사람의 이름도 도미닉이었다. 도미닉 러시Dominic Rushe, 영국 일간지 〈가디언〉의 기자였다. 이메일이 처음 도착한 곳은 보스턴에 있는 마이크로소프트 홍보 담당자의 수신함이었다. 수신자는 '지금 당장 보셔야 해요'라는 뜻의 느낌표를 달아 소위 '빨간 딱지'라고 부르는 이메일 태그까지 붙여서 재전송한 것이었다.

이메일 속에는 복잡한 아홉 가지 답변 목록과 함께 불가능한 데드라인이 나와 있었다. 러시의 설명은 이랬다. "책임감 있는 저널리스트로서 저희는 번호로 표시한 위 사항들에 관해 부정확한 부분이 있다면 구체적으로 말씀하실 수 있는 기회를 드리고자 합니다. …이번 기사와 관련해 저희는 이미 백악관과도 접촉하였습니다. 워낙에 민감한 프로그램인 만큼 귀사의 입장을 듣기 위해 최대한 빨리 연락드린 것이 지금입니다." 서머타임 동부 시간으로 저녁 6시, 시애틀로서는 오후 3시까지 답을 달라고 했다.

〈가디언〉은 미국의 9개 IT 기업, 즉 마이크로소프트, 야후, 구글, 페이스북, 팰토크Paltalk, 유튜브, 스카이프, AOL, 애플이 프리즘이라는 자발적 프로그램에 참여하게 된 과정을 자세히 기술한 기밀 정보 문서를 확보했다고 하면서, 이 프로그램 덕분에 국가안보국이 이메일, 채팅, 영상, 사진, 소셜 네트워크 관련 세부적인 여러 데이터에 직접 접근할 수 있게 됐다고 주장했다.

도미닉은 점심 계획을 (그리고 이후 대부분의 계획 역시) 즉각 취소했다. 도미닉은 그 자리에서 뒤돌아 뛰기 시작했다. 계단을 두 칸씩 뛰어 다시 5층으로 올라갔다. 어쩐지 이 문제가 오늘 아침 〈가디언〉에서 발표했던 찜찜한 기사와 관련이 있을 것 같았다. 〈가디언〉은 미국의 거대 텔레콤 회사 버라이즌Verizon이 미국 내에서, 그리고 미국과 다른 국가 사이에 주고받은 통화 기록을 "매일, 지속적으로" 정부 당국에 넘겨야 한다는 법원의 비밀 명령이 있었다고 보도했다.[1] 기사에 따르면 해당 통화 기록은 메릴랜드주 포트미드에 있는 국가안보국이 분석했고, 오랫동안 전 세계 신호 정보와 데이터를 수집했다. 이 대규모 정보 수집은 과거에 잘못한 일이 있고 없고를 떠나 수백만 명의 미국인을 목표로 삼았다고 한다.

마이크로소프트에서 프리즘에 관해 가장 잘 아는 사람은 존 프랭크John Frank였다. 존은 국가 안보 문제를 포함해 법률팀을 운영하는 변호사였다. 도미닉은 그대로 존의 사무실로 달려갔다.

늘 침착하고 체계적인 존은 도미닉의 전화기에서 〈가디언〉이 보낸 메시지를 천천히 읽었다. 그리고 안경을 벗더니 책상에서 떨어져 등을 뒤로 기대며 햇빛이 찬란한 밖을 응시했다. 갑자기 지친 듯한 표정이었다. "전혀 말이 안 되는 내용이에요. 이렇게 쓰면 안 되죠."

존은 회사가 사법 당국으로부터 무엇을 요구받아 어떻게 검토하고 대응했는지 알고 있었을 뿐만 아니라 해당 프로세스 설계 과정에 직접 참여했다. 마이크로소프트는 정당한 법적 절차에 의해서만, 그것도 특정 계정이나 개인에 대해서만 고객 데이터를 공개했다.

존과 도미닉이 내 사무실 문 앞에 도착했을 때는 해당 기자의 메시지 외에는 공유할 것도 별로 없는 상태였다. "저들이 이러고 있다면, 우리는 몰랐던 일이에요." 존이 말했다.

그렇다. 우리는 법에 따라 누군가 사용자 데이터를 요구했을 때 그 내용을 검토하고 대응할 의무가 있었다. 우리는 사법 당국의 모든 데이터 요청에 대해 면밀한 검토와 대응 프로세스를 구축해놓고 있었다. 하지만 마이크로소프트는 거대한 회사다. 혹시 어느 못된 직원이 한 짓은 아닐까?

하지만 그런 의문은 금세 일축됐다. 우리는 회사의 엔지니어링 시스템을 잘 알고 있었고 정부의 요구를 수신하고, 검토하고, 대응하는 프로세스도 잘 알았다. 〈가디언〉의 주장은 앞뒤가 맞지 않았다.

마이크로소프트의 그 누구도 '프리즘'에 관해 들어본 적이 없었다. 〈가디언〉은 자신들이 입수했다는 문서를 공개하지 않으려 했다. 우리는 백악관의 아는 사람들에게 연락을 해보았으나, 그들도 '기밀사항'은 그 무엇도 공유하거나 이야기하지 않으려 했다. 시간이 흘러가고 있었다. 나는 한참을 생각하다 존과 도미닉을 바라보며 말했다. "아마 우리가 가입한 그 비밀 클럽이 너무 비밀이어서, 우리가 회원이라는 걸 우리 자신도 알 수가 없나 보네요."

이 기자에게 뭐라도 답을 하려면 기사가 공개되기를 기다리는 수밖에 없었다.

서머타임 서부 시간으로 3시 정각에 〈가디언〉은 폭탄을 투척했다. "국가안보국 프리즘 프로그램, 애플과 구글 등의 사용자 데이터 들여다봐NSA Prism Program Taps in to User Data of Apple, Google and Others."[2] 그제야 우리는 프리즘이 국가안보국의 국가 안보 전자 감시 프로그램이고 '자원 통합, 동기화, 관리 기획 도구Planning Tool for Resource Integration, Synchronization, and Management'의 약어라는 사실을 알게 됐다.[3] 저렇게 긴 이름은 대체 누가 생각해낸 걸까? 형편없이 지은 기술 제품 같은 이름이었다. 뉴스에 따르면 프리즘은 모바일 기기나 전화, 이메일, 온라인 대화, 사진, 영상 등을 추적하는 전자 감시 프로그램이라고 했다.[4]

채 몇 시간도 지나지 않아 〈가디언〉의 해당 기사와 〈워싱턴 포스트〉의 유사한 보도가 전 세계를 뒤흔들었다. 우리 세일즈팀과 법무팀에는 고객들의 전화가 빗발쳤다.

질문은 하나였다. "정말인가요?"

처음에는 미디어가 정보를 대체 어디서 입수하고 있는지 불분명했다. 심지어 합법적 경로인지를 두고 논쟁이 붙기도 했다. 하지만 사흘 후 〈가디언〉은 첫 기사 못지않게 큰 폭탄을 투척했다. 제보자 본인의 요청으로 출처를 밝힌 것이다.[5]

제보자는 국방부의 하청업체 부즈 앨런 해밀턴Booz Allen Hamilton에 다니는 스물아홉 살 직원으로, 이름은 에드워드 스노든Edward Snowden 이라고 했다. 스노든은 하와이에 있는 국가안보국의 위협작전센터 Threat Operations Center에서 컴퓨터 시스템 관리자 하청 직원으로 일했다. 극비 문서를 100만 건 이상 내려받은[6] 스노든은 2013년 5월 20일 홍콩으로 날아가 〈가디언〉과 〈워싱턴 포스트〉의 저널리스트들을 만났다. 그리고 국가안보국의 비밀을 전 세계와 공유하기 시작했다.[7]

스노든의 문서들은 그해 여름과 가을 줄줄이 뉴스 기사로 만들어졌다. 가장 먼저 유출된 문서는 정보국 직원들을 교육할 때 사용하는 슬라이드 41장짜리 파워포인트 프레젠테이션 자료였다. 하지만 이는 시작에 불과했다. 기자들은 스노든이 꿍쳐둔 기밀 파일들을 그다음 해까지 계속 쥐어짜 꾸준히 헤드라인을 장식하며 불안감을 조성했다. 미국 정부와 영국 정부가 전화 기록과 사용자 데이터에 접속하면서 해외 정치 지도자들은 물론 수백만 명의 무고한 미국민들의 정보까지 빼냈다는 주장이 대두되면서 대중의 불신이 쓰나미처럼 몰려왔다.[8]

이런 뉴스들이 대중의 심기를 건드린 데는 그럴 만한 이유가 있었다. 당시 주장된 내용들은 민주사회가 200년 이상 당연한 것으로 여겨온 '프라이버시 보호'라는 이념을 정면으로 위배했다. 지금 우리 회사가 퀸시 데이터 센터에서 여러분의 정보를 보호할 수 있는 것도 18세기 런던의 거리에서 들끓는 논의를 통해 탄생한 바로 이 권리들 덕분이었다. 당시 정치적 폭풍을 몰고 왔던 인물은 그 자신도 국회의원이었던 존 윌크스John Wilkes였다.

존 윌크스는 어찌 보면 당대의 가장 드라마틱하고 급진적인 정치가였다. 1760년대에 그는 오늘날 정치인들조차 얼굴을 붉힐 법한 원색적인 언어로 총리뿐만 아니라 국왕에게까지 도전했다. 1763년 4월 윌크스는 정부에 반대하는 어느 정기 간행물에 익명으로 비판의 글을 썼다. 이 기사는 영국의 법무장관 찰스 요크Charles Yorke를 극도로 분노하게 만들었고, 요크는 저자로 윌크스를 의심했다. 정부는 이내 수색 영장을 발부했는데, 영장 범위가 어찌나 넓었던지 시간과 장소를 막론하고 거의 아무데나 다 수색할 수 있는 권한을 치안 관리들에게 부여했다.

관리들은 허술한 정보를 바탕으로 한밤중에 인쇄소로 의심되는 건물에 들어갔다. 그리고 "아내와 함께 누워 있던 남자를 끌어내고 개인 문서를 모조리 압수하며 일꾼과 하인 14명을 체포했다."[9] 영국 당국은 연이어 네 곳의 집을 더 수색하고 총 49명의 사람을 체포했으나 거의 대부분이 무고한 사람들이었다. 당국은 문을 부수고 들어가 가구를 뒤집어엎고 수백 개의 자물쇠를 부쉈다.[10] 당국은 결국 그들이 원하던 자를 체포할 만큼의 증거를 모았고, 존 윌크스는 체포됐다.

윌크스는 앉아서 당하는 유형의 사람이 아니었다. 한 달도 안 되어 그는 수십 개의 소송을 걸고, 나라에서 가장 막강한 권력을 가진 관료들을 법정까지 끌고 갔다. 이것만 해도 놀라운 일이었는데, 그 다음에 벌어진 일은 영국의 기득권층과 특히 정부 자체를 충격에 빠뜨렸다. 법원이 윌크스의 손을 들어주었던 것이다. 법원은 국왕과 그 신하들이 수백 년간 누려왔던 권력을 뒤집으면서, 수색을 정당화하기 위해서는 훨씬 더 그럴 듯한 이유가 있어야 한다고 강조했다. 그리고 충분한 이유가 있을 때조차 수색은 제한된 범위에서 진행해야 한다고 요구했다. 영국의 언론은 이 판결을 대서특필했고, 모든 영국인의 "집은 그의 성城이며, 왕의 사자使者의 악의적 호기심 때문에 수색을 당하거나 문서를 염탐당하지 아니한다."라는 유명한 구절을 인용했다.[11]

존 윌크스의 소송은 현대적인 프라이버시 기본권의 탄생을 알렸다는 점에서 중요하다. 이 권리는 모든 자유민의 염원이었고 북아메리카에 살고 있는 영국 식민지 주민들의 열망이기도 했다. 불과 2년 전에 식민지 주민들은 뉴잉글랜드에서 똑같이 뜨거운 논란을 만들었으나 실패했다. 아직 변호사도 되기 전이었던 20대 중반의 존 애덤스도 보스턴에 있는 법정 뒤편에 앉아 1760년대 최대의 마지막 결전이 펼쳐지는 모습을 지켜보았다. 매사추세츠에서 가장 불같은 변호사였던 제임스 오티스 주니어James Otis Jr.는 윌크스가 항의했던 것과 같은 권력을 행사하던 영국 군대에 항의했다. 당시 이 지역 상인들은 세금이 불공정하다고 생각하여 세금도 내지 않고 수입품을 밀수하고 있었다. 그러자 영국은 소위 일반 영장이라는 것을 사용해 구체적 증거도 없이 가가호호 뒤지고 다니며 세관 위반 사항을 적발했다.[12]

오티스는 이것이 시민의 기본적 자유를 위반하는 일이라고 주장하며 '전횡을 일삼는 최악의 사례'라고 불렀다.[13] 비록 오티스는 소송에서 졌지만, 그의 발언은 식민지 주민들이 반란으로 가는 첫걸음이 되었다. 존 애덤스는 죽음이 목전에 왔을 때에도 오티스의 주장을 기억하고 있었다. 그는 오티스의 발언에 대해 "이 나라에 생명의 숨을 불어넣었다."라고 썼다.[14] 그는 죽는 날까지도 그날의 그 법정에서 다투었던 그 사건, 그 이슈가 미국이 독립으로 가는 길을 닦았다고 말하곤 했다.[15]

오티스가 그토록 열정적으로 옹호했던 원칙이 실현되는 데는 미국이 독립선언을 하고도 13년이라는 세월이 흐른 뒤였다. 그때쯤 이슈는 뉴욕으로 옮겨가 있었다. 1789년 월스트리트에서 미국의 첫 의회가 소집되었기 때문이다. 제임스 매디슨James Madison은 하원 의회에 나와 자신이 제안한 권리장전의 내용을 소개했다.[16] 그 내용에는 나중에 수정헌법 제4조가 된 항목도 포함되어 있었다. 미국인은 일반 영장의 사용을 비롯해 정부에 의한 자신의 '신체, 가택, 문서, 물품'에 대한 '불합리한 수색 및 압수'를 당하지 않는다는 내용이었다.[17] 이후로 술곧 정부 당국은 독립된 판사에게 '합당한 이유'를 보여주어야만 가택이나 사무실에 대한 수색 영장을 발부받을 수 있었다. 이 말은 곧 정부가 '합리적 지성을 가진 사람이라면' 범죄가 진행되고 있다고 믿을 만한 점이 존재함을 판사에게 증명해야 한다는 뜻이었다.[18]

하지만 이런 보호장치가 자신의 손을 떠난 정보에까지도 확장될 수 있을까? 수정헌법 제4조가 이런 시험에 놓인 것은 벤저민 프랭클린이 우체국을 발명한 이후였다. 봉투를 밀봉해서 정부기관 자체에 맡겼다면 어떻게 될까? 1800년대의 대법원은 밀봉된 편지에 대해서도 여전히 프라이버시 기본권이 인정된다고 판결하는 데 별 이견이 없었다.[19] 그 결과 수정헌법 제4조는 그대로 적용됐고, 정부는 합당한 이유에 근거한 수색 영장 없이는 봉투를 열어서 안을 들여다볼 수 없었다. 그 봉투의 소유권이 정부의 우체국에 있다고 하더라도 말이다.

수백 년간 법원은 '프라이버시에 대한 합리적 기대'가 있었는지 여부를 따졌다. 그리고 정보를 다른 누군가에게 맡겨두는 것이 어떤 의미인지 고려했다. 간단히 말해서 어느 정보가 자물쇠가 있는 저장 용기에 들어 있고 다른 사람은 열쇠에 접근할 수 없다면 판사는 '프라이버시에 대한 합리적 기대'가 있다고 결론 내렸고, 수정헌법 제4조가 적용됐다. 하지만 서류를 상자에 넣어두었고, 그 상자가 사람들이 자유롭게 오가는 곳에 다른 상자들과 함께 쌓여 있다면, 경찰은 수색 영장이 필요하지 않았다. 왜냐하면 법원은 이때 서류를 넣어둔 사람이 수정헌법 제4조가 보호하는 '프라이버시에 대한 합리적 기대'를 포기했다고 보았기 때문이다.[20]

오늘날 물리적 보안 장치와 디지털 보안 장치로 겹겹이 보호되는, 요새와 같은 데이터 센터들은 자물쇠가 달린 저장 용기의 조건을 충족시키는 것으로 보인다.

2013년 여름 우리는 스노든 기사를 작성하는 기자들에게 새롭게 유출된 기밀문서를 가지고 시시때때로 저격을 당하고 있었다. 루틴이 생겼다. 도미닉이 존의 사무실에서 머리를 맞대고 있는 게 보이면 새로운 기사가 또 나올 거라는 뜻이었다. 대부분의 경우에 우리는 뭐가 뭔지도 모르고 대응을 하고 있었다. 도미닉은 이렇게 회상했다. "처음에 몇 주 동안은 거의 매일 똑같은 대화를, 보도 기자만 바꿔가며 나누고 있었어요. 기자들이 그랬죠. '흠, 도미닉. 어느 한 쪽은 거짓말을 하고 있어요. 마이크로소프트든지, 에드워드 스노든이든지.'"

국가안보국이 민간 부문에서 데이터를 확보하려 했던 것은 사실이지만, 프리즘에 관한 〈가디언〉의 보도는 훨씬 긴 스토리의 극히 일부에 불과했다. 2001년 9월 11일의 비극 이후 기밀 해제된 문서들이 지금 속속들이 보여주고 있듯이,[21] 국가안보국은 소환장이나 영장 절차 외에 사용자 데이터를 수집하기 위해 민간 부문과 자발적 파트너십을 맺으려고 줄기차게 애를 썼다.

다른 유수의 IT 기업들과 마찬가지로 마이크로소프트도 그런 데이터를 정부에 자발적으로 제공할 것인지 여부를 두고 힘겨운 씨름을 벌여왔다. 내부적으로 이런 문제를 논의할 때는 더 큰 그림에서 지정학적 이견을 충분히 고려했다. 9.11 테러의 기나긴 그림자가 전국을 뒤덮고 있었다. 다국적군은 아프가니스탄에서 '항구적 자유Enduring Freedom' 작전을 펼쳤고, 미국 의회는 이라크 침공을 지지했으며, 두려움에 휩싸인 미국 대중들은 더 강력한 반테러 활동을 요구했다. 특별한 시기였다. 많은 사람들이 말했듯이, 유례없는 대응이 요구됐다.

그러나 기밀 해제된 보고서에 나와 있는 것과 같은 정보를 기업들에게 자발적으로 내놓으라고 한다면 근본적인 문제가 하나 있었다. 국가안보국이 찾는 데이터가 IT 기업의 소유가 아니라는 점이다. 해당 데이터는 고객들의 것이었고, 그중에는 극히 사적인 정보도 포함되어 있었다.

프리즘 프로그램과 마찬가지로, 9.11 테러 이후 민간 부문으로부터 고객 정보를 자발적으로 얻으려고 했던 국가안보국 역시 다음과 같은 근본적인 의문을 제기했다. '고객에 대한 책임을 완수하면서도 국가 보호라는 부름에 응답하려면 우리는 대체 어떻게 해야 하는가?'

내 경우, 답은 명확하다. 이 문제는 법률로 규정해야 한다. 미국은 법치주의 국가다. 미국 정부가 고객 기록을 원한다면 국법에 따라 법원에 가서 해당 기록을 취득할 수 있는 허락을 받아야 한다. 만약 행정부 관료들이 법률이 충분하지 않다고 생각한다면, 의회에 가서 더 많은 권한을 받아야 한다. 그게 바로 민주공화국이다.

2002년 당시 우리는 향후 에드워드 스노든이 나타나 그 유명한 도피를 하게 될지 예상할 수 없었으나, 역사를 돌아보면 미래에 어떤 일이 기다리고 있을지 일반적인 예측을 할 수는 있었다. 국가 위기의 시기에 개인의 자유와 국가 안보를 맞바꾸는 일은 새로울 것도 없었기 때문이다.

미국에 그런 위기가 처음 닥친 것은 헌법이 제정되고 겨우 10여년이 지났을 때였다. 1798년 카리브해에서 미국과 프랑스 사이에 준전시상황이 펼쳐졌다. 프랑스는 미국을 압박해 미국의 옛 군주인 영국의 빚을 받아내려고 했다. 프랑스는 미국의 상선 300척 이상을 장악하고 몸값을 요구했다.[22] 성난 미국인들 중에는 프랑스와 전면전을 벌이자고 하는 사람들도 있었다. 하지만 존 애덤스 대통령 등은 미국이 프랑스와 상대가 되지 않는다고 생각했다. 공개 토론이 이제 막 출범한 정부에 치명적 손상을 입힐 것을 두려워한 애덤스는 체류외국인및소요죄법Alien and Sedition Acts이라고 알려진 4개 법률에 서명하여 불화를 진압하려 했다. 이 법률에 따라 정부는 '위험한' 외국인들을 투옥 및 강제 추방할 수 있게 되었으며, 정부를 비판하는 것은 범죄가 됐다.[23]

60여년이 흐른 후 남북전쟁 기간 중에 미국은 또 한 번 우리 민주주의의 핵심 신념 하나를 미뤄놓게 된다. 에이브러햄 링컨 대통령이 남부군의 반란을 진압하기 위해 여러 차례 구속적부심을 중단시킨 것이다. 링컨 대통령은 징집 시행을 위해 중단 폭을 확대했고, 전국적으로 재판을 받을 권리를 부정했다. 전쟁 기간 동안 대략 1만 5,000명의 미국인이 판사 앞에 한 번 서보지도 못하고 구금되어 있었다.[24]

진주만 폭격 직후인 1942년 프랭클린 루즈벨트 대통령은 군의 의견과 여론에 떠밀려 12만 명의 일본계 미국인들을 격리 수용소로 보내는 행정 명령에 서명했다. 철조망을 두르고 무장 경비가 지키는 곳이었다. 감금된 사람들의 3분의 2는 미국에서 태어난 이들이었다. 3년 후 행정 명령은 철회되었으나 대부분의 사람들이 집과 농장, 사업체와 공동체를 상실한 후였다.[25]

국가 위기의 순간에 미국은 이런 부당함을 감수했으나, 나중에 미국인들은 공공 안전을 위해 자신들이 치른 대가에 대해 의문을 품었다. 당시 내 머릿속에 들어 있던 질문은 이것이었다. "이 순간이 다 지나고, 앞으로 10년 후에 우리는 어떤 평가를 받게 될까? 우리가 고객에 대한 의무를 존중했다고 감히 말할 수 있을까?"

질문이 또렷해지니 답도 분명했다. 합법적인 절차 없이 고객 데이터를 함부로 넘겨줄 수 없었다. 회사의 법무팀장으로서 나는 책임을 져야 했고 어떤 비판도 감내해야 했다. 무엇보다 우리 고객의 권리를 가장 잘 지켜줄 사람이 회사 변호사들 말고 또 누가 있단 말인가?

이런 배경에서 2013년 사실상 IT 업계의 선두 기업들은 모두 수세에 몰려 있었다. 우리는 우리의 이런 답답한 사정을 워싱턴에 있는 관료들에게 전했다. 그게 분수령이었다. 대립은 표면화되었고, 그로 인해 생긴 정부와 IT 업계 사이의 깊은 골은 오늘날까지도 이어지고 있다. 정부는 주라든가 국가처럼 지리적으로 정해진 범위의 유권자들을 위해 일한다. 그러나 기술은 글로벌화되었고, 우리 고객은 어디에나 존재했다.

클라우드 서비스는 우리가 서비스를 제공하는 대상과 지역을 바꾸어놓았을 뿐만 아니라 고객과의 관계 역시 재정의했다. 클라우드 서비스는 IT 기업들을 어찌 보면 은행 같은 기관으로 바꿔놓았다. 사람들은 은행에 돈을 맡기고, 이메일이나 사진, 문서, 문자 메시지처럼 가장 개인적인 정보를 IT 기업에 저장한다.

이렇게 달라진 관계는 IT 업계를 넘어서까지 영향을 미친다. 1930년대에 정부 관리들이 은행이 경제에 너무 중요해져서 더 이상 규제하지 않고 내버려둘 수가 없다고 결론 내렸던 것처럼, 오늘날에는 IT 기업들이 너무 중요해져서 자유방임식으로 내버려둘 수 없게 됐다. IT 기업들은 법의 지배를 받아야 하고 더 적극적인 규제를 받을 필요가 있다. 그러나 1930년대의 은행들과는 달리, 오늘날 IT 기업은 글로벌 규모로 사업을 하기 때문에 규제라는 문제가 더욱 복잡해진다.

2013년 전 세계적으로 고객 불만이 높아지면서 우리는 고객들의 우려에 대처하려면 더 많은 사항을 밝히는 수밖에 없다는 사실을 깨달았다. 우리는 우리가 제공하는 서비스의 한계를 분명히 알고 있었고, 우리가 인수한 기업들의 기존 관행까지 다루는 것은 복잡한 일이 될 수도 있었다. 우리는 오직 영장과 소환장, 국가 안보 명령에 의해서만 고객 정보를 넘겨준다는 사실을 설명하고 싶었다. 하지만 이 점을 대중들에게 공개하겠다고 하자, 법무부는 해당 정보가 기밀이므로 우리가 이 사실을 공개해서는 안 된다고 했다. 우리는 이도저도 할 수 없었다.

우리는 한 번도 하지 않았던 일을 하기로 했다. 미국 정부를 고소하기로 한 것이다. 정부의 독점방지법 위반 소송을 10년간 방어하고, 또 10년을 화해 작업에 보냈던 우리로서는 또 다른 루비콘강을 건너는 기분이었다. 우리는 해외정보감시법원Foreign Intelligence Surveillance Court을 통해 비밀로 유지되던 활동부터 시작했다.

해외정보감시법원은 정부의 감시 명령을 검토하기 위해 설립된 특별 법원이다. 냉전시대에 도청과 전자 데이터 수집을 승인하고 테러 및 스파이 활동을 감시하기 위해 설립되었다. 해외정보감시법원은 안보 위협을 감시하고 막는 정보기관의 활동을 보호하기 위해 비밀에 싸여 있었다. 해외정보감시법원이 승인한 영장에는 모두 공개 금지령이 따라붙었기 때문에 우리는 고객 데이터에 대한 영장을 받았다는 사실을 해당 고객에게 알릴 수 없었다. 이는 수긍할 수 있는 부분이었지만, 우리는 다른 측면으로 소송을 제기했다. 표현의 자유를 규정한 수정헌법 제1조에 따르면 우리에게도 폭넓은 정보를 대중과 공유할 권리가 있다고 말이다. 우리는 최소한 우리가 받은 명령의 유형과 개수에 관한 일반적 정보는 이야기할 권리가 있다고 주장했다.

얼마 못 가 우리는 구글도 똑같은 소송을 제기한 것을 알았다. 이게 두 번째 분수령으로 이어졌다. 양사는 지난 5년간 각국 정부 앞에서 서로 다른 주장을 펼치고 있었다. 구글은 윈도를 제한하라고 주장했고, 마이크로소프트는 구글 검색을 제한하라고 주장했다. 우리는 서로를 잘 알았다. 나는 구글의 법무팀장 켄트 워커Kent Walker를 깊이 존경했으나, 누구도 우리를 '친하다'고 말할 수는 없는 사이였다.

그런 우리가 갑자기 같은 편에 서게 됐다. 미국 정부와 새로운 싸움을 똑같이 벌이게 됐기 때문이다. 나는 켄트에게 연락을 해보기로 결심했다. 처음에는 메시지를 교환하려고 했으나 운이 없었다. 7월의 어느 날 아침 우리 엑스박스 팀이 일하던 건물에서 회의를 마치고 나오던 길에 나는 다시 연락을 해보려고 전화기를 꺼내들었다. 조용한 구석 자리를 찾아 자리를 잡고 섰는데 마침 옆에는 마스터 치프Master Chief의 실물 크기 광고판이 서 있었다. 마스터 치프는 우리 헤일로Halo 게임에서 적군에 맞서 전쟁을 이끄는 병사다. 나는 등 뒤에 마스터 치프가 서 있다는 게 어쩐지 마음에 들었다.

켄트가 전화를 받았다. 우리는 전에도 여러 번 대화를 나눴지만 거의 항상 상대 회사에 대한 불만을 논의하기 위해서였다. 하지만 이번에는 달랐다. "힘을 합쳐서 양사가 함께 법무부와 협상을 해보시죠."

이걸 트로이 목마라고 의심했다고 한들 나는 켄트를 원망하지 않았을 것이다. 하지만 켄트는 내 말을 경청했고, 다음날 함께 일해보자고 연락을 해왔다.

우리는 같은 조건으로 정부와의 협상을 끌어내려고 했다. 거의 합의에 다다른 것처럼 보였던 8월말 갑자기 협상이 무산되고 말았다. 우리가 보기에는 국가안보국과 FBI가 바라는 것이 서로 다른 듯했다. 2013년 여름도 거의 저물고 가을로 접어들 때쯤 스노든의 폭로는 계속되고 있었고 미국 정부와 IT 업계의 골은 더 깊어지고 있었다.

그리고 상황을 더 악화시키는 일이 일어났다.

10월 30일 〈워싱턴 포스트〉는 업계를 패닉에 빠뜨리는 기사를 발표했다. "스노든 문서에 따르면 국가안보국이 전 세계 야후, 구글 데이터 센터에 잠입 링크를 만들었다."[26] 기사의 작성자 중 한 명은 저널리스트 바트 겔먼Bart Gellman이었다. 나는 바트와 내가 함께 학부 생활을 했던 프린스턴대학교에서 바트가 〈데일리 프린스터니언Daily Princetonian〉의 기자로 일할 때부터 그를 알았고 존경해왔다. 바트의 기사에 따르면 국가안보국은 영국 정부의 도움을 받아 해저 광케이블에 몰래 잠입하는 식으로 야후와 구글 네트워크에서 데이터를 복사하고 있었다. 국가안보국이 우리 회사의 케이블도 타깃으로 삼았는지 확인할 수 없었으나, 스노든의 문서 중에는 우리 회사의 고객이메일과 메시징 서비스를 언급한 것들도 있었다.[27] 지금까지도 미국 정부와 영국 정부는 데이터 케이블을 해킹했다는 사실을 공개적으로 부인하지 않고 있다.

IT 업계는 경악과 분노가 합쳐진 반응을 보였다. 어떤 면에서 해당 기사는 우리가 스노든 문서에서 도무지 이해할 수 없었던 부분을 이해하게 해주었다. 국가안보국은 우리가 국가 안보 명령과 수색 영장을 통해 합법적으로 공급한 것보다 훨씬 많은 데이터를 보유하고 있을 것이다. 만약 이게 사실이라면 정부는 사실상 국민의 사적인 정보를 대규모로 압수하고 수색하고 있던 셈이었다.

〈워싱턴 포스트〉의 기사는 국가안보국이 영국 정보기관과 합작하여 미국 기술 기업들이 사용하는 케이블에서 데이터를 빼내 사용해 왔음을 시사했다. 어쩌면 아무런 사법적 검토나 감독도 없이 말이다. 우리는 케이블이 교차하는 영국에서 이런 일이 계속해서 일어나고 있을까 걱정했다. 업계 변호사들은 서로 정보를 교환하며 한가지 이론을 세웠다. 우리는 국가안보국이 영국 정부를 통하거나 그들과 합심해 국경 밖에서 활동함으로써 미국의 수정헌법 제4조에 영향받지 않는다고 생각한 듯하다는 이론을 세웠다. 국가안보국은 적법한 절차와 법원의 명령을 통해서만 정보를 압수 수색할 수 있지만 국외에서는 그런 의무가 없다고 판단했을 것이다.

마이크로소프트와 IT 업계는 빠르게 대응했다. 이후 몇 주간 우리는 광케이블을 이용해 데이터 센터를 오가는 모든 데이터뿐만 아니라 데이터 센터의 서버에 저장되는 데이터 자체에도 강력한 암호화 기술을 적용하겠다고 발표했다.[28] 고객들을 보호하기 위한 기본적 단계였다. 이렇게 하면 정부가 케이블을 해킹해 고객 데이터를 빼낸다고 해도 그들이 빼돌린 데이터의 내용이 무엇인지 열어볼 수가 없을 것이기 때문이다.

이런 유형의 암호화 기술을 적용하는 것은 말처럼 쉽지 않다. 그렇게 되면 데이터 센터 컴퓨터의 작업량에 많은 부하가 걸리고 기술적으로도 상당한 작업이 요구된다. 기술팀에서 반길 만한 일이 아니었다. 기술팀의 우려도 이해가 갔다. 소프트웨어를 개발하려면 실현 가능한 일정 내에서 한정된 기술 자원을 가지고 여러 사양 중에 선택을 내려야 한다. 이렇게 암호화 작업을 하게 되면 기술팀 입장에서는 고객들이 추가해달라는 다른 제품 사양 개발이 늦어질 수밖에 없었다. 열띤 토론 후에 CEO인 스티브 발머Steve Ballmer를 비롯한 마이크로소프트의 경영 지도부는 암호화 작업을 서두르는 쪽으로 결정을 내렸다. 다른 IT 기업들도 모두 마찬가지였다.

그해 11월 이런 일들이 한창 벌어지고 있을 때 버락 오바마Barack Obama 대통령이 시애틀을 방문했다. 대통령은 정치자금 모집 행사에 참석 중이었다. 백악관 측은 정식 행사가 끝난 뒤 이 지역 리더들과 후원자 몇몇을 초청해 웨스틴 시애틀 호텔의 스위트룸에서 비공개 칵테일 모임을 열었다. 마이크로소프트를 대표해서 나도 그 자리에 초청되었다.

나는 이 기회에 대통령에게 우리가 소송에서 제기한 수정헌법 제1조 관련 이슈를 잠깐이라도 이야기할 수 있기를 바랐다. 하지만 법무부를 변호하고 있는 변호사들은 우리에게 소송건을 대통령에게 들먹이지 말라고 했다. 변호인단이 그들의 '고객'을 대변하므로 모든 대화가 자신들을 통해야 한다는 것이다. 하지만 오바마 대통령이 도착하기 직전에 나는 보좌관 밸러리 재럿Valerie Jarrett에게 정부 소송과 관계없는 질문은 해도 되는지 물어보았다. 정부의 비합리적 압수 수색을 막는 수정헌법 제4조가 미국 영토 밖에서도 미국인들을 보호해주는 것인지 대통령의 생각을 묻고 싶다고 말이다.

미국 영토 밖에서 미국 기업들이 운영하는 케이블을 국가안보국이 도청했다고 〈워싱턴 포스트〉가 보도한 마당에 나는 이게 중요한 질문이라고 생각했다. 밸러리는 대통령도 이 문제를 흥미롭게 생각할 것 같다고 했다.

밸러리의 생각은 맞았다. 내가 대통령에게 이 문제에 관한 얘기를 꺼내자 오바마 대통령은 헌법학 교수 출신의 면모를 드러냈다. 대통령이 정통하고 있는 헌법학적 지식의 범위는 분명히 내가 기억할 수 있는 범위를 넘어섰지만, 나는 오래된 기억들을 끄집어내어 그런대로 부끄럽지 않은 대화를 나누었다. 그때 대통령이 화제를 바꾸었다.

"다들 정부랑 벌이는 소송에서 합의를 원치 않는다면서요. 기업이 정부를 고소하고 있다고 인식시키는 편이 낫다고 생각하시는 거죠? 맞나요?" 나는 순간적으로 머릿속이 빛의 속도로 돌아갔다. 법무부측 변호사들은 우리가 대통령의 직접적 질문에도 답해서는 안 된다고 하지는 않았다. 그래서 나는 답을 했다. 우리는 합의를 원하는데 정부가 원하지 않는 것처럼 보인다고 말이다. 나는 우리가 걱정하는 바가 무엇인지 설명하고 제대로 된 사람들을 한 방에 모을 수만 한다면 실질적인 진전을 볼 수 있을 거라고 말했다.

몇 주 후 오바마 대통령은 IT 업계 수장들을 백악관으로 초청했다. 크리스마스를 8일 앞두고 예쁘게 꾸며놓은 백악관 집무동은 명절 분위기를 물씬 풍겼다. 보좌진들은 대통령이 하와이로 연례 휴가를 떠나기 전에 남은 업무를 처리하려고 분주했다. 공식석으로는 이 모임이 "보건, IT 조달, 감시 문제."를 다룬다고 백악관은 발표했다. 마치 야구팬들에게 어느 행사에 가면 국가도 부르고 핫도그 먹기 대회도 있는데 월드시리즈 1차전 경기도 열린다고 말하는 것과 비슷했다. 그 추운 겨울 아침에 우리가 워싱턴에 모인 이유를 모르는 사람은 없었다.

백악관 집무동에는 IT 업계의 스타들이 총출동했다. 애플의 CEO 팀 쿡Tim Cook, 구글 회장 에릭 슈미트Eric Schmidt, 페이스북 최고기술경영자 셰릴 샌드버그Sheryl Sandberg, 넷플릭스의 CEO 리드 헤이스팅스Reed Hastings 외에도 십여 명이 더 있었다. 우리는 대부분 서로 아는 사이였다. 여기에 모인 기업들 중 여덟 곳(사실상 모두 경쟁자들)은 얼마 전에 모여 '정부감시개혁Reform Government Surveillance'이라는 새로운 연합을 구성했다. 이날 우리가 모여서 논의하려고 했던 바로 그 이슈에 관해 협력하기 위해서였다. 한바탕 열정적인 인사를 서로 교환한 다음, 우리는 복도에 있는 보관함에 스마트폰을 보관하고 루즈벨트룸으로 들어갔다.

루즈벨트룸은 대통령 한 명이 아니라 두 명의 이름을 딴 것이다. 웨스트윙(집무동)을 건설한 시어도어 루즈벨트Theodore Roosevelt와 그것을 확장한 프랭클린 루즈벨트Franklin Roosevelt 말이다.[29] 반짝거리는 기다란 회의 테이블에 자리를 잡고 앉은 나는 고개를 들어 난로 위에서 웃고 있는 초상화를 바라보았다. 거친 말을 잘 다루었던 시어도어 루즈벨트가 말 위에 올라앉은 모습이었다. 남은 90분 동안의 회의가 너무 거칠어지지 않기를 바랄 뿐이었다.

우리는 우르르 등장한 백악관 식구들과 인사를 나눴다. 오바마 대통령과 조 바이든Joe Biden 부통령이 늘 앉던 테이블 중앙에 자리를 잡았고, 좌우로 수석 보좌진 거의 전원이 참석했다. 대통령이 넷플릭스의 리드 헤이스팅스에게 곧 시작될 TV 시리즈 〈하우스 오브 카드〉와 관련해 안전한 질문을 몇 개 하는 동안 기자단이 사진을 찍었다.

기자단이 방을 나가고 대화는 진지해졌다. 오바마 행정부에서는 이런 모임에서 으레 초청자들이 돌아가며 한 마디씩하는 것으로 회의를 시작했다. 모인 사람이 많다 보니 그것도 시간이 꽤 걸렸다. 대통령은 소크라테스처럼 질문을 하고 논점을 설명하며 대화를 심도 있게 이끌었다.

두 사람만 빼놓고 IT 업계의 수장들은 모두 대규모 데이터 수집을 제한하고 투명성을 높이며 국가안보국에 견제와 균형을 더 많이 시행해야 한다고 강력히 주장했다. 대부분의 경우에 우리는 에드워드 스노든에 관한 얘기를 직접적으로 하지는 않았다. 하지만 돌아가며 대화를 하던 중에 오바마 대통령 근처에 앉아 있던 소셜 게임회사 징가Zynga의 설립자 마크 핑커스Mark Pincus가 스노든이 영웅이라고 주장했다. 핑커스는 이렇게 말했다. "스노든을 사면하고 환영 퍼레이드라도 열어주셔야 해요."[30]

바이든 부통령이 움찔하는 게 눈에 보였다. 오바마 대통령이 말했다. "그렇게는 안 할 겁니다." 대통령은 스노든이 그토록 많은 문서를 가지고 미국을 떠나버린 것은 무책임한 행동이라고 말했다.

다음은 야후의 CEO 머리사 메이어Marissa Mayer가 발언할 차례였다. 메이어는 가져온 폴더를 열더니 신중하게 준비해온 논점으로 말문을 열었다. "다른 분들이 하신 말씀에 모두 동의합니다." 그리고 말을 멈추고 고개를 들었다. 그리고 얼른 핑커스를 가리키며 덧붙였다. "저 분만 빼고요. 저분 말씀에는 동의하지 않아요." 다들 웃음을 터뜨렸다.

이날의 대화는 우리가 처한 어려움을 단적으로 보여줬다. 그 자리의 거의 모든 사람이 대통령에게 정부의 방향을 바꾸라고 압박하기 위해 백악관을 찾았다. 하지만 IT 업계는 오바마 대통령과 진심 어린 어쩌면 따뜻한 관계를 맺게 되었다. 또 상대의 집에서 그 사람에게 이의를 제기하기란 힘든 법이다. 더구나 그 집이 백악관이라면 두말할 필요도 없다.

우리는 모두 공손한 태도를 유지하면서도 입장을 굽히지 않고 정부의 감시에 개혁이 필요하다고 주장했다. 오바마 대통령은 이 문제를 전반적으로 충분히 고민한 것이 분명했다. 대통령은 정부가 대응해야 한다고 생각하는 이슈들을 죽 나열했다. 사람들은 국가안보국이 보유한 데이터를 걱정하지만, 여기 모인 기업들이 보유한 데이터를 합치면 정부보다 훨씬 더 많을 것이라고 반격하기도 했다. "저는 입장이 바뀌지 않을까 하는 생각도 해요."

회의 끝 무렵에 대통령은 비록 제한적이긴 하더라도 미국 정책에 중요한 변화를 꾀할 생각이 있음을 분명히 밝혔다. 이슈 몇 가지를 되짚으면서 더 많은 정보를 제공한다면 대화를 '한층 더 구체적으로' 발전시키겠다고 했다.

그로부터 한 달이 지난 2014년 1월 17일에 오바마 대통령은 정부 감시 개혁으로 가는 중요한 첫 걸음을 내딛었다.[31] 계획을 공개하기 전날 밤 나는 법무부측 변호사들로부터 전화 한 통을 받았다. 그들은 마이크로소프트와 구글이 제기한 소송에 대해 합의안을 제시했다. 지난 8월에 우리가 협상 조건으로 받아들이겠다고 했던 것보다 더 우리에게 우호적인 조건이었다. 합의안이 일단 마련되자 기업들은 새로운 투명성 제고 방안을 추진했다. 국가 안보 영장과 명령에 대해 더 많은 데이터를 공개할 작정이었다. 구글이 가장 먼저 인상적인 모형을 만들며 앞서나갔고, 나머지 우리는 그 뒤를 따르기로 했다.

개인의 사생활을 옹호하는 많은 이들과 고객들에게 오바마 대통령의 연설은 첫걸음이었고 앞으로 더 많은 조치가 필요했다. IT 업계 전반에 걸쳐 우리는 이런 관점을 지지했다. 우리는 문제가 쉽지 않다는 점과 어려운 문제는 아직 남아 있다는 점을 잘 알았다. 미국 기업들이 운영하는 데이터 센터에 미국 정부가 부적절하게 접근하지 않을 거라고 해외 정부와 고객들에게 어떻게 안심시킬 수 있을까? 동시에 대중을 안전하게 보호하는 데 필요한 법적 단계들은 어떻게 밟아가야 할까? 이런 문제들을 해결하려면 수년이 걸릴 예정이었다.

7개월 전 스노든이 훔쳐낸 문서들을 〈가디언〉에 넘겨준 이래 얼마나 많은 것들이 변했는지를 생각하면 놀라운 일이었다. 사람들은 정

부의 감시 범위에 대해 눈을 떴다. 강력한 암호화가 새로운 표준이
됐다. IT 기업들은 정부를 고소하고 있었고, 경쟁자들이 새로운 방식
으로 협업했다.

　세월이 한참 지난 후에도 사람들은 스노든이 영웅인지 배신자인
지를 놓고 다투었다. 둘 다라고 생각하는 사람들도 있었다. 그러나
2014년 초가 되자 두 가지는 분명해졌다. 스노든은 세상을 바꿔났고,
IT 업계 전반에 걸쳐 우리들도 바꿔났다.

# 02

# 기술과 공공 안전

: 거짓말쟁이가 되느니 패배자가 되겠다

대중의 안전은 사법 당국에 의존한다. 그런데 범죄자나 테러리스트를 색출할 수 없다면 그들을 잡을 방법도 없다. 이들을 색출하려면 정보에 효과적으로 접근할 수 있어야 하고, 21세기에 그 정보는 전 세계 최대 규모의 IT 기업들의 데이터 센터에 웅크리고 있는 경우가 많다.

대중을 안전하게 보호하고 사람들의 프라이버시를 지키려고 노력하던 IT 업계는 어느새 우리가 칼날 위에 서 있는 것을 깨닫게 됐다. 우리는 이 문제에 관해 섬세한 균형을 유지하는 동시에 빠르게 변화하는 유동적 세상에도 대응해야 한다.

우리의 대응을 요하는 사건들은 사전 경고도 없이 불쑥불쑥 벌어졌다. 내가 이런 현실과 처음으로 씨름한 것은 2002년이었다. 그해 1월 23일 〈월스트리트 저널〉의 기자 내니얼 펄Daniel Pearl이 파키스탄 카라치에서 납치됐다.[1] 납치범들은 PC방을 이리저리 옮겨다니며 우리 핫메일 서비스를 이용해 몸값을 요구하는 방식으로 파키스탄 경찰의 추적을 따돌렸다. 납치범들은 펄을 돌려보내는 대가로 파키스탄에 있는 테러리스트 용의자들의 석방과 함께 미국에서 출발할 예정이었던 F-16전투기들의 선적을 중단할 것을 요구했다. 파키스탄 정부는 몸값 요구에 응하지 않을 것이 분명했다. 펄을 구해낼 유일한 방법은 그가 어디에 있는지 찾아내는 것뿐이었다.

파키스탄 당국은 발 빠르게 물밑 작업을 시작했다. 미국에 있는 FBI에 협조 요청을 했고, FBI는 우리를 찾아왔다. 국회는 전자통신 프라이버시법Electronic Communications Privacy Act에 비상상황에서의 예외 조항을 만들어두었다. 사망 또는 심각한 부상의 위험이 있는 비상 상황의 경우에 정부가 즉각 조치를 취하고 IT 기업이 빠르게 움직일 수 있게 하기 위해서였다.[2] 펄은 목숨이 위험한 상황이 분명했다.

존 프랭크가 나를 찾아와 상황을 설명했다. 나는 현지 경찰과 FBI와 협조해도 좋다고 승인해주었다. 우리 목표는 납치범들이 사용하는 핫메일 계정을 모니터링해서 그들이 새로 만든 이메일 IP주소를 이용해 지구 반대편의 저들이 앉아 있는 PC방을 찾아내는 것이었다. 우리 팀은 일주일간 FBI 및 파키스탄 현지 당국과 긴밀히 협력하며 납치범들이 인터넷에 접속하기 위해 핫스팟 사이를 옮겨 다니는 것을 추적했다.

우리는 가까이 갔으나 충분하지 못했다. 납치범들은 체포되기 전에 펄을 죽였고, 우리는 망연자실했다. 비록 공개적으로 이야기한 적은 없지만, 펄의 가혹한 죽음은 우리에게 지워진 막중한 책임과 위험을 깨닫게 해주었다.

이 사건은 앞으로 일어날 일들의 작은 전조에 불과했다. 오늘날 사이버공간은 더 이상 주변부가 아니다. 사이버공간은 점점 더 사람들이 조직화하고 현실 세계에서 벌어질 일을 정의하는 공간이 되었다.

대니얼 펄과 관련된 비극적 사건은 또한 프라이버시라는 이름으로 행해지는 판단의 중요성을 강조한다. 이쪽으로 밀어붙이는 프라이버시 그룹과 저쪽으로 밀어붙이는 사법 기관 사이에서 프라이버시와 안전 사이에 중요한 균형이 있다. 그러나 이런 분쟁을 판단하는 판사들과 마찬가지로 IT 기업들도 이런 이슈가 문제가 되는 당사자가 됐다. 우리는 등식의 양쪽을 모두 이해하고 고심해야 한다.

어떻게 해야 좋은 판단을 내릴 수 있느냐는 또 하나의 커다란 과제다. 수색 영장이 제시됐을 때 우리가 180도 방향을 바꿀 수 있는 것은 1980년대에 이메일과 전자 문서가 탄생한 이후 시행착오를 통해 갈고닦은 절차들 덕분이다.

1986년에 로널드 레이건Ronald Reagan 대통령은 전자통신프라이버시법에 서명했다. 당시에는 수정헌법 제4조가 전자메일 같은 것을 보호하게 될 줄은 아무도 몰랐으나, 공화당과 민주당 모두 이런 유형의 법적 보호장치를 마련하기를 바랐다.

워싱턴에서 종종 벌어지는 일이듯이 1986년 의회는 활동의 의도는 좋았으나 그 방법이 간단한 것과는 거리가 멀었다. 전자통신프라이버시법 속에는 저장통신법Stored Communications Act이라는 게 포함되어 있는데, 이 법이 기본적으로 새로운 형태의 수색 영장을 만들어냈다. 상당한 이유가 있으면 정부는 판사에게 가서 이메일 수색 영장을 받는다. 그런데 이 영장을 사건 당사자가 아니라 이메일과 전자 문서가 저장되어 있는 IT 기업에 가서 집행할 수 있었다.[3] 그러면 해당 기업은 의무적으로 이메일을 정부에 넘겨야 했다. 이 법률은 상황에 따라 IT 기업을 사실상 일종의 정부 기관으로 둔갑시켰다.

또한 이렇게 되자 새로운 역학관계가 만들어졌다. 만약 정부가 가정이나 사무실에서 수색 영장을 집행한다면 누군가 그 자리에 있을 가능성이 높고 무슨 일이 벌어지는지 알게 된다. 영장 집행을 막을 수는 없지만 영장이 집행된다는 사실은 알게 되는 것이다. 그리고 만약 자신의 권리가 침해됐다고 생각한다면 존 윌크스처럼 소송을 걸수 있다.

그러나 국회는 정부가 IT 기업으로부터 이메일이나 문서를 취득했다는 사실을 개인이나 회사에 알릴 때 더 복잡한 방법을 채택했다. IT 기업이 영장 집행 사실을 비밀에 부치도록 강제할 수 있는 공개 금지령을 정부가 청구할 수 있게 만들어준 것이다. 이 법령을 통해 정부는 다섯 가지 근거로 비밀 유지를 요구할 수 있었다. 표면적으로는 이 근거들이 부당하게 보이지는 않았다. 예를 들면 영장 집행 사실이 알려질 경우 증거가 파괴되거나 증인에게 위협이 되거나 다른 식으로 수사를 위태롭게 만들 경우 판사는 영장에 비공개 명령을 추가해서 발부할 수 있었다.[4] 따라서 IT 기업이 두 가지 명령을 한꺼번에 받을 수도 있었다. 전자 데이터 파일을 넘기라는 첫 번째 명령과 이 요구를 비밀에 부치라는 두 번째 명령 말이다.

이메일이 아직 흔하지 않던 시절에는 이런 새로운 영장과 공개 금지령도 드물었다. 그러나 인터넷이 폭발적으로 성장하고 수십만 대의 컴퓨터를 보유한 데이터 센터 캠퍼스가 등장하자 삶은 훨씬 더 복잡해졌다. 현재 우리 회사의 사법 및 국가안보 팀Law Enforcement and National Security team에는 준법감시 전문가, 변호사, 엔지니어, 보안 전문가 등 정규 직원만 스물다섯 명이 있다. 전 세계 수많은 로펌의 지원을 받아 활동하는 이들은 마이크로소프트 내부에서는 렌즈팀LENS team으로 알려져 있다. 이들의 미션은 간결하다. 전 세계 각국의 법률에 맞춰 사법 당국의 요청을 검토하고 대응하면서 고객에 대한 우리의 계약 의무를 이행하는 것이다. 작은 일이 아니다. 렌즈팀은 3개 대륙 6개국 7개 지소에서 활동하며 해마다 평균 75개국 이상이 요청한 5만 개 이상의 영장과 소환장을 처리한다.[5] 그중 내용을 요구하는 것은 3퍼센트에 불과하고, 대부분의 경우 당국이 찾는 것은 IP 주소와 주소록, 사용자 접속 데이터다.

마이크로소프트는 보통 이메일을 통해 영장을 수신한다. 그러면 준법감시 매니저는 해당 영장이 판사가 서명한 유효한 요청인지, 당국에 상당한 이유가 있는지, 요청 기관이 해당 정보에 대한 관할권을 가진 곳인지 검토한다. 이들 사항이 모두 충족되면 준법감시 매니저는 당국이 요구한 증거를 우리 데이터 센터에서 추출한다. 그런 다음 영장에 구체적으로 적시된 데이터만 정확히 뽑아냈는지 다시 한 번 확인한 후 요청 기관으로 보내게 된다. 렌즈팀의 어느 직원은 내게 이렇게 설명했다. "간단할 것 같지만, 일을 제대로 처리하려면 시간이 많이 걸려요. 영장 자체도 검토해야 하고, 그에 관련된 계정도 검토해야 하고, 해당 정보를 추출하고, 적절한 내용을 제공하는 것인지 다시 한 번 확인해야 하니까요."

준법감시 매니저가 어느 영장의 내용이 너무 광범위하거나 요청 범위가 해당 기관의 관할 범위를 넘어선다고 판단하면, 해당 사건은 변호사에게 넘어간다. 때로는 영장의 범위를 좁혀달라고 요구하기도 한다. 또 영장이 불법이라고 생각해 요청에 응하지 않을 때도 있다.

렌즈팀의 직원 한 명은 당직을 선다. 즉 정해진 시기에 일주일 동안 전화기를 옆에 두고 자야 한다. 전 세계 어딘가에서 비상상황이나 테러 사건이 발생해 즉각적인 대처가 요구되는 경우를 대비해서다. 전 세계에 큰 일이 있으면 몇 주간 렌즈팀 직원들은 돌아가며 당직을 선다. 나머지 직원이 충분한 수면을 취하면서 기민하게 업무에 임하기 위해서다.

2013년 에드워드 스노든이 국가안보국의 비밀을 공유하면서 사용자 데이터와 관련된 공공 이슈가 폭발하기 시작했을 즈음 마이크로소프트 법무팀에는 새로운 변호사가 팀장으로 합류했다. 에이미 호건 버니Amy Hogan-Burney였다. 날카로운 지성과 신랄한 유머로 무장한

에이미는 금세 팀원들의 지지를 얻었다. 마이크로소프트로 오기 전 에이미는 FBI 본부에 있는 국가안보사업부에서 3년간 변호사로 일했다. 마이크로소프트에서 일하기에 최적의 업무 경험을 쌓은 셈이었다. 물론 어떤 이슈에 대해서는 워싱턴의 옛 동료들과 반대편에 서서 일해야 하는 때도 있겠지만 말이다.

에이미는 새로 맡은 역할에 금세 적응했다. 에이미의 사무실은 내 사무실보다 한층 아래였는데, 점점 더 자주 에이미의 사무실로 내려가고 있는 나를 발견하게 됐다. 에이미의 사무실 옆에는 그해 초 마이크로소프트에 합류한 네이트 존스Nate Jones의 사무실이 있었다. 네이트는 상원 법사위원회, 법무부를 거쳐 오바마 대통령의 국가안전보장회의에서 대테러 활동을 하는 등 미국 정부에서 10년을 넘게 일했다.

에이미는 렌즈팀의 업무를 운영하고, 네이트는 회사의 전반적인 준법감시 전략, 다른 IT 기업과의 관계, 해외 정부와의 협상 등을 담당했다. 세상이 진화한 만큼 두 사람과 렌즈팀 전원도 섬세한 균형을 유지해야 했다. 두 사람은 전 세계 사법기관과 협력해야 했으나 수정헌법 제4조 및 타 국가의 법률에 명시된 프라이버시권을 최전선에서 방어하는 일도 했다. 이들은 회사에 이미 합류해 있던 여러 프라이버시 전문가들과 협업했고, 나는 두 사람의 사무실이 내 사무실과 가까워서 좋았다.

두 사람은 금세 한 몸처럼 움직이기 시작했고 다른 팀원들은 둘의 이름을 합쳐 '네이미'라고 불렀다. 마이크로소프트 전반에 걸쳐 민감한 이슈에 대한 회사의 방침을 검토할 때 사람들은 네이트와 에이미에게 의지했다. 준법감시 매니저들은 핫이슈가 수신함에 도착하면 얼른 한번 살펴보고 서로 얘기를 나눈 다음 네이미에게 즉시 알릴지 여부를 결정했다.

네이트와 에이미는 전 세계의 서류 캐비닛을 보호하는 막중한 책임을 지고 있었다. 그리고 그 책임은 종종 갑작스럽고 극적인 방식으로 더욱 중요해지곤 했다.

2015년 1월 7일 수요일 프랑스의 직장인들이 점심 시간을 앞두고 있던 시각에 두 형제가 파리에 있는 풍자 매거진 〈샤를리 에브도 Charlie Hebdo〉의 본사에 들어가 열두 명을 잔인하게 살해하는 일이 벌어졌다.[6] 알카에다와 연관이 있던 두 범인은 다른 많은 무슬림들처럼 예언자 무함마드를 모독하는 만화가 출판된 것에 앙심을 품었다.[7] 하지만 다른 많은 사람들과 달리 두 형제는 직접 나서기로 했다.

비극은 온 뉴스를 도배했다. 레드먼드에 있던 우리도 전 세계인과 함께 이 끔찍한 사건이 진행되는 과정을 지켜보았다. 커피를 리필하려고 휴게실에 갔더니 직원들이 TV를 보고 있었는데 프랑스 경찰이 탈출한 두 범인을 추적하고 있었다. 얼마 후 프랑스는 군인들까지 동원해 전국적인 수색을 펼쳤고, 또 다른 알카에다 멤버 한 명이 프랑스의 어느 슈퍼마켓을 공격해 사상자가 발생했다.[8] 사건이 일어난 동네와 거리는 내가 아는 곳이었다. 마이크로소프트에 들어와 처음 3

년을 파리에 있는 유럽 본부에서 일했기 때문이다.

전 세계적으로 중요한 사건이었지만 해당 지역에 있는 우리 직원들이 안전하다는 사실을 확인한 것 외에는 딱히 내 업무와 관련이 있어 보이지는 않았다. 그러나 다음날 레드먼드에 동이 텄을 때 상황은 완전히 바뀌어 있었다. 두 테러리스트가 마이크로소프트 이메일 계정을 사용한다는 것을 발 빠르게 파악한 프랑스 경찰이 FBI에 도움을 청했던 것이다. 레드먼드 시각으로 새벽 5시 42분 비상상황이라고 판단한 FBI 뉴욕 지부는 우리 회사에 살해범들의 이메일과 계정 기록을 요청했다. 또 사용자가 로그인한 시각의 컴퓨터나 휴대전화 위치를 알 수 있는 IP주소도 알려달라고 했다. 긴급요청을 검토한 마이크로소프트 대응팀은 45분만에 FBI에 해당 정보를 제공했다. 전국적 수색을 벌이던 프랑스 당국은 다음날 두 테러리스트를 찾아냈고 범인들은 경찰과의 교전 과정에서 사망했다.

파리에서 벌어진 사건은 프랑스뿐만 아니라 전 세계에 충격을 주었다. 테러 공격이 있고 다음번 일요일 프랑스 파리에서는 200만 명의 사람들이 거리로 몰려나와 사망한 저널리스트들을 애도하고 언론의 자유에 대한 단결된 지지를 보여주며 행진했다.[9]

안타깝게도 2015년 파리에서 벌어진 비극은 마지막이 아니었다. 11월의 어느 금요일 저녁 파리 사람들이 한 주의 긴장감을 내려놓으러 하고 있을 때 테러리스트들은 다시 조직적으로 도시 곳곳을 공격했다. 테러리스트들은 극장 안에서, 경기장 밖에서, 식당과 카페에서 자동 소총을 발사했다. 끔찍한 광경이었다. 130명이 죽고 500명 이상이 다쳤다. 제2차 세계대전 이후 파리에서 가장 많은 사람들의 목숨을 앗아간 공격이었다. 테러범 중에 일곱 명은 사망했으나 두 명은 도망쳤다.[10]

프랑수아 올랑드François Hollande 프랑스 대통령은 전국에 비상사태를 선포했다. 이라크와 시리아의 이슬람국가IS가 자신들의 소행이라고 주장했고, 테러범 일부는 벨기에 출신임이 밝혀졌다. 이번에는 2개 국가에 걸쳐 또 한 번 수색 작전이 펼쳐졌다.

유럽 당국과 협업하던 FBI는 다시 한 번 IT 기업들에게 용의자들의 이메일과 계정에 대한 영장과 소환장을 발부했다. 〈샤를리 에브도〉 사건 이후 우리는 테러리스트 공격이 일어날 경우 즉시 대응할 수 있는 준비를 갖춰야 한다는 사실을 배웠다. 이번에는 프랑스와 벨기에 당국이 우리 회사에 14개의 명령을 송달했다. 대응팀은 명령 내용을 검토하고 합법성을 확인한 뒤 요청된 정보를 제공했고, 각 정보를 제공하는 데 채 15분도 걸리지 않았다.

파리에서 일어난 두 사건은 전 세계의 이목을 집중시켰다. 그러나 우리가 주의를 기울여야 했던 것은 그때만이 아니다. 이메일이 도입된 초창기에는 정부가 우리에게 무언가를 요청하는 경우가 드물었다. 하지만 전 세계 70개국 이상에서 한 해에 송달되는 수색 영장과 정부 명령이 5만 건이 넘어가면서부터 우리는 전 세계적인 규모로 업무를 운영해야 했다.

사티아 나델라Satya Nadella는 우리가 나아가야 할 길을 알려주었다. 사티아는 마이크로소프트의 클라우드 사업을 운영하다가 2014년 초 회사의 CEO가 됐다. 그는 그 누구보다 클라우드에 대해 잘 이해하고 있었다. 그는 이 복잡한 이슈에 대해서도 뛰어난 감수성을 발휘했다. 사티아는 인도에서 고위 관료의 아들로 자랐다. 그의 아버지는 인도 독립 이후 수십 년간 고위 관료들을 양성하며 학계의 지도자로 존경받았다. 이런 배경 덕분에 사티아는 정부의 운영 방식을 직관적으로 이해했다. 나는 사티아가 시애틀의 저명한 변호사의 아들로 자란 빌 게이츠와 너무나 비슷해서 깜짝 놀랐다. 빌 게이츠와 사티아 나델라는 두 사람 모두 전형적인 엔지니어이지만, 빌은 변호사처럼 생각할 줄 알았고 사티아는 정부 관료처럼 생각할 줄 알았다. 나로서는 어려운 이슈들에 관해 두 사람과 의논할 수 있었다는 점이 더할 나위 없이 귀중한 경험이었다.

우리가 정부 감시 문제로 한창 어려움을 겪던 2014년 말 사티아는 이 문제에 관한 회사의 접근법에 원칙을 세워야 한다고 말했다. "우리는 어려운 결정들을 어떻게 내릴지 알아야 하고, 고객들은 우리가 그런 결정을 어떻게 내렸는지 알아야 해요. 그러려면 일련의 원칙이 필요하고요."

앞서 10년간도 우리는 어려운 문제들에 대해 비슷한 접근법을 취해왔다. 독점금지법 위반 이슈와 관련해 "윈도의 원칙들: 경쟁 촉진을 위한 열 가지 원칙"이라는 글을 발표했던 것도 그런 활동의 일환이었다. 나는 2006년 워싱턴에 있는 내셔널프레스클럽National Press Club에서 이 원칙들을 공개했다.[11] 당시 연방무역위원회 위원이었던 존 라이보위츠Jon Leibowitz도 이날의 강연에 참석했다. 그는 우리 회사의 독점방지법 위반 소송이 한창 세간의 주목을 받고 있을 때 이 문제와 관련해 우리를 몰아세운 바 있었다. 강연이 끝나고 그는 나에게 와서 이렇게 말했다. "10년 전에 이런 걸 발표했다면 정부도 당신들을 고소하지 않았을 거예요."

사티아가 내준 숙제는 단순한 듯 보였지만 실제로는 그렇지 않았다. 우리는 운영체제부터 엑스박스에 이르기까지 사업 전반에 모두 적용할 수 있는 원칙들이 필요했다. 법률 용어나 기술 용어로 가득 찬 스무 단락짜리 장문의 글이 아니라, 간결하고 기억하기 쉬운 원칙이어야 했다. 늘 짧고 간단한 것이 생각해내기가 어려운 법이었다.[12]

문제는 복잡했으나 출발점은 단순했다. 사람들이 우리 데이터 센터에 저장한 정보는 우리 것이 아니라는 점을 우리는 늘 분명히 알고 있었다. 이메일과 사진, 문서, 메시지의 주인은 여전히 해당 사용자이다. 우리는 사람들의 소유물을 관리하는 관리자이지, 직접적으로 이들 데이터의 주인이 아니었다. 훌륭한 관리자라면 우리 입장만 생각할 것이 아니라, 이들 데이터를 그 주인에게 도움 되는 방식으로 사용해야 한다.

이 점을 출발점으로 삼아 우리는 팀을 구성하고 원칙을 개발하기 시작했다. 그렇게 만들어진 것이 우리가 나중에 '클라우드 서약cloud commitments'이라고 부르게 된 네 가지 원칙, 즉 프라이버시, 보안, 준법, 투명성이다. 나는 회사의 마케팅 담당자들에게 변호사로서 이 복잡한 문제를 네 단어로 요약할 방법을 찾아냈다고 말하게 되어 정말 기뻤다. 당연히 마케팅 담당자들은 이런 일이 처음이라며 칭찬해주었다.

하지만 분명한 원칙을 개발했다고 해도 그 원칙을 실행에 옮기는 것은 또 하나의 힘겨운 과제였다. 팀원들은 각 원칙에 살을 붙이고 교육법을 마련했다. 새로운 상황이 연출되면서 또 다시 어려운 문제가 제기됐을 때 우리는 진짜 테스트를 받게 될 것이다. 그때가 되면 우리가 만든 약속을 지키기 위해 우리가 어디까지 할 수 있는지 결정해야 할 것이다.

그런 어려운 결정을 내려야 하는 때가 얼마 지나지 않아 다시 찾아왔다. 투명성과 관련한 문제였다. 우리는 투명성이 다른 모든 원칙을 지탱하는 핵심임을 잘 알고 있었다. 우리가 하는 일을 사람들이 이해하지 못한다면, 무슨 일을 해도 사람들은 우리를 신뢰하지 않을 것이다.

특히 기업 고객들은 우리가 언제 그들의 이메일이나 기타 데이터에 대한 영장이나 소환장을 받는지 알고 싶어 했다. 우리는 정부가 해당 기업이 아닌 우리에게 법적 명령을 집행하려 하는 경우는 아주 드물다고 생각했다. 개별 범죄자나 테러리스트 용의사와 달리, 훌륭한 평판을 가진 기업이나 사업체는 국경을 넘어 도망가거나 수사를 피하기 위해 불법적인 행동을 할 가능성이 낮기 때문이다. 그리고 정부가 혹시 데이터가 삭제될 것이 걱정된다면, 우리는 제한된 '동결 명령'에 따라 행동할 수 있었다. 정부가 데이터에 대한 접근권을 얻기 전에 우리 고객과 법적인 문제를 해결할 때까지 고객의 데이터를 복사해두면 되는 것이다.

2013년 우리는 기업이나 기관 고객의 데이터에 대한 법적 명령을 받았을 경우 그 사실을 고지하겠다고 공식적으로 발표했다.[13] 공개 금지령이 붙어 있어서 그 사실을 알릴 수 없다면, 우리는 해당 명령을 법정에서 다툴 것이다. 우리는 또한 정부 기관이 우리 고객사의 직원에 대한 정보나 데이터가 필요할 때는 우리가 아닌 고객사를 직접 찾아가도록 안내할 것이다. 이들 고객이 클라우드로 옮겨오기 전에 정부가 했던 방식대로 말이다. 우리는 이 원칙을 고수하기 위해서라면 법정으로 가는 것도 불사할 것이다.

우리가 첫 번째 시험에 든 것은 FBI가 어느 기업 고객의 데이터를 달라고 국가안보 명령서를 내밀었을 때였다. 해당 명령서는 FBI가 우리 고객의 데이터를 원한다는 사실을 고객에게 알릴 수 없게 금지하고 있었다. 우리는 명령서를 꼼꼼히 살폈으나 FBI가 고객으로부터 직접 데이터를 얻지 않고 우리에게 요구하는 이유는 물론이고, 고객에 대한 고지를 금지하고 있는 합리적 근거를 전혀 찾을 수 없었다. 우리는 요청을 거절하고 소송을 제기했다. 사건은 시애틀에 있는 연방 법원으로 가게 됐고, 판사는 우리 주장을 인정해주었다. FBI는 우리의 의지를 실감하고 명령을 철회했다.

그다음 1년 동안 우리 회사의 변호사들은 법무부가 데이터를 필요로 할 때 기업 고객을 직접 찾아가도록 압박했고 많은 진전을 보았다. 그런데 2016년 1월 우리와 뜻이 달랐던 어느 지역의 한 검사가 고객사의 데이터를 요구하며 비밀리에 수색 영장을 집행하려 했다. 해당 검사는 수색 영장에 기한의 제약이 없는 무기한 공개 금지령까지 첨부했다. 우리는 거절했다.

보통은 우리가 입장을 설명하면 정부는 물러섰다. 하지만 이 연방 검사는 뜻을 꺾지 않았고 우리는 어쩔 수 없이 법정까지 가게 됐다.

유럽 출장 중에 아침 일찍 잠을 깬 나는 데이비드 하워드David Howard가 보낸 메일을 보게 됐다. 데이비드는 우리 회사에서 소송 업무 등을 총괄했다. 연방 검사와 로펌의 파트너 변호사로 성공적인 커리어를 쌓던 그는 5년 전 우리 회사에 합류했다. 데이비드는 아무리 어려운 문제가 생겨도 차분함을 유지했고 훌륭한 판단력을 보여줬다. 그가 중요한 리더십을 발휘하면서 우리는 이제 습관처럼 해마다 90퍼센트가 넘는 승소율을 보이고 있었다. 나는 이사회에서 반쯤 농담으로 이렇게 말하기도 했다. "데이비드를 보니까 소송에서 좋은 결과를 내는 게 그리 어려운 일이 아니더라고요. 이길 만한 사건만 싸우고, 질 만한 사건은 합의를 보면 되더라고요." 핵심은 그 두 가지를 구분할 수 있는 데이비드 같은 사람을 보유하는 것이었다.

이번 경우에 데이비드는 우리가 이길 확률이 높지 않다고 보았다.

판사는 우리에게 동조적이지 않았고, 심지어 우리에게 법정 모독죄를 적용하겠다고 위협했다. 데이비드는 회사가 벌금을 받지 않도록 고객 데이터를 넘기자는 게 소송팀의 의견이라고 썼다.

그날 오후 화상회의에서 나는 소송팀에게 항복을 원치 않는다고 말했다. 우리는 이런 유형의 명령이 떨어졌을 때 싸우겠다고 고객과 약속했고, 그 약속에는 소송까지 가서 어려운 싸움을 하는 것까지 포함됐다.

소송팀의 직원 한 명은 우리가 질 것이 뻔한 싸움이라며 값비싼 패배가 될 수 있다고 말했다. 나는 이렇게 말했다. "거짓말쟁이가 되느니, 패소하겠어요. 약속은 약속이니까요." 나는 약속을 깨버린 대가는 그 어떤 비용보다 큰 값을 치르게 될 거라고 느꼈다. 결과가 계속 비공개로 남아 비밀로 유지된다고 하더라도 말이다.

나는 소송팀에게 사건을 끝까지 싸워 패소하여 벌금이 2,000만 달러 이하가 된다면 그것을 '도덕적 승리'로 간주하겠다고 했다. 실제로는 벌금이 그보다 훨씬 적을 것임을 우리는 모두 알고 있었다. 그러니까 적어도 나에게는 어떻게 해도 이 소송은 이긴 소송이라는 것을 내 나름의 방식으로 소송팀에 전달한 셈이었다. 고맙게도 그들은 늘 모든 사건에서 승소하기를 바랐지만 말이다.

마이크로소프트의 소송팀은 외부 변호사들과 함께 주말도 없이 밤낮으로 열심히 일했다. 우리는 소송에서 졌지만 법정모독죄로 인한 벌금은 전혀 내지 않았다. 또 고객들에게는 계속해서 투명성을 지키면서 이런 소송 중에 하나를 졌을 뿐이라고 얘기할 수 있게 되었다. 그리고 가장 중요한 점은 우리가 약속을 지켰다는 사실이다.

우리는 벌어지는 소송마다 이런 식으로 계속 시험을 당할까 봐 걱정했다. 공격으로 태세를 전환할 필요가 있었다. "정부가 매번 싸움을 걸게 내버려둔다면 이런 소송은 이길 수가 없어요." 데이비드의 말이었다. "이런 식의 공개 금지령은 원래 예외가 되어야지, 표준이 되면 안 돼요. 그런데도 정부는 일상적으로 공개 금지령을 내리고 있고요. 이런 광범위한 관행에 대해 법원이 제동을 걸게 만들어야 해요."

데이비드는 기발한 방법을 생각해냈다. 우리는 소위 '선언적 판결(확인판결)'이라는 것을 받아내기로 했다. 그러면 우리의 권리가 명확해질 것이다. 우리는 정부가 전자통신프라이버시법에 나오는 공개 금지령을 일상적으로 내리는 것이 헌법상 주어진 권한을 넘어선 것이라고 주장했다. 우리는 그 전에 1년 반 동안 발행된 영장 기록을 살살이 뒤져서 정부가 개인의 데이터를 요구했던 경우의 절반 이상에 공개 금지령이 붙어 있고, 그중에 절반은 영원히 비밀로 묻어두려 했다는 사실을 찾아냈다.

우리는 다시 시애틀의 연방법원으로 가서 정부를 고소했다. 우리는 수정헌법 제1조에 따라 정부가 우리 고객의 이메일을 압수할 경우 우리는 그 사실을 고객들에게 알릴 권리가 있는데 정부가 공개 금지령을 과도하게 사용함으로써 그 권리를 침해한다고 주상했다. 또한 이런 공개 금지령은 수정헌법 제4조가 보장하는, 우리 고객들이 불법적 압수 수색을 당하지 않을 권리를 침해한다고 주장했다. 무슨 일이 벌어지고 있는지 알 길이 없기 때문에 고객들이 자신의 법적 권리를 주장할 방법이 없다고 말이다.

이 소송은 클라우드에서 사람들의 권리가 보호되느냐는 문제를 정면으로 제기했다. 당시 대법원에서 벌어지고 있던 트렌드에 고무된 우리는 결과를 낙관했다.

2012년 대법원 판사들은 5 대 4의 결정으로 판결을 내려 수정헌법 제4조에 따를 때 경찰이 용의자의 차량에 GPS 추적기를 설치하려면 수색 영장이 필요하다고 선언했다.[14] 다른 판사들은 누군가의 차량에 장치를 부착하는 '물리적 침해'가 있으면 수색 영장이 필요하다고 했으나, 소니아 소토마요르Sonia Sotomayor 판사는 21세기에는 사법당국이 누군가의 위치를 추적하는 데 반드시 물리적 침해가 필요한 것은 아니라고 했다. 누군가의 위치를 원격으로 기록하는 GPS 기능이 내장된 스마트폰이 확산되던 때였다. 이런 스마트폰은 정부가 수년간 캐고 다녀야 할 온갖 종류의 개인 정보를 알려주었다. 소토마요르 판사가 말했듯이 수정헌법 제4조에 따라 이런 유형의 감시에 대해서도 안정장치를 마련하지 않는다면 시민과 정부의 관계가 민주 사회에 해로운 방향으로 변질될 수 있을 것이다.[15]

소토마요르 판사는 우리가 기본적이라고 생각했던 또 다른 부분도 언급했다. 거의 200년간 대법원은 수정헌법 제4조가 널리 공유된 정보는 보호하지 않는다고 말해왔다. 사람들이 더 이상 프라이버시에 대한 합리적 기대를 갖고 있지 않다는 논리였다. 그러나 소토마요르 판사가 언급했듯이 프라이버시는 이제 정보를 공유하면서 이 정보를 누가 볼 수 있고 향후에 어떻게 사용할지까지 결정할 수 있는 능력을 의미한다. 소토마요르는 이런 변화를 명시적으로 언급한 첫 번째 판사였기에 다른 판사들도 이 점을 받아들일지는 큰 의문으로 남아 있었다.

2년 후 답이 나왔다. 2014년 여름 존 로버츠John Roberts 판사는 대법원 전원회의체 판결에 대한 의견서를 썼다.[16] 판사들은 경찰이 누군가의 휴대전화를 수색하려면 영장이 필요하다고 결정했다. 상대가 범죄를 저질러 체포 상태에 있다고 하더라도 말이다. 로버츠 판사는 이렇게 썼다. "현대의 휴대전화는 단순한 기술적 편의가 아니다. 휴대전화에 들어 있는 모든 내용과 그것을 통해 드러나는 모든 내용을 고려한다면, 많은 미국인에게 휴대전화는 프라이버시에 해당한다."

수정헌법 제4조는 원래 집에 있는 사람들을 위해 채택된 것이었지만, 로버츠 판사는 이렇게 설명했다. 현대의 전화는 "흔히 철저한 가택 수색보다 훨씬 더 많은 내용을 정부에게 알려준다. 전화기는 이전에 집에서 발견되던 다수의 민감한 기록을 디지털 형태로 포함하고 있을 뿐만 아니라, 그 어떤 형태로도 집에서 발견될 수 없었던 다양한 사적 정보를 포함하고 있다."[17] 따라서 수정헌법 제4조에 적용을 받는다.

우리는 로버츠 판사가 그다음에 쓴 내용을 보고 환호했다. 퀸시의 우리 데이터 센터 같은 곳에 저장된 파일들에 관해 대법원이 사실상 처음으로 언급한 내용이었다. 그는 "다수의 현대적 휴대전화에서 사용자가 보는 데이터는 실제로는 장치 자체에 저장되지 않을 수도 있다."고 했다. "똑같은 유형의 데이터가 어느 사용자의 경우에는 장치 자체에 저장되고, 다른 사용자의 경우에는 클라우드에 저장될 수도 있다."[18] 휴대전화 수색이 개인의 물리적 소지품에 들어 있는 것보다 훨씬 더 멀리까지 적용된다고 대법원이 처음으로 인정한 대목이었다. 어찌 보면 강력한 프라이버시 보호를 위한 새로운 토대가 클라우드 내부에 마련된 것이다.

이 글은 광범위한 공개 금지령과 관련해 우리가 시애틀에서 항의하고 있던 내용을 직접적으로 언급하지는 않았지만, 더 폭넓은 프라이버시를 주장하는 우리의 대의명분에 힘을 실어주는 순풍이었다. 이제 우리는 그 순풍에 올라타야 했다.

우리는 데이비드의 계획을 실행하기 위해 2016년 4월 14일 소송을 제기했고,[19] 소송은 제임스 로바트James Robart 판사에게 할당되었다. 로바트 판사는 2004년 연방법원 판사가 되기 전까지 시애틀 법조계에서 등대와 같은 사람이었다. 우리는 대형 특허 소송을 비롯해 일전에도 로바트 판사 앞에 서본 적이 있었다. 그는 엄격하지만 똑똑하고 공정한 사람이었다. 로바트 판사는 우리 소송팀을 분주하게 만들었고, 나는 그게 좋은 일이라 생각했다.

소송을 제기하면서 우리는 지난 18개월간의 데이터를 공유했고,

이 데이터는 우리 회사가 개인들과 관련해 2,500건이 넘는 공개 금지령을 받았다는 사실을 보여주었다. 고객들의 개인 정보를 요구하는 법적 절차가 진행되고 있음을 우리가 고객들에게 사실상 말할 수 없게 만든 명령들이었다.[20] 놀랍게도 그중에 68퍼센트는 공개 금지 명령이 끝나는 날짜가 전혀 언급되어 있지 않았다. 이 말은 곧 정부가 우리 고객들의 데이터를 취득해갔다는 사실을 우리가 고객들에게 영원히 알릴 수 없다는 뜻이었다.

우리는 법무부의 현재 관행에 대해 우리의 우려를 더 나은 접근법을 담은 청사진과 연계해야겠다고 생각했다. 우리는 더 큰 투명성을 요구했다. 우리가 '디지털 중립성digital neutrality'이라고 이름 붙인 것, 그러니까 어디에 어떤 식으로 저장되어 있든 사람들의 정보가 보호되어야 한다는 인식을 요구했다. 이것이 필요성 원칙과 균형을 이뤄야만 공개 금지령이 내려지더라도 수사에 꼭 필요한 부분으로 제한될 수 있었다.

정부는 소송이 시작되기도 전에 반격해왔다. 법원에 우리가 제기한 소송을 각하해달라고 신청한 것이다. 정부는 수정헌법 제1조에 따를 때 우리가 고객에게 알릴 권리 자체가 없으며, 수정헌법 제4조에 따라 고객의 권리를 옹호할 근거도 전혀 없다고 주장했다. 우리는 소송에서 각하당하지 않는 것이 중요한 터닝포인트가 되겠다고 결론 내렸다. 소송이 각하되지만 않는다면, 우리는 정부가 비밀 엄수 명령을 광범위하게 사용하고 있음을 보여주는 정부 데이터를 손에 넣을 수 있을 테고, 그 데이터를 이용해 끝까지 우리 주장을 밀어붙일 수 있을 가능성이 높았다.

우리는 더 폭넓은 지원군이 필요하다고 판단했다. 그래서 여름 내내 지원군을 모집하는 작전을 펼쳤다. 9월 첫째 월요일 노동절까지 우리는 80명 이상의 지원자를 법정 조언자나 의견서 형태로 우리 소송에 합류시켰다. 여기에는 기업, 언론, 심지어 법무부나 FBI의 전직 관료를 포함해 정보통신기술 업계의 각계 각층을 대표하는 사람들이 포함되어 있었다.[21]

2017년 1월 23일 우리는 로바트 판사의 법정에 섰다. 우리가 항복하는 대신 공개 금지령에 맞서 싸우겠다고 결정한 지 1년하고도 이틀이 지난 시점이었다. 우리에게는 정부의 각하 신청에 대한 공개 심문 기회가 생겼고, 법정의 제일 앞줄에는 우리를 지지하는 전직 법무부 관료들이 자리하고 있었다.

2주 후 로바트 판사는 우리가 제기한 소송을 진행할 수 있다고 결정했다.[22] 로바트 판사는 우리가 수정헌법 제4조에 따른 고객의 권리를 방어할 권리가 없다는 정부측 주장은 인용했으나, 수정헌법 제1조를 근거로 우리가 소송을 이어갈 수는 있다고 판단했다. 그렇게 해서 우리는 싸움을 이어갈 수 있게 됐다.

법무부가 우리 사건에 주목하면서 우리 주장을 좀더 진지하게 생각하기 시작했다. 우리는 회의를 가졌고 숱한 토론 끝에 법무부는 검사들이 언제 공개 금지령을 청구할 수 있는지 분명한 한계를 설정한 새 정책을 발표했다. 이와 함께 법무부는 기업에 대한 영장 청구의 경우 검사들이 클라우드 사업자를 찾기 전에 기업을 직접 찾도록 하는 새로운 지침도 만들었다. 우리는 만족했고, 이 새로운 접근법이 꼭 필요할 때에만 정해진 기간 동안 비밀 유지 명령을 사용하도록 하는 데 도움이 될 것이라고 공개적으로 밝혔다.[23] 양측은 공개 금지령 소송을 끝내기로 합의했다.

이 결과는 프라이버시와 안전 사이에 균형을 유지하는 것이 얼마나 어려운 문제인지 잘 보여준다. 소송은 흔히 과도한 수단이 되기 쉽다. 소송 그 자체로는 현재의 절차가 합법적인지 여부밖에 판단하지 못한다. 기술을 어떤 식으로 운영해야 하는지 새로운 제안을 내놓지는 못한다. 그런 제안을 내놓기 위해서는 진짜 대화가 필요하고, 때로는 협상, 또는 새로운 입법이 필요할 수도 있다. 우리의 경우 소송으로 필요했던 역할을 했다. 모두를 협상 테이블로 불러와 미래에 관해 토론하게 만들었기 때문이다. 그러나 다른 이슈들과 관련해 사람들을 한자리에 모으는 일은 여전히 쉽지 않았고, 더 어렵고 중요한 도전이 다가오고 있었다.

# 03

# 프라이버시

## : 기본적 인권

2018년 겨울 베를린에서 공개 행사와 줄줄이 이어진 회의로 힘든 하루를 보냈던 우리는 그만 일과를 마치고 싶었다. 하지만 독일 지부 소속이던 더크 보너먼Dirk Bornemann과 탄야 보엠Tanja Boehm은 생각이 달랐다. 두 사람은 마지막으로 한 곳만 더 들르자고 했다. 도시의 동북부에 위치한 옛날 감옥이었다.

일주일 전만 해도 이렇게 바람을 쐴 수 있는 기회는 우리의 호기심을 자극했었다. 그러나 얼어붙을 듯한 날씨와 시차로 인해 우리는 열정이 많이 수그러든 상태였다. 그럼에도 결국 이날의 방문은 그해 가장 기억에 남는 일 중 하나가 됐다.

베를린의 거리를 가로지르는 동안 겨울 햇빛은 희미해졌다. 차창 밖으로 건축물들이 빨리감기를 하는 필름처럼 지나가며 이 도시의 과거를 들려주었다. 프로이센과 독일 제국, 바이마르 공화국, 나치 시대까지 거슬러 올라가는 건축물들이 멀어지고, 공산주의 시대의 무미건조한 콘크리트 건물들이 나타났다. 목적지가 다가온다는 뜻이었다. 우리가 방문한 곳은 동독 시절 감옥으로 사용된 호헨쇤하우젠기념관Hohenschönhausen prison이었다.

한때 일급기밀 군사시설이었던 이곳은 동독 비밀경찰의 본부로 사용됐다. 비밀경찰은 동독의 '방패이자 검' 역할을 하며, 억압적 감시와 심리 조종으로 나라를 호령했다. 베를린 장벽이 무너질 때쯤 비밀경찰은 거의 9만 명에 가까운 첩보원을 고용하고 있었고, 60만 명이 넘는 '시민 감시단'으로 구성된 비밀 조직이 그들의 활동을 뒷받침했다. 시민 감시단들은 동독의 동료들과 이웃들, 때로는 자신의 가족까지 염탐했다.[1] 비밀경찰은 어마어마한 숫자의 기록과 문서, 사진, 영상, 녹음 자료를 수집했는데, 일렬로 세웠다면 110킬로미터가 넘었을 것이다.[2] 제2차 세계대전 끝 무렵부터 냉전이 끝날 때까지 도주 위험이 있거나 정권에 위협이 되거나 반사회적이라고 간주된 시민들은 호헨쇤하우젠에 구금되어 협박과 취조를 당했다.

옛 감옥의 정문이 활짝 열리고 우리는 콘크리트로 된 망루를 지나 차를 세웠다. 그리고 75세의 전직 죄수 한스요헨 샤이들러Hans-Jochen Scheidler를 만났다. 운동선수처럼 탄탄한 몸매에 사람 좋은 미소는 그가 75세이고 이곳에서 고초를 겪었다는 사실을 믿기지 않게 만들었다. 우리와 열정적으로 악수를 나눈 샤이들러는 그가 암울한 7개월을 보냈던 거대한 회색 건물 안으로 우리를 안내했다.

1968년 샤이들러는 물리학 박사학위를 따기 위해 베를린을 떠나 프라하에 있는 카를대학교로 갔다. "그 프라하의 봄이 내 인생에서 가장 행복했던 때이지요." 그는 그해 프라하에서 제약이 줄어들고 정치적 자유화가 진행되었던 일을 떠올렸다. "그곳에서 주말마다 프라하의 봄을 만끽했어요."[3] 그러나 체코슬로바키아의 자유화 운동은 빠르게 끝났고, 바르샤바조약기구의 50만 대군이 체코로 밀고 들어와 개혁을 진압했다.

그해 8월 스물네 살의 샤이들러는 베를린의 집에서 그 충격적인 뉴스를 들었다. 그가 '조금 더 인간적인 버전'의 사회주의라고 생각했던 새로운 시대에 대한 꿈이 강탈당했다. 이에 항의하는 뜻으로 샤이들러와 네 명의 친구들은 그날 밤 소비에트 정권을 비판하는 작은 팸플릿을 인쇄해 동베를린의 집집마다 다니며 우편함에 밀어넣었다.

현행범으로 체포된 그들은 그날 밤 모두 비밀경찰에 체포되어 지금 우리가 서 있는 바로 이곳으로 보내졌다. 그는 우리가 방문한 작고 어두운 감방에서 7개월을 보냈다. 다른 재소자들을 보는 것도, 다른 사람과 얘기하는 것도, 심지어 신문 한 조각 읽는 것도 금지됐다. 샤이들러의 부모는 아들이 어디에 있는지 왜 사라졌는지조차 알지 못했다. 그는 잔인한 심리적 고문을 당했고, 석방된 후에도 자신이 선택한 물리학 분야에서 공부를 하거나 일하는 것이 허용되지 않았다.

갑자기 그날 우리의 방문 목적이 분명해졌다.

오늘날 세계의 많은 정치 운동은 샤이들러의 시절처럼 길거리에서 시작되지 않는다. 전자통신과 소셜 미디어는 사람들이 지지를 동원하고 메시지를 전파하고 반대의 목소리를 낼 수 있는 플랫폼을 제공하면서 프라하의 봄 시절 같으면 몇 주가 걸리던 일을 수일 만에 해내고 있었다. 1960년대에 한스요헨이 했던 일은 지금으로 따지면 이메일을 보내는 것이고, 말하자면 그는 '보내기' 버튼을 누르다가 체포된 셈이다.

마이크로소프트 내부에서 프라이버시 이슈를 토론하면서 우리는 독일 정부가 새로운 법률을 제정하고 시행하는 데 주도적인 역할을 하고 있다는 얘기를 자주 했었다. 더크와 탄야는 왜 독일인들이 이런 이슈를 그토록 중요하게 생각하는지 우리가 직접 목격하기를 바랐다. 방대한 양의 개인 데이터를 다루는 관리자로서 IT 기업들은, 나치와 비밀경찰 아래서 고통 받았던 유일한 국민들 못지않게, 데이터가 나쁜 놈들의 손아귀에 들어갈 위험성을 잘 인식해야 한다. 더크는 이렇게 말했다. "이 감옥에 왔던 많은 사람들이 사생활이 보호되어야 하는 집에서 했던 일 때문에 체포됐어요. 국민들을 통제하기 위해 고안된 총체적 감시 체제였던 거지요."

나치와 비밀경찰 밑에서 겪었던 경험 때문에 현대 독일인들은 전자 감시를 경계하게 되었다고 더크는 설명했다. 그리고 스노든의 폭로는 그런 의심을 더욱 강화시켰다. 더크는 이렇게 말했다. "만약 데이터가 수집된다면 언제든 남용될 수 있어요. 전 세계 곳곳에서 사업을 하는 우리는 시간이 지나면 각국 정부도 변할 수 있다는 사실을 기억하는 게 중요해요. 이곳에서 벌어진 일을 보세요. 정치, 종교, 사회적 관점 등 국민들에 관해 수집된 데이터는 나쁜 놈들의 손에 들어가 온갖 문제를 야기할 수 있어요."

레드먼드로 돌아와 직원들과 프라이버시에 관한 이야기를 나눌 때에도 샤이들러의 이야기는 우리가 고객 데이터를 다룰 때 무엇이 걸려 있는지를 잘 조명해주었다. 프라이버시는 단순히 우리가 준수해야 할 규제가 아니라 보호할 의무가 있는 기본적 인권이었다.

샤이들러의 이야기는 또한 클라우드 컴퓨팅이 글로벌화되었을 때, 그저 단순히 해저에 광케이블을 깔고 다른 대륙에 데이터 센터를 짓는 문제가 아니라는 점을 사람들이 이해하도록 도와주었다. 그것은 우리가 다른 나라의 문화에 적응하면서도 타인의 프라이버시권을 존중하고 보호함으로써 핵심 가치에 대한 우리의 약속을 지킨다는 뜻이었다.

10년 전에는 정보통신기술 업계에서도 우리가 그저 미국에 있는 데이터 센터에서만 전 세계 고객들을 상대로 서비스를 제공할 거라고 생각한 사람들이 있었다. 그러나 현실을 겪으면서 그런 개념은 깨졌다. 사람들은 사진이나 그래픽이 있는 문서 또는 이메일, 웹페이지 등이 자신의 전화기나 컴퓨터에 즉시 로딩되기를 바랐다. 소비자 테스트를 해보면 사람들은 0.5초의 시간 지연도 짜증스러워했다.[4] 물리 법칙에 따르면 이런 콘텐츠들이 케이블을 타고 지구를 반바퀴를 돌아가지 않으려면 더 많은 국가에 데이터 센터를 지어야 했다. 우리가 '데이터 대기' 또는 '전송 지연'이라고 부르는 것을 줄이는 데는 이런 지리적 근접성이 핵심이다.

퀸시에 있는 우리 데이터 센터가 기공식을 하기 전부터 우리는 이미 유럽에서 미국 외부의 첫 번째 데이터 센터가 될 곳을 물색하기 시작했다. 초기에는 영국이 유력했으나 곧 아일랜드도 후보에 올랐다.

1980년대부터 아일랜드는 미국 IT 기업에게는 제2의 고향 같은 곳이었다. 마이크로소프트는 IT 기업 최초로 아일랜드에 대규모 투자를 감행했다. 처음에 기업들을 아일랜드로 끌어들인 것은 세금 혜택과 영어 사용 인력이었다. 아일랜드는 유럽연합 회원이라는 점과 타지인들을 환대하는 분위기를 이용해 처음에는 유럽 전역에서, 다음에는 전 세계 곳곳에서 사람들이 그곳으로 와서 살고 일하게끔 만들었다. 특히 더블린 지역이 그랬다. 그런 노력이 켈틱 호랑이(20세기 말 고성장을 이룩한 아일랜드의 별명. – 옮긴이)를 먹여 살렸고 이 작은 국가의 새로운 부흥을 견인했다. 마이크로소프트는 이런 성장에 참여하고 기여한 점을 자랑스럽게 여겼다.

1980년대에 유럽의 고객들이 우리 소프트웨어를 설치할 때 이용했던 CD롬도 아일랜드에서 제조했다. 하지만 소프트웨어가 클라우드로 이행하면서 아일랜드인들은 CD 사업이 결국에는 사라질 것임을 깨달았다. 아일랜드는 경제적으로 새로운 도박이 필요했다.

아일랜드 정부의 기업무역고용부Department of Enterprise, Trade and Employment는 이런 미래를 노련하게 내다보고, 데이터 센터를 유치할 수 있는 토대를 닦았다. 우리가 이제 막 클라우드의 중요성을 깨달았을 때, 그들은 레드먼드로 우리를 찾아와 마이크로소프트의 첫 번째 유럽 데이터 센터를 더블린 근처에 짓자고 했다. 방문단 중에는 로널드 롱Ronald Long이라는 이름의 고위 관료가 있었는데, 나는 런던에서 코빙턴앤벌링Covington & Burling의 변호사로 일하던 시절 그와 함께 일해본 경험이 있었다. 더블린에서 그와 함께 어려운 어느 공공정책 이슈를 고민하며 한나절을 보냈었다.

레드먼드에서 열린 회의에서 나는 잠시 주저하며 마이크로소프트가 첫 번째 유럽 데이터 센터를 아일랜드에 짓는 것은 그냥 실현 가능하지가 않다고 설명했다. 아일랜드에서 유럽 대륙을 연결하는 고속 광케이블이 없는데, 아일랜드에 데이터 센터를 짓는다는 것은 어불성설이었다.

로널드의 대답은 간단했다. "석 달만 주세요."

그 말에 어떻게 거절을 하겠는가?

석 달 후 아일랜드 정부는 우리에게 꼭 필요한 유형의 케이블 계약을 체결했다. 그리고 우리는 더블린 남쪽에 데이터 센터를 짓는 일에 착수했다. 시작은 작은 건물 하나였다. 그리고 차츰차츰 건물을 늘려나갔다.

2010년 마이크로소프트는 유럽 전역의 고객 데이터를 아일랜드에 저장하기 시작했다. 지금은 유럽 여러 국가에 우리 데이터 센터가 있지만, 아일랜드에 있는 데이터 센터 캠퍼스만큼 큰 곳은 없다. 아일랜드 캠퍼스는 미국에 있는 마이크로소프트 최대 시설에 필적하는 규모로 3.2제곱킬로미터에 달한다. 아마존과 구글, 페이스북에서 운영하는 대형 데이터 센터와 함께 우리 데이터 센터는 아일랜드가 작은 섬나라에서 데이터 초강대국으로 변신하는 데 일조했다.

현재 아일랜드는 전 세계에서 데이터 센터를 짓기에 최적의 장소다. 세제 혜택 때문이라고 생각하는 사람들도 있겠지만, 실은 다른 요소들이 훨씬 더 중요하다. 한 가지는 날씨다. 데이터 센터들이 전 세계에서 가장 많이 전기를 소비하는 시대에 아일랜드의 온화한 기후는 컴퓨터에 이상적인 기온을 제공한다. 건물에는 냉방이 필요 없으며, 서버 자체에서 재순환되는 열기로도 겨울철 건물 난방에 충분한 경우가 많다.

그러나 날씨보다 더 중요한 것은 아일랜드의 정치 풍토다. 아일랜드는 유럽 연합의 일부인 동시에 사람들의 인권을 존중하고 보호해야 한다는 인식이 오랫동안 유지된 지역이다. 데이터 보호를 담당하는 정부 기관은 강력하지만 실용주의적이며 기술을 잘 이해하고 IT 기업들이 사용자의 개인 정보를 보호하도록 보장한다.

나는 중동의 국가들을 방문했을 때 그곳 관료들에게 이렇게 말했다. "돈이 스위스로 간다면, 데이터는 아일랜드로 가는 거죠." 다시 말해 아일랜드는 사람들이 자신의 가장 귀중한 개인 정보를 저장하고 싶어할 만한 곳이다. 베를린에서 우리가 방문했던 비밀경찰 감옥 같은 곳을 절대로 만들려 하지 않을 것 같은 나라이다.

안타깝게도 전 세계적으로 데이터 센터를 운영하는 일은 단순히 데이터를 아일랜드 같은 곳에 보관하는 것보다 훨씬 복잡한 일이 됐다. 그 이유는 자기네 국경 안에 데이터를 저장하기를 바라는 나라들이 늘어났기 때문이다. 이런 전망이 IT 기업들에게는 결코 환영할 만한 일은 아니지만, 일견 이해가 가기도 한다. 어찌 보면 국가 위상이 달린 일이기 때문이다. 또한 국내에 데이터 센터가 있다면 정부가 국내 모든 데이터에 대해 자국의 법률을 적용하고 수색 영장을 발부하는 것이 보장된다.

더 많은 국가에 데이터 센터를 설치하라는 압박은 세계에서 가장 중요한 인권 이슈를 일으키기도 한다. 모든 사람의 개인 정보가 클라우드에 저장된다면 광범위한 감시를 지향하는 권위주의 정권은 사람들의 통신 내용뿐만 아니라 사람들이 온라인으로 보고 읽는 것까지도 모니터링하라는 무시무시한 요구를 할 수도 있다. 그리고 이런 정보로 무장한 정부는 그들의 위협이라고 판단하는 개인들을 기소하고, 핍박하고, 심지어 처형할 수도 있다.

이는 정보통신기술 업계에서 일하는 모든 사람이 매일매일 명심해야 할 엄중한 현실이다. 이 시대 경제 업종 중에 가장 수익성 높은 곳에 종사한다는 점은 행운이다. 그러나 IT 업계에 걸린 돈은 사람들의 자유와 생명에 관해 우리가 지는 책임에 비하면 초라한 수준이다.

이런 이유로 새로운 국가에 마이크로소프트의 데이터 센터를 설치하기로 할 때는 매번 인권에 대한 상세한 평가가 요구된다. 나는 조사 내용을 검토하고 그 내용이 우려스러울 때는 직접 참여한다. 특히나 최종 결정이 '안 된다'일 때는 말이다. 인권 문제가 너무 심각하기 때문에 우리가 데이터 센터를 설치하지 않았고 앞으로도 설치하지 않을 국가들도 있다. 또 인권 문제가 딱히 없는 국가들에서도 우리는 기업 데이터는 저장해도 소비자 데이터는 저장하지 않으며, 추가적인 안전판을 마련하고 경계를 늦추지 않는다. 새로운 요구는 갑작스럽게 극적인 위기를 만들어낼 수 있다. 클라우드를 책임지는 사람들의 윤리적 용기를 시험하는 날들이 있다.

이런 것들이 모두 순조롭게 진행되고 아일랜드 같은 곳에 데이터를 저장하면서 프라이버시를 보호하려고 해도 모든 것을 무위로 돌릴 수 있는 두 번째 역학관계가 있다. 어느 국가의 정부가 IT 기업에게 다른 국가에 저장된 데이터를 넘기라고 요구할 때다. 인권을 보호할 수 있는 정해진 절차가 없다면 세계 곳곳의 국가들이 서로의 국경을 넘으려고 시도할 수 있다. 아일랜드 같은 안전지대까지 말이다.

어찌 보면 이게 새로운 이슈는 아니다. 수백 년간 전 세계 정부는 수색 영장을 포함해 정부의 권한은 국경 내에서만 유효하다고 의견의 일치를 보았다. 각국 정부는 자국 영토 내에서는 사람들을 체포하고 집이나 사무실, 건물을 수색할 권한을 가졌지만, 다른 나라를 급습해 사람을 납치하거나 문서를 없앨 수는 없었다. 반드시 주권국의 정부를 통해야만 했다.

한때는 여러 나라의 정부가 이런 체계를 무시하던 시절도 있었다.

국경을 존중하지 않자 국제 긴장이 높아졌고, 결국에는 영국과 미국 사이의 1812년 전쟁 같은 사건이 벌어졌다. 양국 사이의 적대감이 고조됐을 때 영국 해군은 바다를 지배하고 있었으나 나폴레옹과의 해전으로 일상적인 선원 부족에 시달렸다. 줄어든 선원을 보충하기 위해 영국은 해외 선박과 항구에 '강제 징집대'를 보내 남자들을 납치하고 강제로 해군에 입대시켰다. 왕의 군대가 영국의 신민들을 뽑아간다는 논리를 내세웠으나, 실제로는 붙잡힌 이들의 국적 같은 건 따지지도 않았다. 그들은 무차별적으로 사람들을 붙잡았고 일부 미국 시민에게도 영국 해군에 복무하도록 강요했다는 사실이 폭로되자 미국은 가만히 있을 수 없었다. 이 신생 국가는 무장한 영국 선박이 미국 항구에 정박하는 것을 전면 금지했다. 메시지는 분명했다. '우리 법을 존중하든지, 아니면 이 나라를 떠나라.'[5]

1812년 전쟁을 겪고서야 양국 정부는 정신을 차리고 상대의 주권을 존중하기로 합의했다. 국제 조약이라는 새로운 분야가 등장해 타국 소재의 범죄인 인도와 정보에 접근하는 절차가 만들어졌다. 이렇게 새로운 합의들을 흔히 '상호 사법공조 조약MLAT'이라고 불렀다.[6] 하지만 지난 10년간 이런 사법공조 조약이 클라우드 컴퓨팅 시대에는 종종 적합하지 않다는 사실이 분명해졌다. 사법기관들은 사법공조 조약상의 절차를 따르는 데 걸리는 시간에 답답함을 느꼈고, 각국 정부는 합의를 업데이트하여 절차를 간소화할 방안을 논의했으나 진전이 더뎠다.[7]

데이터가 클라우드로 옮겨가면서 사법기관들은 사법공조 조약을 우회할 방법을 찾았다. 사법기관들은 관할권 내에 있는 IT 기업에 이메일과 전자문서를 요구하는 방식으로 영장을 집행하려고 했다. 해당 파일들은 타국의 데이터 센터에 저장되어 있는데도 말이다. 사법기관들이 보기에는 더 이상 사법공조 조약에 기댈 필요가 없었다. 자신들이 뭘 하고 있는지 다른 나라 정부에 이야기할 필요조차 없었다.

그러나 대부분의 정부는 IT 기업이 법적 보호장치를 우회하여 자국민의 데이터를 타국에게 건네주는 것이 달갑지 않았다. 1986년 미국 의회는 전자통신프라이버시법을 제정하면서 다른 국가가 이런 방법을 쓰지 못하도록 금지하는 조항을 포함시켰다. 외국인들이 강제징집대처럼 디지털 데이터를 강탈해가는 것을 원치 않았기 때문이다. 전자통신프라이버시법은 해외 정부의 합법적 요구에 따른 것이라고 하더라도 미국의 IT 기업이 이메일 같은 특정 유형의 디지털 데이터를 넘겨주는 것을 범죄로 규정했다. 마찬가지로 1968년 도청규제법Wiretap Act은 다른 나라의 정부를 위해 미국 내에서 통신을 가로채거나 도청하는 것을 범죄로 규정했다. 기업들은 상호 사법공조 조약에서 정한 기존의 국제 절차를 이용해야 했다.

유럽의 법률은 미국만큼 명시적이지는 않지만, 우리는 유럽인들의 관점도 미국인들만큼이나 중요하다는 사실을 알고 있었다. 유럽인들은 미국 관료들 못지않게 타국 정부가 자신들의 영토에 영향력을 행사하는 것을 좋아하지 않았다. 특히나 유럽연합과 그 회원국들은 이미 시민들의 프라이버시권을 보호하기 위해 강력한 법규를 제정해두었다. 우리는 1800년대 초 미국 항구에 정박한 영국 선박들처럼 우리가 현지법을 존중하기로 했을 때에만 우리 데이터 센터가 유럽 땅에서 환영받으리라는 사실을 알고 있었다.

그러나 클라우드 컴퓨팅이 보편화되고 데이터 접근성이 커지면서 여러 나라의 정부는 일방적 조치로 타국에 있는 데이터를 이용하려는 저항할 수 없는 유혹에 시달렸다. 사건 하나하나를 개별적으로 보면 이해할 만한 일이었다. 사법 기관의 수사관들은 정보가 필요했고 최대한 빨리 그 정보를 입수하고 싶어 했다. 굳이 긴 시간을 들여 타국 정부와 기나긴 사법공조 절차를 밟을 필요가 무엇인가? 바로 몇 블록 아래에 사무실이 있는 어느 IT 기업에 가서 힘을 쓰면 더 빠를 텐데 말이다. 만약 상대 정부가 항의한다고 하더라도 결국 후폭풍을 감당하게 되는 것은 지방 검사보다는 해당 기업이 될 것이다.

마이크로소프트는 이런 새로운 형태의 싸움 중간에 끼어 양쪽에서 날아오는 총알을 피하고 있는 현실을 맞닥뜨렸다. 이런 도전을 전형적으로 보여주는 사건이 두 국가에서 일어났다.

하나는 브라질이었다. 2015년 1월의 어느 날 아침 브라질 지부의 간부 한 명이 레드먼드에서 열린 세일즈 미팅에 참석했다가 전화를 받으려고 복도로 나갔다. 아내에게서 걸려온 전화였다. 상파울로에 있는 집에서 전화를 건 아내는 몹시 흥분해 있었다. 브라질 경찰이 그를 체포하러 와서 그가 어디에 있냐고 찾고 있다는 것이었다. 브라질 경찰은 건물 문을 부수고 들어와 그의 아파트를 점거했다. 그의 죄목은 대체 뭐였을까? 마이크로소프트에서 일한다는 사실이었다.

브라질 경찰은 우리에게 당시 브라질 법에 따라 수사 중이던 어느 범죄와 관련된 개인 통신 내역을 넘기라고 우겼다. 하지만 당시 브라질에는 우리 데이터 센터가 없었고, 그렇다면 그 일은 물리적으로 미국에서 일어날 수밖에 없었다. 우리는 그게 미국법 하에서 범죄가 된다고 설명했다. 그리고 양국 간에 이미 체결되어 있는 상호 사법공조 조약상의 절차를 이용하라고 촉구했다. 브라질 당국은 우리가 제안하는 내용이 자신들의 수사에 별로 도움이 안 된다고 생각했다. 저들은 이미 비슷한 상황에서 상파울로에 있는 우리 회사의 다른 간부를 상대로 형사 소송을 건 적이 있었고, 마이크로소프트에 부여한 벌금도 매달 증가하고 있었다.

우리는 네이트 존스에게 브라질 관료들과 협상을 좀 해보라고 했다. "우리는 꼼짝할 수 없는 상황인데 이 브라질 암초는 꿈쩍도 하려고 하지 않았던 거죠." 네이트는 나중에 그렇게 말했다.

네이트는 레드먼드에 있는 안전한 사무실에서 이 문제를 계속 상대할 수 있었지만, 브라질 현지에 있는 간부들에게는 상황이 녹록치 않았다. 상파울로 당국은 우리 간부 중 한 명을 잠깐 구속하기도 했고, 몇 년째 범죄 혐의를 벗겨줄 생각도 하지 않았다. 우리는 이 간부를 방어하는 데 필요한 비용을 기꺼이 감당할 생각이었고, 원한다면 간부와 그 가족들을 브라질 밖으로 옮겨주겠다고 했다. 또 회사에 부과된

2,000만 달러가 넘는 벌금에 대해서도 항소해보기로 했다.

두 번째 도전은 미국에서 발생했다. 2013년 말 마약 밀매 수사와 관련해 이메일 기록을 요구하는 영장이 도착했다. 흔히 있는 일이었으나, 해당 계정을 잠깐 검토해보니 그렇지가 않았다. 해당 이메일들의 주인은 미국 시민이 아닌 것으로 보였다. 또 해당 정보는 미국 땅이 아닌 아일랜드에 저장되어 있었다.

우리는 FBI와 법무부가 아일랜드 정부에 공조를 요청하기를 바랐다. 무엇보다 미국과 아일랜드는 긴밀한 우호적 동맹 관계로 양국은 상호 사법공조 조약을 체결해놓고 있었다. 우리는 더블린에 있는 관리들과 얘기를 나눴고 그들이 기꺼이 도와줄 의향이 있다는 점을 확인했다. 하지만 법무부 관리들은 이런 절차가 그들이 원치 않는 선례가 될까 꺼려했다. 그들은 우리에게 영장에 따르라고 했다.

우리로서는 이 선례도 똑같이 중요했다. 만약 미국 정부가 아일랜드 법률과 상관없이 혹은 아일랜드 정부에 알리지도 않고 아일랜드에 영향력을 미칠 수 있다면 다른 나라 정부들도 얼마든지 똑같은 일을 할 수 있었다. 그리고 어디에서나 이런 일을 시도할 수 있었다. 우리는 요청을 따르기보다는 소송을 걸기로 했다.

2013년 12월 우리는 뉴욕에 있는 연방법원에 소송을 냈다. 맨해튼 남부 폴리 광장에 위치한 법원으로 가는 동안 나는 법조계에 첫 발을 디뎠던 때가 생각났다. 1985년 컬럼비아대학교 로스쿨을 졸업한 나는 첫 해를 지방법원 판사로 보냈다. 월스트리트 근처에 있는 좁다란 건물 22층이 내 사무실이었다. 그렇게 판사로 일했던 경험은 법이 움직이는 원리를 내부자의 시선으로 볼 수 있게 해주었다.

내가 자란 위스콘신 북동부 애플턴에서 뉴욕은 상당히 먼 곳처럼 느껴졌다. 뉴욕이라는 도시는 내 고향 중서부와 동떨어진 곳이었지만, 나는 첫날 아침 사무실에 도착했을 때 나 역시 낯설게 보일 수 있다는 생각은 전혀 하지 못했다. 나는 이제 막 로스쿨을 졸업한 풋내기 특유의 열정뿐만 아니라 당시 법원 건물에서는 보기 힘들었던 육중하고 성능 좋은 PC를 가지고 있었다.[8]

대부분의 사람들에게 PC라는 게 낯설었던 직전 해 가을에 나는 첫 컴퓨터를 구매했다. 사실대로 말하면 금세 단종될 'IBM PC주니어'는 컴퓨터라고 부르기에도 민망한 제품이었다. 하지만 내가 이 컴퓨터에 로딩했던 소프트웨어 하나가 나의 로스쿨 마지막 해를 완전히 바꿔놓았다. 바로 1.0 버전의 '마이크로소프트 워드'였다. 나는 이 프로그램이 너무 좋아서 아직도 우리 집 서재에 그 디스크와 매뉴얼, 플라스틱 케이스까지 그대로 가지고 있다. 학부 시절 사용했던 펜과 종이, 타자기에 비하면 워드 프로세서는 마치 마법 같았다. 글을 쓰는 속도가 빨라졌을 뿐만 아니라 더 좋은 글을 쓸 수 있었다. 그래서 나는 당시에 역시나 풋내기 변호사였던 아내를 설득해 첫 근무지에서 일을 시작하기 전 내 연봉 2만 7,000달러의 10퍼센트에 해당하는 돈으로 더 좋은 PC를 사서 사무실에 설치하겠다고 했다. 천만다행으로 아내는 내 뜻을 지지해주었다.

당시 내 상사는 일흔두 살의 판사였다. 내 사무실을 가득 채운 잘 정돈된 박스에는 그가 20년간 손으로 꼼꼼히 기록한 재판과 소송 기록이 들어 있었다. 서류철에는 세월이 증명한 정교한 시스템이 적용됐는데, 나중에 배심원들을 위한 지침으로 활용할 수 있도록 항목별로 타이핑된 카드를 꽂아두었다. PC를 가지고 나타난 나를 보고 눈살을 찌푸리는 사람들도 있었다. 내 일을 더 잘할 수 있게 컴퓨터를 활용하면서도, 기존에 잘 작동하고 있는 오랜 관행을 뒤엎지 않는 게 중요하다는 사실을 나는 그때 처음 깨달았다. 이것은 내가 지금까지도 간직하고 있는 귀중한 교훈이다. '기술을 사용해서 개선할 수 있는 것은 개선하되, 기존에 잘 작동하고 있는 방식을 존중하라.'

다시 2014년으로 와보면 우리는 또 한 번 똑같은 법원에 새로운 컴퓨팅 기술을 주입하는 중이었다. 우리는 긴 싸움이 될 것을 알고 있었다. 지방법원 치안판사는 우리에게 불리한 판결을 내리며 우리의 우려가 사실인 것을 확인해주었다. 기나긴 항소심의 사다리를 올라가야 할 무대가 마련됐다.

대중들은 우리 사건에 빠르게 반응했다. 특히 유럽 쪽이 그랬다. 패소하고 한 달 후 나는 줄줄이 출장을 잡았다. 시작은 베를린이었다. 정부관료, 국회의원, 고객, 기자들을 만났다. 사람들이 아일랜드 영장 소송에 흥미를 느낄 줄은 알았지만, 이토록 강렬하고 집중적인 초점이 맞춰질 줄은 몰랐다. 사실 첫날 아침 8시에 기자와 인터뷰를 시작할 때만 해도 나는 아직 커피도 제대로 마시지 않았던 터라 우리에게 불리한 첫 판결을 내렸던 치안판사의 이름을 기억해내는 데 애를 먹었다. 우리 소송팀은 이미 충격에서 벗어나 마음을 추스르고 지방법원 판사 앞에서 열릴 두 번째 재판을 준비하고 있었다. 우리는 그렇게 다음으로 넘어갔지만, 독일인들은 그렇지 않다는 것을 나는 금세 깨달았다.

베를린에서 이틀 일정이 끝날 때쯤에는 판결의 세세한 내용과 그 판결문을 썼던 치안판사의 이름이 내 기억 속에 똑똑히 새겨져 있었다. 가는 곳마다 사람들은 즉시 내게 프랜시스 판사에 관한 얘기를 꺼냈다. 그전까지 뉴욕 법조계라는 좁은 울타리 밖에서는 그의 이름을 들어본 사람도 거의 없었을 텐데, 2014년 베를린에서는 우리에게 불리한 판결을 내린 제임스 C. 프랜시스 4세James C. Francis IV라는 치안판사의 이름을 모르는 사람이 없었다.

질문은 끝이 없었다. "판사가 …라고 한 것은 무슨 말이죠? 판사는 왜 …라고 한 건가요? 그래서 어떻게 됐나요?" 독일인들은 프랜시스 판사의 판결문을 복사해 자세한 주석을 달아서 왔다. 내 앞에서 몇 단락을 큰 소리로 읽어주는 사람도 있었다. 많은 사람들이 처음부터 끝까지 판결문을 정독했다.

어느 오후 독일의 큰 지방정부 정보통신담당관과 마주한 나는 지쳐 있었다. 우리 둘 사이에 놓인 마호가니 테이블 위에 프랜시스 판사의 판결문이 놓여 있었다. 그는 집게손가락으로 판결문을 죽 훑더니 이렇게 말했다. "이 판결을 뒤집지 못하시면 우리 주의 그 어떤 데이터도 미국 기업의 데이터 센터에 넣을 수 없습니다. 절대 불가예요."

그해 내내 해외 출장을 갈 때마다 이 문제는 우리를 따라다녔다. 도쿄에서도 베를린과 똑같은 반응이 나올 줄은 몰랐다. 어느 환영 만찬에 참석했던 나는 꼭 내 얼굴을 직접 보고 말해야겠다는 듯 결연한 표정의 기업 고객들 한 무리에게 포위를 당했다. 그들은 아일랜드 데이터 센터 소송이 자신들의 사업에 얼마나 중요한지 이야기했다. "마이크로소프트가 꼭 소송에서 이겨야 합니다." 그들은 그 말을 또 하고, 또 했다. 그들 역시 소송이 진행되는 과정을 내내 주시할 태세였다. 전 세계 곳곳에서 사람들 앞에 설 때마다 나는 우리가 소송을 끝까지 고수할 것이고 필요하면 대법원까지 간다는 맹세를 거듭해서 이야기했다.

소송이 천천히 진행되는 동안 우리는 우리가 소송에서 이겨도 한계가 있다는 사실을 깨달았다. 기존의 법률 하에서 수색 영장이 어디까지 미치는가 하는 문제는 해결되겠지만, 새로운 법이 제정되거나 시대에 뒤처진 상호 사법공조 조약을 대체할 완전히 새로운 형태의 국제 조약이 마련될 수는 없었다.

우리는 새로운 제안의 초안을 마련해서 전 세계 정부 청사들을 돌아다니며 좀더 폭넓은 운동에 앞장서줄 동맹을 찾아나섰다. 국회에 입법안이 소개되었으나[9] 우리는 이것을 새로운 국제협정과 연계시켜야 했다.

2015년 3월 기회가 왔다. 내가 참석한 백악관 회의에서 당시 뜨겁던 정부의 개인 사생활 침해와 감시 문제에 대해 토론할 기회가 생겼다. 브라질에 있는 우리 간부가 형사소송을 당하고 마이크로소프트에 벌금이 부과되었다고 내가 설명하자, 오바마 대통령이 끼어들며 이렇게 말했다. "그러면 안 되죠." 회의 참석자들은 이 문제를 함께 논의했고 대통령은 되도록 영국이나 독일 같은 핵심 동맹국들과 새로운 방식의 국제 협정을 마련해보겠다고 했다.

11개월이 지난 2016년 2월 대대적인 홍보는 없었지만 영국과 미국은 더욱 현대적인 상호 데이터 공유 협정의 초안을 마련했다. 우리가 꿈꾸는 그림이 조금씩 모습을 드러내고 있었다. 그러나 이 협정이 발효되려면 국회에서 새로운 법률이 통과되어야 했다. 국회에서는 새로운 법안을 지지하는 사람이 점차 늘고 있었으나, 법무부는 그동안 수색 영장을 이용해 전 세계 데이터를 취득하던 방식에서 벗어난 그 어떤 입법도 망설였다. 입법은 교착 상태에 빠졌고 더 많이 타협하지 않고서는 낙관적 기대를 갖기가 힘들었다.

결국 이 교착 상태를 깬 것은 대법원이었다. 그 방식은 의외였지만 말이다.

시간이 한참 흘러 2018년 2월이 되었다. 이상하리만치 따뜻했던 어느 날 아침 우리는 우뚝 솟은 미합중국 대법원의 진주색 건물을 향해 워싱턴 1번가를 걷고 있었다.[10] 잠시 멈춰 그 장엄한 풍경을 바라보았다. 이제 곧 9인의 대법관들 앞에서 우리는 클라우드 컴퓨팅이 전 세계에 미치는 영향을 설명해야 했다.

대법원의 웅장한 4층 건물 맞은편에 국회가 있었다. 말하자면 미국의 사법부와 입법부가 서로 교차하는 지점이었다. 한쪽을 바라보면 국회의 환한 돔 건축물이 하늘을 가득 채우고 있었다. 다른 쪽을 올려다보면 하늘 높이 기둥이 솟아 있고, 바로 그 밑까지 묵직한 대리석 계단이 이어져 있었다. 그 끝에는 미국 법의 발달사를 함축하는 여덟 장면이 조각된 커다란 청동 문 두 짝이 법원 입구를 지키고 있었다.

2월 27일 법원에 도착해보니 대법원의 상징과도 같은 계단을 지나 길모퉁이까지 사람들이 길게 줄을 서 있었다. 우리 회사가 정부와 맞장을 뜨는 모습을 지켜보고 싶어 찾아온 방청객들이었다. 4년 전 우리가 대서양 너머 아일랜드로부터 이메일을 가져올 수 없다고 하며 시작된 기나긴 싸움이 마침내 법정에서 종지부를 찍을 예정이었다.

마이크로소프트가 대법원까지 간 소송은 이번이 네 번째였다. 나는 매번 충격적인 경험을 했다. 우리가 최첨단 기술 때문에 빚어진 이슈를 들고 찾아간 법원은 여전히 100년 전과 같은 모습이었다. 전화기도, 노트북 컴퓨터도 반입이 허용되지 않았다. 매번 전자기기들을 맡겨두고 착석해보면 거대한 붉은 방은 마치 커튼이 드리워진 무대처럼 보였다. 그리고 고개를 들면 법정 내부에서 유일하게 기술이 들어간 물건, 벽시계가 보였다.

현대적 기술이라고는 눈을 씻고 찾아봐도 볼 수 없는 환경에서 기술의 파급력을 심의하는 대법원의 능력에 대해 나는 경의를 표하게 됐다. 대법원에서 열린 마이크로소프트의 첫 소송은 2007년이었다. 우연의 일치지만 아일랜드에서 제조하던 우리 회사의 CD와 관련된 특허 소송이었다.[11] 심리 일주일 뒤에 나는 우연히 법원의 고위 간부와 마주쳤는데, 이런 말을 들었다. "일부 판사가 얘기할 때 황당한 표정을 지으시더군요."

나는 내가 포커페이스를 유지하지 못했다는 사실을 깨달았다. 아직도 기억이 생생하다. 판사 중 한 명이 반대측 변호사와 함께 마이크로소프트가 뉴욕에서 유럽에 있는 컴퓨터로 "광자光子를 보내는" 것의 의미에 관해 이야기하고 있었다.[12]

나는 속으로 이렇게 생각했다. '대체 이 사건이랑 광자가 무슨 상관이야? 그리고 지금 뉴욕 얘기가 왜 나와?'

하지만 나는 누구라도 심리 동안에는 진지한 표정을 유지해야 한다는 귀중한 교훈을 배웠다. 판사들이 늘 최신 기술을 세세히 이해하고 있는 것은 아니지만, 그런 내용을 잘 아는 직원들을 데리고 있었다. 또 판사들은 팩트에 관해 이해가 부족한 부분이 있다면 종종 법 자체를 뛰어넘기는 지혜와 판단력으로 이를 메웠다. 대법관을 지명할 때 대중이 분노하기도 하고, 때론 논란이 되는 사건도 있지만, 대법원은 아직도 세상에서 가장 위대한 기관 중 하나다. 거의 매일 아홉 명의 대법관들은 어려운 문제들을 함께 고민한다. 나는 전 세계 법정을 다니면서 미국 대법원이 해낼 수 있는 일들에 자부심을 갖게 됐다.

이날 아침 한 시간의 구두 변론이 끝난 후 양측은 모두 원하는 만큼의 자신감이 생기지 않았다. 누가 승리할지 짐작은 해볼 수 있었으나 확신을 갖고 예측하는 것은 불가능했다. 우연이든, 의도된 것이든, 대법관들은 양측 모두에게 합의를 종용하기 위한 완벽한 분위기를 조성했다.

하지만 어마어마한 장애물이 있었다. 대법원의 판단이 더 이상 필요하지 않다고 양측이 합의하기 위해서는 새로운 법안이 통과되어야 했다. 다시 말해 합의에는 새로운 입법이 필요한데 그 입법은 오직 국회만 할 수 있었다.

어찌 보면 국회가 나서주기를 바라는 것은 하느님이 나서주기를 바라는 것과 비슷했다. 국회는 무슨 문제든 서로 분열했고, 그리 많은 법안을 통과시키는 곳도 아니었다. 하지만 손톱만한 기회의 빛이 보였다. 우리는 워싱턴의 사정에 밝은 회사 내 대정부팀의 프레드 험프리스Fred Humphries와 몇 가지 옵션에 관해 의견을 나누었다. 그리고 백악관과 힘을 합쳐 입법을 시도해보기로 했다.

4년 전에 소송을 제기한 직후부터 우리가 상하원에서 양당 모두를 상대로 노력해온 과정이 없었다면 입법을 시도할 생각은 엄두조차 내지 못했을 것이다. 하지만 두 번의 입법 청문회와 무수한 수정 끝에 우리는 최종 협상안을 가지고 법무부와 마주 앉을 수 있었다. 상원 법사위원회 범죄 및 테러리 분과 위원장이던 린지 그레이엄Lindsey Graham 상원의원이 중재에 나섰다.

그레이엄 의원의 확신에 찬 태도는 사람들이 서로 협력하게 만드는 힘이 있었다. 그는 거의 1년 전인 2017년 5월 많은 의원들이 참석한 청문회를 열어서 내 증언을 청취하기도 했다. 영국 정부도 미국과 체결하게 될 국제 협정을 고려해 국가안보 자문위원이던 패디 맥기니스Paddy McGuinness를 증언자로 보내주었다. 스코틀랜드인 특유의 상냥함을 가진 맥기니스는 영국이 테러에 맞서 싸우기 위해 무엇이 필요한지에 관해 실용적이면서도 냉철한 이해를 지니고 있었다. 백악관 국토안보 자문위원 톰 보서트Tom Bossert는 맥기니스와 자주 이야기를 나누며 국회에서 공통분모를 찾도록 사람들을 독려했다.

대법원의 변론 이후 양측이 모두 지지하기로 한 새 법안이 나왔다. 이 새 법안은 합법적해외데이터이용명시법Clarifying Lawful Overseas Use of Data Act, 줄여서 클라우드법CLOUD Act이라고 했다.

이 법안에는 우리가 중시한 조항들이 포함되어 있었다. 법무부가 바라는 수색영장의 해외 효력과 균형을 맞추어 법안에 충돌이 있을 경우 IT 기업이 법정에서 영장의 효력을 다툴 수 있도록 인정했다. 이 말은 곧 아일랜드나 독일, 또는 유럽연합 전체가 현지법을 통해 일방적 해외 수색영장 집행을 저지하고 싶다면 그렇게 해도 되고, 우리는 이 점을 미국 법정에서 주장할 수 있다는 뜻이었다.

더욱 중요한 것은 클라우드법이 일방적 조처를 대체할 수 있도록 현대적인 국제협정에 새로운 권한을 부여했다는 점이다. 국제협정은 더 빠르고 현대적인 절차를 통해 사법기관이 타국 소재의 데이터에 접근하도록 허용할 수 있으나, 프라이버시권을 포함한 기타 인권을 보호할 규정을 마련해야 했다. 모든 입법, 특히 타협안들이 그렇듯이 이 법안도 완벽하지는 않았다. 하지만 우리가 지난 4년간 달성하려고 노력했던 사항들을 대부분 포함하고 있었다.

이제 클라우드법을 통과시킬 방법을 찾는 것이 큰 숙제로 남았다. 상원과 하원 모두 입법 일정상 이 문제를 단독으로 논의할 시간을 마련하기는 힘들어보였다. 특히 대법원 판결까지 남은 얼마 안 되는 시간 동안에 말이다. 우리는 다른 법안에 업혀갈 방법을 찾아야 했다.

우리는 클라우드법을 통과시킬 가망이 있는 유일한 방법은 예산안에 이 법안을 첨부시키는 방법밖에 없다는 사실을 깨달았다. 하지만 두 가지 이유에서 이것 역시 쉽지 않았다. 첫째 국회는 예산안 통과에 어려움을 겪고 있었다. 둘째 바로 그 이유 대문에 국회 지도부는 예산안에 예산과 관계없는 법안을 첨부하는 것을 꺼렸다.

하지만 그레이엄 상원의원이 지지한다면 공화당 상원의원들이 동의할 수도 있을 것 같았다. 하지만 민주당 상원의원들이 거절한다면 말짱 도루묵이었다. 우리는 이 문제를 해결해줄 수 있는 사람이 한 명 있다는 것을 즉각 알아차렸다. 여러모로 볼 때 그는 입법부의 리더일 뿐만 아니라 저항하지 못할 힘을 갖고 있었다. 바로 상원의 민주당 원내총무 척 슈머Chuck Schumer 의원이었다. 당시 척 슈머 의원은 이 문제에 대해 잘 알지 못했으나 빠르게 내용을 숙지하고 내의에 동참해주었다.

보서트 자문위원, 그레이엄 의원, 슈머 의원이 모두 힘을 쓰면서 하원 지도부를 동참시키려는 노력이 전방위로 진행됐다. 이내 하원의장 폴 라이언Paul Ryan 의원과 하원 민주당 원내총무 낸시 펠로시Nancy Pelosi 의원은 클라우드법을 예산안에 포함시킬지를 두고 논의에 들어갔다. 협상 과정에서 또 한 차례 수정이 이뤄졌다. 며칠마다 모든 게 수포로 돌아가는 게 아닌가 싶은 순간이 왔지만, 우리는 계속해서 보서트 자문위원과 얘기를 나눴고 다들 포기하지 말자고 다짐했다. 놀랍게도 여러 번 엎치락뒤치락 상황이 바뀌고 대화가 오간 후에도 법안은 계속 살아남았다. 2018년 3월 23일 도널드 트럼프 대통령은 클라우드법이 포함된 일괄 예산안에 서명했다. 클라우드법은 이제 법률이 됐고,[13] 얼마 후 대법원의 소송은 합의로 종료됐다.

우리가 처음 뉴욕에 있는 연방법원으로 간 지 4년이 넘게 지난 시점이었다. 그러나 대법원 절차를 시작한 지는 채 한 달도 되지 않은 때였다. 이 마지막 단계는 너무나 빠르게 진행되어서 그 모든 과정에 일일이 참여한 우리들조차 놀라울 정도였다.

만족스러운 결과였지만 엇갈린 기분도 들었다. 우리는 클라우드법이 강력한 법안이 되리라 믿었다. 하지만 입법 과정과 법원의 합의를 모두 거치고 나니 법안에는 타협의 요소도 포함됐다. 우리가 이미 오래 전에 배운 것이 있다면, 더 즐거운 쪽은 싸움이지만 흔히 실익은 협상을 타결하는 쪽이 챙긴다는 것이었다. 보통은 타협만이 무언가 진척을 볼 수 있는 유일한 방법이었다. 그리고 협상을 하다 보면 주고받는 것이 필요하다.

또한 협상을 하게 되면 결과를 잘 설명하는 과정이 필요하다. 특히나 결과물이 단순하지 않다면 말이다. 그래서 우리는 흔히 다양한 결과를 염두에 두고 소통 자료를 미리 준비해두곤 했다. 하지만 클라우드법은 너무 빨리 진행됐고 워싱턴쪽 사람들과 이야기하는 데 너무 많은 시간이 걸려서 소통에 대해 충분히 준비하지 못했다.

클라우드법의 내용이 무엇이고 앞으로 실효성이 있을지에 관해 전 세계 고객과 프라이버시 그룹, 정부 관료들로부터 질문이 쏟아져 들어오기 시작했다. 고객들은 의문을 가졌고 프라이버시 그룹은 우려를 나타냈다. 우리는 허둥댔고 그 격차를 메우기 위해 전 세계를 돌며 브리핑을 하고 자료를 출판했다.[14] 이 행사에는 거의 모든 국가의 마이크로소프트 세일즈 대표들이 참석했다. 내가 정보 공유의 중요성을 절실히 깨달았던 것은 한 달쯤 후 프랑스에서 길을 가고 있을 때였다. 마이크로소프트의 현지 직원 한 명이 나를 알아보고 불러세웠다. 그 직원은 식당에서 저녁을 먹고 있었는데 내가 옆으로 지나가는 것을 보고는 먹던 음식을 내팽개치고 밖으로 뛰어나온 것이었다. 그는 잠시 숨을 고르더니 새로운 법안에 대해 나에게 질문을 퍼부었다.

이런 결과는 우리가 어디까지 왔고 세상이 아직 얼마나 더 가야 하는지를 보여주었다. 현재 여러 국가들 사이에는 새로운 협정을 토대로 지금과는 다른 미래를 그리려는 밑그림이 진행 중이다. 클라우드법 시행 1주년을 맞아 미국 법무부 차관 리처드 다우닝Richard Downing 이 말한 것처럼, 이 법은 "단순히 지금 이 순간의 어려움에 대한 해결책을 제시하는 것이 아니라 열망을 담은 해결책이라고 할 수 있다." 그의 설명대로 이 법은 "같은 생각을 갖고 있고 인권을 존중하며 법을 지키는 여러 국가들이 공동체를 형성하는 것을 목표로 한다. 그 공동체에 속한 국가들은 법적 충돌을 최소화하면서 공동의 가치와 상호존중에 기초해 서로의 이익을 증진시킬 수 있을 것이다."[15]

그러나 클라우드법은 토대에 불과하기 때문에 반드시 그 위에 새로운 집을 지어야 한다. 우리는 지금 사법당국이 빠르게 움직여야 하고, 프라이버시권을 비롯한 여러 인권이 보호되어야 하며, 각국의 국경이 존중받아야 하는 세상에 살고 있다.

신중하게 마련하고 지속적으로 따른다면 새로운 국제 협정은 이 모든 것을 이룩할 수 있다. 다시 말해 우리는 아직도 한참을 더 노력해야 한다.

04

# 사이버보안

## : 세상을 향한 경고

TOOLS AND
WEAPONS

2017년 5월 12일 런던 중부 세인트 바솔로뮤병원St. Bartholomew's
Hospital으로 실려온 패트릭 워드Patrick Ward는 바퀴가 달린 침대에 누
운 채로 수술 준비실로 들어갔다. 세인트폴대성당에서 불과 몇 블록
떨어진 곳에 위치한 이 병원 단지를 지역민들은 그냥 '바트Bart'라고
불렀다. 바트는 헨리 1세 치하이던 1123년 바로 이 자리에 설립됐
다. 바솔로뮤병원은 히틀러의 공습 작전이 펼쳐지는 와중에도 진료
활동을 계속했고, 폭탄이 비처럼 쏟아지던 제2차 세계대전을 견뎌
내고 랜드마크로 자리매김한 자부심을 지니고 있었다.[1] 그러나 바
트의 900년 역사에서 그 금요일 아침보다 더 큰 폭탄이 떨어진 날은
없었다.

　위드는 영국 남부의 풀Poole시에서 가까운 노셋Dorset주 작은 시골
마을에서 3시간을 달려 이곳에 왔다. 그의 가족은 1800년대 후반부

터 바닷가에서 농사를 지었는데, 동화책에서 방금 찢어낸 것 같은 탁 트인 풍경이 멋진 곳이었다. 워드는 그렇게 목가적인 고향 풍경에 딱 어울리는 직업을 갖고 있었다. 고급 아이스크림 제조사인 퍼벡 아이스크림Purbeck Ice Cream의 판매팀장으로 오랫동안 근무해온 것이다. 워드는 본인의 직업을 사랑했다. 그는 이렇게 말했다. "저는 아이스크림을 먹고 아이스크림에 관해 떠들라고 돈을 받지요. 둘 다 제가 꽤 잘 할 수 있는 일이고 말이에요."

워드는 심근병증이라는 심각한 심장질환을 치료하기 위해 바트에 수술 자리가 나기를 2년이나 기다렸다. 심장벽을 두껍게 만드는 이 유전질환은 하이킹과 축구를 즐기던 건강한 중년 사내를 일상생활도 하기 어렵게 만들었다. 그날 아침 워드는 가슴에 면도를 하고 힘겹게 여러 테스트를 진행했다. 바퀴 달린 침대에 누워 오랫동안 바랐던 수술을 기다리고 있을 때 담당 의사가 방문했다. "몇 분만 더 기다리세요. 조금 있다 안에서 뵐게요." 하지만 워드의 침대는 수술실로 들어가지 않았고 그는 마냥 기다렸다.

한 시간이 넘게 지났을 때 담당 의사가 다시 나타났다. "병원이 해킹을 당했어요. 시스템 전체가 다운된 상황이라, 수술을 진행할 수가 없어요." 제2차 세계대전 중에도 진료를 계속했던 병원은 갑자기 마비상태가 되고 말았다. 전면적 사이버 공격의 타깃이 됐던 것이다. 병원의 모든 컴퓨터가 멈춰 섰다. 앰뷸런스는 방향을 돌렸고, 진료 약속은 취소됐고, 하루 종일 수술도 할 수 없었다. 이 공격으로 영국 의료 서비스의 대부분을 책임지고 있는 영국보건서비스National Health Service의 3분의 1이 마비됐다.[2]

그날 아침 잠시 후 레드먼드에서는 마이크로소프트 최고위 지도부의 금요일 정기회의가 한창이었다. 사티아 나델라와 그에게 직접 보고를 하는 14인이 모여서 하는 이 주간회의는 일정이 정해져 있었다. 회의는 참석자 여럿이 사무실을 쓰는 층과 같은 층에 위치한 회사 이사회실에서 8시에 시작했다. 우리는 오후 정회를 할 때까지 돌아가며 다양한 제품과 사업에 관해 토론을 했다. 하지만 2017년 5월 12일은 달랐다.

두 번째 회의 주제를 한창 논의하고 있는데 갑자기 사티아가 끼어들었다. "여기저기서 우리 고객들이 사이버 공격을 당했다는 이메일이 저한테 쏟아져 들어오고 있어요. 이게 무슨 일이죠?"

마이크로소프트의 보안 담당 기술자들은 고객들의 전화에 허둥지둥 문제의 원인을 찾고 빠르게 확산하는 피해 상황을 파악하려고 애쓰고 있었다. 점심 때가 되자 평범한 해킹이 아니라는 게 분명해졌다. 마이크로소프트 위협정보센터Microsoft Threat Intelligence Center, MSTIC의 엔지니어들은 금세 이 악성 소프트웨어가 징크Zinc라는 그룹이 두 달 전에 실험한 코드와 비슷하다는 사실을 알아냈다. 위협정보센터는 국가 차원의 해킹 그룹마다 주기율표에 나오는 원소 이름으로 코드네임을 부여해놓고 있었다. FBI는 징크를 북한 정부와 연관시킨 바 있었다. 1년 반 전에 소니픽처스의 컴퓨터 네트워크를 먹통으로 만

들었던 바로 그 그룹이었다.[3]

최근에 있었던 이 해킹 그룹의 공격은 기술적으로 보면 이례적일 만큼 정교했다. 징크는 원래 가지고 있던 소프트웨어에 새로운 악성 코드를 추가해 이 컴퓨터에서 저 컴퓨터로 자동적으로 감염이 되도록 만들었다. 일단 복제되고 나면 이 코드는 컴퓨터의 하드 디스크를 암호화하고 잠가버렸다. 그런 다음 랜섬웨어 메시지를 띄워서 데이터 복구에 필요한 전자 키를 주는 대가로 300달러를 요구했다. 키가 없으면 사용자의 데이터는 계속 동결 상태로 접근이 불가능했다. 영원히 말이다.

이번 사이버 공격은 영국과 스페인에서 시작됐다. 몇 시간 후에는 전 세계로 확산돼, 결국 150개국 이상에서 30만 대의 컴퓨터를 감염시켰다.[4] 사태가 종료될 쯤에는 전 세계가 워너크라이WannaCry라는 이름의 이 악성 코드를 기억하게 됐다. 워너크라이는 IT 관리자들을 정말로 울고 싶게 만들었을 뿐만 아니라, 전 세계에 충격적인 경고를 날렸다.

얼마 후 〈뉴욕 타임스〉의 보도가 나왔다. 워너크라이의 코드에서 가장 정교한 부분을 개발한 주체가 윈도의 취약성을 이용하려고 했던 미국 국가안보국이라고 했다.[5] 국가안보국이 적국의 컴퓨터에 잠입하려고 이 코드를 만들었을 가능성이 크다는 것이다. 보아하니 그 소프트웨어가 도난을 당했고 섀도 브로커스the Shadow Brokers라는 단체를 통해 암시장에 나온 모양이었다. 섀도 브로커스는 이용 장소를 아는 사람이면 누구나 국가안보국의 정교한 무기를 이용할 수 있게 만들었다. 새도 브로커스와 특정 개인 및 단체 사이의 연결고리가 확실히 밝혀진 적은 없지만, 위협 정보 관련 커뮤니티의 전문가들은 이들이 혼란을 조장하는 어느 국가의 위장 조직일 것으로 의심하고 있었다.[6] 이번에는 징크가 국가안보국의 코드에 강력한 랜섬웨어를 탑재해 치명적인 사이버 무기를 만듦으로써 인터넷을 초토화시킨 것이다.

우리 회사의 어느 보안 전문가는 이렇게 말했다. "국가안보국이 로켓을 개발했는데 북한이 그걸 미사일로 만들었다. 끝에 뭐가 붙어 있느냐의 차이가 있을 뿐이다." 사실상 미국은 정교한 사이버 무기를 만들었고, 그에 대한 통제권을 상실했고, 북한이 그걸 이용해 전 세계에 공격을 감행했다는 뜻이었다.

몇 달 전만 해도 불가능해 보였던 시나리오가 날마다 뉴스에 나오고 있었다. 그러나 우리는 주어진 상황의 아이러니를 감상하고 있을 시간이 없었다. 서둘러 우리 고객들을 도와야 했다. 어느 시스템이 감염됐는지 확인하고, 악성 코드의 확산을 막고, 장애가 생긴 컴퓨터들을 소생시켜야 했다. 정오쯤 우리 보안팀이 내린 결론으로는, 새로운 윈도를 사용한 기기들은 우리 회사가 두 달 전에 배포한 패치를 통해 공격으로부터 보호되었으나, 윈도XP를 사용하던 구식 기기들은 그렇지 못했다.

작은 문제가 아니었다. 전 세계에는 이직도 윈도XP로 구동되는 컴퓨터가 1억 대 이상이었다. 수년간 우리는 고객들에게 컴퓨터를 업그레이드하고 새로운 버전의 윈도를 설치하라고 설득해왔다. 우리가 지적한 것처럼 윈도XP는 2001년에 배포된 운영체제다. 무려 애플의 첫 번째 아이폰이 나오기 6년 전이고, 첫 번째 아이팟이 나오기 6개월 전이다. 특정 취약성과 관련해서는 우리가 패치를 배포할 수 있었지만 이렇게 오래된 기술이 최신 보안 위협에 대항할 방법은 없었다. 16년이나 지난 소프트웨어가 오늘날 군사 공격 수준의 해킹을 방어하기를 기대하는 것은 미사일을 막으려고 참호를 파는 것이나 마찬가지다.

우리가 아무리 촉구를 하고, 할인 행사를 하고, 공짜 업그레이드를 제공해도 일부 고객은 옛 운영체제를 고수했다. 우리는 결국 사람들이 기존 운영체제를 업그레이드 하도록, 옛날 시스템에 대해서도 보안패치를 계속 만들되 새 버전과는 달리 구독 서비스의 일부로 구매를 요구하기로 했다. 우리 목표는 더 안전한 버전의 윈도로 옮겨 탈 수 있는 금전적 인센티브를 주는 것이었다.

대부분의 환경에서는 이 방법이 타당했으나 5월 12일 공격은 달랐다. 워너크라이는 전파력이 너무 커서 악성코드가 움직이는 속도가 너무 빨랐다. 우리는 피해를 차단해야 했다. 이것 때문에 마이크로소프트 내부에서는 격렬한 논쟁이 붙었다. 이 공격에 대한 윈도XP 패치를 만들어서 전 세계 누구나, 보안패치를 구독하지 않는 사람들까지 이용할 수 있게 해야 할까? 우리 소프트웨어를 해적판으로 구동하는 컴퓨터들까지? 사티아는 논쟁을 중단시키고 모든 사람을 위해 무료로 패치를 배포하기로 결정했다. 마이크로소프트 내부에서는 그 결정이 윈도XP 사용을 중단시키려는 노력에 찬물을 끼얹었을 것이라고 반대하는 사람들도 있었다. 하지만 사티아는 다음과 같은 이메일을 보내 반대를 진정시켰다. "지금은 그런 논쟁을 벌일 때가 아닙니다. 이미 너무 많이 확산됐어요."

워너크라이 감염을 막고 억제하려는 우리 회사의 기술적 노력에는 진전이 있었으나, 정치적 파문은 달아오르고 있었다. 시애틀에서 금요일 저녁은 베이징에서 토요일 아침이었다. 중국 정부의 관료들이 베이징에 있는 우리 지부에 연락을 해왔고, 윈도 사업부를 맡고 있던 테리 마이어슨Terry Myerson에게 이메일을 보내 윈도XP의 패치 상태를 문의했다.

그런 질문은 놀랍지 않았다. 중국은 다른 어느 나라보다 윈도XP를 쓰는 기기가 많았기 때문이다. 중국은 처음에는 별로 공격의 대상이 되지 않았는데, 왜냐하면 현지 시간 금요일 저녁에 악성 코드가 퍼지는 바람에 주말을 맞아 사무용 컴퓨터들이 대부분 꺼져 있었기 때문이었다. 그러나 오래된 윈도XP 기기들은 여전히 공격에 취약한 상태였다.

하지만 중국인들이 염두에 두고 있었던 것은 윈도XP 보안패치만이 아니었다. 테리에게 이메일을 보냈던 정부 관리는 같은 날 〈뉴욕 다임스〉가 지적한 부분에 대해서도 질문을 해왔다. 해당 기사에 따르면 미국 정부는 소프트웨어 취약성을 찾아내서 비축해놓고도 그것을 IT 기업에 알려서 패치를 만들게 하기보다는 비밀로 유지해왔다는 것이다.[7] 중국 관리는 우리가 이 문제에 대응하기를 바랐다. 우리는 그런 질문은 우리가 아니라 미국 정부와 이야기하라고 했다. 하지만 당연하게도 정부의 태도는 우리를 비롯한 IT 기업들이 좋아할 만한 일은 아니었다. 오히려 우리는 그런 취약성을 공개해달라고, 그래서 우리가 취약성을 해결해 공익에 도움이 되도록 해달라고 오랫동안 정부에 촉구해왔다.

우리는 이후로 전 세계에서 수많은 질문을 받게 될 것임을 알고 있었다. 토요일 아침이 되자 우리는 보안 위협을 받은 고객들을 지원하는 것 외에도 우리가 해야 할 일이 있다는 것을 깨달았다. 우리는 수면 위로 드러나고 있는 지정학적 이슈들에 대해 더 공개적으로 이야기해야 했다. 사티아와 나는 그날 아침 전화통화로 한동안 우리의 다음번 조치에 관해 상의를 했다. 우리는 워너크라이에 관해 앞으로 쏟아질 질문들에 공개적으로 대응하기로 했다.

우리는 징크의 워너크라이 공격에서 한 발 뒤로 물러나, 사이버보안이라는 더 넓은 문제를 바라보았다. 우리는 사이버 공격에 대해 고객을 보호해야 할 첫 번째 책임은 마이크로소프트를 비롯한 IT 업계의 기업들에게 있다고 분명히 말했다. 당연한 일이었다. 하지만 우리는 사이버보안이 고객과의 공동 책임이라는 것을 강조하는 것이 중요하다고 생각했다. 우리는 고객들이 자신의 컴퓨터를 업데이트하거나 업그레이드하기 쉽게 만들어야 한다. 하지만 이번 사건이 남긴 교훈 중에 하나는 고객들이 이용하지 않는다면 그 어떤 것도 효과가 없다는 사실이다.

우리는 또한 워너크라이 공격으로 분명해졌다고 생각되는 세 번째 측면을 논의했다. 최첨단 사이버 공격력을 개발하는 정부가 늘고 있는 만큼, 각 정부는 자신들의 사이버 무기를 잘 통제해야 한다는 점이다. 우리는 이렇게 말했다. "군사 무기라고 가정해 비슷한 시나리오를 생각해보면 미국 군대가 토마호크 미사일을 도난당한 거나 마찬가지입니다."[8] 사이버 무기는 USB 메모리 하나에 저장해 훔쳐갈 수 있기 때문에 안전하게 보호하는 것이 더욱 어렵고 또 중요했다.

백악관과 국가안보국의 일부 관료들은 우리가 토마호크 미사일을 언급한 것을 썩 좋아하지 않았다. 영국 정부 측의 관료들도 마찬가지여서 이렇게 주장하기도 했다. "워너크라이는 토마호크 미사일에 비할 것이 아니라 소총에 비교하는 것이 더 정확하다." 하지만 소총이 150개국을 동시에 공격한 적이 있었던가? 이런 것들은 모두 핵심을 벗어난 얘기였다. 그저 당시 사이버보안 관련 관료들이 이런 이슈를 언론에 직접 이야기하거나 그들의 관행을 대중 앞에서 변호하는 데 얼마나 미숙했는지를 보여주는 일면일 뿐이다.

우리가 가장 놀랐던 부분은 애당초 북한이 왜 이런 공격을 감행했는지에 관해 폭넓은 논의가 없었다는 점이다. 지금까지도 우리는 분명한 답을 알지 못한다. 하지만 흥미로운 이론은 하나 있다.

이 사이버 공격이 있기 한 달 전에 북한은 모두가 주목한 미사일 발사가 실패하는 수모를 겪었다. 〈뉴욕 타임스〉의 데이비드 생어David Sanger 외 두 기자가 보도한 바에 따르면, 당시 미국 정부는 "전자전 기법을 포함하여" 해당 미사일 프로그램을 늦출 방법을 찾고 있었다고 한다.[9)]

〈뉴욕 타임스〉의 보도에 따르면 해당 미사일 실험이 실패한 정확한 이유는 알 수 없다. 하지만 제임스 매티스James Mattis 국방장관은 이에 관해 수수께끼 같은 말을 남겼다. "대통령과 군 지도부는 북한의 최근 미사일 발사 실험 실패에 관해 알고 있으며 이에 관해 대통령은 더 이상 언급할 사항이 없다."고 한 것이다. 우리가 알다시피 대통령은 '언급할 사항이 없는' 경우가 좀처럼 없는 사람인데 말이다.

북한이 그들의 미사일에 대한 사이버 공격에 똑같이 사이버 공격으로 응수한 것이라면? 워너크라이는 무차별적 공격이었는데, 처음부터 그게 목적이었다면? 그게 북한 나름으로 '너희는 어느 한 곳에서 우리를 공격할 수 있지만, 우리는 사방으로 응수할 수 있다.'라고 말한 것이었다면?

워너크라이 사태는 여러 측면에서 이 이론과 앞뒤가 맞아 들어간다. 첫째 유럽을 타깃으로 공격이 감행된 시간이 동아시아 사람들은 모두 주말을 맞아 컴퓨터를 끄고 집으로 돌아갔을 즈음이었다. 만약 북한이 서유럽과 북아메리카에 영향을 극대화하면서도 중국에 대한 영향을 줄이고 싶었다면 그때가 최적의 시간이었다. 태양이 질 때쯤 감염이 퍼져나갔고, 다른 대륙에 있는 회사나 정부들은 아직 업무 시간 중이었다. 하지만 중국인들은 월요일 업무에 복귀할 때까지 주말 동안 대응할 시간이 있었다.

게다가 북한은 보안 전문가들이 '킬 스위치kill switch'라고 부르는 것을 추가해서, 악성 코드가 더 이상 퍼져나가는 것을 막을 수 있게 만들어놓았다. 킬 스위치는 이 악성 코드가 특정 웹 주소, 아직 존재하지 않는 어느 웹 주소를 찾게 만들었다. 이 웹 주소가 없으면 워너크라이는 계속 확산한다. 하지만 누군가 이 웹 주소를 등록해서 활성화시키는 간단한 작업만 해도 코드는 복제를 멈추게 된다.

5월 12일 밤 영국의 어느 보안 연구가가 이 코드를 분석해 킬 스위치를 찾아냈다. 그는 겨우 10.69달러를 내고 이 URL을 등록한 다음 활성화시켜 워너크라이의 추가적 확산을 막았다.[10] 이 점 때문에 워너크라이를 만든 사람이 그리 정교하지 못했다고 추측하는 사람들도 있었지만, 만약 그 반대라면 어떨까? 워너크라이를 설계한 사람들이 월요일 아침이 되기 전에 악성 코드가 반드시 꺼지길 바랐다면 말이다. 그래서 중국이나 북한에 너무 많은 혼란이 야기되지 않게 하려고 했던 것이라면?

마지막으로 워너크라이에 사용된 랜섬웨어 메시지와 접근법에 수상한 점이 있었다. 우리 회사 보안 전문들이 지적했듯이 북한은 전에도 랜섬웨어를 사용한 적이 있으나 수법이 달랐다. 그들은 은행처럼 가치 높은 타깃을 선별해서 소용히 큰돈을 요구했다. 무차별적으로 아무에게나 잠금 암호를 풀려면 300달러를 내놓으라고 하는 것은 너무 동떨어진 수법이었다. 랜섬웨어를 이용하는 수법 자체가 그저 언론과 대중에게 진짜 메시지를 숨기려는 위장에 불과했고, 진짜 의도는 미국과 동맹국 정부에 조용히 메시지를 전달한 것일 수 있다.

만약 북한이 미국의 사이버 공격에 사이버 공격으로 응수한 것이라면, 이 사건 전체가 대중들이 생각하는 것보다 큰 중요성을 띤다. 전 세계가 '전면전' 형태의 사이버 전쟁을 경험한 셈이기 때문이다. 시민들이 받은 피해는 그저 부차적 손실에 불과했다. 저들이 진짜 의도한 것은 사이버 전쟁이다.

북한의 의도가 어찌되었든 이 사건은 심각한 이슈를 반영했다. 사이버 무기는 지난 10년간 어마어마한 발전을 거듭하여 현대전에서 무엇이 가능한가를 재정의하는 수준에 이르렀다. 하지만 사이버 무기는 실제로 벌어지는 일을 교묘히 숨기는 방식으로 사용됐다. 대중들은 우리가 대처해야 할 위험이나 시급한 공공정책 이슈를 아직 제대로 깨닫지 못하고 있었다. 이런 이슈들이 양지로 나오지 않는다면, 위험은 계속 커지기만 할 것이다.

만약 사이버 전쟁 위협에 대해 계속 의구심을 갖는 사람이 있다면, 불과 6주 뒤에 터진 사이버 폭탄 이야기를 듣고 나면 믿게 될 것이다. 2017년 6월 27일 사이버 공격이 우크라이나를 강타했다. 국가안보국에서 훔친 똑같은 소프트웨어 코드를 이용한 공격이 우크라이나에 있는 전체 컴퓨터의 대략 10퍼센트를 무력화했다.[11] 이 공격은 나중에 미국, 영국 외 5개국 정부가 러시아를 공격한 것으로 여겨졌다.[12] 안보 전문가들은 이 공격을 낫페티아NotPetya라고 불렀다. 왜냐하면 이 공격에 사용된 코드가 무장 인공위성 페티아Petya의 이름을 딴 어느 랜섬웨어와 같은 코드를 공유하고 있었기 때문이다. 페티아란 1995년에 나온 동명의 제임스 본드 영화에서 소비에트연방이 사용한 허구의 무기 '골든아이GoldenEye' 중 일부다.[13] 골든아이는 대략 48킬로미터 반경에 있는 전자 통신을 마비시킬 수 있었다.

2017년 논픽션 세계에서 시행된 낫페티아 공격은 훨씬 더 넓은 범위까지 영향을 미쳤다. 이 공격은 우크라이나 전반에 파문을 일으켜 기업, 교통 시스템, 은행 등에 심각한 손상을 입혔고, 우크라이나 국경 밖으로까지 확산되어 페덱스FedEx, 머크Merck, 머스크Maersk 등 다국적 기업에까지 침투했다. 특히 덴마크의 대형 운송기업 머스크는 전 세계 컴퓨터 네트워크가 멈춰서는 경험을 했다.[14]

컴퓨터를 복구하기 위해 머스크의 런던 사무실에 도착했던 마이크로소프트의 보안 기술자들은 21세기에 '소름 끼친다'는 뜻이 바로 이런 것이구나 싶었다고 한다. 현장에 가장 먼저 도착한 사람 중 한 명인 큰 키에 말도 빠르고 동작도 빠른 마이크로소프트의 현장 엔지니어 마크 엠슨Mark Empson은 이렇게 말했다. "원래 컴퓨터, 프린터, 스캐너에서는 뭐가 뭔지 모를 윙윙거리는 소음이 나야 하거든요. 그런데 아무 소리도 안 나는 거예요. 정적 그 자체였어요."

복도를 걸어가는 엠슨은 마치 사무실이 죽어버린 것처럼 느껴졌다고 한다. "원래는 고장 난 부분을 상상하며 이런 생각을 하거든요. '그래, 어떻게 된 걸까? 어느 서버가 나갔나? 뭐가 문제지?' 그런데 답은 '전부 다 나갔다.'였어요." 엠슨은 사람들에게 계속 질문을 던졌다. "'네, 전화기는요?' '나갔어요.' '인터넷은요?' '네, 그것도 안 돼요.'"

우리 경제가, 우리 삶이 정보통신 기술에 얼마나 의존하고 있는지를 극명하게 보여주는 사건이었다. 모든 게 서로 연결되어 있는 세상에서는 무엇이든 동시에 멈춰서버릴 수 있다. 오늘날 네트워크를 타깃으로 한 사이버 공격을 심각하게 생각해야 하는 이유 중 하나가 이 때문이다.

도시의 전기와 전화, 가스, 상수도, 인터넷이 작동하지 않는다면 석기시대로 돌아간 것이나 마찬가지일 수 있다. 그게 만약 겨울이라면 사람들이 얼어 죽을지도 모른다. 여름이라면 열사병에 걸릴 수도 있다. 의료 장비에 의존해야 하는 사람들은 목숨을 잃을 수도 있다. 자율자동차가 상용화한 미래에 차들이 씽씽 달리는 고속도로의 자동차 통제 시스템에 사이버 공격이 감행된다고 생각해보라.

이 모든 것이 우리가 살게 될 새로운 세상에서 정신이 번쩍 들게 하는 위협이다. 낫페티아 사태 이후 머스크는 이례적으로 그들의 수송품이 안전하다고 알려 대중들을 안심시켰다. 그런 소통이 필요하다는 사실 자체가 세상이 얼마나 컴퓨터에 많이 의존하고 있고, 사이버 공격에 의해 혼란을 겪을 수 있는지 잘 보여주는 사례이다.

우리 사회 인프라 곳곳에 소프트웨어가 사용되고 있다는 사실은 또한 위협적인 사이버 무기에 투자하는 정부가 늘어나는 이유이기도 하다. 국제 범죄 단체에서 활동하는 10대 해커들이나 그 후예들에 비하면 각국 정부의 활동은 규모 면에서나 정교함에서나 차원이 다르다. 이쪽 분야에서 미국은 초창기 투자자임과 동시에 지금까지도 선도적 위치를 유지하고 있다. 그러나 러시아, 중국, 북한, 이란 같은 다른 국가들도 습득력이 빨라 이미 다들 사이버 무기 경쟁에 뛰어들었다.

워너크라이 공격과 낫페티아 공격은 전 세계 사이버 무기 규모가 어마어마하게 커졌음을 의미한다. 그럼에도 불구하고 몇 달 후 벌어진 사건은 전 세계 정부들이 아직도 이런 경고에 제대로 주의를 기울이지 않고 있다는 사실을 분명히 보여주었다.

전 세계 외교관들과 대화를 나누면서 나는 똑같은 의심의 말을 들었다. "아직 아무도 안 죽었잖아요. 사람에 대한 공격도 아니고요. 그냥 기계가 기계를 공격하는 것에 불과하죠."

이전에 있었던 그 어떤 무기 기술의 발전보다 사이버보안에 대한 태도는 세대에 따라 극명히 갈린다. 젊은 세대는 디지털 네이티브 digital native다. 그들은 삶 전체가 기술의 힘으로 돌아가고, 그들의 기기를 공격하는 것은 그들이 사는 집을 공격하는 것이나 마찬가지다. 직접적인 공격이다. 하지만 나이 든 세대는 사이버 공격의 영향력을 꼭 그런 식으로만 보지 않는다.

그렇다면 우리는 더욱 정신이 번쩍 들 질문을 하게 된다. 디지털 버전의 9.11 사태가 벌어지기 전에 세상을 잠에서 깨울 수 있을 것인가? 아니면 각국 정부는 '다시 알림' 버튼만 누르며 계속 잠을 청할 것인가?

낫페티아 공격 이후 우리는 여러 차례 사이버 공격을 겪은 우크라이나 땅에 무슨 일이 벌어졌는지 전 세계에 보여주고 있었다. 우크라이나는 낫페티아로 초토화되었는데도 우크라이나 이외의 미디어가 이 사실을 보도하는 경우는 드물었다. 우리는 마이크로소프트 직원들로 구성된 팀을 파견해 키예프 사람들을 인터뷰하고 실제로 무슨 일이 있었는지 조사하기로 했다.[15] 파견팀은 사업체를 잃고, 고객을 잃고, 일자리를 잃은 사람들의 설명을 직접 들었다. 신용카드와 ATM이 작동하지 않아서 식품을 살 수 없었던 사람들과 얘기를 나눴다. 통신 네트워크가 마비되어 자녀들이 어디 있는지 알 수 없었던 어머니들과 대화했다. 분명 9.11 공격은 아니었다. 하지만 사람들의 경험담은 세상이 어디를 향해 가고 있는지 보여주었다.

우크라이나인들은 본인들의 경험을 솔직히 털어놓았지만, 사이버 공격 피해자들이 그냥 침묵하는 경우도 많다. 본인들의 네트워크 보안 수준이 창피하기 때문이다. 침묵은 문제를 해결하는 것이 아니라 오히려 고착화한다. 마이크로소프트도 이런 딜레마에 맞닥뜨린 적이 있다. 2017년 나는 엑스박스 네트워크 일부를 해킹하는 데 성공한 영국 범죄자 두 명이 기소될지 모른다는 보고를 받았다. 비록 난처한 질문들을 유발할 수 있는 문제였지만, 나는 그 사실을 공개해도 좋다고 우리 변호사들에게 말했다. 우리 스스로 더 용기를 내지 않는다면 결코 대중들에게도 용기를 내라고 말할 수 없기 때문이다.

그러나 더 많은 것을 털어놓는 것 못지않게, 더 많은 행동도 필요하다. 유럽 각국의 외교관들도 같은 생각이었다. 제네바에서 열린 UN 회의에서 유럽의 대사 한 명은 내게 이렇게 말했다. "더 많은 조치가 필요하다는 걸 압니다. 하지만 뭘 해야 하는지 잘 모르겠어요. 그리고 혹시 안다고 해도 당장 정부가 무언가를 하게 만드는 것은 쉽지 않습니다. 이런 문제는 IT 기업들이 앞장 서줘야 해요. 그래야 각국 정부가 따라갈 겁니다."

곧 IT 업계가 앞장 설 기회가 찾아왔다. 한 보안 엔지니어 그룹이 몇몇 기업이 협동해 동시에 행동한다면 워너크라이 사태를 일으킨 북한의 해킹 그룹, 즉 징크의 악성 소프트웨어에서 중요 부분을 무력화할 수 있는 방법을 알아낸 것이다. 몇몇 기업이 협력해 징크가 파고드는 취약성에 대한 패치를 배포하고, 감염된 PC들을 차단하고, 공격자들이 사용하는 자사의 계정들을 모두 폐쇄해버리면 되었다. 항구적 효과는 아니겠지만 적어도 이 해킹 그룹에 일격을 가할 수는 있는 방법이었다.

마이크로소프트와 페이스북, 그리고 또 다른 한 기업은 이 방법을 실제로 사용할지, 한다면 어떻게 진행할지 한참 동안 내부 논의를 했다. 사실 이렇게 하면 우리가 더 큰 타깃이 될 수도 있었다. 나는 이 문제를 사티아와 논의한 후 11월 마이크로소프트 이사회에 우리가 이 계획을 실행할 것임을 알렸다. 우리는 법률적으로든 어떤 쪽으로든 우리에게 근거가 충분하다고 판단했다. 다른 기업들과 협력한다면 한번 시도해볼 만한 조처였다.

우리는 또 FBI, 국가안보국, 미국과 기타 다른 국가의 정부 관리들에게도 이 사실을 알려야 한다고 판단했다. 그들의 허락을 구하는 게 아니라 그저 우리의 계획을 알려줄 작정이었다. 우리는 혹시 정부의 정보기관이 우리가 곧 무력화하려는 사용자 계정을 이용해 북한의 위협에 대처할 어떤 작전을 수행 중인 것은 아닌지 확인하고 싶었다.

며칠 후 워싱턴에 간 나는 백악관에 잠시 들렀다. 백악관 집무동 지하 사무실에서 대통령의 국가안보 자문위원 톰 보서트와 백악관 사이버보안 담당자 롭 조이스Rob Joyce를 만났다. 나는 그다음 주로 예정되어 있던 우리 계획을 알려주었다.

두 사람은 트럼프 대통령의 강력한 지지를 받아 곧 워너크라이 공격을 공식적으로 북한의 책임으로 규정할 것이라고 했다. 사이버 공격에 대해 공식적으로 어느 정부에 책임을 지우는 핵심 단계였다. 보서트는 미국 정부가 '과도하고 무차별적인' 사이버 공격에 반대한다는 사실을 공식적으로 이야기하는 것이 중요하다고 판단했다. 그리고 이번 참에 백악관은 다른 국가들과 적극적으로 협력해 처음으로 모두 같은 편에 서서 공개적으로 북한을 지목할 예정이었다.

보서트는 처음에 우리에게 계획을 연기해달라고 부탁했다. "백악관이 발표를 하려면 일주일은 더 있어야 해요. 우리가 다 함께 동시에 발표하는 게 더 좋을 테고요." 나는 12월 12일에 배포하기로 되어 있는 특정 패치와 시기를 맞춰야 하기 때문에 우리 작전을 연기할 수가 없다고 말했다. 우리 회사는 이미 매달 두 번째 화요일에 패치를 공개하는 것으로 널리 알려져 있었다.

대신에 나는 다른 것을 제안했다. "작전에 관해 외부에 알리는 것은 연기를 검토해볼게요. 발표는 함께 할 수도 있겠죠."

이 대화를 통해 워너크라이에 대한 정부 대응의 아이러니하면서도 중요한 측면 하나가 드러났다. 보서트가 내게 설명한 것처럼, 그리고 나중에 기자회견에서 말한 것처럼, 미국 정부는 이 사태에 관해 취할 수 있는 조치가 많지 않았다. 북한에 대해서는 이미 온갖 경제 제재를 하고 있었다. 보서트는 공개적으로 이렇게 말했다. "트럼프 대통령은 북한 주민들을 굶겨죽이는 것만 빼고 이용할 수 있는 수단은 모조리 사용하면서 그들의 행동을 바꾸려고 해왔어요."[16]

나중에 트럼프 행정부는 사이버 공격에 대한 대응을 늘릴 수 있다고 했다. 하지만 IT 업계는 정부가 할 수 없는 몇 가지 조처를 취할 수 있는 위치였다. IT 기업들은 언제든지 북한이 만든 악성 코드의 핵심 기능을 분쇄할 수 있었다. 따라서 우리가 두 발표를 연계할 수 있다면 국가 차원의 해커들에게는 강력한 선언이 될 수 있었다.

우리는 두 가지 활동을 유기적으로 진행했다. 한편으로는 작전을 수행하고, 다른 한편으로는 그 사실을 공개적으로 발표한 것이다. 마이크로소프트와 페이스북, 그리고 이름을 밝히기를 원치 않는 IT 기업 한 곳의 보안팀들은 밀접히 서로 협력하면서, 12월 12일 아침 징크의 사이버 능력을 파괴했다. 작전은 순조롭게 진행됐다.

하지만 이 작전을 공개적으로 발표하는 일은 좀더 복잡했다. 분야를 막론하고 보안 전문가들은 보통 본인이 하는 일을 공개적으로 말하는 것을 꺼린다. 정보를 공유하기보다는 차단하는 것이 그들의 문화인 탓도 있고, 그렇게 했다가는 보복 공격을 부추길 위험이 있기 때문이다. 하지만 국가 차원의 사이버 공격에 효과적으로 대응하기 위해서는 그런 망설임을 극복해야 했다.

우리는 또한 IT 업계가 트럼프 행정부와 맺고 있는 복잡한 관계에서 비롯된 문제도 갖고 있었다. 미국은 최근 몇 달간 여러 이슈 중에서도 특히 이민자 문제가 다시 쟁점이 됐다. 그래서 무슨 일이 되었든 트럼프 행정부와 뭔가를 하고 있다는 사실을 공개적으로 인정하기를 꺼리는 사람들도 있었다. 하지만 나는 우리가 거리를 둘 때는 두더라도 협력이 필요한 곳에서는 협력을 해야 한다고 생각했다. 사이버보안은 우리가 협력할 수 있는 공동의 대의명분이었을 뿐만 아니라, 진정한 발전을 위해서는 협력이 꼭 필요한 분야였다.

백악관은 12월 19일에 발표를 하겠다고 했다. 우리는 얼른 페이스북과 제3의 기업에게 징크에 대한 우리 조처를 공개하고 싶다고 얘기했다. 하지만 그 전날 아침까지도 두 회사는 결정을 내리지 못했고 우리는 마냥 기다려야 했다. 필요하다면 나는 우리 회사 단독으로라도 발표를 할 작정이었다. 나는 여러 국가가 과도하고 무차별적인 사이버 공격을 감행하지 못하도록 효과적으로 차단할 수 있는 유일한 방법은 우리의 대응력이 커지고 있음을 보여주는 길뿐이라고 생각했다. 누군가는 먼저 나서야 했다. 그게 우리가 되는 한이 있더라도 말이다.

그날 저녁 좋은 소식이 도착했다. 페이스북이 우리와 함께 작전을 공개하고 공동 조처에 대해 논의하겠다고 전해왔다. 그리고 다음날 아침에는 보서트의 백악관 기자회견 현장에서 더 좋은 소식이 도착했다. 보서트는 미국이 오스트레일리아, 캐나다, 일본, 뉴질랜드, 영국 등 6개국과 뜻을 함께 하는 발표라고 설명했다. 사이버 공격에 대해 여러 국가가 동시에 어느 한 국가의 책임을 지목하는 것은 처음 있는 일이었다. 보서트는 마이크로소프트와 페이스북이 지난주에 해킹 그룹의 사이버 공격 능력 일부를 무력화하기 위한 구체적 조처를 취했다고 발표했다.

각국 정부와 IT 기업의 협력을 통해 우리는 단독으로 이룰 수 있는 것보다 많은 것들을 성취했다. 물론 이것이 전 세계 사이버보안 위협에 대한 만병통치약은 아니었다. 승리라고 부를 수도 없었다. 하지만 새로운 시작임에는 분명했다.

# 05

# 민주주의 지키기

## : 지켜낼 수 있어야 공화국이다

1787년 필라델피아에서 미국 제헌회의는 헌법 제정에 관한 최종 결론을 도출했다. 회의실을 나서던 벤저민 프랭클린은 대표단이 어떤 유형의 정부를 창조했냐는 질문을 받았다. 그의 유명한 답변은 다음과 같았다. "공화국이요. 지켜낼 수 있다면 말이죠."[1] 이 발언은 수세기가 지나도록 미국 전역에 깊은 울림을 주었다. 민주공화국이란 그저 정부의 새로운 형태가 아니라 두 눈 부릅뜨고 지켜야 할 대상임을, 때로는 보호하고 유지하기 위한 행동이 필요함을 강조한 발언이었다.

미국 전체 역사에서 공화정의 수호는 시민들의 행동을 의미했다. 투표를 하고, 공무를 이행하고, 때로는 목숨을 내놓기도 했다. 중요한 순간에는 나라의 기업들이 동원되기도 했다. 제2차 세계내선에서 승리하기 위해 미국 정부가 민간 기업에 발동했던 전시동원령처럼 말이다. 역사는 끊임없는 경각심이 필요하다는 사실을 우리에게 가르쳐주었다. 행동이 필요한 상황은 전혀 예기치 못하게 일어나기 때문이다.

2016년 7월 어느 일요일 밤에도 경각심이 필요한 상황이 갑자기 벌어졌다. 지난 2주간 나는 주로 클리블랜드와 필라델피아에서 열린 공화당 전당대회와 민주당 전당대회를 쫓아다녔다. 그리고 주말이면 밀린 업무를 처리하느라 바빴다. 그날 밤에도 업무를 처리하고 마무리하려는데, '긴급'이라고 표시된 이메일이 왔다. 그 글자를 클릭했을 때, 나는 이 메일이 과연 우리가 민주주의를 지킬 수 있는지, IT 기업들을 시험에 들게 하고 산업계에 도전이 될 캠페인의 서막이 될 줄은 몰랐다.

이메일을 보낸 사람은 마이크로소프트 법무팀의 부팀장 톰 버트 Tom Burt였다. 이메일의 제목은 "긴급 DCU 이슈."였다. DCU란 톰이 담당하는 여러 팀 중 하나로 마이크로소프트의 디지털범죄유닛Digital Crimes Unit이다. 우리는 이 팀을 15년 전에 만들었는데, 의외로 IT 업계에서 이런 부서를 두는 곳은 여전히 우리뿐이다. 이 부서는 전 세계 백여 명 이상의 인원으로 꾸려지는데, 그 중에는 전직 검사, 정부 조사관, 과학 수사관, 데이터 분석가, 비즈니스 분석가도 있다. 당초 디지털범죄유닛은 1990년대에 우리가 위조 방지 활동을 하려고 만들었으나, 나중에 인터넷에서 새로운 형태의 범죄 활동이 급증하면서 사법당국과 공조하는 역할을 맡는 디지털 특수기동대SWAT로 발

전했다.[2]

열흘 전, 2016년 민주당 전당대회가 열리기 전 금요일에 위키리크스WikiLeaks는 러시아 해커들이 민주당 전국위원회에서 훔쳐낸 이메일을 공개했다. 이 사건은 전당대회 주간 내내 뉴스의 중심이었다. 그 주에 마이크로소프트의 위협정보센터는 스트론튬Strontium이 또 다른 해킹을 시도한 것을 알아냈다. 스트론튬은 팬시베어Fancy Bear, 또는 APT28로 알려진 러시아 해킹 그룹에게 우리가 붙인 이름이었다. 톰의 팀은 돌아오는 화요일에 스트론튬을 무력화할 합법적 공격을 감행할 예정이었다.

FBI를 비롯한 정보기관들은 스트론튬을 러시아의 군 정보기관인 GRU와 연결시키고 있었다. 톰은 스트론튬이 마이크로소프트 서비스로 위장해 다양한 정치가와 정치 후보들을 노리고 있다고 보고했다. 타깃 중에는 민주당 전국위원회와 힐러리 클린턴의 대선캠프에 속한 계정도 있었다. 우리가 문제의 한복판으로 내던져지는 상황이었다.

마이크로소프트의 위협정보센터는 스트론튬이 스피어 피싱spear-phishing이라고 하는 사이버 공격을 감행했던 2014년부터 그들을 감시해왔다. 스피어 피싱은 정교하게 조작된 이메일을 보내 겉으로 보기에도 신뢰할 만한 곳으로 보이는 웹사이트의 링크를 클릭하도록 유도했는데, 그런 웹사이트 이름 중에 마이크로소프트가 포함되어 있었다. 타깃이 클릭을 하고 나면 스트론튬은 정교한 여러 툴을 이용해 컴퓨터의 활동 내역을 염탐해 파일 형태로 기록하는 '키 로깅key logging'을 하거나, 이메일 주소와 파일을 빼내가기도 하고 각종 정보를 수집했다. 스트론튬은 심지어 연결된 USB 저장장치까지 감염시키는 툴을 써서 네트워크에 연결되지 않은 컴퓨터의 데이터까지 수집하려고 시도했다.

스트론튬은 다른 해킹 범죄 단체들보다 정교하고 집요해서, 선별된 타깃에게 오랫동안 수없이 많은 피싱 메일을 보냈다. 중요 타깃을 낚을 수만 있다면, 그 정도 투자는 할 만한 가치가 있었던 것이다.

이런 전략은 많은 컴퓨터 사용자들에게 이미 알려진 수법이지만, 이에 맞서 싸우기는 쉽지 않다. 샌프란시스코에서 열린 네트워크 보안 기업 RSA의 연례 콘퍼런스에서 어느 참석자는 이렇게 말했다. "어느 단체를 가든 아무 거나 클릭하는 직원이 적어도 한 명은 있어요." 부주의도 문제지만, 이 수법은 사람들의 호기심을 이용한다. 우리가 해커들의 활동을 분석해봤더니, 해커가 이메일 계정에 성공적으로 침투했을 때 가장 먼저 하는 일은 흔히 '비밀번호'라는 키워드를 검색하는 것이었다. 사람들이 가입하는 서비스가 늘어나면서 사용하는 비밀번호도 늘다 보니, 종종 '비밀번호'라는 단어가 들어 있는 이메일을 자기 자신에게 보내두는 경우가 있다. 이것들은 해커에게는 좋은 먹잇감이 된다.

2016년 7월 마이크로소프트의 위협정보센터는 스트론튬이 사용자 데이터를 훔쳐가기 위해 새로운 인터넷 도메인을 등록한 것을 찾아냈다. 스트론튬은 이들 도메인에 마이크로소프트디시센터닷컴

Microsoftdccenter.com과 같은 마이크로소프트의 이름을 사용했고, 그러다 보니 해당 링크들은 마이크로소프트의 적법한 지원 서비스처럼 보였다. 디지털범죄유닛은 주말 내내 합법적으로 이 문제를 해결할 수 있는 전략을 개발했고 이들 사이트를 폐쇄할 수 있는 계획을 준비해 일요일에 톰이 나에게 보고를 하게 된 것이다.

이 계획이 가능했던 것은 디지털범죄유닛이 이전에 개척해놓은 법률적, 기술적 혁신 덕분이었다. 이런 링크가 발견되면 우리는 법원으로 가서 스트론튬이 마이크로소프트의 상표를 도용했다고 주장하고, 그것을 근거로 새로운 인터넷 도메인의 통제권을 디지털범죄유닛으로 이양해달라고 요청했다. 어찌 보면 이 부분은 혁신적이기도 하지만 비교적 당연한 일이다. 상표법은 수십 년 전부터 있었고, 최근에는 '마이크로소프트'처럼 등록된 상표의 이름을 누가 허락 없이 자신의 웹사이트 이름에 포함시키는 것을 금지해놓고 있다.

기술적 혁신 측면을 보면, 다음 단계로 우리는 디지털범죄유닛의 범죄수사 연구실 내에 회사의 다른 네트워크와는 분리된 안전한 '싱크홀'을 만들었다. 이 싱크홀은 감염된 컴퓨터가 스트론튬의 지휘 통제 서버인 줄 알고 보내오는 통신 내용들을 모조리 가로챘다. 목표는 스트론튬의 네트워크를 장악해서 감염된 고객이 누구인지 알아내고, 각 사용자를 찾아 일일이 감염된 기기를 청소해주는 것이었다.

나는 이 방법이 무척 마음에 들었다. 애초에 우리기 디지딜범쇠유닛을 만든 이유가 바로 이런 목적이었기 때문이다. 회사의 변호사들과 엔지니어들이 함께 고객에게 실질적으로 도움이 되는 혁신을 만들어내는 것 말이다. 이번 사건의 경우 성공을 확신할 수 없었지만, 톰은 낙관적이었고 화요일 아침에 버지니아에 있는 연방법원으로 가서 즉시 조치를 취하자고 했다. 나는 계획을 승인했다.

참신한 이 방법의 특징 중 하나는 승소가 쉽다는 점이었다. 해커들은 자신을 방어하기 위해 법정에 출두할 리 없기 때문이다. 어떻게 나타나겠는가? 그랬다가는 당장 재판에 넘겨지거나 기소될 게 뻔했다. 디지털범죄유닛은 우리가 늘 원했지만 달성하기 힘들었던 것들을 이뤄주었다. 법을 이용한 우리의 전략은 해커의 강점, 즉 어둠 속에 숨는 능력을 오히려 약점으로 바꿔놓았다.

우리는 재판에 승소하여 인터넷 도메인을 우리 손에 넣고 피해자들에게 연락해 구제 작업을 하기 시작했다. 법원의 서류는 공개되어 있었기 때문에 한 언론이 우리가 한 일을 보도했지만[3] 나머지 언론은 관심을 갖지 않았다. 우리는 자신감을 갖고 이 전략을 확대해 나갔다. 우리는 14번 소송을 걸어서 90개의 스트론튬 도메인을 압수했다. 그리고 법원을 설득해 은퇴한 판사 한 분을 특별 담당관으로 지명해서, 우리가 신청한 내용이 더 빨리 승인될 수 있게 조처했다.

2017년 초 우리는 프랑스 대선 후보 선거캠프를 타깃으로 한 해킹 시도를 발견했다. 우리는 선거캠프 관계자에게 알리고 프랑스 국가안보국에도 연락해서 더 강력한 보안 정책을 쓰게 했다. 우리는 우리가 가진 데이터 분석 능력을 활용해서 현재 진행 중이거나 진화 중인 해킹 트렌드를 식별했다. 그리고 해커들이 향후에 사용할 도메인 이름을 예측하는 AI 알고리즘까지 만들었다. 하지만 그 어느 것도 만병통치약이 될 수는 없었다. 고양이와 생쥐 사이에 또 한 번 쫓고 쫓기는 추격전이 벌어질 뿐이었다. 고양이는 적어도 발톱이 빠지면 새로 나기라도 하는데 말이다.

안타깝게도 생쥐는 점점 더 정교해지고 있었고, 미국 대선운동 기간 동안 누구도 해커들의 방법을 완전히 파악하고 있지 못했다. 2016년 러시아인들은 이메일을 무기화해서 훔쳐낸 정보를 수집하고 유출해 힐러리 클린턴 선거캠프의 지도부와 민주당 전국위원회에 공개적으로 망신을 주었다.[4]

2017년에는 수법을 한 단계 더 업그레이드하여 프랑스에서 에마뉘엘 마크롱Emmanuel Macron 대선캠프의 것이라면서 진짜 이메일과 가짜 이메일을 섞어서 유출했다.[5] 마이크로소프트의 디지털범죄유닛과 IT 업계의 여러 팀들이 문제를 차단할 새로운 방법들을 찾아냈지만, 러시아인들은 우리만큼이나 빠르게 발전하고 있었다는 게 머지않아 분명해졌다.

우리는 전 세계 곳곳에서 해킹을 벌이는 스트론튬을 쫓아다녔다. 추적을 하다 보니 놀랍게도 타깃은 90개국 이상이었고, 가장 활동이 활발한 곳은 중동부 유럽과 이라크, 이스라엘, 대한민국이었다.

평범한 시절이었다면 미국과 북대서양조약기구NATO의 동맹국들은 더 강력하고 단합된 반응을 내놓았을 것이다. 하지만 이때는 평범한 시절이 아니었다. 미국에서 벌어진 사건들은 2016년 미국 대선의 합법성 관련 문제와도 너무나 복잡하게 얽혀버려서 양당 간에 그 어떤 논의도 시작할 수 없었다. 워싱턴에서 열린 양당의 정치 컨설턴트들과의 회의에서 나는 양당 모두 실망스럽다고 이야기했다. 많은 공화당 사람들은 혹시라도 공화당 출신인 대통령의 권위가 손상될까 봐 러시아인들에게 제대로 맞서기를 꺼렸다. 일부 민주당 사람들은 러시아 정부에 대해 효과적인 조치를 취하는 것보다 도널드 트럼프 대통령을 비난하는 데서 더 즐거움을 찾는 듯했다. 그 결과 제2차 세계대전 이후 민주주의를 수호하는 중심축이 되었던 원칙이 우리 눈앞에서 무너져 내렸다. 미국인들은 당적을 초월하여 단합해 미국의 지도자들을 지지하고, 그 지도자들은 북대서양조약기구의 동맹들을 결집한다는 원칙 말이다. 내가 실망감을 토로하자 그 자리의 컨설턴트들은 고개를 끄덕였고 누군가 이렇게 말했다. "워싱턴이 그런 곳이죠."

IT 업계 혼자서 이 물결을 돌릴 수 있을 것 같지는 않았다. 2017년 말 나는 스페인과 포르투갈을 방문했다가 정부 관리들이 직접 호소하는 것을 들었다. 스페인과 포르투갈 역시 러시아의 해킹에 대한 우려가 커지고 있었다. 우리가 뭔가를 더 행동해야 한다는 사실을 분명히 깨달았고 압박감도 느꼈지만, 대중의 지지를 얻으려면 우리가 본 것을 더 구체적이고 분명하게 이야기할 필요가 있었다.

가장 어려운 질문 중 하나는 이런 위협에 대해 어떻게 공개적으로 이야기할 것인가에 관한 것이었다. IT 업계의 리더들은 이름을 직접 거명하는 것을 꺼렸고, 그 점에 있어서 우리 역시 다르지 않았다. 우리는 정부가 아니라 기업이었고, 다들 정부를 비난해본 적이 있긴 하지만 우리 플랫폼과 서비스를 오용했다는 이유로 외국 정부를 비난해본 적은 별로 없었다. 하지만 우리가 침묵할수록 막고 싶은 위협을 오히려 키운다는 사실이 점점 더 분명해지고 있었다.

우리는 내부적으로 '러시아 문제'를 가지고 씨름했다. 만약 우리가 러시아 정부와 해킹 사이의 연관성을 공개적으로 이야기한다면, 러시아에 있는 우리 사업이나 직원들에게 보복이 되어 돌아오지 않을까 걱정했다. 우리는 러시아 정부에 대해 우려하고 있다고 해서 민간 부문이나 공공 부문의 고객들, 또는 러시아라는 나라 자체에 등을 돌리겠다는 뜻은 아니라고 러시아에 있는 고객들을 안심시키려고 애썼다. 무엇보다 우리는 미국 정부도 다섯 번이나 고소한 적이 있었다. 오바마 행정부와 트럼프 행정부 모두 말이다. 우리는 이민자 문제에 있어서는 트럼프 행정부에게 직설적으로 이야기했다. 그렇다고 해서 우리가 미국 전역에서 하고 있는 사업과 고객 지원 활동을 중단한다는 뜻은 아니었다. 우리가 정부 감시 이슈 및 이민 문제와 관련해 미국 정부는 비판하면서도, 민주 사회에 반하는 러시아의 행위를 비판하지 않는다면 전 세계 사람들이 우리를 어떻게 생각할까?

2017년 말 우리 서비스를 이용 해시 2018년 미국 중간선거에서 재선을 노리는 상원의원들의 이메일을 해킹하려는 시도가 또 다시 발생한 사실을 포착했다. 우리는 의원들의 계정이 해킹되기 전에 상원 의원들의 사무실에 그들이 타깃이 된 사실을 알렸다. 아무도 이런 사이버 공격에 대해 공개적으로 언급하고 싶어하지 않았고, 그래서 우리도 침묵했다.

2018년 7월 우리 회사 법무팀의 톰 버트는 아스펜 보안 포럼 자리에서 우리가 목격하고 도움을 주었던 두 번의 피싱 공격 사례를 언급했다. 그는 재선을 원하는 국회의원들을 대상으로 공격이 있었다고 말했다. 톰이 국회의원의 이름을 공개하지는 않았기 때문에 언론도 크게 주목하지 않았다. 하지만 기술 뉴스 웹사이트인 〈데일리 비스트The Daily Beast〉가 자체 조사를 통해 두 국회의원 중 한 명이 미주리주 상원의원 클레어 맥캐스킬Claire McCaskill인 것을 정확히 알아냈다.[6] 갑자기 언론이 폭발적 관심을 보였고, 백악관 상황실에서 이 문제를 논의하려고 브리핑을 연다는 소리가 들렸다. 맥캐스킬 의원은 얼른 반응을 내놓았다. 우리가 그녀의 보좌진에게 요청할 당시 바랐던 바로 그 반응이었다. 맥캐스킬 의원은 다음과 같이 강력한 입장을 발표했다. "비록 성공하지 못한 공격이지만, 이런 일을 저지르고도 그냥 넘어갈 수 있다고 생각한다면 터무니없는 생각입니다. 저는 겁먹지 않을 겁니다."[7]

우리는 중요한 교훈을 얻었다. 국회 보좌진들 역시 우리만큼이나 이런 유형의 공격에 대해 공개적으로 이야기하는 것에 익숙하지 않았다. 특히 우리가 어느 조직의 직원들에게 제일 먼저 연락을 한다면 의사결정은 몇 달씩 내부에서만 빙빙 맴돌 가능성도 있었다. 즉 누군가 선뜻 나서서 무슨 얘기를 하려 하지 않을 수 있다는 것이다. 하지만 조직의 수장에게 문제를 제기한다면 사람들은 그리 어렵지 않게 자신이 무슨 말을 해야 하는지 알았다.

우리는 온라인 서비스를 제공하는 기업으로서 더 공개적으로 이야기를 하는 것도 중요하지만, 더 많은 행동도 필요하다는 사실을 깨달았다. 우리는 정치 후보나 선거캠프, 기타 관련 집단을 온라인 공격으로부터 더 잘 보호할 수 있는 특별 프로그램을 개발하기로 하고, 이 프로그램을 '어카운트가드AccountGuard'라고 불렀다. 우리 회사의 오피스365 이메일과 서비스를 통해 무료로 정치 집단 및 정치인 개인에게 제공할 예정이었다. 마이크로소프트 위협정보센터는 국가 차원의 해킹 활동을 적극적으로 감시해서 혹시 사이버 공격이 감지된다면 선거캠프의 직원들에게 자세한 내용을 알려줄 계획이었다.[8]

나는 이 방법에 아주 만족했지만, 어카운트가드가 모든 해결책이 될 수는 없다는 걸 우리는 알고 있었다. 점점 늘어나고 있는 선거 개입 시도에 대해 전 세계 민주 사회의 리더들이 나서서 더 강력하게 스스로를 보호하려 들었다면, IT 업계가 목격한 것들을 더 솔직하게 말할 수 있었을 것이다.

어카운트가드를 발표하는 자리가 하나의 돌파구가 됐다. 최근 우리는 스트론튬이 여섯 개의 웹사이트를 만든 것을 보았다. 미국 정치인들을 타깃으로 한 것이 분명했다. 세 개는 미국 상원에 초점을 맞춘 것이었고, 나머지 중에서 두 개가 특히 눈길을 끌었다. 하나는 국제공화당연구소International Republican Institute를 타깃으로 하는 듯했다. 전 세계 민주주의 원칙을 지원하는 공화당의 주요 조직 중 하나였다. 또 다른 하나는 허드슨연구소Hudson Institute를 타깃으로 하는 것 같았다. 허드슨연구소는 보수주의 싱크탱크의 하나로 러시아의 여러 정책과 전술에 대해 강력히 반대해왔다. 이것들을 종합해보면 스트론튬은 비단 민주당만 타깃으로 하는 것이 아니라, 미국의 양대 정당에 모두 초점을 맞추고 있었다.

디지털범죄유닛은 여섯 개 사이트의 통제권을 모두 우리 싱크홀로 넘기라는 법원의 명령을 받아냈다. 우리 판단으로는 아직 아무도 해킹을 당하지 않은 듯했다. 이제 문제는 우리가 이 사건을 얼마나 대중에게 공개하느냐 하는 점이었다. 마이크로소프트의 여러 집단 내부에서 열띤 토론이 있었다. 하지만 이제 해킹이 양당을 모두 노리고 있는 만큼, 좀더 폭넓은 공개 논의를 촉구하기에 안성맞춤이었다.

이 일로 내부에서는 일주일간 활발한 토론이 일어났고, 어느 금요일 내 사무실에서 결론이 정해졌다. 우리는 두 사설 기관의 수장 및 상원 관료들에게 연락을 해서 그 다음 주 화요일에 우리가 이 일을 발표할 예정임을 미리 알리기로 했다.

두 기관의 수장은 재빠르게 우리를 지지했다. 한 사람은 어찌 보면 그런 공격이 자신들이 하는 일의 중요성을 인정하는 "명예훈장" 같은 거라고 말했다. 우리는 어카운트가드를 발표하면서 이 새로운 공격에 관한 정보를 함께 알렸다. 여섯 개의 웹사이트를 만든 주체가 "러시아 정부와 널리 연관되어 있고 스트론튬, 혹은 팬시베어나 APT28이라고도 알려진 그룹"이라고 분명히 밝혔다.[9] 공격의 출처가 러시아임을 우리가 분명히 밝힌 것은 이때가 처음이었다. 뒤이어 며칠 후에는 페이스북과 구글이 그들의 사이트에 있는 가짜 정보와 가짜 계정을 폐쇄하는 조처를 취했다.

그것으로 우리의 할 일이 끝난 것은 결코 아니었지만, 2016년 이후로 IT 업계가 얼마나 발전했는지를 보여주는 사건이었다. IT 업계가 새로운 조치들을 취하면서 언론도 미국 정부에 우리의 노력에 상응하는 행동을 촉구하기 시작했다. 그 덕분에 우리가 바랐던 더 폭넓고 협력적인 조치가 이뤄질 수 있는 새로운 토대가 마련됐다. 내가 〈PBS 뉴스아워NewsHour〉에 나가서 말했던 것처럼, 우리는 "서로의 차이는 잠시 제쳐두고 이런 종류의 위협으로부터 우리의 민주주의를 지키기 위해 필요한 일들을 함께 해야" 했다.[10]

어쩌면 당연하게도 러시아 정부는 IT 업계가 이렇게 공개적으로 강력한 입장을 취하는 것을 좋아하지 않았다. 2018년 11월 레드먼드에 있는 마이크로소프트의 직원 한 명이 모스크바에서 열리는 AI 콘퍼런스에 참석하려고 비자를 신청했다. 직원은 3,000킬로미터가 넘게 떨어진 워싱턴에 있는 러시아 대사관까지 불려갔다. '비자 인터뷰'라는 명목으로 말이다. 우리 직원이 인터뷰실에 들어서자 영사관은 봉투를 하나 내밀면서 그 안에 들어 있는 서류 두 개를 읽어달라고 공손히 요구했다. 그런 다음 그 서류들을 다시 레드먼드로 가져가서 마이크로소프트 경영진에게 전해달라고 요청했다. 인터뷰는 시작한지 5분도 안 되어 끝이 났고 직원의 비자는 발급되었다.

얼마 후 나는 이 두 서류가 첨부된 이메일을 받았다. 러시아 뉴스기사를 영어로 번역한 것을 인쇄한 종이들이었다. 두 기사 모두 그해 8월에 내가 했던 말들을 자세히 보도하면서 러시아 정부는 내 설명에 동의하지 않는다고 언급했다. 그 중 하나는 이렇게 결론을 맺었다. "러시아 당국은 해커 공격을 포함해 타국의 선거에 개입했다는 그 어떤 혐의에 대해서도 계속해서 부인해왔다."[11]

러시아가 마이크로소프트에 보낸 메시지는 미국의 많은 기술 기업들이 현재 직면해 있는 어려움을 반영했다. 미국의 정치가들이 우리에게 해외 해킹에 대해 강력한 입장을 취하라고 압박하는 것은 한편으로 충분히 이해가 간다. 하지만 다른 한편으로 이런 조처들은 해외정부가 기업에게 압력을 행사하게 만든다.

러시아 활동의 큰 그림이 대략 그려지면서 무기화할 수 있는 디지털 기술이 이메일뿐만은 아니라는 사실이 명확해졌다. 리스크 관리분야의 중요한 교훈 중 하나는 두 가지 위험, 즉 내가 직면할 가능성이 가장 높은 위험과 가능성은 높지 않으나 실제로 일어났을 때 최악이 될 수 있는 위험, 이렇게 두 가지를 모두 고려해야 한다는 사실이다. 민주사회에 디지털이 일으킬 수 있는 위험을 생각해보았을 때 상상할 수 있는 최악의 경우는 투표 기계를 해킹하거나 정확한 개표를 방해하는 것이다. 중요한 선거가 박빙으로 진행되었는데 바로잡을 수 없는 복잡한 방식으로 다른 나라가 우리의 투표 시스템을 해킹했다는 뉴스가 나왔다고 생각해보라. 벤저민 프랭클린의 표현을 빌리자면, 투표 결과가 실제 투표 내용 그대로인지 대중이 자신할 수 없을 때 우리가 무슨 수로 "공화국을 지킬 수" 있을까?

이미 투표 기계를 조작할 수 있는지 국가 차원의 조사가 여러 차례 이뤄졌다. 2000년대 초반에 개발된 소프트웨어나 하드웨어를 사용하는 수많은 투표 기계가 취약성을 안고 있다는 연구 결과들도 있었다. 이 문제를 해결하기 위한 공공 자금은 늘고 있지만, 이렇게 오래된 컴퓨터 시스템의 명백한 취약성을 해결하려면 더 많은 조처가 필요했다.

이 문제는 IT 업계도 함께 해결을 도모해야 한다. 마이크로소프트를 비롯해 여러 곳에서 혁신 활동이 확산되는 중이다. 마이크로소프트는 연구를 통해 2019년 5월 '일렉션가드ElectionGuard'를 발표했다. 일렉션가드는 개별 투표용지 및 개표 결과를 보호할 수 있는 암호화된 투표 시스템이다.[12] 저렴한 기성품식 하드웨어를 이용하는 오픈소스 소프트웨어 시스템으로 구식 기술과 최신 기술의 좋은 점만 결합해놓았다. 투표자가 전자 화면에서 후보를 선택하면 이 선택을 인쇄된 종이 투표용지에 기록하고 투표자는 이 투표용지를 제출해 선거가 끝난 후 혹시라도 감사가 필요할 때 이 종이 기록을 확인할 수 있게 했다. 투표자 본인도 인쇄물을 하나 받는데 거기에는 암호화된 알고리즘을 이용해 그의 선택을 알 수 있게 하는 전자 추적번호가 적혀 있었다. 이 추적번호는 나중에 온라인으로 개인의 투표가 정확히 기록되었는지 확인할 수 있게 해주었다. 일렉션가드를 이용하면 모든 투표 결과를 안전하고 신뢰할 수 있는 방식으로 확보할 수 있었다. 민주주의가 안전하게 작동하려면 반드시 필요한 접근법이다.

선거 캠프를 해킹하거나 투표 결과를 어지럽히는 식의 사이버 위협은 10년 전에는 거의 생각지도 못했던 것들이었다. 하지만 오늘날에는 뉴스 기사로 매일 쏟아지는 실질적 위험이 됐다. 민주 정부와 산업계가 1940년대에 세계대전에서 승리하기 위해 협력했던 것처럼, 이제는 평화를 지키기 위해 통일성 있는 대책을 마련해야 한다.

권위주의 정권들이 허위 정보 캠페인으로 실험을 하고 있기 때문에 우리 앞에는 더 복잡한 도전들이 놓여 있다.

# 06

# 소셜 미디어

## : 우리를 갈라놓는 자유

**TOOLS AND
WEAPONS**

발트해 끄트머리 에스토니아 탈린의 중심가에 위치한 어느 박물관에는 좁고 긴 널빤지 양쪽 끝에 젊은 남녀가 한 명씩 서서 끝없이 회전하고 있다. 좁다란 받침대 위에서 거대한 시소가 천천히 돌아가는 동안 남녀는 양팔을 쫙 펴고 시선을 고정한 채 균형을 유지하며, 또 서로의 균형을 잡아준다. 엉뚱하기는 해도 이 흥미로운 조각상은 틀림없이 진지한 메시지를 던지고 있다.[1] 전 세계 자유 사회가 직면한 위태로운 균형 잡기, 바로 소셜 미디어 시대에 사람들을 갈라놓을 수 있는 자유로부터 민주주의를 지키는 일이다.

회전하는 이 조각상은 박물관이 들려주는 내레이션의 마지막 페이지 같은 것이다. 박물관은 에스토니아가 독립했다가 주권을 상실하고 다시 또 독립하는 거의 100년에 걸친 과정과 주권을 유지하기 위해 얼마나 힘든 노력이 필요했었는지 들려준다. 이는 또한 현대의 모든 민주사회가 직면하고 있는 기술의 도전에 관한 이야기이기도 하다. 오디오 가이드가 방문객들에게 들려주는 다음의 설명처럼 말이다. "에스토니아는 하루아침에 자유를 얻지 않았습니다. 우리는 자유를 추구하고 있습니다. 매일 추구하고 있습니다."

2층 건물로 된 속박과 자유의 바바무 박물관Vabamu Museum of Occupations and Freedom은 언덕에 위치한 탈린의 중세풍 도심에서 내려가면 나타난다. 규모는 크지 않지만 유리와 철강으로 된 현대적 건물은 그 뒤로 솟아오른, 성벽에 둘러싸인 13세기 수도의 요새화된 도심과 뚜렷한 대조를 이룬다. 에스토니아의 새 시대를 상징하기 위해 만든 이 유리벽들은 북극광을 현대식 건물 안으로 끌어들여 러시아와 나치 독일, 소련의 점령자들이 쓴 복잡하고 슬픈 이야기를 들려주는 현대의 무대를 비추고 있다. 이 박물관이 고난과 압제, 살인에만 초점을 맞추지는 않는다. 박물관은 자유를 염원하는 전 세계 사람들과 같은 화음을 낸다. 그리고 가장 중요한 것은 이 박물관의 움직이는 두 마네킹이 그토록 우아하게 보여주는 것처럼 자유와 책임 사이의 끊임없는 긴장감을 일깨운다는 것이다.

2018년 가을 우리가 에스토니아를 방문했을 때 미국에서는 트위터와 페이스북에서 벌어진 허위 정보 캠페인에 대한 국회 조사가 한창 진행 중이었다. 전 세계는 이 새로운 도전에 대해 알게 됐고 이제 질문을 하는 중이었다. 어떻게 이런 일이 일어났는가? 왜 일어났는가? 우리는 왜 좀더 빨리 알지 못했는가?

어느 토요일 아침 바바무 박물관에서 우리는 한 가지 답을 얻었다. 이 박물관을 설계한 사람은 에스토니아 출신의 미국인 올가 키슬러 릿소Olga Kistler-Ritso다. 러시아 제국이 붕괴하고 있던 1920년 우크라이나 키예프에서 태어난 올가는 여러 권위주의 정권 아래에서 성장했다. 어린 소녀였던 올가는 오빠와 함께 우크라이나의 소요와 기근을 피해 북쪽의 에스토니아로 이주했다. 제2차 세계대전 끝 무렵 소련의 군대가 에스토니아를 다시 자기네 체제에 편입하려고 침략을 준비 중일 때 처녀로 성장한 올가는 퇴각하던 독일군과 함께 도망쳐 에스토니아를 떠나는 마지막 배편에 올랐다.

1949년 올가는 미국으로 왔고, 나중에 마이크로소프트의 본부가 들어서는 워싱턴주 레드먼드에서 몇 분 떨어진 곳에 남편과 딸과 함께 정착했다.

그녀는 남은 생을 미국에서 살았지만 에스토니아에 대한 생각을 멈춘 적이 없었다. 어린 시절의 고향에 늘 눈길을 두고 있었으나 고향은 계속해서 소련에 점령되어 있었다.[2] 그런 상황이 바뀐 것이 1991년이었다. 50년 이상 점령되어 있던 에스토니아는 러시아인들의 지배에서 벗어나 독립국으로서의 미래를 건설하기 시작했다.

에스토니아의 민주적 미래에 기여하고 싶은 마음이 간절했던 올가는 평생 모은 돈을 기부해 세상이 결코 잊거나 되풀이하지 않기를 바라는 중요한 역사의 장면을 전시할 박물관을 지었다. 이 박물관의 후원자였던 레나트 메리Lennart Meri는 2003년 개관식에서 이 건물은 단순한 박물관보다 훨씬 큰 의미를 가진다고 말했다. "이곳은 자유의 집입니다. 우리는 이곳을 보면서 자유와 그 반대인 전체주의 사이의 장벽이 얼마나 교묘하고 예민한지를 끊임없이 되새겨야 합니다."[3]

매년 전 세계 5만 명 이상의 방문객들이 바바무 박물관을 찾아 에스토니아의 점령과 자유의 역사를 둘러본다. 그리고 기술이 어떻게 무기가 될 수 있는지도 깨닫는다.

인터넷은 에스토니아가 공산주의의 그늘에서 벗어나 스카이프 Skype의 고향이 되어 맥동하는 자칭 'e 민주주의'로 탈바꿈시키는 데 도움을 주었다. 하지만 한때 에스토니아를 점령했던 러시아는 2007년 이곳의 디지털 취약점을 공격해 민주주의가 본디 얼마나 훼손되기 쉬우며, 한 나라의 자유를 정립하는 데 기여한 기술이 또한 그것을 공격하기 쉽게 만드는지 보여주었다.

그해 봄에 에스토니아는 국가 차원에서 다른 나라를 공격한 첫 번째 사례로 기록된 사이버 공격을 받았다. '서비스 거부 공격denial of service attack'이라고 부르는 디지털 포위 작전이 정부와 경제를 움직이는 사이트들을 포함해 이 나라 인터넷의 대부분을 마비시켰다. 세상은 러시아를 의심했다.[4]

"개처럼 짖는다면, 개가 맞겠죠." 에스토니아의 전 외무부장관 마리나 칼주란드Marina Kaljurand는 탈린에서 함께 점심을 먹으며 내게 말했다. "그런데 우리 경우에는 그게 곰이었던 거예요!" 마리나는 처음부터 알았을 것이다. 당시 그녀는 러시아 주재 에스토니아 대사였다.

2007년 사이버 공격으로 인구 130만 명의 에스토니아는 사이버 보안의 요충지가 됐다. 그 결과 북대서양조약기구는 탈린 바로 옆에 사이버공동방위센터Cooperative Cyber Defense Centre of Excellence를 지었다. 늘 러시아가 잔뜩 눈독을 들이고 있다 보니, 에스토니아와 이곳의 지도자들은 어쩔 수 없이 전쟁과 평화뿐만 아니라 현재 IT 공식의 양쪽을 점하고 있는 이슈인 자유와 압제에 대해서도 초점을 맞추게 됐다.

올가가 지은 박물관은 보기 드문 방식으로 기술과 사회의 충돌을 보여준다. 압제를 경험한 사람들은 공통의 열망인 자유를 찾아 단합한다. 하지만 일단 자유로워지고 나면 그 공통의 끈은 희미해진다. 에스토니아인들은 자유에는 나름의 도전이 따르며, 그 도전들이 현기증을 일으킬 만큼 아찔할 수도 있다는 사실을 철의 장막이 무너진 이후 온몸으로 배웠다.

전시작에는 이런 설명이 붙어 있었다. "어찌 보면 사실 그것은 아주 무서운 상황이다. 다들 내가 진정으로 원하는 게 무엇인지 알아내는 데 어려움을 겪기 때문이다. 모든 게 허용된다면 당신은 무엇을 원할 것인가? 그리고 나면 사람들은 온갖 방식으로 스스로를 녹초로 만든다."

페이스북의 설립자 마크 저커버그Mark Zuckerberg는 세상을 더 '열리고 연결된 곳'으로 만들기 위해 페이스북이라는 온라인 플랫폼을 만들었다. 어찌 보면 이것은 자유에 대한 무한한 지지이다. 하지만

KGB의 정보 수집 요원들이 나라의 모든 타자기로부터 식자 샘플을 받아 등록하고 추적하던 나라에서 살았던 에스토니아인들은 정보나 생각이 갑자기 자유롭게 흐르는 것이 얼마나 버거울 수 있는지 너무나 잘 알고 있었다.

그럼 사람들은 어떤 행동을 할까? 박물관의 전시물이 말하는 것처럼 그들은 자신들의 종족을 찾는다. 이 경우 '사이버 종족'이다. 공동체는 늘 인간 사회의 특징이었다. 사람들은 자신이 속한 공동체와 똑같이 닮은, 생각이 같은 사람들끼리 모인 온라인 그룹을 찾아낸다. 그러면 이 그룹들은 선호하는 채널과 교류하고 싶은 사람들을 골라내면서 연결은 더 많아지지만 개방성은 점차 줄어들게 된다. 그들은 오직 하나의 관점에서 바라본 정보만을 공유한다. 현실 세계에서와 마찬가지로 사람들은 금세 남들의 최악의 모습을 기정사실로 믿어버리곤 한다. 특히 그 남들이 나와 다른 부류라고 생각되는 사람들이라면 더욱 그렇다. 방어기제가 발동하기 시작한다. 간단히 말해 이상주의는 인간 본성과 충돌한다.

이 점을 누구보다 먼저 파악하고 이용한 사람들은 누굴까? 평생을 압제와 자유 아래서 번갈아 살았던 에스토니아 사람들이다. 아마도 이들은 다른 사람들, 그러니까 러시아 국경 맞은편에 있는 이웃들보다 이런 원리를 더 빨리 파악했을 것이다. 그렇다면 가장 늦게 깨달은 사람들은 누굴까? 평생을 자유 속에서만 살았던 미국 서부 해안에 사는 미국의 이상주의자들일 것이다.

하지만 이 현상을 제대로 이해하기 위해서는 사이버 종족으로 분화하려는 우리의 성향을 더욱 강화하는, 기술의 또 다른 영향력을 기억할 필요가 있다. 다 함께 홀로 되는 것 말이다.

점점 우리는 물리적으로 떨어져 있는 사람들과 전자적 대화에 빠져 있는 자신을 발견한다. 때로는 그게 전혀 다른 세상에 사는 사람들일 때도 있다. 디지털 기술은 세상을 더 작게 만들고, 사람들 사이의 접근성을 한층 높여놓았다. 하지만 또한 디지털 기술은 바로 옆에 있는 사람의 목소리조차 듣지 못하게 만들었다. 이것은 새로운 현상이 아니다. 지난 100년간 멀리 있는 사람들을 서로 이어주었던 거의 모든 기술이 가까이 있는 사람들 사이에는 새로운 장벽을 만들었다.

현대 기술 중에서 자동차만큼 우리의 삶을 바꿔놓은 기술도 없다. 미국 시골 지역에서는 그 영향력이 훨씬 더 심하다. 20세기 초까지만 해도 시골 주민들은 흔히 말이나 마차가 다닐 수 있는 30킬로미터 반경 내에서 쇼핑을 하고, 일하고, 종교 활동을 하고, 공부를 하고, 사람들과 어울렸다. 잡화점은 마을의 중심이었다. 교실 한두 개의 학교에 모든 연령의 아이들이 다녔다. 공동체 전체가 작은 마을 교회에 다녔다.

이 모든 것이 바뀐 것은 기름으로 가는 자동차가 시골에 들이닥치면서다. 1911년과 1920년 사이 농장에 있는 자동차만 세어도 8만 5,000대에서 100만 대 이상으로 급증했다.[5] 자동차와 현대식 도로는 너 먼 곳까지 기회의 창을 넓혀주었고, 도시와 시골의 차이를 좁혔다.

어느 역사가가 말한 것처럼 자동차는 "시골 생활의 특징이었던 물리적, 문화적 고립으로부터 시골 사람들을" 해방시켜주었다.[6]

하지만 이렇게 이동성이 커진 것에 대한 대가도 따랐다.[7] 다른 곳에 가서 보내는 시간이 늘어날수록 가족이나 이웃과 보내는 시간은 줄어들었다. 자동차는 작은 마을이라는 촘촘히 엮인 조직을 영원히 해체시켰다.

1960년대부터 유선전화 역시 가족들에게 비슷한 영향을 미쳤다. 10대들에게 방에서 혼자 보내는 시간은 친구와 전화 통화를 하거나 나중에는 컴퓨터를 하며 보내는 시간을 뜻하게 됐다. 가족 구성원들은 함께 집에 있어도 혼자이게 됐다.

40년이 지나고 등장한 스마트폰은 물리적으로는 아이들을 다시 부모와 가깝게 만들었지만 아이들의 생각은 딴 곳에 가 있게 만들었다. 집에서, 특히 저녁을 먹을 때 전화기 좀 내려놓으라는 잔소리는 어느 가정에서나 흔한 일이 되었다. 오랫동안 기술은 계속해서 세상을 좁은 곳으로 만들었지만, 바로 옆집에 사는 사람들, 혹은 한 지붕 아래에 사는 사람들 사이의 유대는 더욱 줄어들었다.[8]

그래서 민주주의에도 새로운 도전이 생겨난다. 온라인에서, 때로는 전혀 모르는 사람과 보내는 시간이 늘어나면서 사람들은 허위 정보에 더 잘 휘둘리게 됐다. 사람들의 호불호와 욕망, 때로는 편견을 이용하는 이런 허위 정보는 현실 세계에 실질적인 영향을 미쳤다.

수십 년간 전 세계 공화국의 장점 중 하나는 열린 소통과 공개 토론을 활용할 수 있다는 점이었다. 그렇게 해서 더욱 폭넓은 이해, 때로는 초당적인 이해를 구하고, 대외 정책 이슈에 대한 지지를 확보하고, 민주적인 자유를 지켰다. 쉬운 일은 아니었지만 프랭클린 루즈벨트가 증명한 것처럼 그 시절 라디오와 같은 새로운 통신 기술을 잘 활용하면 미국이 제2차 세계대전에 참전하기 전에도 영국을 지지했던 것과 같은 어려운 조치에 대해 공공의 지지를 형성할 수 있었다. 그리고 이후 수십 년간 미국은 중동부 유럽의 폐쇄적인 사회에 정보를 퍼뜨리고 민주주의를 양성하기 위해 라디오에서부터 팩스에 이르기까지 온갖 것들을 이용했다.

그런데 지금은 개방되고 자유로운 사회의 바로 이런 강점을 정반대로 이용하는 사람들이 생겼다. 이메일 해킹이 러시아의 새로운 창의 날끝일 수 있으나, 그들의 야심은 훨씬 더 폭넓은 곳까지 미친다. 케이블 뉴스, 그다음에는 소셜 미디어가 서구의 민주주의, 특히 미국 사람들을 점점 더 고립된 정보 속에 가두고 있다. 사실이건 아니건, 페이스북이나 트위터 같은 플랫폼을 이용해 퍼뜨린 정보가 여러 당파를 화나게 만들 수 있다면, 혹은 러시아의 이해관계에 적대적인 정치 후보를 훼손할 수 있다면 어떻게 될까? 미국의 정치와 사회적 내러티브에 영향을 미치기 위해 상트페테르부르크와 모스크바에서 기술자들로 구성된 팀과 사회과학자들이 힘을 합쳐 엄청나게 빠른 속도로 마치 소셜 플랫폼을 만든 사람들 같은 창의성을 발휘한다면 어떻게 될까? 그리고 미국 사람들 중에는 아무도 무슨 일이 일어나고 있는지 충분한 관심을 기울이지 않는다면?

2018년 말에 옥스퍼드대학교와 미국의 분석회사 그래피카Graphika의 연구팀이 페이스북과 인스타그램, 트위터, 유튜브가 상원 정보위원회에 제출한 데이터를 분석했다. 러시아의 인터넷조사국Internet Research Agency, IRA이 어떻게 "컴퓨터를 통한 선동으로 미국 투표자들에게 허위 정보를 공급하고 투표자들을 양극화시켜 미국을 공격했는지"를 철저히 기록한 것은 이들 연구팀이 처음이었다.[9] 이런 허위 정보는 흔히 미국 정치에서 중요한 날이 다가오면 절정에 달했고, 바이러스처럼 쌍방향으로 퍼져나가는 소셜 미디어 플랫폼의 속성을 십분 활용했다. 이 보고서에 따르면 2015년과 2017년 사이에 "러시아 인터넷조사국이 만든 페이스북 포스트나 인스타그램 포스트를 가족이나 친구와 공유하고, '좋아요'를 누르고, 거기에 댓글을 단" 사용자가 3,000만 명 이상이었다.[10]

러시아는 미국이 만든 기술을 조작해 미국에 손을 뻗치고 미국 정치 지형을 휘저어놓았다. 이런 외세의 영향력은 현실 세계로 쏟아져 들어왔다. 특히 러시아 인터넷조사국은 2017년 휴스턴에서 시위대와 반대 시위대를 동시에 조직하기도 했다.[11] 자신도 모르게 러시아 상트페테르부르크에 있는 사람들에게 선동돼 이웃이 이웃에게 소리를 질렀던 것이다.

2017년 말 이런 현실은 점점 더 명확해지고 있었다. 러시아가 페이스북에 허위 정보를 퍼뜨리려 했다는 보도가 나왔을 때 마크 저커버그를 포함해 IT 업계에 있는 사람들은 대부분 그런 활동이 널리 퍼져 있다거나 큰 영향력을 미칠 수 있다고 여기지 않았다.[12] 하지만 이런 생각은 금세 바뀌었다. 2017년 가을 페이스북은 전 세계 관료들에게 요주의 대상이 되어 있었다. 거의 20년 전에 마이크로소프트가 독점 방지법 위반 소송에 걸렸던 때 이후 처음으로 대중은 그 어느 IT 기업보다 깐깐하게 거대 소셜 미디어인 페이스북을 주시하고 있었다. 마이크로소프트에서 그 세월을 전부 겪어낸 나로서는 정부가 페이스북에 요구하는 것이 늘어나는 게 눈에 보였다. 또한 페이스북이 직면한 어려움이 얼마나 큰지도 알았다. 페이스북은 외국 정부가 민주주의를 방해하는 발판으로 쓰라고 서비스를 만든 것이 아니었다. 그러나 페이스북은 그런 활동을 예방하거나 심지어 감지할 수 있는 수단조차 가지고 있지 않았다. 페이스북 내의, 혹은 IT 업계나 미국 정부 내의 그 누구도 이런 일이 가능하리라고는 예견하지 못했다. 러시아가 페이스북이 모국에 등을 돌리게 만들다니.

2018년 2월 뮌헨 안보 콘퍼런스에 참석한 나는 온 세상이 페이스북에 초점을 맞추는 것을 보고 꽤 놀랐다. 1963년에 설립되어 지금은 전직 독일 외교관 볼프강 이싱어Wolfgang Ischinger가 리더로 있는 이 연례 정상회의는 전 세계 국방부장관과 군 지도부, 그리고 여타 국가의 지도부가 모여 국제 안보 정책을 논하는 자리였다. 2018년 참석자 중에는 나와 IT 업계의 동료들도 몇몇 포함되어 있었다.

바이에리셔 호프 호텔Bayerischer Hof hotel의 로비를 가득 메운 군 고위 장교들 사이를 뚫고 지나가려니 좀 이상한 기분이 들었다. 엘리베이터에 억지로 끼어 타고 보니 내 옆에는 당시 구글 회장이던 에릭 슈미트와 부하 직원들이 있었다. 실리콘밸리 사람들을 마주치기에는 다소 이상한 장소였다.

"여기 계셨어요?" 에릭이 물었다.

"실은 전에는 제가 여기 있게 되리라고는 한 번도 생각해보지 못했네요." 내가 대답했다.

그러나 시대는 바뀌었고 2018년에는 우리 두 사람 모두 뮌헨에 반드시 있어야 했다. 그 주의 논의 중 상당 부분은 정보통신 기술의 무기화에 초점이 맞춰졌다. IMF 총재 크리스틴 라가르드Christine Lagarde는 CEO들과 함께 한 오찬에서 국방 콘퍼런스에 참석한 이유에 대해 질문을 받았다. 그녀는 정보통신기술이 지금 민주적 절차를 해치는 데 어떻게 이용되고 있는지 알고 싶었다고 했다. 금융 시장을 공격할 수도 있는 일이기 때문이다. 정신이 번쩍 드는 대화였고, 나는 그녀의 선견지명에 안심이 됐다.

어렵고 다소 무거운 대화가 오갈 때 나는 페이스북의 최고 보안책임자인 앨릭스 스타모스Alex Stamos에게 약간의 연민을 느꼈다. 그는 콘퍼런스 내내 수세에 몰려 있었다. 함께 패널로 참석했던 회의에서 그는 유럽의회의 어느 떠오르는 네덜란드 의원에게 날카로운 질문 공세를 받았다. 나중에 북대서양조약기구 이사회와 함께했던 저녁 만찬에서는 각국의 정부 관료들이며 분개한 여러 참석자들이 그에게 어떻게 페이스북이 "이 모든 일이 벌어지도록 내버려둘 수 있었냐"고 같은 질문을 계속 반복했다.

그들의 걱정은 충분히 이해가 갔지만 그런 대화가 계속 이어지니 나는 점점 열불이 났다. 다들 페이스북에게만 손가락질을 하고 있었다. 아무도 문제의 장본인에게는 손가락질하지 않았다. 그건 마치 집을 침입한 도둑에 대해서는 이야기하지 않고 문을 잠그는 것을 깜박한 집주인에게만 호통을 치는 것과 같았다.

페이스북과 미국을 포함 전 세계 민주공화국, IT 업계 전체에게 더 큰 문제는 '무엇을 할 것인가'라는 점이었다. 정부의 일부 관료는 마치 페이스북과 소셜 미디어 기업들을 비난하는 것으로 문제를 해결했다는 듯한 태도를 보였다. 이 기술을 발명한 기업들에게 먼저 책임이 있는 것은 사실이지만, 그런 접근법은 불완전해보였다. 정부의 행동과 IT 업계의 행동이 합쳐질 때에만 해결책이 나올 수 있었다.

2018년 여름 마크 저커버그는 국회에서 증언했다. IT 업계는 사안의 심각성을 바라보는 태도나 대응책에 대한 생각이 달라져 있었다. 저커버그는 이렇게 말했다. "제 입장은 규제를 없애자는 것이 아닙니다. 인터넷이 사람들의 삶에 중요해지면서 진짜 우리가 해야 할 질문은 규제를 하느냐 마느냐가 아니라, 옳은 규제란 무엇이냐인 것입니다."[13]

그의 진술에서 드러나듯이 규제가 필요하다는 사실을 인식하고 인정하는 것과, 어떤 유형의 소셜 미디어 규제가 합리적인가는 완전히 별개의 문제다.

후자의 질문에 대한 답을 선도하고 있는 사람으로 2009년부터 버지니아주 상원의원으로 활동하고 있는 전직 통신 기업 경영자인 마크 워너Mark Warner가 있다. 2018년 여름 워너는 새로운 입법을 통해 허위 정보 캠페인에 대처할 수 있는 일련의 제안을 담은 백서를 발행했다.[14] 그는 이 문제와 관련된 기술적 이슈와 프라이버시 이슈를 잘 알고 있었고 더 많은 논의가 필요하다고 말했다.

워너가 백서에 쓴 것처럼 인터넷상의 소셜 미디어와 관련해 최근 이슈가 되는 문제가 있다. 미국의 통신질서법Communications Decency Act 아래에서 소셜 미디어의 책임이 면제되면서 불안이 고조되고 있다는 사실이다. 국회는 1996년 인터넷 성장을 촉진하기 위한 법률을 통과시켰다. 그 내용 중에는 전통적 미디어 기업들이 지고 있는 수많은 법적 책임으로부터 '쌍방향 컴퓨터 서비스' 사업자들을 보호해주는 내용들이 포함되어 있었다. 예를 들어 미국의 여러 연방법이나 주법에 따르면 소셜 미디어 서비스는, 텔레비전이나 라디오와 달리, 본인들의 사이트에 불법 콘텐츠가 공개되어도 아무런 법적 책임을 지지 않는다.[15]

그러나 인터넷은 더 이상 초창기가 아니고, 오늘날 그 영향력은 전 세계 곳곳에 미치지 않는 곳이 없다. 각국 정부나 테러리스트, 범죄자들은 소셜 미디어 사이트를 불법적인 목적에 이용하고 있고, 점점 더 많은 정치 지도자들과 전통적 미디어 기업들이 소셜 미디어가 계속

법적 제재를 받지 않는 것에 의문을 제기하고 있다. 워너는 '딥페이크 deep fake', 즉 "거짓으로 누가 무언가를 발언하거나 행동한 것처럼 꾸미는 정교한 오디오 비디오 합성 툴"이 곧 확산될 것이라는 점을 지적했다. 소셜 미디어 사이트가 자신들의 콘텐츠를 단속하도록 새로운 법적 책임을 지워야 할 이유가 하나 더 늘어난 것이다.[16]

끔찍한 일들이 소셜 미디어를 통해 증폭되는 것을 온 세상이 목격하면서 규제에 대한 정치적 압력도 커졌다. 어쩌면 우리는 10년 후에 지금을 되돌아보며 2019년 3월이 변곡점이었다고 생각하게 될지도 모른다. 케빈 루스Kevin Roose가 〈뉴욕 타임스〉에 쓴 것처럼, 3월 15일 뉴질랜드 크라이스트처치에 위치한 회교 사원 두 곳에서 테러리스트가 무고한 이슬람교도 51명을 끔찍하게 살해했다. 이 일은 어찌 보면 "현대 극단주의 담론이 깊게 배어 있는 모순된 사고가 빚은 인터넷 네이티브 세대가 벌인 첫 번째 대량 살상 사태처럼 느껴졌다."[17] 그는 이렇게 묘사했다. "이 공격은 트위터에서 달궈지고, 온라인 메시지 게시판 에잇챈8chan에 발표되고, 페이스북으로 생중계됐다. 그런 다음 해당 영상은 유튜브와 트위터, 레딧Reddit에서 끝없이 반복 재생됐다. 이 플랫폼들이 허둥지둥 해당 클립을 내리는 것과 거의 같은 속도로 새로운 복제본들이 나타나 그 자리를 대신했다."[18]

사건이 있고 불과 2주밖에 되지 않았을 때 우리는 오래 전부터 계획되어 있던 출장으로 뉴질랜드의 수도 웰링턴을 방문 중이었다. 이 충격과 위기를 놀라운 민단력과 품위로 대처했던 뉴질랜드의 총리

저신다 아던Jacinda Ardern의 연설에는 소셜 미디어를 향한 뚜렷한 변화의 메시지가 담겨 있었다. "그냥 느긋하게 앉아서 이런 플랫폼들은 그냥 존재한다고, 거기서 하는 얘기들은 해당 플랫폼들의 책임이 아니라고, 그렇게 인정해줄 수는 없습니다."[19] 그런 다음 그녀는 소셜 미디어 사이트들을 단호하게 언급했다. "이들은 단순한 우체부가 아니라 미디어입니다. 이익만 누리고 책임은 지지 않는 그런 일은 결코 용납할 수 없습니다."[20]

뉴질랜드에서 아던과 장관들을 만난 나는 의견이 다를 수 없었다. 이 사건은 빙Bing과 같은 마이크로소프트의 서비스나 엑스박스 라이브Xbox Live, 깃허브GitHub, 링크드인LinkedIn과 같은 IT 기업들이 더 많은 노력을 기울여야 한다는 사실을 분명히 보여주었다. 그리고 더 넓게 보면, 거의 25년 전에 확립된 규제 체제는 이제 더 이상 적대 국가나 테러리스트가 공공에게 가하는 위협에 대처하기에 매우 불충분해 보였다.

테러리스트들이 소셜 미디어 플랫폼을 이용하는 것과 배후에 정부가 있는 사이버 공격자들이 소셜 미디어 플랫폼을 이용하는 것 사이에는 분명 차이가 있지만, 유사점도 있다. 둘 다 한 사회가 크게 의지하는 공동체의 안정성을 훼손하려는 의도적인 활동들을 수행하고 있다. 그리고 나중에 안 사실이지만, 정부가 정치적 이유에서 두 문제에 대한 대책으로 소셜 미디어 사이트에 새로운 규제 모형을 도입하도록 압박하는 것이었다.

소셜 미디어를 규제하려는 움직임이 유례가 없는 일처럼 보일지 몰라도, 돌이켜보면 미국은 전에도 이런 일을 겪었다. 지금 우리가 보고 있는 상황은 상당 부분 1940년대의 라디오 콘텐츠 규제 노력과 유사하다.

미국에서 첫 라디오 프로그램 방송은 1920년 웨스팅하우스 Westinghouse에서 내보낸 것이다. 방송은 대통령 선거에서 우드로 윌슨 Woodrow Wilson의 후임으로 워런 하딩 Warren Harding이 승리했다고 보도했다.[21] 라디오가 처음 집안으로 들어왔을 때는 현대 문명의 경이처럼 느껴졌다. 라디오는 전 세계를 공동의 경험으로 이어주었고, 생방송과 엔터테인먼트, 속보 뉴스를 들려주었다. 라디오는 인기가 치솟아 1930년대 말에는 83퍼센트의 미국 거실에서 붙박이 제품이 됐다.[22] 그때가 라디오의 황금기였고, 라디오라는 기술은 미국의 문화와 정치에서부터 가정생활에 이르기까지 모든 것을 바꿔놓았다.[23]

1930년대 후반 어딜 가나 라디오를 볼 수 있게 되자 라디오가 사회에 미치는 영향에 대한 우려가 확산됐다. 2010년 〈슬레이트 Slate〉의 어느 기사는 다음과 같이 설명했다. "라디오는 아이들의 독서를 방해하고 학교 성적을 떨어뜨린다는 비난을 받았다. 1936년 음악 매거진 〈그래머폰 The Gramophone〉은 아이들이 '단조로운 숙제 준비와 시끄러운 스피커가 주는 흥분 사이에서 주의력이 분산되는 습관이 생겼다'고 보도하면서, 라디오 프로그램이 아이들의 예민한 미음의 균형을 어지럽히고 있다고 설명했다."[24]

제2차 세계대전이 끝난 후 학자 빈센트 피커드Vincent Pickard가 "라디오에 대한 저항"이라고 명명하는 일이 나타났다.[25] 피커드의 설명에 따르면 라디오 시장은 처음에 공짜 프로그램을 미끼로 제공하고 라디오 수신기를 판매하는 비즈니스 모델이 성장했는데, 1940년대가 되자 대부분의 미국 가정이 이미 하나 이상의 라디오를 보유하게 되었다. 라디오 프로그램의 비즈니스 모델은 광고 쪽으로 진화했는데, 이것이 일부 비평가들이 보기에는(정확히 말하면 '듣기'에는) 점점 더 무의미하고 심지어 저속하기까지 한 드라마와 같은 프로그램을 양산하는 것으로 비쳐졌다. 피커드는 이렇게 말했다. "이런 비판은 풀뿌리 사회 운동, 다양한 신문과 여타 비평 저널의 해설, 그리고 평범한 청취자가 편집자나 방송사, 연방통신위원회FCC에 보내는 수백 통의 편지 형태로 드러났다."[26]

초조함은 절정에 달했고 결국 연방통신위원회는 1946년 표지 색깔에서 그 이름을 딴 '블루북Blue Book'이라는 보고서를 발행했다. 이 보고서는 "방송 면허라는 특권을 누리기 위해서는 공공의 이익이라는 실질적 요구를 충족시켜야"[27] 한다고 지적했다. 상업방송국들은 이 보고서에 대해 정치적으로 반발하며 보고서에 제안된 조처들을 무산시켰으나, 그럼에도 불구하고 이 사건은 방송사들의 행동을 바꿔놓았다. 대형 라디오 방송국들은 다큐멘터리 제작에도 자금을 투입하고 공익 프로그램도 제작하는 등 체질을 개선했다.[28]

라디오에 대한 이런 반발을 역사적 근거로 삼아, 소셜 미디어에 대한 반발도 한순간 지나갈 정치적 이슈에 불과하다고, 기존의 규제를 바꿔놓지는 못할 것이라고 혹여 믿고 싶은 사람도 있을지 모른다. 결코 미래를 예단할 수는 없지만, 그와는 정반대로 소셜 미디어에 관한 이슈가 약화되는 것이 아니라 더욱 커질 것이라고 봐야 할 근거들이 있다. 첫 번째 이유는 국민 국가의 허위 정보나 테러리스트의 선동 같은 지금의 우려들은 1940년대의 평범한 프로그램 논쟁보다 심각한 이슈이기 때문이다. 두 번째 이유는 지금 제안되고 있는 규제가 어느 한 정부의 문제가 아니라 전 세계적 문제이기 때문이다. 수정헌법 제1조를 매우 중시하는 미국은 전통적으로 콘텐츠 규제를 주저하지만, 다른 국가들은 그 정도 수준까지 언론의 자유를 보호하지는 않는다.

두 번째 이유에 관해 확신하지 못하는 사람이 있다면 뉴질랜드 크라이스트처치 사태 이후 호주에서 벌어진 상황을 보면 의심이 싹 사라질 것이다. 한 달도 못 되어 호주 정부는 소셜 미디어 서비스를 제공하는 여타 유사 사이트들에게 "혐오스럽고 폭력적인 자료를 신속하게" 제거할 것을 요구하는 새로운 법률을 통과시켰다. 이에 따르지 않을 경우 형사처벌 조치로 IT 기업의 경영자를 3년 이하의 징역에 처하고 해당 회사에게는 매출의 10퍼센트 이하를 벌금으로 부과하겠다고 했다.[29]

IT 업계 곳곳에서 형사처벌은 강력한데 법적 기준은 모호하다고 느낀 많은 사람들이 불인을 토로했다. 그러나 이런 전개는 전 세계 정치 지도자들이 느끼는 불만이 커지고 있음을 말해준다. 온라인 서비스에 대해 법적 책임을 면제해주기보다는 새로운 규제 모형이 필요하다는 정치적 요구가 분명히 드러난 것이다.[30]

그러나 새로운 것이 필요하다고 해서 그 필요한 것이 무엇인지 정확히 안다는 뜻은 아니다. 소셜 미디어 사이트들로서는 전통적인 인쇄물이나 라디오, 텔레비전 채널들에 적용되는 사전 검토 절차를 따르는 것이 불가능해 보인다. 페이스북에 올리는 모든 사진과 링크드인의 모든 항목이 인간인 편집자가 검토한 후에야 게시될 수 있다고 한 번 생각해보라. 그런 일은 전 세계 수억 명, 혹은 수십억 명의 사용자가 콘텐츠를 업로드하고 가족이나 친구, 동료와 공유할 수 있게 만들어주는 틀 자체를 깨버리는 일이 될 것이다.

이는 주방용 칼이 아니라 수술용 메스가 필요한 문제다. 결코 쉬운 문제가 아니다. 특히나 정치적 압박이 거세지는 시기에는 말이다. 성급하게 입법이 추진되는 것을 피하려고 2018년 워너 상원의원은 소셜 미디어들 간에 대화를 독려했다. 하지만 가장 유명한 기업 몇몇에서 거의 반응을 보이지 않거나 아무 반응이 없었다. 계속해서 러시아가 소셜 미디어를 악용하는 일이 늘어나자 걱정이 된 워너 의원은 좀 더 맞춤식으로 접근한 몇 가지 대안들을 제안했다. 그가 내놓은 대안 중 하나는 (호주는 좀더 나아갔지만) 소셜 미디어에 사용자가 불법 콘텐츠를 계속해서 재업로드하지 못하게 방지할 의무를 플랫폼에 부과하는 것이었다. 그렇게 하면 일단 어떤 문제가 확인되고 나면 플랫폼이 조치를 취해야 할 법적 의무를 효과적으로 증대시킨다.[31] 호주가 조치를 취하고 2주 후에 조금 더 일반적인 형태를 제안한 것은 영국 정부였다. 영국 정부는 "기업들이 사용자의 안전에 대해 더 많은 책임을 지게 하는 명시적 주의 의무"를 새로 만들자고 제안하면서, 독립적인 단속 기관의 감시를 통해 이를 뒷받침하자고 했다.[32] 워너 의원은 또한 소셜 미디어 플랫폼에 계정이나 포스트의 출처를 확인하고, 가짜 계정을 찾아내며, 봇이 퍼뜨리는 정보임을 사용자에게 고지해야 할 의무를 부과하는 법안을 제안했다.

이처럼 특정 카테고리의 부적절한 콘텐츠에 좀더 초점을 맞추면서도 크게 보면 사용자들에게 콘텐츠의 출처에 관해 더 많은 정보를 제공하게 하는 보완적 규제 방안도 얼마든지 나올 수 있다. 후자의 경우 콘텐츠 자체의 참, 거짓을 평가하기보다는 소셜 미디어 사용자들에게 콘텐츠 제공자의 신분에 관한 정확한 정보를 제공함으로써 허위 정보의 확산에 대처하려는 것이 중요한 특징이다. 이는 요즘 정치 광고들이 채택하고 있는 상식적인 접근법이다. 무엇이 참인지에 대한 판단은 대중에게 맡기지만, 화자가 누구인지 정확히 알고서 판단할 수 있게 만들어주는 것이다. 그리고 21세기에는 화자가 인간인지, 아니면 자동화된 봇인지도 대중이 알 수 있게 해줘야 한다.

흥미롭게도 똑같은 접근법을 사용하고 있는 비정부단체 운동이 있다. 미디어 분야의 저명인사 두 사람(한 명은 보수 진영, 다른 한 명은 진보 진영)이 시작한 운동이다. 고든 크로비츠Gordon Crovitz는 과거 〈월스트리트 저널〉의 발행자였고, 스티븐 브릴Steven Brill은 〈아메리칸 로여The American Lawyer〉와 코트TVCourt TV를 설립한 전직 저널리스트다. 이두 사람이 함께 뉴스가드NewsGuard라는 것을 만들었는데, 저널리스트들이 미디어에 대한 소위 '영양성분 표시'를 할 수 있게 해주는 서비스다.

뉴스가드는 무료로 배포하는 인터넷 브라우저 플러그인을 통해 페이스북, 트위터, 구글, 빙 등 검색엔진의 링크 및 소셜 미디어 피드 옆에 초록색 또는 빨간색의 아이콘을 표시한다. 해당 사이트가 "올바른 정보를 표시하려고 노력하는지 아니면 숨은 목적이 있는지 또는 고의로 거짓 정보나 선전을 게재하는지" 여부를 알려주는 표시다.[33] 뉴스가드는 뉴스와 정보 웹사이트의 등급을 매길 뿐만 아니라, 사용자가 만든 콘텐츠를 제공하는 플랫폼 사이트에는 파란색 아이콘을, 뉴스처럼 보이게 만들었지만 실제로는 유머나 풍자 사이트인 경우에는 오렌지색 아이콘을 표시한다. 아직까지 검토하지 않았거나 등급을 매기지 않은 웹사이트에는 회색 아이콘을 표시한다.[34]

아직 초창기여서 크고 작은 문제들이 없는 것은 아니다. 특히나 뉴스가드는 미국을 넘어 전 세계에 적용할 수 있는 평가 기준을 개발하려고 노력 중이기 때문이다. 하지만 크로비츠와 브릴은 정부보다 훨씬 빠르게 움직일 수 있다. 이들은 워너의 제안으로 국회 청문회가 열리기 전부터 이미 서비스를 운영했으며, 계속해서 운영 방식을 정비, 개선하고 있다. 또 비정부단체이기 때문에 빠르게 사업을 해외로 확대할 수 있다. 하지만 브라우저 플러그인 지원은 민간 자금 및 IT 기업들에게 의존하고 있고, 궁극적으로 이 서비스를 채택하느냐 여부는 사용자가 결정한다.

결국 크게 보면 두 가지 교훈을 얻을 수 있다. 첫째, 공공 부문과 민간 부문에서 벌이는 운동은 함께 추진되어야 하며 상호 보완적이어야 한다. 둘째, 지금의 기술은 새로운 것들이지만 우리는 과거에 겪었던 어려움에서 많은 교훈을 얻을 수 있다.

외국이 민주주의를 방해한 사례는 미국의 역사만큼이나 오래됐다. 민주공화국은 그 성질상 신뢰를 무너뜨리고 여론을 흔들려는 세력들(외국이든, 국내든)에 의한 방해에 취약할 수밖에 없다. 이 점을 가장 먼저 깨달았던 사람은 초창기 주미 프랑스 대사였던 에드몽 샤를 주네 Edmond Charles Genêt였다. 그는 1793년 4월 초 미국에 왔다. 조지 워싱턴 대통령이 확전 양상이던 프랑스와 영국 사이에서 미국은 중립을 유지하겠다고 공식적으로 선언한 지 불과 몇 주 후였다. 주네는 이 신생 공화국이 프랑스를 지원하도록 마음을 돌려놓으라는 사명을 부여받았다. 또한 미국이 프랑스의 빚을 빨리 상환하도록 설득하고, 미국 항구에서 영업하고 있는 무장 민간 상선을 이용해 영국 선박을 공격하는 것도 그의 임무였다. 주네는 필요하다면 신생 정부를 전복시키는 시도를 하는 것까지 각오하고 있었다.

주네의 도착으로 조지 워싱턴 내각에는 긴장감이 고조됐다. 토머스 제퍼슨Thomas Jefferson은 프랑스에 동조했고, 알렉산더 해밀턴

Alexander Hamilton은 영국에 동조했다. 주네는 미국 대중들에게 직접 호소할 방법을 찾았다. 한 역사가에 따르면 주네는 미국에 양당 체제가 시작되는 데 단순한 시발점 이상의 역할을 했다고 한다. "정치적 대화가 격해졌다. 길에서 싸움이 벌어지는 일도 드물지 않았다. 오랜 우정에 금이 갔다."[35] 1793년 워싱턴과 내각 구성원들은 서로의 차이를 극복하고 힘을 합쳐 주네의 프랑스 소환을 요구했다.[36]

이런 결과는 우리 세대에게도 교훈을 남긴다. 민주주의 절차에 개입하는 외세에 성공적으로 맞서기 위해서는 공화국 내의 이해관계자들이 서로의 차이는 잠시 미뤄두고 합심해서 효과적으로 대응해야 한다. 어쩌면 우리는 기억하기 힘들 수도 있지만, 제퍼슨과 해밀턴, 그리고 그 지지자들 사이의 의견 충돌은 오늘날 공화당과 민주당 사이의 의견 충돌 못지않게 격정적이었다. 그러나 브로드웨이 뮤지컬 〈해밀턴Hamilton〉이 강력히 상기시켜주는 것처럼, 적어도 오늘날 우리 정치가들은 더 이상 결투에 의존하지 않는다. 격정적인 분열과 심지어 독설조차 그 어느 공화국에나 내재하는 위험 요소이자 끊임없는 도전이다.

이런 배경과 함께 계속해서 미국 정치를 조종하려 했던 프랑스 때문에 조지 워싱턴이 1796년 퇴임 연설에서 외국 정부의 영향력이 갖는 위험성을 경고하기에 이른다. 그는 이렇게 말했다. "자유로운 국민은 끊임없이 깨어 있어야 합니다. 역사와 경험이 증명해주듯이 외세의 영향은 공화국 정부에게 가장 사악한 적입니다."[37] 역사가들은 종종 전 세계 국제 개입의 장단점을 따지면서 워싱턴의 퇴임 연설을 거론한다. 그러나 워싱턴이 좀더 초점을 맞췄던 부분은 당면한 갈등 과미국 정치에 대한 외국의 직접적 개입이었고, 그에 직접적으로 대처하는 문제였다는 점을 기억할 필요가 있다.

물론 워싱턴이 이런 발언을 한 이후 수백 년간 많은 것이 변했다. 그 시절 여론에 영향을 미치려고 했던 사람들이 의존했던 것은 신문이나 소책자, 책 같은 것이었다. 그러다가 전신, 라디오, 텔레비전, 인터넷이 나타났다. 지금은 상트페테르부르크의 사무실 한구석에 있는 사람도 전 세계 어디서 일어나는 정치적 상황이든 목표로 하는 허위 정보로 대응할 수 있다.

미국 정부도 정보통신 기술을 이용해 타국의 대중들이 특정 입장을 지지하도록 정보를 제공하고 심지어 설득하기도 했다. 그 중에는 은밀히 진행된 것들도 있었다. 1950년대에 CIA가 유럽과 라틴 아메리카에서 펼쳤던 활동들 중에는 오늘날 많은 미국인들이 거부할 만한 것들도 포함된다. 반면에 대놓고 공개적인 활동들도 있었다. 냉전중에 '자유 유럽 라디오Radio Free Europe' 방송이 그랬고, 오늘날 '미국의 소리Voice of America' 방송도 마찬가지다.

국가로서의 미국은 민주주의의 씨를 뿌리고 키워낼 정보들을 전파하기 위해서 거리낌 없이 기술을 이용해왔다. 그러나 새로운 기술은 허위 정보를 퍼뜨리고 민주주의를 혼란에 빠뜨리는 데 사용되고 있다. 어찌 보면 이런 활동들은 기본적 인권과 관련된 몇 가지 원칙을 기준으로 카테고리를 나눌 수도 있다. 하지만 다른 차원에서 보면 현실 정치가 핵심적 측면에서 변화했다. 불과 얼마 전까지만 해도 통신기술은 민주주의에 도움이 되고 권위주의를 수세에 몰리게 만드는 것처럼 보였다. 하지만 지금 우리는 인터넷이 만들어놓은 비대칭적 기술의 위험이 민주주의에 어떤 영향을 미치는지 질문하지 않으면 안 된다. 이런 기술의 위험에 더 손쉽게 대처할 수 있는 정부 형태는 프랭클린이 보호하라고 했던 공화국 정부보다는 오히려 권위주의 정부가 아닐까?

답은 아마도 '그렇다'일 것이다. 디지털 기술은 새로운 세상을 만들었고, 그 세상이 반드시 더 나은 세상은 아니다. 그리고 그 세상에 어떤 식으로 대처해야 하는지는 아직까지 완벽히 증명되지 않았다. 하지만 워싱턴의 시대와 마찬가지로 민주공화국의 여러 이해관계자들, 단순히 정당들뿐만 아니라 IT 업계와 전 세계의 여러 정부가 협력해야 하는 것만은 분명하다.

07

# 디지털 외교

## : 기술의 지정학

2018년 2월 마이크로소프트 레드먼드 캠퍼스에 도착한 캐스퍼 클린지Casper Klynge는 어느 IT 기업의 사업가라고 해도 믿을 것 같았다. 아니면 쫙 빼입은 옷에 캘리포니아에서 온 것 같은 느낌, 덥수룩한 수염이 마치 영화 배우나 음악가처럼 보이기도 했다. 그와 악수를 하면서 나는 내가 누굴 만나기로 했더라 하고 잠시 생각했을 정도였다.

캐스퍼는 흔히들 생각하는 그런 대사가 아니다. 그가 맡은 임무도 마찬가지다. 그는 덴마크 정부와 전 세계 IT 기업의 연락을 책임지고 있는, 덴마크의 초대 'IT 대사'다. 그의 '대사관'에는 20명이 넘는 직원들이 미국과 중국, 덴마크에 현지 직원을 두고 3개 대륙의 업무를 보고 있었다.

그 지난해 봄에 내가 코펜하겐에서 유럽의 각국 대사들을 만났을 때 사람들은 다들 캐스퍼가 맡은 새로운 직책을 궁금해했다. 덴마크의 외교부장관 앤더스 새뮤얼슨Anders Samuelsen은 IT 대사라는 직책이 '세계 최초'라면서 외국 정부 못지않게 IT 기업이 덴마크에 큰 영향을 미치기 때문에 꼭 필요한 직책이라고 했다. "이들 기업이 이제는 하나의 국가나 마찬가지이기 때문에 현실을 직시할 필요가 있습니다."[1]

IT 업계와의 연락을 위해 공식적으로 대사를 임명한 것은 덴마크가 처음이었지만, 뒤이어 영국 정부도 비슷한 조치를 취했다. 2014년 데이비드 캐머런David Cameron 영국 총리는 총리실 내에 특수 외교를 위한 직책을 따로 만들어서, 처음에는 사법당국의 기술 이슈에 대응했고, 그 다음에는 '미국 IT 기업에 대한 특사' 임무를 보게 했다. 새 직책의 첫 부임자는 주미 영국대사를 지낸 나이절 샤인월드Nigel Sheinwald 경이었다. 뒤이어 호주부터 프랑스까지 다른 나라 정부들도 비슷한 조치를 취했다. 세상이 어떻게 바뀌었는지를 보여주는 변화다.

소위 도금시대Gilded Age(남북전쟁이 끝난 후 2, 30년간의 호황기 – 옮긴이)에 비즈니스 제국이 탄생한 이래 거대 기업들은 경제와 사회 모두에서 중요한 역할을 차지해왔다. 1800년대 후반의 철도만큼 미국 사회, 궁극적으로는 미국의 법률을 많이 바꿔놓은 산업은 없었다. 19세기 말에 출간된 《푸어의 미국 철도 매뉴얼Poor's Manual of the Railroads of the United States》에는 이런 상황을 다음과 같이 기막히게 표현했다. "영향력을 발휘하고, 권력을 가져다주고, 많은 이익을 낼 거라는 기대를 주는 측면에서 철도만큼 솔깃한 사업은 없다."[2]

철도는 주 경계선을 넘어 수천 마일의 선로가 놓이는 미국 최초의 대형 사업이었고, 그에 따라 상업, 특허, 재산, 노동 등을 관장하는 규제와 법률이 수없이 생겨났다. 제임스 일라이James Ely가 쓴 《철도와 미국 법률Railroads and American Law》이 소프트웨어 기업 경영자의 책꽂이에 꽂혀 있을 법하지는 않지만, 나는 기술이 세상을 어떻게 바꿔놓았는가에 관해 생각할 때면 자주 이 책을 찾아본다.[3]

철도를 그 시대의 인터넷이라고 생각하는 사람도 있을지 모르겠지만, 오늘날 디지털 기술은 상당히 다른 점이 있다. 제품도 기업도 훨씬 더 글로벌하고, 정보통신 기술의 높은 침투성은 IT 업계를 점점 더 외교 이슈의 중심으로 밀어넣고 있다.

'사이버보안 없이 국가안보는 없다.'는 주문은 2016년 마이크로소프트 내부를 장악했고,[4] 점점 공개적인 논의 속으로 침투했다. 이 점을 인식한 것이 우리만은 아니었다. 독일의 대기업 지멘스AG Siemens AG는 다음과 같이 간단명료하게 예측했다. "사이버보안은 미래에 가장 중요한 보안 이슈가 될 것이다."[5] 앞으로 국가 안보의 기초가 되는 모든 이슈는 IT 업계를 더 노골적으로 국제 외교계로 밀어넣을 것이 틀림없다.

한편으로는 바로 이 점 때문에 우리가 이들 이슈에 대응하고 어떤 일들을 하고 있는지 공개적으로 분명하게 밝히는 게 더욱 중요해졌다. 사이버보안 작업을 진행하면서 우리는 뚜렷한 세 가지 전략을 취하고 또 설명해야겠다고 인식했다. 가장 당연한 첫 번째 전략은 기술적 방어력을 강화하는 것이었다. 이 작업의 시작은 당연히 IT 업계이지만, 이렇게 새로운 서비스를 사용할 때는 고객과 IT 업계 공동의 책임이 된다. 마이크로소프트는 새로운 보안 기능을 개발하는 데 해마다 10억 달러 이상을 쓰고 있었다. 3,500명 이상의 보안 전담 인력과 엔지니어를 고용해야 하는 작업이었다. 우리는 점점 더 빠른 속도로 끊임없이 새로운 보안 기능을 선보이고 있고, 이 작업은 IT 업계 전반에 걸쳐 매우 중요한 우선사항이 됐다.

우리가 '운영 보안'이라고 부르는 것과 관련된 두 번째 전략은 다른 IT 기업보다도 마이크로소프트에 특히 중요한 사항이었다. 거기에는 마이크로소프트의 위협정보팀이 새로운 위협을 감지하고, 사이버방어작전센터Cyber Defense Operations Center가 이 정보를 고객들과 공유하고, 디지털범죄유닛이 사이버 공격을 무력화하고 상응 조치를 취하는 것이 포함됐다.

후자의 작업 때문에 우리는 옛날에는 정부가 단독으로 대처하던 영역으로 끌려들어 갔다. 그리고 복잡한 질문들이 생겼다. 구체적 공격에 대해 기업은 어떻게 반응해야 할까? 물론 우리는 고객들이 해킹 피해에서 회복되도록 도와야 하지만, 처음부터 사이버 공격을 저지할 방법은 없을까? 반격도 하나의 옵션이 될 수 있을까?

2016년 백악관에서 열린 어느 회의에서 이 질문이 나오자 IT 업계의 리더들은 상반된 반응을 보였다. 그 자리에 참석한 한 경영자는 기업들에게 반격할 권한을 주어야 한다고 열정적으로 주장했다. 하지만 나는 IT 기업이 직접 정의를 실현하겠다고 나섰다가는 실수를 저지르거나 심지어 혼란을 초래할까 걱정됐다. 내가 우리 회사의 디지털범죄유닛이 법정에서 문제를 해결했던 경우에만 마음이 놓였던 것은 그 때문이었다. 또 그런 사건에는 사법당국이 연루된 경우도 많았다. 그렇게 하면 우리는 법체계 내에 머물 수 있고, 공공 기관은 제 역할을 했으며, 우리는 해당 기관이나 더 크게는 법의 지배에 복종하면 됐다. 나는 이런 식의 접근법을 고수할 이유가 충분하다고 생각했다.

미국을 비롯해 전 세계 곳곳에서 국수주의가 대두되면서 글로벌 기업들은 글로벌 차원에서 행동할 수 있는 지적 기반이 필요했다. 우리는 다른 기업들에게 '중립적인 디지털 스위스'처럼 행동하자고 했다. 전 세계에 있는 우리 고객을 보호하는 데 매진하고, 100퍼센트 방어만 하고 공격은 전혀 하지 않기로 맹세하자고 말이다. 국수주의적 관점을 가진 국가를 포함해서 모든 정부가 기술을 신뢰할 수 있어야 했다. IT 업계가 국적에 관계없이 모든 고객을 보호하며 어느 정부가 무고한 시민을 공격하는 것을 돕는 일은 삼가겠다고 맹세한다면, 그 혜택은 모든 국가가 누릴 수 있었다.

이렇게 두 가지 전략을 마련했음에도 점점 커지는 사이버 공격에 대해 충분한 대책이 되지 못하는 듯했다. 사이버보안 툴을 떠받칠 수 있는 세 번째 전략이 필요했다. 사이버 위협을 억제하고 각국 정부가 무차별적인 사이버 공격을 멈추도록 압력을 가할 국제 커뮤니티를 강화할 수 있는 더 강력한 국제 규약과 협의된 외교적 조치가 요구되었다. 국제적 책임이 더 강화되지 않는다면 어느 정부나 본인들의 잘못된 행동을 그냥 부정해버리면 그만일 것이기 때문이다.

2017년 1월 덴마크가 기술 대사라는 직책을 만들었다고 발표하기 일주일 전, 마이크로소프트 내부에서는 IT 업계를 강화하고 사이버보안 관련 국제 커뮤니티를 단합할 방안을 논의하고 있었다. 나는 국제적십자위원회가 1949년 각국 정부를 한자리에 모아 전시에 민간인들을 더 잘 보호할 수 있는 제4차 제네바 협정을 체결한 일이 떠올랐다. "평화의 시기여야 할 지금 우리가 민간인들을 대상으로 이런 사이버 공격을 목격하고 있다는 건 아이러니 아닌가요?" 마이크로소프트의 홍보를 책임지고 있는 도미닉 카Dominic Carr가 얼른 맞장구를 쳤다. "아마도 디지털 제네바 협정이라도 체결해야 할 때인 것 같네요."

그랬다. 1949년에 각국 정부가 전시에 민간인을 보호하기로 약속했던 것처럼, 디지털 제네바 협정이라는 개념은 정부에게 평시에도 인터넷상에서 민간인을 보호해야 한다는 생각을 불러일으킬 수 있을 듯했다. 소위 국가간 사이버보안 규범이라는 것을 세우는 데 초점을 맞추고 있던 기술 전문가나 외교관, 여러 정부도 어느 정도 작업을 진행 중이었기 때문에 그 작업을 좀더 발전시키면 될 듯했다. 설득력 있는 사례를 마련하고 그럴 듯한 이름을 붙이면 IT 업계가 아닌 쪽 사람들도 효과적으로 설득할 수 있을 것 같았다. 우리의 생각을 조금이라도 현실로 만드는 방법은 그것뿐이었다.

우리는 평화 시에 민간인이나 민간 기관, 또는 중요 인프라를 목표로 하는 사이버 공격을 피할 수 있는 국제 규약을 계속해서 강화해야 한다고 촉구했다. 또한 지적 재산을 훔치기 위해 해킹을 사용하는 것도 폭넓게 금지해야 한다고 주장했다. 마찬가지로 우리는 이런 유형의 사이버보안을 탐지하고, 그에 대응하고, 피해를 복구하는 민간 부문의 노력을 정부가 의무적으로 돕도록 하는 강력한 법규를 만들어 달라고 촉구했다. 마지막으로 국가 차원의 사이버 공격이 특정 국가를 노렸을 경우, 그 증거를 공개적으로 조사하고 공유할 수 있는 독립 기관을 만들자고 했다.[6]

2017년 샌프란시스코에서 열린 RSA 연례 보안 콘퍼런스에서 우리가 이런 생각을 개진하자, 이 주제를 이해한 많은 저널리스트들이 호응해 일종의 디지털 제네바 협약 같은 것이 필요하다고 열렬히 보도했다.[7] 새로운 아이디어가 얼마나 잘 수용될지 판단할 때 언론은 늘 훌륭한 척도이지만, 더 큰 시험은 각국 정부가 나누는 이야기가 바뀌는지 여부다. 또한 사람들이 과연 주의를 기울이고 있는지 판단하는 좋은 방법 중 하나는 아이러니컬하게도 반대하는 사람이 있는지 여부다. 이슈는 너무 많고 미디어가 조각조각 파편화되어 있는 세상에서는 수많은 아이디어가 그냥 추풍낙엽처럼 사라질 수 있었다. 중요한 자리에 있는 바쁜 사람들은 남이 하는 얘기에 관심을 갖기 위해 일부러 시간을 내기가 힘들기 때문이다.

우리는 시험을 통과했다. 워싱턴에서 디지털 제네바 협정이라는 개념을 가장 거슬리게 생각한 사람들은 미국의 사이버 공격 능력을 개발하는 데 앞장서고 있던 관료들이었다. 그들은 사이버 능력 사용을 제한하는 법규를 만드는 것은 미국과 같은 정부에게는 방해가 된다고 주장했다. 우리는 우리가 제한하려는 영역은 평화 시에 민간인을 대상으로 한 사이버 공격이며, 이 부분에 대해서는 미국 정부도 이미 반대하는 입장이라고 지적했다. 그리고 더 크게 무기 기술의 역사를 보면 지금은 미국이 선도적 위치에 있을지 몰라도, 머지않아 다른 국가들도 기술 수준에서 미국을 따라잡을 것이 분명했다.

관료들은 우리가 더 강력한 법규를 만들면 미국은 그에 따르더라도 적들이 따르지 않을 것이라고 지적했다. 그러나 우리는 그렇게 되더라도 국제 규약이 있으면 모든 국가에게 압력을 행사하는 데 도움이 될 것 같았다. 사이버 공격이 나타났을 때 각국이 협력해서 대처할 수 있는 윤리적, 지적 기반도 마련될 테고 말이다. 우리가 어떤 행위를 억제하고 싶을 때, 처음부터 아무 규칙이 없는 것보다는 규칙이 있고 그것을 위반했다고 말하는 편이 훨씬 더 저지하기가 쉬울 것이다.

늘 그렇듯이 우리는 이 대화를 통해 많은 것을 배웠다. 국제 기준은 이미 마련되어 있는데 괜히 우리가 기존의 기준들이 중요하지 않은 듯한 인상을 줄 수 있다고 지적하는 사람들도 있었다. 맞는 말이었다. 우리는 처음부터 디지털 제네바 협정이 장기 목표였고, 이 목표를 포함하는 커다란 비전을 실현하려면 아마 10년이 걸릴 수도 있다는 점을 분명히 알고 있었다. 그 기간에 기존의 규정들이 가진 권위를 훼손하고 싶지는 않았다. 우리는 각국의 정부와 학계 전문가들과 이 부분에 대해 좀더 자세히 이야기하는 과정에서, 사이버 공간에서 이미 적용되는 규칙들에 관해 알게 됐고, 그 규칙들을 강력히 적용하는 동시에 빈틈을 찾아 하나씩 메워가야 한다는 사실을 깨달았다.[8]

우리를 반대하는 사람들은 또 있었다. 그들은 국제적 기업이 자국 정부가 다른 나라를 공격하는 것을 돕기는커녕 전 세계 민간인을 보호하겠다는 개념 자체에 반발했다. 워싱턴 출장에서 트럼프 대통령의 자문 중 한 사람은 내게 이렇게 말했다. "당신네는 미국 기업인데 왜 미국이 타국민들을 상대로 스파이 활동하는 것을 못 도와주겠다는 겁니까?"

나는 트럼프 호텔이 펜실베니아 애버뉴에만 있는 게 아니라 중동에도 새 지점을 열었다고 말했다. "그 호텔들이 그곳에 숙박하는 타국민들에게 스파이 활동을 하나요? 그랬다가는 가업에 도움이 될 것 같지 않은데요." 그제야 그는 고개를 끄덕였다.

적어도 우리는 새로운 대화의 장이 열리게 만드는 데는 성공했다. 2017년 6월 사티아와 나는 백악관에서 열린 IT 업계 대표자 회의에 참석했고, 나는 사이버보안 이슈에 관한 개별 세션에 참석했다. 백악관 관료 중 한 명이 내게 미리 언질을 주었다. "디지털 제네바 협정은 주제로 꺼내지 마세요. 이번 논의에서는 다른 이슈보다는 미국 정부에 도움이 되는 보안 우수 사례에 초점을 맞추고 싶으니까요."

화려한 장식의 회의실에 들어서면서 나는 그에게 알았다고 했다. 하지만 이어진 논의에서 심지어 내가 대화를 나눈 적도 없는 다른 기업의 CEO가 갑자기 내 쪽으로 몸을 기울이더니 이렇게 말했다. "저기요. 우리한테 정말로 필요한 건 디지털 제네바 협정이에요."

백악관 직원과 눈빛을 교환한 나는 어깨를 으쓱해 보였다.

디지털 제네바 협정의 개념에 관해 더 많은 사람들과 대화를 하다가 나는 논점의 많은 부분이 다른 형태의 군축 협정에도 모두 적용되는 사항임을 깨달았다. 무기를 통제하는 규칙에 관해서는 오랜 세월 많은 공개적 논의가 있었다. 우리는 거기서 교훈을 얻을 필요가 있었다.

냉전 막바지의 국축 협의는 당시 유일한 지정학적 관심사였고 전세계 초강대국, 즉 미국과 소련은 핵무기를 관리할 조약을 맺기 위해 협상을 진행했다.[9] 당시 정책팀은 군축 관련 이슈를 잘 이해하고 있었고, 종종 훨씬 폭넓은 논의도 이뤄졌다. 사람들의 마음 속 깊숙한 곳에서는 인간이 만든 핵무기로 인해 종말을 맞는 것 아닌가 하는 생각이 자리했고, 그 결과가 1980년대 초 대중문화로 터져나왔다.

1983년 6월 4일 그런 핵전쟁의 위험에 대한 생각은 레이건 대통령의 마음도 무겁게 짓누르고 있었다. 그는 헬리콥터를 타고 메릴랜드주 시골에 있는 대통령 전용 별장 캠프 데이비드로 가면서도 군축 협정에 관한 서류를 한 무더기 챙겨갔다. 애팔래치아 산맥에 폭풍우가 몰아치던 그날 밤 레이건과 아내 낸시는 별장에서 영화를 보려고 했다. 전직 영화배우였던 레이건이 8년의 임기 동안 보았던 363편의 영화 중 하나였다.[10] 〈워게임스WarGames〉[11]는 불과 하루 전에 시사회를 가졌고, 시나리오 작가가 대통령이 볼 수 있게 준비를 해주었다.

이 스릴러 영화에 10대 소년 해커가 등장했다. 해커는 자신의 성적을 바꾸려고 고등학교 컴퓨터에 들어갔다가 북미 항공우주 방위군 North American Aerospace Defense Command의 슈퍼컴퓨터까지 흘러들어 가게 됐고 하마터면 제3차 세계대전을 일으킬 뻔했다. 냉전시대를 다룬 영화 스토리에 레이건은 겁이 덜컥 났다. 이틀 후 백악관에서 고위급 회의를 갖게 된 레이건은 〈워게임스〉를 본 사람이 있는지 물었다. 다들 멍한 표정을 짓자 대통령은 스토리를 상세히 설명한 뒤 합참의장에게 실제로 그런 일이 일어날 수 있는지 물었다.[12] 이 대화를 시작으로 줄줄이 의사결정이 내려졌고, 결국 연방 정부는 최초로 사이버보안에 눈뜨게 된다. 삶은 예술을 모방하고, 결국 '컴퓨터 사기 및 남용 금지법Computer Fraud and Abuse Act'이 통과됨으로써 〈워게임스〉에 그려진 해킹은 이제 불법으로 규정됐다.[13]

〈워게임스〉는 핵무기에 대한, 그리고 기술에 대한 시대적 불안을 공략했다. PC라는 장치가 이제 막 탄생해서 취미생활을 즐기는 사람들의 골방에나 갇혀 있을 무렵, 이 영화는 폭넓은 이들의 관심을 끌었다. 35년도 더 전에 만들어진 이 영화가 지금 보면 거의 예언처럼 보일 정도다. 영화는 컴퓨터의 취약성, 전쟁의 위협, 기계가 인간의 통제를 벗어날 가능성에 대한 대중의 우려를 다룬다. 그리고 전쟁보다는 외교가 갖는 힘을 알려주는 대목도 나온다. 북미 항공우주 방위군의 슈퍼컴퓨터는 삼목두기에서 배운 것을 핵전쟁 파괴 시나리오에 적용해보면서 영화의 클라이맥스가 되는 말을 한다. "이상한 게임이네. 이기는 방법은 게임을 하지 않는 것뿐이라니."

냉전이 끝난 후 군비축소라는 화두는 여러모로 대중의 눈으로부터 멀어졌다. 그 결과 당시 군축 전문가로 활동하던 사람들은 현장을 떠났고, 더 이상 대중은 이 문제를 폭넓게 이해하지 못한다. 2018년 우리는 또 한번 미래를 향해 뒤를 돌아보고 있었다. 주러 미국대사를 지낸 마이클 맥폴Michael McFaul이 이야기한 것처럼 더 이상 냉전은 없고 뜨거운 평화만이 있었다.[14] 먼지를 걷어내고 과거에서 교훈을 배워야 할 때였다.

제2차 세계대전과 수십 년간의 핵무기 협상에 이어 벌어졌던 일들을 생각해보면 우리는 사이버보안에 어떤 식으로 임해야 할지 몇 가지 힌트를 얻을 수 있다. 어찌 되었든 1945년 일본에 핵무기 두 기를 투하한 이후 거의 75년 동안 전 세계는 핵무기 충돌을 피했다. 제2차 세계대전과 냉전이 끝난 시기 사이에 여러 정부가 취했던 어렵고 때로는 우회적인 방법들 속에 교훈이 있었다.

그런 교훈 중에 하나는 각국의 정부가 1949년 모여서 만든 제4차 제네바 협정과 이후 만들어진 국제인도주의법에서 찾아볼 수 있다. 이 협정들은 특정한 무기 자체를 제한하거나 금지한 것이 아니라 정부가 무력 충돌에 임하는 '방식'을 제한했다. 이들 규칙에 따르면 각국 정부는 고의적으로 민간인을 목표로 삼아서는 안 되고, 무차별적인 민간인 사상자가 날 수 있는 행동을 해서는 안 되며, 군사적 가치를 넘어 불필요한 살상을 초래할 무기를 사용해서는 안 된다.[15] 흥미롭게도 1949년 협정을 추진한 주체는 특정 정부가 아니라 국제적십자위원회였고, 적십자위원회는 지금까지도 협정의 시행에 핵심적인 역할을 하고 있다.[16]

제네바 협정은 군비 축소 자체에 대해서도 중요한 교훈을 갖고 있었다. 종종 특정 무기 전체를 금지하려고 시도하는 것보다는 해당 무기의 특징이나 총량을 제한하거나 무기 사용 방식을 통제하는 것이 더 현실적일 때가 있다. 누군가 이야기했듯이 "어느 무기가 유용하기보다는 끔찍하게 보인다면 금지 정책이 성공할 가능성이 높다. 그러나 어느 무기가 전장에서 결정적 우위를 가져다준다면 그게 아무리 끔찍하게 보여도 금지 정책이 효과가 있을 가능성은 적다."[17]

군비축소는 전 세계가 노력하고 있는 어려운 문제다. 그러나 어느 연구가 결론 내린 것처럼, 냉전이 끝날 무렵 보았듯이 무기 전체를 제거하는 것이 아니라 무기를 사용하지 않기로 합의하는 것이 "결국에는 더 나을 수도 있다. 성공 가능성이 더 크기 때문이다."[18] 아마도 바로 이런 개념에서 국제 법률 전문가들은 사이버 무기가 사용되는 방식을 제한하는 형태의 국제 표준을 정의하려고 활발히 노력을 전개해왔다.[19]

군비 축소의 역사에는 반복적으로 찾아볼 수 있는 또 다른 교훈이 있다. 각국 정부는 할 수만 있다면 국제 협의를 회피할 방법을 모색할 것이라는 점이다. 따라서 합의를 지키는지 지속적으로 모니터링하고 합의를 위반한 국가에는 책임을 물릴 수 있는 효과적인 방법이 필요하다. 사이버 무기 통제에서 가장 큰 난관이 바로 이 부분이다. 각국 정부는 사이버 무기가 유용하다고 생각할 뿐만 아니라, 타국의 감지를 피하기에 유달리 쉬운 방법이라고 생각한다. 〈뉴욕 타임스〉의 데이비드 생어 기자가 말한 것처럼 그런 점에서 사이버 무기는 '완벽한 무기'다.[20]

이때 중요해지는 것이 바로 사이버 공격을 개시한 국가를 찾아내고 공동으로 대처할 수 있는 능력을 개발하는 것이다. 미국과 각국 정부는 이런 대처법을 개발하려는 노력을 늘려가고 있다. 그 방법은 대응 공격에서부터 경제 제재를 포함한 전통적인 외교 수단까지 다양하다. 그러나 형태를 불문하고 이런 방법들이 사이버 안정에 가장 크게 기여하려면, 해당 공격이 어떤 국제 규약을 위반했는지 합의할 수 있고 누가 해당 공격에 책임이 있는지 여러 나라가 의견 일치를 볼 수 있어야 한다. 데이터 센터와 케이블, 기업들이 소유하거나 운영하는 각종 장치에 이런 신종 무기들이 활개를 치는 시대에는 처음부터 사이버 공격의 주체를 찾아내는 데 민간 부문의 정보가 더 큰 역할을 할 가능성이 높다.[21]

이 모든 것들은 여전히 국제외교가 얼마나 중요한지 알려준다. 이렇게 새로운 형태의 난관이 나타날 때 외교적으로 사용할 수 있는 새로운 도구가 몇 가지 있다. 덴마크의 외교부장관이 IT 기업들이 일종의 '국가'가 됐다고 했을 때, 이는 새로운 기회를 찾아낸 것이기도 하다. 우리는 그 비유에 분명한 한계가 있다고 생각하지만 중요한 기회를 강조해준 것도 사실이다. 만약 IT 기업들이 국가와 같다면 우리도 자체적으로 국제 협약을 만들어낼 수 있지 않을까.

우리가 '중립적인 디지털 스위스'가 되자고 했던 것은 IT 업계가 바로 이런 방향으로 가야 한다고 생각했기 때문이다. 그러려면 기업들이 한자리에 모여 국적에 관계없이 우리의 모든 합법적 고객을 지키겠다는 합의안에 서명해야 했다. 사이버보안에 대한 일반적 개념에서는 많은 사람들이 지지하고 있다고 느꼈지만, 이런 합의는 결코 쉬운 과제가 아니었다. IT 업계에는 야심찬 사업을 위해 뛰고 있는 에너지 넘치는 사람들이 많았다. 한 방향으로 어떤 일을 하자고 기업들의 뜻을 모으는 것은 말처럼 쉬운 일이 아닐 게 분명했다.

나중에 '사이버보안 기술 합의Cybersecurity Tech Accord'라고[22] 부르게 되는 것을 성사시키는 임무는 우리 회사 디지털 외교팀에게 완벽히 어울리는 과제였다. 팀 리더 케이트 오설리번Kate O'Sullivan이 이끄는 마이크로소프트의 '외교관들'은 전 세계 정책 입안자와 업계 파트너들과 협력해 인터넷상의 신뢰와 보안을 증진시키는 일을 하고 있다. 사이버 공간은 민간 소유이기 때문에 그 공간을 보호하려면 여러 국가들뿐만 아니라 여러 '이해관계자'들이 협의해야 한다는 사실을 우리는 오래 전부터 인식해왔다. '기술 대사'라는 새로운 직책이 정부를 대표하듯이, 우리도 디지털 평화를 만드는 데 집중하며 외교적 가치를 전담할 특사가 필요했다. 새로운 형태의 전쟁이 되어버린 사이버 공간에서 우리의 이해관계와 우리 고객들을 보호해줄 사람이 필요했다.

우리는 IT 업계 합의에 들어갈 원칙들의 초안을 만들었고, 디지털 외교팀은 널리 흩어져 업계의 이해관계를 조사했다. IT 업계에서 합의에 서명할 주체들은 가장 먼저 두 가지 큰 개념에 동의해야 했다. 장소에 구애받지 않고 모든 고객과 이용자를 보호한다는 것과 어디서든 무고한 민간인이나 무고한 기업에 대한 공격에 반대한다는 원칙이었다. 우리는 이런 원칙이 토대가 되어야 IT 업계가 글로벌 차원에서 사이버보안을 유지하고 증진할 수 있다고 생각했다. 그리고 이 두 가지 원칙은 다시 두 가지 실용적 서약으로 보완되어야 했다. 하나는 실질적으로 보안을 강화할 수 있게 사용자, 고객과 소프트웨어 개발자들과 협력해 기술 생태계를 튼튼하게 만드는 새로운 조치들을 취하는 것이었다. 둘은 사이버보안을 증진할 수 있도록 서로 더 긴밀히 협력하는 것이었다. 이 협력에는 더 많은 정보를 공유할 뿐만 아니라 사이버 공격에 대한 대처가 필요할 때는 서로를 도와주는 것까지 포함됐다.

그러나 사람들이 이들 원칙에 동의하게 만드는 것과 공개적으로 이들 원칙을 지키겠다고 선언하게 만드는 것은 별개의 일이었다. 페이스북 같은 몇몇 기업은 금세 우리에게 동조했다. 이들은 자체적으로 프라이버시에 관한 우려가 커지고 있던 참이라 훨씬 적극적이었다. 시스코Cisco, 오러클Oracle, 시맨텍Symantec, HP처럼 경험 많은 대기업 몇 곳도 금세 우리의 목적을 지지했다.

구글, 아마존, 애플은 좀더 어려웠다. 대화를 나눠보니 페이스북이 각국 정부로부터 십자포화를 맞고 있던 시기에 그 옆에 서는 것이 논란이 되지 않을까 걱정하는 기업도 있었다. 1990년대에 직접 그런 포화를 맞아봤던 나로서는 다른 기업들보다 페이스북에 더 큰 연민이 들 수밖에 없었다. 나는 또 누구나 정도의 차이는 있어도 어려운 시기가 있게 마련인데, 그때마다 우리가 곤경에 처한 사람을 멀리한다면 협력이 가장 절실한 이슈에 관해서조차 아무것도 하지 못하게 될 거라고 생각했다.

이들 기업 중에는 미국 정부측으로부터 반발의 목소리를 들었다는 사람들도 있었다. 그들은 비난의 대상이 될 무언가를 지지하고 싶어하지는 않았다. 또 자기네 회사 사람들을 설득할 방법이 없어서 서명 승인을 받을 수가 없다고 말하는 사람들도 있었다. 우리는 계속해서 이메일을 보내고 전화 통화를 했지만 결국 이들을 참여시키지 못했다.

그래도 좋은 소식은 업계의 나머지 회사들이 우리 뜻에 동참하기 시작했다는 점이었다. 우리 내부적으로는 적어도 스무 개 이상의 기업으로부터 공개 지지를 확보하면 IT 업계의 합의를 발표하자고 했다. 2018년 샌프란시스코에서 열리는 RSA 콘퍼런스 날짜가 다가오면서 이 목표는 이룰 수 있을 것으로 보였다.

사이버보안 기술 합의 발표를 몇 주 앞두고 우리는 백악관과 미국 및 각국의 관료들에게 우리의 계획을 공유했다. 괜히 그들을 놀라게 하고 싶지는 않았다. 백악관으로부터는 긍정적인 피드백을 받았지만, 정보기관 쪽에서 서약서의 표현에 대해 우려한다는 얘기를 전해 들었다. "민간인 및 민간 기업"에 대한 정부의 사이버 공격을 돕지 않겠다고 서약하는 대목이었다. 정보기관 쪽은 그 '민간인'에 테러리스트까지 포함될까 봐, 그래서 긴급한 상황에서도 IT 업계의 도움을 받지 못할까 봐 우려했다. 도움이 되는 피드백이었다. 우리는 이 문제를 해결할 수 있게 해당 문구를 "무고한 민간인"으로 바꾸었다.

2018년 4월 우리는 사이버보안 기술 합의를 공개했고 34개 기업이 여기에 서명했다.[23] 추진력을 확보하기에 충분하고도 남는 숫자였다. 2019년 5월까지는 20개국 이상에서 100개가 넘는 기업이 합의에 서명했고, 사이버보안을 강화할 수 있는 실용적 조치들을 지지하며 합의를 실현하고 있었다.

민간 부분에서 더 강력한 협력이 필요하다는 주장은 세계 곳곳에서 지지를 얻었다. 가장 먼저 이런 노력을 기울인 지멘스는 사물인터넷을 구성하는 곳곳의 작은 기기들을 보호하기 위해 자체적으로 신뢰헌장Charter of Trust이라는 것을 만들었다. 에어버스Airbus, 도이치텔레콤Deutsche Telekom, 알리안츠Allianz, 토탈Total을 비롯한 다수의 유럽

기업들이 금세 합류했다.[24)]

더욱 흥미로운 반응이 나타난 곳은 아시아였다. 2018년 7월 도쿄 출장을 간 나는 히타치Hitachi의 고위 경영진을 만났는데, 일본 기업 최초로 사이버보안 기술 합의에 서명하고 싶다고 했다. 회사의 승인을 받기 위해 히타치 본사에 도착했을 때 그들은 이렇게 말했다. "우리도 워너크라이 공격을 받았었어요. 입을 다물까도 생각했지만 지금처럼 우리가 다 함께 일어나서 뭔가를 하지 않는다면, 이 문제는 결코 해결되지 않으리라는 걸 깨달았죠."

실은 그게 바로 핵심이었다. 미국 기업들보다 더 보수적이라는 평판을 듣는 일본의 IT 기업이, 구글이나 애플, 아마존도 아직 복지부동하고 있는 때에 기꺼이 나서려고 한다는 게 나에게는 충격적이었다. 도쿄에서 우리는 IT 업계가 좀더 적극적으로 나설 필요가 있고 새로운 형태의 다자 동맹을 결성해야 한다는 얘기를 나눴다.

가장 좋은 것은 정부가 좀더 적극적으로 나서서 제2차 세계대전 이후 기본이 된 안보 문제에 대해 다자간 협력 방식으로 접근해주는 것이었다. 하지만 백악관도 그렇고 다른 나라 정부들도 내부 문제에 더 관심을 갖던 때라 그럴 분위기가 아니었다.

원래는 정부의 역할인 다자간 협력을 기업인 우리가 추진하는 것이 아이러니컬하기도 하고 약간 불편하기도 했다. 하지만 이 일을 추진하면서 우리를 비판하기보다는 지지해주는 사람이 훨씬 더 많다는 사실을 알게 됐다. 조금씩 진전이 보이면서 점점 더 많은 기업들이 합류하고 싶다는 뜻을 전해왔다.

그러나 이런 외교가 효과를 발휘하려면 IT 업계와 업계 이외 부문의 협력이 필요했다. 정부와 기업, 비영리단체가 함께 움직일 방법을 찾아내야 했다. 기회를 엿보던 우리는 2018년 11월 파리에서 열리는 국제 콘퍼런스가 가장 좋은 기회라고 판단했다. 에마뉘엘 마크롱 프랑스 대통령은 제1차 세계대전을 종식시킨 휴전 100주년을 기념해 '파리 평화 포럼Paris Peace Forum'이라는 것을 주최하기로 했다. 우리는 마크롱 대통령이 유튜브에 올린 영상을 여러 번 보았다.[25] 영상은 휴전 이후 20년간 민주주의가 약화되고 다자간 협력 체제가 붕괴하면서 제2차 세계대전으로 이어졌다고 설명했다. 마크롱 대통령은 21세기에 민주주의와 다자간 협력 체제를 강화할 수 있는 프로젝트 아이디어를 모집했다. 우리가 하고 싶은 일을 할 수 있는 완벽한 초대 같았다.

파리의 관료들도 관심을 가졌다. 프랑스의 사이버 외교 및 디지털 경제 대사인 다비드 마르티농David Martinon은 덴마크의 캐스퍼 클린지와 비슷한 자리에 있었다. 그는 인터넷 거버넌스와 사이버보안, 표현의 자유, 인권 관련 책임을 맡고 있었다. 마크롱 대통령의 외교 자문인 필리프 에티엔Philippe Étienne을 필두로 마르티농을 비롯한 프랑스 정부 관료들은 이미 미래의 모습을 그려가는 데 초점을 맞추고 있었다. 우리는 그들과 대화를 나누면서 사이버보안 문제에 대처할 수 있는 새로운 선언과 운동을 조직할 기회라고 말했다.

프랑스의 강력한 리더십 아래 수개월간 전 세계 곳곳과 조심스럽게 대화를 진행했다. 휴전 기념일 다음날 마크롱 대통령은 "사이버 공간의 신뢰 및 안전을 위한 파리 요청Paris Call for Trust and Security in Cyberspace"을 발표했다.[26] 시스템 전체를 흔드는 무차별적인 사이버 공격으로부터 민간인과 민간 인프라를 보호하는 기존 국제 기준의 중요성을 강조하는 내용이었다. 이 요청은 각국 정부와 IT 기업, 비정부 단체에게 국가 단위의 사이버 위협으로부터 민주적 과정과 선거 절차를 보호하기 위해 다 함께 협력하자고 요구했다. 국제법 하에서 더 명시적인 지지가 필요하다고 생각한 부분이었다.

더욱 중요한 것은 '파리 요청'이 얼마나 폭넓은 지지를 받을 수 있느냐 하는 점이었다. 마크롱 대통령이 연설을 한 그날 오후 프랑스 정부는 이 합의에 서명한 주체가 370곳이라고 발표했다. 거기에는 유럽연합 회원국 28개국과 북대서양조약기구 회원국 29개국 중 27개국을 비롯해 전 세계 51개 정부가 포함되어 있었다. 또한 일본, 대한민국, 멕시코, 콜롬비아, 뉴질랜드 등 그 외 지역의 주요 정부들도 포함되어 있었다. 2019년 초가 되자 이 숫자는 500개 이상으로 증가했고 65개 정부와 구글 및 페이스북 등 IT 업계 대부분이 포함되었으나 아마존과 애플은 포함되지 않았다.[27]

아이러니컬하기도 하고 우리로서는 안타까운 일이었지만 '파리 요청'이 이런 지지를 확보한 것은 모두 미국 정부의 후원 없이 이뤄진 일이었다. 미국 정부는 파리 선언에 서명하지 않았다. 처음에 우리는 미국 정부도 서명할 거라는 희망을 가졌으나 파리 회의가 있기 한 달 전 미국 정부는 아직 입장을 표명할 준비가 되지 않은 것이 분명해졌다. 백악관 보좌진 중 일부는 이슈의 내용과는 관계없이 다자간 협력을 증진하는 운동에 호의적이지 않았다. 우리는 뜻밖의 상황에 놓였다. 우리 회사의 대정부팀은 전 세계를 돌아다니며 다른 국가들의 지지를 요청하고 있었기 때문이다.

그럼에도 불구하고 '파리 요청'은 중요한 혁신을 의미했다. 파리 요청을 위해서는 20세기 국제 평화에 매우 중요한 역할을 했던 다자간 협력 방식의 접근법이 필요했다. 그리고 그 접근법은 오늘날 세계의 글로벌 기술 이슈에 대응하는 데 필요한 다중 이해관계자 협력 방식으로 변모시켜야 한다. 파리 요청은 전 세계 민주주의 국가들을 단결시키고 그들을 전 세계 IT 업계와 선도적 비정부단체를 연결시켰다. 그리고 시간이 지나면 다른 이해관계자들도 서명할 수 있을 것이다.

파리 요청으로 구현된 모형은 이내 전 세계에서 더 많은 관심을 모았다. 2019년 3월 크라이스트처치 사태 직후 뉴질랜드를 방문한 우리는 저신다 아던 총리와 장관들을 만났다. 우리는 테러리스트들이 인터넷을 마치 공격 무대처럼 이용하는 일이 재발되지 않으려면 전 세계가 어떻게 대응해야 하는지를 고민했다. 대화는 금세 파리 요청에 관한 내용으로 옮겨갔고, 비슷한 방식으로 더 많은 정부와 IT 업계, 시민 사회를 합류시킬 방법은 없을지 논의했다. 우리는 밤새 이 문제를 고민했고 다음날 아침 회의에서 더 많은 정부 관료들이 참석한 가운데 '크라이스트처치 요청'이 있다면 어떤 내용이 될지 대화를 나눴다.

아던 총리를 필두로 뉴질랜드 정부는 이 운동을 강력히 추진했다. 첫 미팅에서 내가 제안했던 것처럼 아던 총리는 이 문제에 윤리 개념을 도입했다. 아던 총리는 전 세계의 분노는 결국 사라질 것이라며 자신은 이 순간을 홍보의 기회로 삼기보다는 지속가능하고 중요한 무언가를 달성하는 데 쓰고 싶다고 했다. 아던 총리는 뉴질랜드의 사이버보안 담당자 폴 애시Paul Ash를 유럽으로 보내 유럽 정부와 파트너십을 모색하고 파리 요청을 더욱 발전시킬 방법을 찾았다. 폴 애시는 마크롱 정부가 발 빠르게 움직일 뜻이 있다는 것을 알게 됐다.

IT 업계가 해야 할 역할이 컸다. 우리는 크라이스트처치에서 과격 분자들의 폭력을 증폭시킨 것과 같은 방식으로 우리 서비스가 사용되지 않게끔 우리가 취할 수 있는 실용적 조치가 무엇인지 알아내야 했다. 마이크로소프트 내부에서 나는 법무팀장 데브 스탈코프Dev Stahlkopf와 부팀장 프랭크 모로Frank Morrow에게 아이디어 개발 책임을 맡겼다. 우리는 페이스북이나 트위터, 구글의 유튜브 서비스 등에 큰 영향을 끼친 광범위한 영상 업로드는 경험해보지 못했지만, 우리 회사 서비스 중에서 잠재적으로 이런 남용 위험에 취약한 서비스가 아홉 개는 된다고 결론을 내렸다. 거기에는 링크드인과 엑스박스 라이브, 빙 검색 결과, 에지 클라우드 플랫폼 사용 등이 포함됐다.

다른 IT 기업들은 한 발 더 나아간 조치까지도 취할 준비가 되어 있었다. 구글과 페이스북, 트위터는 크라이스트처치 테러리스트들이 자신들의 콘텐츠 공유 서비스를 이용한 만큼 자신들이 더 많은 조치를 취하지 않으면 안 된다는 사실을 깨달았다. 아마존 역시 이번에는 자신들의 서비스가 문제되지 않았다고 하더라도 그들 또한 문제해결 과정에는 참여할 수 있다는 사실을 인식했다.

IT 서비스의 종류에 따라 다양한 조치가 필요했고, 균형점도 서로 달랐다. 우리는 기술적으로 필요한 사항과 폭넓은 인권의 보장, 표현의 자유에 대한 우려까지 세심하게 고려해야 했다. 여러 번 단체 화상회의를 가진 결과, 기업들은 과격분자들의 폭력과 온라인상의 테러리스트 콘텐츠에 대응하기 위한 아홉 가지의 구체적인 권고 사항을 마련할 수 있었다. 거기에는 서비스 조건을 강화하고, 라이브 영상을 더 잘 관리하고, 서비스 남용 신고가 들어왔을 때 대응하고, 기술적 통제를 개선하고, 투명성 보고서를 발표하는 등 각 서비스별로 취할 수 있는 다섯 가지 방안이 포함됐다. 우리는 또 업계 전반에 적용할 수 있는 네 가지 조치도 마련했다. 위기 대응 프로토콜을 마련하고, 오픈소스 기반의 기술을 개발하며, 사용자 교육 개선과 온라인을 존중하고 다원성을 증진하기 위한 비정부 단체의 연구와 업무를 지원하는 것 등이었다.

아던 총리는 빠르게 결정을 내려서 다음번 파리 회의에서 내용을 발표하자고 재촉했다. 다음번 회의는 겨우 한 달 후였다. 뉴질랜드 정부 대표단과 프랑스 정부 대표단이 캘리포니아 북부로 와서 시민사회 단체와 IT 기업들을 만났다. 그리고 크라이스트처치 요청의 초안에 포함된 구체적 이슈들에 관해 꼼꼼히 이야기를 나누었다. 뉴질랜드 정부팀은 거의 밤낮없이 일하며 각국 정부 리더들과 기타 이해관계자들의 피드백을 조율했다. 어느 날 늦은 밤 사티아와 내가 아던 총리와 전화 통화를 하고 있을 때였다. 내가 뉴질랜드 정부의 속도에 놀랐다고 얘기하자, 아던 총리는 이렇게 답했다. "크기가 작으면 빠르기라도 해야죠!"

뉴질랜드의 비극이 있고 두 달이 지난 5월 15일 파리에서 마크롱 총리를 만난 아던 총리는 다른 8개 정부 지도부와 함께 '크라이스트처치 행동 촉구'를 발족했다. 발표문에는 테러리스트와 폭력적 과격 분자들의 온라인 콘텐츠에 대해 정부와 IT 기업들이 함께, 그리고 각자 조치를 취한다는 약속이 담겼다.[28] 나는 파리에서 다른 IT 업계 리더들, 정부 대표들과 만나 마이크로소프트의 이름을 서명했고, 다섯 개 기업으로 된 우리 그룹은 크라이스트처치 요청을 행동으로 옮기기 위해 우리가 취할 아홉 가지 조치를 발표했다.

겨우 6개월 간격으로 발표된 파리 요청과 크라이스트처치 촉구는 캐스퍼 클린지가 흔히 '기술 외교techplomacy'라고 부르는 것을 통해 전 세계가 어떤 발전을 이룰 수 있는지 뚜렷이 보여주었다. 정부에게만 의존하는 것이 아니라 여러 이해관계자들을 상대로 외교를 펼치는 이 새로운 접근법은 정부와 시민 사회, IT 기업을 하나로 모을 수 있었다.

어떻게 보면 이 접근법이 완전히 새로운 것은 아니었다. 최근 어느 연구가 내린 결론에 따르면 군비축소 문제와 관련해서는 지지 단체, 싱크탱크, 사회운동, 교육단체 등 다양한 비정부단체들이 오랫동안 중요한 역할을 해왔다.[29] 이 문제에 있어서 처음 선봉에 섰던 사람들은 1860년대 제네바의 적십자 설립자들이었고, 최근에 가장 성공한 군비축소 운동은 1990년대 지뢰 금지 국제 캠페인이었다. 지뢰 금지 캠페인은 1992년 여섯 개의 비정부단체와 함께 시작되어 60개 국가의 대략 1,000개의 NGO가 함께하는 운동으로 성장했다.[30] 이들은 "지뢰를 단순히 군사적인 문제가 아니라 인도주의적이고 윤리적인 이슈로 재정의하는 데 성공했다." 또한 캐나다 정부의 지원으로 즉석 포럼을 열고 "지뢰 금지 캠페인이 시작된 지 겨우 5년 만인 1997년 12월 지뢰 금지 협약"을 채택했다.[31]

이런 관점에서 보면 파리 요청과 크라이스트처치 촉구의 가장 신선한 측면은 아마도 다른 비정부 주체와 구별되는 기업들이 새로운 인도주의적 이슈와 군비 제한 이슈에 참여하게 된 점일 것이다. NGO보다는 기업에 대해 회의적인 사람들도 분명 있을 것이다. 하지만 이들 기업이 사이버 공간에서 얼마나 많은 부분을 소유하고 또 운영하고 있는지를 감안한다면 기업의 역할을 배제해야 한다고 말하기는 어려울 것이다.

파리 요청과 크라이스트처치 촉구는 우리가 디지털 민주주의 시대를 여는 데 중요하다고 느꼈던 또 다른 혁신의 방향을 알려줬다. 군비축소와 인권보호를 위해서는 늘 폭넓은 대중적 지지가 필요했다. 20세기에는 싱크탱크에서 시작해 비정부단체와 정부 정책 담당자들, 그리고 궁극적으로 대중에게까지 새로운 아이디어가 전파될 때 국제 정치가들의 중요한 연설이라는 방법을 이용했다. 하지만 전통 언론이 파편화하고 소셜 미디어가 부상한 시대에는 새로운 방식으로 대중들과 연결될 필요와 기회가 모두 있었다.

우리가 디지털 제네바 협정을 공개적으로 논의하며 얻은 것이 바로 이 부분이다. 몇몇 전통적 외교관들이 회의적으로 바라보는 동안, 이 아이디어가 대중의 상상력을 사로잡은 이유는 국제 사이버보안 지침인 '탈린 매뉴얼 2.0 Tallinn Manual 2.0'이라는 전문가 논의에서 벗어나 있었기 때문이다.[32] 내가 캐스퍼 클린지의 트윗에서 자주 보았던 혁신적인 접근법은 바로 이런 부분이 담겨 있었다.[33] 그래서 우리는 파리 요청을 실천하기 위해 우리 작업을 민간 외교를 지원하는 것과 연계하기로 했다. 전 세계 10만 명 이상의 서명을 받았던 '지금 디지털 평화Digital Peace Now' 지지를 위한 온라인 서약도 바로 그런 맥락이었다.[34]

어쩌면 다른 무엇보다 우리에게 필요한 것은 확고한 태도로 디지털 외교를 발전시켜나가는 것이었다. 그러기 위해서는 새로운 환경이라든가 과거에서 얻은 희망찬 교훈뿐만 아니라 정신이 번쩍 들게 하는 역사적 실패 사례를 참조하는 것도 필요하다. 2017년 11월 강연이 있어서 제네바에 있는 UN의 유럽지부를 찾았을 때, 우리는 이

점을 다시 한 번 느꼈다. 지금 UN이 입주해 있는 팔레데나시옹Palais des Nations은 1930년대에는 국제연맹 본부로 쓰였다. 지금도 이곳에 가면 아르데코 양식의 작은 회의실이 여럿 있어서 제1차 세계대전이 끝난 전후 시대를 엿보게 해주었다.

이 건물은 20세기 가장 비극적인 몇몇 시기에 국제 무대의 역할을 했다. 일본은 1931년 만주를 침략했고, 연이어 히틀러의 나치 정권이 유럽의 위협으로 부상했다. 31개국 정부가 이 건물에 모였고 5년 이상 지속해오던 일련의 회의에서 군비 증강을 제한할 방안을 모색했다. 그러나 미국은 그냥 유럽의 문제라고 치부해 리더십을 발휘하기를 주저했고, 히틀러는 독일을 협상 테이블에서 물리더니 급기야 국제연맹에서 탈퇴하며 국제 평화를 향한 노력에 사망선고를 내리고 말았다.

1932년 외교 회의가 열리기 전 당대의 가장 위대한 과학자 알베르트 아인슈타인은 이미 경고하고 있었다. 하지만 아무도 귀를 기울이지 않았다. 아인슈타인은 "만약 인간의 조직력이 기술 발전의 속도에 맞출 수 있었다면, 인간의 삶은 근심 걱정 없는 행복한 삶이 될 수도 있었을 것"이라고 했다.[35] 하지만 "우리 세대에게 주어진, 기술 시대를 통해 어렵게 얻은 성취는 세 살짜리 아기 손에 쥐어진 면도날만큼이나 위험하다."고 경고했다. 제네바에서 열린 회의는 실패로 끝났고, 1930년대가 끝나기도 전에 그 실패는 상상치 못한 수준의 전 세계적 파괴를 가져왔다.

아인슈타인의 말은 우리 시대의 가장 중요한 난제를 끄집어낸다. 기술은 계속 발전할 텐데 세상은 과연 우리가 만들고 있는 미래를 감당할 수 있을까? 수많은 전쟁은 인간이 혁신의 속도를 따라잡지 못해서 벌어졌다. 새로운 기술 앞에서 너무 늦게, 너무 적게 대처했기 때문이다. 사이버 무기나 인공지능 등 새롭게 출현하는 기술들이 점점 더 강력해지면서 우리 세대는 또 한 번 그런 시험에 놓일 것이다.

약 100년 전에는 실패했던 전쟁 억지 노력을 지금 우리가 성공시키려면 새로운 형태의 디지털 외교가 결합된 실용적 접근이 필요하다. 2019년 4월 샌프란시스코에서 캐스퍼 클린지를 비롯한 20개국 이상의 정부와 회의를 가질 당시, 우리는 차세대 사이버 외교관들이 보다 긴밀히 협력하는 모습을 보며 희망을 느꼈다.

덴마크는 분명 작은 나라다. 인구 570만 명은 워싱턴주의 인구보다 적은 숫자다. 뉴질랜드의 인구는 그보다 더 적다. 하지만 덴마크 외교부장관의 생각은 옳았다. 21세기에 글로벌 이슈에 대응하는 최선의 방법은 다른 나라 정부뿐만 아니라 기술의 미래를 만들어가고 있는 모든 이해관계자들과 협력할 수 있는 팀을 구성하는 것이다. 훌륭한 아이디어와 확고한 리더십을 갖고 있는 나라를 크기가 작다고 해서 과소평가한다면 분명 실수하는 것이다. 새로운 형태의 디지털 외교는 이미 우리 곁에 와 있다.

# 08

# 소비자 프라이버시

## : 언젠간 입장이 바뀔 것이다

TOOLS AND
WEAPONS

2013년 12월 IT 업계의 리더들은 백악관에 모여 오바마 대통령에게 정부의 감시 관행을 개혁하라고 촉구하고 있었다. 그런데 대화의 흐름이 바뀐 순간이 있었다. 오바마 대통령은 잠시 말을 멈추더니 이렇게 예언했다. "내 생각에는 입장이 바뀔 날이 있을 거예요." 그 자리에 있던 많은 회사들이 지구상 그 어느 정부보다 많은 개인 정보를 가진 것을 빗댄 얘기였다. 대통령은 우리가 정부에게 하고 있는 요구를 고스란히 IT 업계가 받게 될 날이 올 거라고 했다.

여러모로 볼 때 실은 그때까지도 아직 입장이 바뀌지 않은 게 더 놀라운 일이었다. 유럽에서는 이미 오래 전에 입장이 바뀌었다고 볼 수 있었기 때문이다. 유럽연합은 1995년에 강력한 개인정보 보호 지침을 채택했다.[1] 프라이비시 보호에 관해 미국에서는 결코 찾아볼 수 없는 확고한 기준을 정립했다. 유럽연합 집행위원회는 이 지침을 발전시켜 2012년에는 더욱 강력한 개인정보 보호 규제를 제안했다. 심사에 4년이 걸리긴 했지만 2016년 4월 유럽연합은 매우 포괄적인 내용을 담은 '일반정보보호규제General Data Protection Regulation'를 채택했다.[2] 두 달 후 영국은 브렉시트 투표를 통해 유럽연합을 탈퇴하기로 했지만, 정보 보호 당국은 영국에도 계속해서 새로운 규칙이 적용된다고 재빨리 확인해주었다. 2017년 초 테리사 메이 총리가 어느 회의에서 IT 업계 경영자들에게 얘기한 것처럼, 영국 정부는 영국 경제가 계속해서 유럽 대륙의 정보 흐름에 의존할 것이라는 점과 그렇다면 통일된 개인정보 보호 규칙이 필요하다는 사실을 인지했다.

그런데 미국은 어떨까? 개인정보 보호 규칙이 전 세계를 휩쓸 때도 미국은 아웃사이더에 머물렀다. 유럽 곳곳의 관료들은 시민들의 프라이버시 보호 문제에 때문에 조바심을 냈다. 데이터는 국경을 넘었고 미국에 있는 데이터 센터로도 들어갔기 때문이다. 하지만 미국은 국가적 차원에서 광범위하게 프라이버시를 보호하지 않았다. 나는 2005년 미국 의회에서 국가 차원의 프라이버시법 제정을 촉구하는 연설을 했다.[3] 하지만 HP를 비롯한 몇몇 기업을 제외하고는 업계 대부분이 그냥 하품을 하거나 반대했다. 의회도 계속 무관심 상태로 남아 있었다.

미국에 변화의 불을 붙인 것은 의외의 두 사람이었다. 프라이버시를 옹호한 첫 번째 인물은 오스트리아 빈대학교 법대생이던 막스 슈렘스Max Schrems였다. 2019년 우리가 유럽에 잠시 들렀을 때 막스는 오스트리아의 수육이 얼마나 부드러운지 소개하면서 본인의 믿기지 않는 스토리를 들려주었다.

슈렘스는 오스트리아에서는 나름 유명인사다. 유럽과 미국 사이에 펼쳐진 프라이버시의 역사를 아는 사람이라면 슈렘스를 모를 수 없다. "프라이버시 사건 때문에 제 프라이버시는 다 사라졌죠." 슈렘스는 그렇게 말하며 웃음을 터뜨렸다.

슈렘스는 늘 프라이버시 문제에 흥미를 느꼈다. 프라이버시에 대한 미국의 인식도 마찬가지였다. 열일곱 살 때 슈렘스는 '듣도 보도 못한 곳'에 떨어졌다. 고등학교 교환학생 프로그램으로 플로리다에 갔던 것이다. 세브링이라는 작은 도시는 당연히 그에게 문화적 충격을 안겨주었으나, 우리가 생각하는 그런 이유 때문은 아니었다. 슈렘스를 어리둥절하게 만든 것은 '미국의 미래 농부들Future Farmers of America'이라는 생소한 학생조직도, 남부의 침례교도 아닌, 학교가 학생들을 추적하는 '방식'이었다.

슈렘스는 이렇게 말했다. "완전히 피라미드식 통제 체제가 있었어요. 교내에 경찰서가 있고 복도마다 카메라가 있었죠. 모든 게 추적이 돼요. 성적, SAT 점수, 출석, 인터넷을 사용할 때 필요한 학생증에 붙이는 작은 스티커까지요."

슈렘스는 당시에 미국 학생들에게 학교 측이 설정해놓은 구글 검색 차단을 우회하는 방법을 알려줬었다고 자랑스럽게 이야기했다. "'Google.it'도 완벽하게 작동한다는 걸 보여줬어요. 학교 측은 구글

닷컴만 차단해놓으니까요. 교환학생이 그 학교에 전 세계 최고 수준의 도메인들을 알려준 거죠!"

그는 빈으로 돌아오니 안심이 되었다고 했다. "빈에는 훨씬 더 많은 자유가 있으니까요."

슈렘스는 2011년 스물네 살 때 다시 미국으로 돌아와 캘리포니아에 있는 산타클라라대학교 로스쿨에서 한 학기를 보냈다. 그런데 이때까지도 여전히 프라이버시 문제가 머릿속에 있었다고 했다. 슈렘스가 들었던 프라이버시 수업의 초청 강사 중에 우연히도 페이스북 소속 변호사가 있었다. 슈렘스가 그에게 유럽의 프라이버시법 아래에서 페이스북의 의무가 무엇이냐고 묻자, 변호사는 유럽의 법률은 강제성이 없다고 대답했다. "'하고 싶은 대로 다 할 수 있다'는 거예요. 유럽은 처벌이 너무나 경미해서 강제력이 없다고요. 강의실에 유럽인도 한 사람 있다는 걸 몰랐던 거죠."

이날의 대화가 슈렘스의 열정에 불을 지폈다. 슈렘스는 이 문제를 더 깊이 파고들었고, 유럽에서 법적 의무를 대하는 페이스북의 문제점이라고 생각되는 것들을 주제로 기말 보고서를 작성했다.

보통의 학생이었다면 스토리는 거기서 끝났을 것이다. 하지만 슈렘스는 보통의 학생이 아니었다. 1년 뒤 슈렘스는 페이스북의 유럽 데이터 센터가 있는 아일랜드의 정보보호 당국을 고소했다. 소송 내용은 간단했지만 그 파장은 잠재적으로 세계 경제를 뒤집어놓을 수도 있었다. 슈렘스는 유럽인의 정보가 미국으로 넘어갈 수 있게 허용하고 있는 국제프라이버시보호원칙International Safe Harbor Privacy Principles을 폐지해야 한다고 주장했다. 왜냐하면 미국이 가지고 있는 법적 보호장치가 유럽인의 정보를 제대로 보호하기에 충분하지 않기 때문이다.

국제프라이버시보호원칙은 유럽과 미국 경제의 대들보 중 하나였으나, 프라이버시 전문가가 아니면 이 원칙을 잘 이해하지 못했다. 이 원칙은 유럽연합의 1995년 프라이버시 지침에서 나온 것으로, 적절한 프라이버시 보호 장치가 있을 때에만 유럽인의 개인정보가 다른 나라로 이동할 수 있다고 되어 있었다. 미국에는 국가 차원의 프라이버시 보호법이 없었으므로 데이터가 계속해서 미국으로 넘어가려면 다소 정치적 창의성이 요구됐다. 2000년에 그 해결책으로 채택된 것이 미국 상무부가 지지하는 일곱 가지 프라이버시 보호 원칙을 따른다고 기업들이 스스로 인증을 하게 만든 자발적 프로그램이었다. 그 원칙들은 유럽연합의 규칙을 그대로 따른 것이어서 유럽연합 집행위원회는 미국이 1995년 프라이버시 지침이 요구한 '적절한 프라이버시 보호 장치'를 갖추고 있다고 결론 내렸다.[4] 국제프라이버시보호원칙이 탄생한 것이다.

15년 뒤 유럽과 미국 사이의 데이터 이동은 폭발적으로 증가했다. 4,000개가 넘는 기업들이 국제프라이버시보호원칙을 이용해 연간 2,400억 달러 규모의 디지털 서비스를 제공했다.[5] 여기에는 보험, 금융 서비스부터 시작해 책, 음악, 영화까지 온갖 것이 다 포함됐다. 그러나 금융 측면은 정보라는 거대한 빙하의 끝자락에 불과했다. 미국 기업들은 유럽에 380만 명의 직원을 보유하고 있었고, 이들은 월급부터 의료보험 혜택, 연말평가에 이르기까지 모든 데이터 이동을 국제프라이버시보호원칙에 의존했다.[6] 미국 기업의 유럽 매출 총액은 2.9조 달러를 넘었고, 대부분 제품이 목적지에 제대로 도착했는지, 매출이 정확히 계산되었는지 알기 위해 디지털 데이터 이동을 필요로 했다.[7] 전 세계가 데이터에 얼마나 많이 의존하고 있는지를 단적으로 보여주는 예였다.

정부 관료나 업계 지도자들은 국제프라이버시보호원칙이 현대 경제에 없어서는 안 될 필수품이라고 생각했으나, 막스 슈렘스의 눈에는 전혀 다르게 보였다. 그는 한스 크리스티안 안데르센Hans Christian Andersen의 동화에 나오는 어린아이처럼 국제프라이버시보호원칙을 살펴보고는 "임금님이 벌거벗었다."라고 외쳤던 것이다.

슈렘스는 2008년부터 페이스북 사용자였고 이를 근거로 아일랜드의 데이터 보호 국장에게 진정서를 냈다. 2012년 그는 오스트리아의 빈에 돌아와 있었다. "스물두 번의 이메일 교환"이 있은 후 슈렘스는 1,200페이지에 달하는 자신의 개인정보가 PDF 형태로 담긴 CD를 받을 수 있었다. "페이스북이 나에 대해 가지고 있던 정보의 절반이나 3분의 1밖에 안 되는 양이었어요. 그런데도 그 중에 300페이지는 제가 삭제한 내용들이었죠. 실제로 포스트마다 '삭제'라고 써 있을 정도였어요."

슈렘스가 본 것처럼 페이스북에게 그토록 많은 데이터를 수집하고 사용할 수 있도록 해준 국제프라이버시보호원칙은 유럽의 법규가 요구하는 정도의 보호를 해줄 리 만무했다.

슈렘스는 진정서의 내용을 공개해 유럽 전역의 언론에 작게나마 보도가 되게 만들면서, 국제프라이버시보호원칙이 폐지되어야 한다고 주장했다. 페이스북은 허겁지겁 유럽의 고위 경영자 두 명을 빈으로 보내서 슈렘스가 생각을 바꾸도록 설득하려고 했다. 그들은 공항 바로 옆에 있는 호텔의 회의실에서 여섯 시간 동안 슈렘스에게 진정서의 범위를 줄여달라고 설득했다. 그러나 슈렘스는 진정서를 철회하지 않겠다고 했고, 아일랜드의 데이터 보호 국장이 이 문제를 해결해주기를 바란다고 고집했다.[8]

IT 업계와 프라이버시 관련 분야에 있는 사람들은 관심을 가지고 이 문제를 계속 지켜보았지만, 대부분의 사람들은 슈렘스의 진정 사건이 그리 오래 가지 않으리라 보았다. 어쨌거나 슈렘스는 진정서를 쓰느라 바빠서 산타클라라에서 작성하던 기말 보고서를 아직 완성하지도 못했고, 담당 교수에게 기간 연장을 받아놓은 상태였다.[9] 얼마 후, 이 일은 마무리가 되는 듯했다. 아일랜드의 데이터 보호 국장이 슈렘스의 진정 내용을 받아들이지 않았기 때문이었다. 보호 국장은 2000년에 유럽연합 집행위원회가 국제프라이버시보호원칙이 적절하다고 판단한 만큼 문제가 없다고 결론 내렸다. 이제 슈렘스는 다시 돌아가서 로스쿨 기말 보고서나 써야 할 것처럼 보였다. 그러나 슈렘스는 물러서지 않았다. 슈렘스의 진정 사건은 결국 유럽재판소까지 갔다. 그리고 2015년 10월 6일 대혼란이 벌어진 것이다.

그날 아침 일찍 전화가 울렸을 때, 나는 플로리다에서 라틴 아메리카 고객들과 함께 행사에 참석하고 있었다. 유럽재판소가 국제프라이버시보호원칙을 폐지했다고 했다.[10] 법원은 유럽 각국의 데이터보호 기관이 합의에 따라 데이터 이동을 자체적으로 평가할 수 있다고 했다. 결과적으로 법원은 독립 규제기관에 더 많은 권한을 준 셈이었다. 미국의 개인정보 업무를 검토하는 독립 규제기관들이 더 엄격할 것임을 알고 있었기 때문이다.

그러자 사람들은 이 판결이 디지털 암흑시대로 돌아가는 것을 의미하는지 궁금해 했다. 이제 유럽과 미국 사이에는 데이터 흐름이 중단되는 것인가? 바로 이런 경우를 대비해 우리는 고객들이 계속해서 우리 서비스를 이용해 데이터를 다른 국가로 이동시킬 수 있도록 다른 법적 수단들을 준비해놓고 있었다. 우리는 얼른 고객들을 안심시켰다. IT 업계에서는 다들 태연한 척했지만, 내심은 유럽재판소의 결정이 불안했다. 국제프라이버시보호원칙 협상에 참여했던 어느 법률가의 말을 빌리면 "이제 그 어느 것도 안심할 수 없었어요. 판결의 내용이 워낙 광범위해서 유럽으로부터 다른 곳으로 데이터를 이동시키는 모든 메커니즘이 위기에 처할 수 있었지요."[11]

판결 이후 몇 달간 열띤 협상들이 진행됐다. 약간은 마치 깨져버린 달걀을 원상회복하려고 애쓰는 사람들 같았다. 미국의 페니 프리츠커Penny Pritzker 상무부장관과 유럽연합 집행위원회의 베라 조로바Věra Jourová 위원은 유럽재판소와 유럽의 다양한 프라이버시 규제기관을 더 쉽게 만족시킬 수 있는 방안을 개발하려고 했다. 2016년 1월 나는 조로바 위원과 상황을 논의하기 위해 유럽연합 집행위원회를 방문했다. 아래층에서 출입 절차를 진행하려던 나는 나에게 인사를 건네는 조로바 위원을 발견하고 깜짝 놀랐다. 그녀는 빙그레 웃으며 잠깐 쉬려고 나온 참이었다고 했다. 그녀가 한 번도 만나보지 못한 사람이 밖에서 그녀를 알아보고 위층으로 올라가며 인사를 건넸다. "이렇게 뵙네요. 막스 슈렘스라고 합니다."

국제 협상들이 진행되는 동안 IT 업계는 최악의 경우를 대비했다. 마이크로소프트는 시애틀에서 캐나다가 가까우니 핵심 지원시설을 밴쿠버로 옮기는 것까지 고려했다. 그렇게 되면 레드먼드에 있는 일부 직원이 캐나다까지 오가야 하는 번거로움은 있겠지만, 유럽재판소의 결정은 캐나다와 유럽 사이의 데이터 이동에는 영향을 주지 않았기 때문에 우리로서는 좀더 원활한 사업 운영이 가능했다.

결국 그런 일은 불필요한 것으로 결정됐다. 2016년 2월 초 프리츠커 장관과 주로바 위원이 새로운 협정을 공개했다. 양측은 국제 프라이버시 보호원칙을 프라이버시 보호안Privacy Shield으로 대체했다. 더 강력한 프라이버시 보호 요건과 연례 상호 검토 요건이 포함되었다. 마이크로소프트는 IT 기업 최초로 새로운 데이터 보호 요구에 따르겠다고 서약했다.[12] 데이터 참사는 피했지만 얼마나 많은 것이 바뀌었는지를 보여준 에피소드였다.

우선 프라이버시의 외딴섬 같은 것은 없다는 사실이 드러났다. 더 이상 그 누구도 자신의 데이터가 단일 국가의 국경 내에서만 머물 거라고 생각할 수 없게 됐다. 이것은 유럽처럼 큰 대륙이나 미국처럼 큰 경제라고 해도 마찬가지다. 개인정보는 온갖 유형의 디지털 교류를 통해 이 나라에서 저 나라로 이동하며, 대부분의 경우 사람들은 그런 사실을 알지 못한다.

그래서 정치적 지렛대가 만들어졌고, 이는 미국의 개인정보 보호 정책에 잠재적으로 큰 의미를 갖게 했다. 유럽재판소의 회원국들은 개인정보 보호에 열성적인 것으로 유명한 유럽 대륙의 데이터 보호 기관들이 미국에게 더 강력한 개인정보 보호 기준을 요구하도록 힘을 실어줬다.

과연 그런 목표가 이뤄질 수 있을까 의구심을 가진 사람도 의심을 날려버릴 만한 조처가 뒤따랐다. 2015년 판결 직후 유럽재판소 측은 조용히 각국 정부에 사람을 보내 재판 내용을 직접 보고했다. 심리의 중심에 있었던 재판관 한 명이 여러 국가의 개인정보 보호기관을 직접 만나서 이 판결의 세부 내용을 하나하나 알려주며, 이것을 백악관과 미국 상무부와의 협상에서 활용하는 방법까지 추천해주었다. 법원과 행정부가 완전히 분리되어 있는 미국과는 완전히 배치되는 행보였다. 유럽에서는 이례적인 일이었으나, 그 외 다른 많은 나라에서는 딱히 있을 수 없는 일은 아니었다.

미국의 정치 지도자들이 유럽의 개인정보 보호기관들의 월권을 비난할 수도 있겠지만, 그렇다고 해도 그들이 바꿀 수 없는 사실이 하나 있다. 미국 경제는 미국의 기업들이 데이터를 다른 국가로 옮길 수 있느냐 여부에 크게 의존하고 있다는 사실이다. 지금 세상에서는 불법 이민을 막기 위해 국경에 벽을 쌓는 정책을 펼칠 것인지 여부가 논의의 대상이 되기도 한다. 하지만 데이터의 국가 간 흐름을 막는 벽이 생긴다면, 그 어느 나라도 용인할 수 없을 것이다. 미국 기업들의 개인정보 보호 관행에 영향을 미치게 될 유럽과 미국 사이의 협상이 피할 수 없는 경제 현실이 되었다는 뜻이다.

이는 궁극적으로 중국에게도 중대한 영향을 미치게 될 것이다. 시간이 지나면 중국에겐 중요한 갈림길에 서야 하는 압박이 점점 더 커질 것이다. 중요한 갈림길을 마주해야 한다는 압박 말이다. 중국은 개인정보에 대한 보호장치 없이 자국의 국경 안에서만 발전하거나 아니면 어쩔 수 없이 데이터 흐름을 인정하면서 유럽과 경제적 유대를 강화해야 할 것이다. 둘 다 갖기는 점점 더 힘들어질 것이다.

그러나 참사를 겨우 피했던 많은 경우가 그렇듯이, 프라이버시 보호안에 대한 즉각적 반응은 주로 안도의 한숨을 쉬는 것이었다. 이번에도 잠에서 깨라는 알람이었음에도 사람들은 또 한 번 '다시 알림' 버튼을 눌렀다. 데이터 흐름은 계속 이어질 수 있고, 기업들은 계속 사업을 할 수 있었다. 대부분의 IT 기업과 정부 관료들은 장기적인 지정학적 함의에 대해서는 더 이상 깊은 생각을 하지 않았다.

핵심적인 몇 가지 측면에서 보면 충분히 이해하고도 남을 만한 일이다. 2016년의 남은 날들은 영국의 브렉시트 투표와 미국의 대통령 선거가 사람들의 관심을 몽땅 빼앗아갔기 때문이다. 그리고 몇 달 후에는 유럽에서 전개된 또 다른 프라이버시 문제로 모두의 관심이 옮겨갔다. 일반정보보호규제의 시행일이 다가오고 있었던 것이다.

이내 IT 업계에서는 일반정보보호규제라는 법규명을 모르는 사람이 없게 됐다. 변호사들이 정부 규제의 법규명을 말하는 것은 흔한 일이지만, 이 법규명은 엔지니어, 마케터, 판매원의 입에서도 흘러나왔다. 그럴 만한 이유가 있었다. 이 규제를 따라가려면 전 세계 수많은 기술 플랫폼이 구조를 바꿔야 했는데, 이게 결코 작은 일이 아니었다. 유럽연합이 일부러 여기까지 계획한 것은 아니지만, 일반정보보호규제는 유럽이 미국과 전 세계의 개인정보 보호 기준에 영향을 미치는 간접 통로가 됐다.

일반정보보호규제는 정부의 다른 많은 규제와 달랐다. 대부분의 경우 규제란 기업이 할 수 없는 일이 무엇인지 규정한다. 예를 들면 광고 속에 진실을 호도할 수 있는 진술을 넣지 말라거나, 건물을 지을 때 석면을 사용하지 말라고 하는 것처럼 말이다. 자유시장경제의 기본 철학은 선을 넘으면 안 되는 특정 행위들을 규제하고 나머지 부분에서는 기업들이 여러 시도를 할 수 있는 자유를 폭넓게 인정하여 비즈니스 혁신을 촉진하는 것이었다.

일반정보보호규제의 가장 큰 특징 가운데 하나는 사실상의 프라이버시 권리장전이라는 점이었다. 일반정보보호규제는 소비자들에게 특정 권리를 인정함으로써 기업들에게 특정 관행을 피하는 것뿐만 아니라, 새로운 비즈니스 절차를 '만들도록' 요구했다. 예를 들어 개인정보를 다루는 기업들은 소비자가 그 정보를 접할 수 있게 해줘야 한다. 소비자는 기업이 나에 관해 어떤 정보를 가지고 있는지 알 권리가 있다. 소비자는 해당 정보가 부정확할 경우 내용을 바꿀 권리가 있다. 소비자는 다양한 조건 하에 나에 관한 정보를 삭제할 권리가 있다. 그리고 소비자는 원한다면 자신이 선호하는 다른 서비스 공급자에게 내 정보를 옮길 권리가 있다.

데이터와 관련해 중요한 부분에서 일반정보보호규제는 영국의 대헌장Magna Carta과 비슷하다. 유럽의 개인정보 보호의 역사에서 중요한 두 번째 물결에 해당한다. 첫 번째 물결은 1995년이었다. 당시 프라이버시 지침은 웹사이트가 소비자의 데이터를 수집하고 사용할 때 미리 소비자에게 알리고 동의를 구할 것을 요구했다. 그러나 인터넷이 폭발적으로 성장하면서 개인정보 고지가 범람하게 되었고 사람들은 그걸 읽을 시간이 없었다. 이 점을 인식한 유럽은 일반정보보호규제를 통해 기업이 나에게서 수집한 모든 데이터를 소비자가 실제로 온라인에서 살펴보고 통제할 수 있게 했다.

이것이 기술에 어마어마한 영향을 미치게 될 것은 당연한 일이었다. 먼저, 100만 명 이상의 고객을 보유한 기업, 심지어 수천 명의 고객을 보유한 기업도 고객들이 갖게 된 새로운 권리를 보장할 수 있는 비즈니스 절차를 명확히 규정해야 했다. 그렇지 않으면 고객 데이터를 추적하느라 직원들은 업무량에 허우적대고 작업은 비효율적이며 불완전하게 될 것이다. 게다가 절차는 자동화가 필요했다. 저렴하고 빠른 방법으로 일반정보보호규제를 준수하기 위해서는 기업이 다양한 데이터에 통일된 방식으로 접근할 수 있어야 했다. 그리고 그러려면 기술을 바꿔야 했다.

마이크로소프트처럼 서비스가 다양한 IT 기업에게 일반정보보호규제가 가져온 충격은 상상 이상이었다. 우리 회사는 200개 이상의 제품과 서비스가 있었고, 다수의 기술팀이 백엔드back-end 데이터 인프라를 자체적으로 만들고 관리했다. 유사성이 없는 것은 아니었지만, 사내의 사업부마다 사용하는 정보 구조에 중요한 차이가 있었다.

우리는 이런 차이가 일반정보보호규제 아래에서는 문제가 되겠다고 빠르게 판단을 내렸다. 유럽연합의 고객들은 우리 서비스 전반에 걸쳐 자신의 정보를 하나의 통일된 방식으로 볼 수 있는 단일한 절차를 기대할 것이다. 이런 일을 효율적으로 해내려면 이쪽 끝부터 저쪽 끝까지 우리 회사의 모든 서비스에 걸친 단일하고 새로운 정보 구조를 만드는 수밖에 없었다. 다시 말해 오피스365, 아웃룩, 엑스박스 라이브, 빙, 애저, 다이내믹스Dynamics 등등 전부를 포함해야 했다.

2016년 초 우리는 사내 최고의 소프트웨어 설계자들로 팀을 하나 만들었다. 2018년 5월 25일 일반정보보호규제가 발효되기까지 2년이 남았으니 시간적 여유가 전혀 없었다.

먼저 변호사들이 일반정보보호규제가 요구하는 사항을 명확히 정리해주어야 했다. 설계자들은 변호사들과 함께 우리 서비스가 갖춰야 할 모든 기술 사양의 목록을 만들었다. 그런 다음, 이들 사양들을 구현할 수 있고 회사의 모든 서비스에 적용할 수 있게 정보를 처리하고 저장하는 새로운 청사진을 만들었다.

8월 마지막 주가 되자 계획안이 마련되어 사티아와 회사 지도부가 함께 미팅을 가졌다. 이 청사진을 구현하려면 어마어마한 양의 기술적 작업이 필요하다는 사실을 모두가 알고 있었다. 이 프로젝트에 300명 이상의 엔지니어들을 적어도 18개월 이상 전담 인력으로 투입해야 했다. 그리고 일반정보보호규제 시행일 6개월 전부터는 수천 명이 필요하고, 수백만 달러의 예산이 필요한 일이었다. 누구도 빠지고 싶지 않은 미팅이었고, 어떤 이는 휴가를 단축하고 이 회의에 참석했다.

기술팀과 법무팀이 계획의 청사진과 시간표, 자원 할당 계획을 자세히 안내했다. 다들 깊은 인상을 받았고, 어떤 면에서는 놀라기도 했다. 회의 진행 도중에 사티아가 불현듯 싱긋 웃으면서 말했다. "대단하지 않나요? 우리가 그렇게 오랫동안 노력해도 불가능한 일처럼 보였는데. 사내 모든 엔지니어가 동의할 수 있는 단일한 개인정보 구조를 만드는 것 말이에요. 이제 규제 당국과 변호사들이 우리한테 지시를 내려주니까, 단일 구조를 만드는 작업이 훨씬 쉬워졌네요."

흥미로운 통찰이었다. 엔지니어링은 창의적인 작업이고 엔지니어들도 창의적인 사람들이다. 소프트웨어 팀 두 곳이 같은 문제를 서로 다른 방식으로 접근했는데 그 차이를 조화시켜서 공통의 접근법을 만들어내라고 하면, 설득 과정은 말도 안 되게 어려워질 수 있었다. 그 차이가 근본적으로 중요한 사양을 건드리는 게 아니라고 하더라도 사람들은 자기가 만든 것에 집착하는 경향이 있었다.

마이크로소프트의 기술 구조는 워낙에 크고, 다양하고, 자율적이다 보니 다른 IT 기업보다 이런 어려움이 더 컸다. 그래서 과거 우리 회사는 종종 두 개 이상의 서비스를 일정 기간 중복적으로 운영하기도 했고, 그럴 경우 대부분 결과가 좋지 않았다. 반면에 애플은 주력 제품의 범위가 좁기도 했고 스티브 잡스가 종종 중앙집권적으로 의사 결정을 내려서 이런 문제를 해결했다. 아이러니컬하기는 하지만, 유럽의 규제 당국이 우리에게 전방위적으로 기술적 타협이 필요한 사안에 대해 단일의 접근법을 지정해준 것은 어찌 보면 우리에게 좋은 일을 해준 셈이었다.

사티아는 보고된 계획안을 승인했다. 그리고 모두를 쳐다보며 새로운 요구사항을 말했다. "이렇게 바꾸려고 이왕에 이 많은 시간과 돈을 쓸 거라면, 그저 우리한테만 좋은 것보다는 더 좋은 일을 했으면 합니다. 새롭게 만드는 사양은 모두 1차로는 우리가 이용하겠지만, 제3자인 고객들도 쓸 수 있는 형태로 만들어주세요."

다시 말해 모든 고객이 일반정보보호규제를 따르려고 할 때 쓸 수 있는 기술을 만들라는 얘기였다. 데이터가 세상을 지배하는 시대에 충분히 납득이 가는 요구였다. 하지만 그러려면 작업이 더 많이 필요했다. 그 방에 있던 엔지니어들은 모두 마른침을 꿀꺽 삼켰다. 회의실을 나서는 엔지니어들은 이번 프로젝트에 더 많은 사람들을 투입해야 한다는 사실을 알았다.

이렇게 기술적으로 요구되는 사항이 어마어마하게 크다 보니, 두 번째 변화가 일어났다. 이 두 번째 변화는 지정학적으로 중요한 의미를 가졌다. 일반정보보호규제를 따르기 위한 기술 작업이 궤도에 오르고 나면, 다른 지역을 위해서 또 다른 기술 구조를 만들기는 쉽지 않았다. 서로 다른 시스템을 계속 유지 관리하려면 비용도 너무 많이 들고 기술적으로도 복잡하기 때문이다.

그렇다 보니 2018년 초에는 저스틴 트뤼도Justin Trudeau 캐나다 총리와 흥미로운 대화도 나누게 됐다. 사티아와 내가 트뤼도 총리와 고위 자문위원들을 만났을 때였다. 어쩌다 보니 프라이버시 이슈가 나왔다. 캐나다 사람들에게 여전히 중요한 주제였다. 트뤼도 총리가 캐나다의 프라이버시법을 바꿀 수도 있다고 이야기하자, 사티아는 그냥 일반정보보호규제에 나와 있는 조항들을 가져다 쓰시라고 권했다. 일부는 놀라는 사람들도 있었지만, 사티아는 근본적으로 중요한 차이가 있는 게 아니라면, 어느 한 나라가 남들과 다른 프로세스나 구조를 유지하려고 할 때 잠재적 혜택보다는 들어가는 비용이 더 많을 것이라고 설명했다.

우리가 이처럼 일반정보보호규제에 열정적이다 보니, 정보통신기술 분야의 다른 기업들과는 좀 다른 진영에 속하게 됐다. 일부 기업은 자신들에게 부담스럽다고 생각하는 일부 규제에만 집중하는 경향이 있었다. 일반정보보호규제 중에는 우리도 헷갈리거나 잘못됐다고 생각하는 부분들이 있었지만, 우리는 IT 업계가 장기적으로 성공하기 위해서는 프라이버시 문제와 관련해 대중의 신뢰를 유지하는 것이 핵심이라고 생각했다. 1990년대 독점금지법 위반 소송을 치르며 회사의 평판에 큰 타격을 입는 과정에서 우리가 깨닫게 된 부분이었다. 논란의 여지가 있는 규제 이슈와 관련해 좀더 균형 잡힌 접근법을 취하는 것이 IT 업계의 일부 동료나 혹은 우리 회사의 엔지니어들에게도 과도한 정치질처럼 보일 수 있다는 것은 알고 있었다. 그러나 나는 더 많은 시간이 지나고 더 다양한 이슈가 나오면 이게 더 현명한 접근법이었다는 사실이 결국 밝혀지리라고 생각했다.

그러나 IT 업계의 다른 사람들은 미국 대중들이 프라이버시와 관련해 이중적인 태도를 취하기 때문에 미국의 규제 압박은 무시해도 된다고 생각했다. 그들은 이렇게 말했다. "프라이버시는 포기해. 이제는 인정할 때도 됐잖아."

나는 언젠가는 프라이버시가 분명 떠들썩한 이슈로 부상하게 될 것이라고 생각했다. 그 폭풍우가 닥쳤을 때 좀더 신중한 접근법을 취할 수 있는 정치적 기초가 갖춰져 있지 않을 수도 있다. 프라이버시에 대한 대중들의 이중적 태도는 수십 년 전 원자력발전 산업이 겪었던 일을 떠올리게 만들었다.

1970년대 내내 원자력발전 산업은 기술적 발전과 관련된 위험 요소에 대해 공개적인 논의를 제대로 진행하지 못했고, 그 결과 1979년 펜실베이니아 스리마일섬Three Mile Island 원자력발전소에서 멜트다운이 일어났을 때 대중도, 정치가들도 준비가 되어 있지 않았다. 참사의 결과 다른 국가들과 달리 미국에서는 스리마일섬의 정치적 여파로 원자력발전소 건설사업이 전면 멈춰서고 말았다. 미국에서 다른 원자력발전소 건설이 재개되는 데는 34년이 걸렸다.[13] 나는 이런 역사를 반복할 것이 아니라 거기서 교훈을 배워야 한다고 생각했다.

2018년 3월 프라이버시 이슈의 스리마일섬이라고 할 수 있는 사건이 터졌다. 케임브리지 애널리티카Cambridge Analytica 논란이 터진 것이다. 페이스북 사용자들은 이 정치 컨설팅 회사가 자신들의 개인정보를 수집해 미국의 유권자들을 타깃으로 한 데이터베이스와 도널드 트럼프 대통령의 선거 캠페인을 도와줄 광고를 만들었다는 사실을 알게 됐다. 그런 식으로 개인정보를 사용한 것만도 페이스북의 정책 위반이었고, 페이스북의 준법 통제 시스템이 이 문제를 감지하지 못한 것도 큰 문제였다. 어마어마한 비난을 불러일으켰지만 기업으로서는 방어할 논리가 하나도 없는 이슈였다. 페이스북이 할 수 있는 일은 사과뿐이었고, 그래서 마크 저커버그가 사과했다.[14]

몇 주 만에 워싱턴의 분위기가 바뀌었다. 내내 묵살하기만 해왔던 정치가와 IT 업계의 리더들이 이제는 규제를 불가피한 것으로 놓고 이야기하기 시작했다. 하지만 그 규제가 과연 어떤 형태여야 하는지는 아무도 설명하지 못했다.

그 답이 나온 곳은 나라 반대편, 실리콘밸리 바로 옆이었다. 이 드라마틱한 일에 막스 슈렘스처럼 중요한 역할을 한 사람이 바로 두 번째 의외의 인물이다.

앨래스터 맥태거트Alastair Mactaggart는 샌프란시스코 베이 에어리어에서 부동산 사업을 하는 미국인이었다. 2015년 그는 캘리포니아 피드몬트에 있는 집에서 파티를 열었다. 실리콘밸리 바로 맞은편에 위치한 나무가 많은 교외 동네였다. 맥태거트는 손님 중 한 명에게 구글에서 무슨 일을 하는지 물었는데, 그 대답이 무시무시했다.

IT 기업들이 지금 무슨 사생활 정보를 수집하고 있는 거지? 그걸로 대체 뭘 하는 거야? 어떻게 해야 내가 거기서 빠져나오지? 그 엔지니어는 구글이 어디까지 알고 있는지 사람들이 안다면 "기절초풍할 것"이라고 말했다.

칵테일 한 잔을 사이에 두고 나눈 이 대화가 시발점이 되어 2년간 300만 명 이상이 참여하는 십자군 운동으로 발전했다. "정말 중요하다는 생각이 들더라고요. '누군가는 나서야 돼.'라는 생각이 들었습니다." 맥태거트는 거의 3년이 지난 후, 샌프란시스코에서 만난 우리에게 그렇게 이야기했다. "그 누군가가 내가 되어도 좋겠더라고요."

세 자녀를 둔 맥태거트는 IT 업계를 공격하려는 것이 아니었다. 그는 성공한 사업가였고 자유롭고, 개방된 시장의 가치를 확고히 믿었다. 어찌 되었든 기술 덕분에 그 지역 부동산 가격이 치솟아 그가 돈을 번 것도 사실이었다. 하지만 맥태거트는 가만히 있지 않기로 했다. 언젠가 자녀들에게 아버지가 뭔가 귀중한 것, 우리의 개인정보를 지키는 데 일조했다고 말할 수 있기를 바랐다.

맥태거트를 비롯한 여러 사람들이 "상업적 감시의 시대"라고 부르는 때에 우리가 하는 온라인 검색이나 통신 내역, 디지털 위치 추적, 구매 정보, 소셜 미디어 활동 등은 나에 대해 내가 원하는 것보다 더 많은 사실을 노출시키게 된다.[15] 그렇게 되면 몇몇 기업이 어마어마한 권력을 쥐게 된다는 것이 맥태거트의 결론이었다. "저들의 개인정보 보호정책에 동의하지 않으면 서비스 자체를 사용할 수가 없어요." 공짜로 온라인 툴을 사용하는 대신 나도 모르게 내 개인정보를 그 대가로 지불하고 있다는 사실을 지적한 말이었다. "그러나 현대 세상에서 이런 서비스에 의지하지 않고는 살 수가 없죠. 빠져나갈 도리가 없어요."

이런 감시의 부재를 마냥 두고 볼 수 없었던 맥태거트는 생각이 같은 지지자들을 모집해 캘리포니아주에 적용할 새로운 프라이버시법 초안을 작성했다. "우리가 사는 세상은 고도의 규제가 있죠." 부동산을 관장하는 기존 규제나 건축 법규 등을 지칭한 말이었다. "그런 건 건전한 거예요. 법률이 기술을 따라가지 못한다면 사람들이 나서서 계속 요구를 하고 쟁취해야죠."

맥태거트는 부동산 업계에서의 경험을 통해 정부의 운영 원리를 많이 알게 됐다. 그는 정치적으로 기민한 사람이었고 실리콘밸리가 반대한다면, 워싱턴에서 연방법이 통과되기 어려운 것 못지않게, 캘리포니아주에서 법안이 통과되기 어렵다는 사실을 알고 있었다. 그러나 캘리포니아주는 서부의 다른 주들처럼 정치적으로 다른 대안이 있었다. 1800년대 후반에 만들어진 이들 서부의 주는 충분한 서명이 있을 경우 유권자들이 투표를 진행해야 한다는 강제 절차가 헌법으로 정해져 있었다.

캘리포니아의 이런 절차가 과거에도 미국의 역사를 바꿔놓은 적이 있었다. 40년 전인 1978년 캘리포니아 유권자들은 세금을 제한하는 '주민발의 13호'를 채택했다. 이 조치는 캘리포니아주 내에서 부동산 세금을 축소하는 것으로 끝나지 않고, 훨씬 더 큰 파장을 낳았다. 전국적 운동으로 번져 로널드 레이건이 1980년 대통령 선거에 이길 수 있는 원동력이 되었을 뿐만 아니라, 정부의 크기를 축소하고 세금을 줄이라는 거센 압력을 전국적으로 만들어냈다. 이런 정치적 분수령이 만들어진 것은 미국인의 8분의 1이 캘리포니아에 살고 있다는 사실도 일부 반영되어 있었다.

케임브리지 애널리티카가 현대판 스리마일섬이 될 수 있다면, 앨러스터 맥태거트는 프라이버시 분야의 주민발의 13호를 만들 수 있을까?

그럴 것 같았다. 맥태거트는 주민투표를 발의하는 데 필요한 것보다 두 배나 많은 서명을 받았다. 여론조사를 실시해보니 유권자의 80퍼센트가 그의 법안을 지지했다. 맥태거트는 20퍼센트의 유권자는 지지하지 않는다는 사실에 실망했지만, 여론조사 기관에 따르면 역대 그렇게 높은 숫자는 나온 적이 없다고 했다. 재원이 충분한 캠페인들이 충돌할 경우 늘 마지막에 가면 접전이 되긴 하지만, 맥태거트가 부동산으로 번 수백만 달러를 좀더 사용할 의향이 있다면, 그래서 효과적인 캠페인을 펼칠 수 있다면, 11월 투표에서 승리할 가능성은 충분해보였다.

맥태거트의 운동을 지켜보고 있는 우리는 착잡한 심정이었다. 한편으로 우리는 미국에서 프라이버시법이 제정되기를 오랫동안 바라왔다. 연방 차원에서까지 말이다. 연방통상위원회 위원장을 지낸 줄리 브릴Julie Brill이 마이크로소프트의 프라이버시 및 규제 업무팀을 이끌고 있었다. 일반정보보호규제는 2018년 5월부터 발효되었지만 우리는 그전부터 IT 업계의 다른 참여자들과는 좀 다른 접근법을 취해왔다. 우리는 규제에서 규정하는 소비자 권리를 유럽연합에 있는 사람들에게만 적용하는 것이 아니라 전 세계 모든 고객들에게 확대 적용했다. 어찌 보면 놀라운 통찰이었다. 우리는 미국의 소비자들이 유럽인들보다 이들 권리를 실현하는 데 더 큰 관심을 가진다는 사실을 알게 됐다. 미국의 역사도 결국에는 프라이버시권을 채용하는 쪽으로 흐를 것이라는 우리의 예감은 적중했다.[16)]

하지만 우리가 살펴보니 맥태거트의 초안은 복잡했고 군데군데 헷갈리는 부분도 있었다. 별 이유도 없이 기술적으로 일반정보보호규제와는 다른 사항을 요구할 수도 있을 것 같아서 우리는 걱정이 됐다. 이런 유형의 문제는 상세한 초안 수정과정을 통한 입법으로 치유해야지 찬반으로밖에 선택할 수 없는 주민투표로 결정할 일이 아니었다. 문제는 어떻게 하면 모든 사람들의 바람을 꺾지 않으면서 11월 투표가 아닌 의회에서 문제를 결정하게끔 설득하느냐 하는 점이었다.

다른 IT 기업들은 이 시민 운동에 반대하는 기금 모집에 들어갔다. 실리콘밸리는 반대 운동이 성공하려면 5,000만 달러 이상이 필요하다는 사실을 깨달았다. 우리 회사도 15만 달러를 기부했다. 업계의 나머지 부문과 연대를 유지하면서도 반대 노력에 너무 큰 힘을 실어주지는 않을 만큼의 돈이었다.

결국 양측 다 많은 돈을 모아야 하다 보니 협상을 진행할 동기가 만들어졌다. 맥태거트는 기꺼이 선출직 핵심 공무원들과 마주 앉아 법안의 세부 내용을 타결하려고 했다. 일부 IT 기업들은 자신들이 뭘 원하는지 잘 몰라서 한동안 헤맸다. 그래서 우리가 프라이버시 전문가 둘을 새크라멘토로 파견했고, 이들이 밤낮없이 작업하며 입법부 리더들, 그리고 맥태거트 팀 사람들과 세부 사항을 조율했다.

거의 마지막 순간에 입법부는 2018 캘리포니아 소비자 프라이버시법California Consumer Privacy Act of 2018을 채택했다. 제리 브라운Jerry Brown 주지사는 재빨리 법안에 서명했다. 미국 역사상 가장 강력한 개인정보 보호법이었다. 이 법은 일반정보보호규제와 마찬가지로 캘리포니아 주민들에게 기업이 자신에 관해 어떤 데이터를 수집하고 있는지 알고, 그 판매를 금지하고, 개인정보를 보호하지 않을 경우 기업에 책임을 물을 수 있는 권리를 인정했다.

전국적인 파급력을 즉감할 수 있었다. 몇 주도 지나기 전에 심지어 워싱턴에서 오랫동안 광범위한 개인정보 보호 입법을 반대했던 사람들까지도 개인정보 보호를 새로운 종교처럼 믿게 됐다. 캘리포니아의 수문이 열리자 다른 주들도 그 뒤를 따를 것이 분명해보였다. 주별로 덕지덕지 서로 다른 법규를 만들 것이 아니라고 생각한 업계의 단체들은 캘리포니아 기타 주법에 우선할 수 있는(사실상 무효화하는) 전국적 프라이버시법을 채택하도록 의회에 로비를 시작했다. 아직 할 일은 많았지만 맥태거트는 프라이버시 이슈에 관한 전 국민의 생각을 바꾸는 데 성공한 셈이었다. 대단한 승리였다.

샌프란시스코에서 맥태거트를 마주했을 때도 우리는 깊은 인상을 받았다. 우리는 그를 위협으로 생각할 수도 있었다. 너무 강력해진 업계에 고삐를 죄려는 사회운동가라고 말이다. 그러나 우리가 만난 그는 호감이 가는 실용주의자였고, 미래에 관해 폭넓은 생각을 갖고 있었다.

그는 이렇게 말했다. "아직 끝난 게 아닙니다. 앞으로도 수백 년간 우리는 기술과 프라이버시에 관해 이야기하게 될 것입니다. 우리가 스탠더드오일Standard Oil 사건이 일어난 지 100년이 넘게 지났는데도 아직 독점금지법을 이야기하는 것처럼요."

법무부가 스탠더드오일을 쪼개고 나서 80년이 지난 후 반독점 소송에 걸렸던 우리로서는 금방 이해가 가는 비유였다. 맥태거트의 역사 비유는 궁극적으로 아주 중요한 생각할 거리를 던져주었다.

맥스 슈렘스와 앨래스터 맥태거트의 노력을 함께 생각해보면 미래를 위한 몇 가지 중요한 교훈을 얻을 수 있다.

첫째 1~20년 전 IT 업계의 일부 사람들이 생각했던 것처럼 프라이버시 문제가 조용히 묻힐 것이라는 예상은 믿기 어렵게 됐다. 사람들은 내 삶의 모든 면면이 어떤 식으로든 디지털 발자국을 남기게 된다는 사실을 자각했다. 프라이버시는 보호되어야 하고, 더 강력한 프라이버시법은 필수다. 미국이 유럽연합의 여타 국가들처럼 일반정보보호규제 같은 법률을 적용할 날은 반드시 온다.

몇 년 내에 특히 유럽에서 세 번째 프라이버시 보호의 물결을 보게 될 가능성이 높다. 사람들이 미처 읽을 시간도 없는 개인정보 고지가 넘쳐나면서 일반정보보호규제가 나타났던 것처럼, 일반정보보호규제가 온라인으로 공개하는 데이터도 읽을 시간이 없다는 우려의 목소리가 이미 나오고 있다. 그렇다면 데이터를 수집하고 사용하는 방법을 규제하는 새로운 법규를 만들려는 움직임이 정부 차원에서 시작될 가능성이 높다.

이는 또한 데이터를 좋은 용도로 사용할 수 있게 하면서도 동시에 프라이버시를 보호할 수 있는 혁신에 IT 업계가 더 많은 기술적 창의성을 발휘해야 한다는 뜻이기도 하다. 데이터를 암호화한 채로 남겨두면서 AI 발전을 도모하는 것과 같은 프라이버시를 더 잘 보호할 수 있는 새로운 기술적 접근법이 일부에서는 이미 나타나기도 했다. 하지만 이제 겨우 시작에 불과하다.

마지막으로 슈렘스와 맥태거트의 경험은 전 세계 민주주의가 어떤 중요한 힘과 기회를 갖게 됐는지 알려준다. 독재 정부의 지도자들은 법대생과 부동산 개발업자가 이 시대의 가장 강력한 기술들을 관장하는 법규를 뒤집어엎는 것을 보고 깜짝 놀랐을 것이다. 하지만 이를 다르게 볼 수도 있는데, 전체적으로 보면 이게 더 훌륭한 관점일지 모른다. 슈렘스와 맥태거트는 기존의 법적 절차와 시민운동을 이용해서 그들이 잘못됐다고 생각하는 것들을 바로잡았다. 두 사람의 성공은 민주주의 사회가 잘 작동했을 때 무엇을 해낼 수 있는지 알려준다. 사람들의 변화하는 욕구에 적응하고 나라의 법률을 덜 혼란스럽게 바꿔가는 일 말이다.

글로벌 경제는 한 몸처럼 움직이고 유럽의 프라이버시 법규가 훨씬 멀리에까지 미친다는 점을 고려하면, 중국과 같은 나라도 더 강력한 프라이버시 보호 조치를 채택하라는 압력을 받게 될 것이다. 다시 말해 유럽은 단순히 민주주의의 탄생지이자 프라이버시 보호의 요람이 아니라, 어쩌면 전 세계 프라이버시의 미래에 가장 큰 희망일지 모른다.

# 09

# 지역별 광대역 통신

## : 21세기의 전기

TOOLS AND
WEAPONS

워싱턴주 리퍼블릭Republic시 번화가에 있는 노티 파인 레스토랑 앤드
라운지Knotty Pine Restaurant & Lounge 앞에 서면 옛날 서부의 어느 신흥
도시에 온 듯한 느낌을 받게 된다. 겉만 그럴 듯하게 삼나무로 꾸며
놓은 현관은 허겁지겁 지어올린 광산촌과 벌목촌이 금방이라도 무너
질 것처럼 보였던 시대를 연상시킨다. 그러나 현관 위에 걸린 노란색
플래카드의 "오토바이족 환영"이라는 문구는 이 작은 마을이 구시대
의 지역이 아님을 알려준다.

그날 아침 렌탈 자동차를 탄 우리는 우회전을 해야 하는데 좌회전
을 하고, 그다음에는 좌회전을 해야 하는데 우회전을 하면서 시골길
을 빙빙 돌고 있었다. 경치가 아름다워서 길을 조금 우회하는 것쯤은
아무렇지 않았다. 하지만 우리는 꼭 지켜야 할 약속이 있었고, 워싱턴
주의 북동쪽 끄트머리에 위치한 이 시골에서는 GPS도 무용지물이었

다. 결국 우리는 스마트폰을 버리고 종이 지도에 나와 있는 20번 고속도로를 따라 페리 카운티Ferry County(미국에서 'County'는 주(州) 바로 아래에 해당하는 행정구역 단위로 우리의 군(郡)과 비슷하지만, 시(市)가 군 아래에 속한다는 점에서 차이가 있다. - 옮긴이) 쪽으로 곧장 내달려 한 마을에 들어섰다. 도착해보니 주민들 몇몇이 점심을 함께 하려고 우리를 기다리고 있었다.

페리 카운티는 워싱턴주에서 줄곧 실업률이 가장 높은 곳이었다. 겨울이 찾아와 농사일이 없어지면 실업률은 최고 16퍼센트에 이르렀다. 우리는 마이크로소프트와 아마존, 스타벅스, 코스트코Costco, 보잉의 본사가 있는 킹 카운티King County에서 왔다. 킹 카운티의 실업률은 채 4퍼센트가 되지 않고, 전국 성장률의 두 배를 웃도는 수치로 워싱턴주의 성장을 이끌고 있었다. 우리는 어떻게 하면 페리 카운티가 캐스케이드산맥 반대쪽에서 일어나고 있는 21세기의 경제 호황을 함께 누릴 수 있을까 하는 생각을 했다.

노티 파인 식당은 온종일 아침식사 메뉴를 먹을 수 있었다. 그래서 우리는 5.95달러에 스크램블드 에그와 베이컨, 메이플 시럽을 듬뿍 뿌린, 접시에 다 담기지 않을 만큼 큰 팬케이크를 먹었다. 먼 길을 달린 뒤 먹는 음식도 반가웠지만, 그보다 더 따뜻한 환대가 기다리고 있었다.

19세기말 이곳을 세운 사람들이 원래 '유레카 협곡'이라고 불렀던 리퍼블릭시는 워싱턴주 북동부 소나무가 뒤덮인 워콘다 관문과 셔먼 관문 사이 계곡에 자리하고 있다. 셔먼 관문은 남북전쟁 당시 유명한 윌리엄 티컴서 셔먼William Tecumseh Sherman 장군이 1883년 이곳을 지나갔기 때문에 붙은 이름이었다. 이곳은 아웃도어 활동을 좋아하는 사람들에게는 꿈과 같은, 숨이 멎을 만큼 아름다운 시골이다.

이 마을의 과거를 규정한 것은 주변 화강암 지대를 구불구불 파고들며 강을 따라 난 협곡 깊숙이까지 뻗어 있는 금맥이었다. 처음에는 광부들, 그다음에는 벌목꾼들을 따라 마을에는 은행, 운수 및 기타 지원 서비스가 들어왔다. 광산이 모두 폐쇄된 지금 이 지역은 새로운 미래를 그려보려고 안간힘을 쓰고 있었다.

이곳의 시장은 한때 벌목꾼이었던 엘버트 쿤츠Elbert Koontz라는 인물이었다. 처음 우리와 미팅을 잡을 때 쿤츠는 점심 자리에 자신의 "제일 좋은 운동복"을 입고 나오겠다고 했다. 그래서 그가 주름이 잡힌 바지를 입고 나타났을 때 나는 약간 실망했다. 그는 속시원히 얘기도 잘하고 입담도 좋았지만, 내가 페리 카운티의 초고속 광대역 통신이 어떤 상태냐고 묻자 웃지 않았다. 그저 답답하다는 표정을 지었다.

그는 이렇게 말했다. "이 지역에 광대역 통신을 보유한 사람은 거의 아무도 없어요. 약속은 오래됐죠. 하지만 아무것도 실현된 게 없어요." 하지만 연방통신위원회의 데이터에 따르면 페리 카운티에 있는 모든 사람이 광대역 통신을 이용할 수 있었다.

셔먼 관문을 관통하는 광케이블 덕분에 천 명 정도가 살고 있는 이 작은 마을의 중심부는 광대역 통신을 어느 정도 이용할 수 있었다.

하지만 나머지 주민들은 광대역 통신을 이용할 수 없는 게 분명했다. 쿤츠는 이렇게 말했다. "문제는 이곳 사람들은 산 위에 산다는 거예요. 시내를 벗어나면, 정말로 딴 세상인 거죠."

주변 사람들이 고개를 끄덕이며 각자 광대역 통신망에 얽힌 한을 풀어놓으면서 분위기는 확 바뀌었다. 군데군데 이용가능한 위성 연결에 의존하는 사람들도 있었다. 노트북 컴퓨터의 소프트웨어 하나를 업그레이드하기 위해 시내까지 내려와서 핫스팟을 이용하는 사람들도 있었다. 어떤 사람들은 5G가 개통되면 달라질 거라고 희망을 품었다. 하지만 공통으로 하는 얘기는 이것이었다. 페리 카운티에 있는 절대 다수의 사람들은 안정적인 초고속 광대역망을 이용하지 못한다.

"연방통신위원회에 그렇다고 한번 말해보세요." 누군가 코웃음을 치며 그렇게 말했다. 그런데 우리는 실제로 그렇게 했다. 몇 달 뒤 우리는 빗속을 뚫고 12번가의 교통체증을 견디며 워싱턴에 있는 연방통신위원회 본관으로 향했다. 연방통신위원회 의장 어짓 파이Ajit Pai를 만나기 위해서였다. 건물에 들어서 보안 검색을 마치고 그의 사무실로 안내되었다.

파이 의장은 미소로 우리를 맞았다. "찾아주셔서 감사합니다! 뭘 도와드릴까요?" 그의 선반에는 가족사진이 줄지어 있었고 창틀 밖으로는 질척한 수도의 모습이 내려다보였다. 파이 의장은 1세대 인도계 미국인으로 그가 태어나기 2년 전에 의사인 부모님이 미국으로 이민을 왔고 그는 캔자스에서 성장했다.

나는 파이 의장에게 페리 카운티에 다녀온 얘기와 함께 현지 상황을 전했다. 연방통신위원회의 전국 지도를 보면 페리 카운티의 전주민이 광대역 통신망을 이용할 수 있는 것으로 나와 있었다. 주민 전체가 말이다.

파이 의장 덕분에 연방통신위원회는 모든 미국인에게 광대역 서비스를 제공하는 데 집중하고 있었다. 하지만 그것은 막대한 비용 문제를 해결해야 하는 대단히 어려운 문제였다. 특히나 문제의 규모가 얼마나 큰지 제대로 이해하지 못하고 있다면 더 어려운 일일 수밖에 없었다. 나는 잘못된 데이터를 가리키며 이렇게 말했다. "의장님이 이 문제를 만들어내신 건 아니지만, 이 문제를 해결한 의장님으로 남으실 순 있을 것입니다." 광대역 통신은 국가적 중대 사안으로 취급되어야 할 문제였다.

리퍼블릭 시장이 우리에게 설명해줬던 것처럼 페리 카운티에 관한, 혹은 미국의 시골에 관한 연방 정부의 데이터는 잘못된 부분이 많았다. 페리 카운티 사람들은 다들 이 점을 알고 있었고, 그래서 정부를 신뢰하지 않았다. 그들에게 부정확한 데이터란 그냥 편의상의 작은 문제점이 아니었다. 그 부정확한 데이터가 연방 정부의 지원금 할당에 영향을 미쳤다. 연방 정부는 이미 광대역 서비스가 되고 있다고 생각하는 지역에는 지원금을 보내지 않았기 때문이다. 그리고 더 크게 보면 이런 통신 서비스의 문제는 다른 중요한 공적 자원에도 악

영향을 미쳤다. 예컨대 여름마다 서부 전역에 걸친 산불과 싸우는 데 필요한 자원에까지 말이다.

쿤츠 시장은 이렇게 말했다. "여기는 아직도 미개척 시대의 서부나 마찬가지예요. 큰 경찰서도, 소방서도, 아무것도 없죠. 이곳의 소방관들은 모두 자원봉사자예요." 거친 산불이 사정없이 번질 때 그런 자원봉사자들은 극도로 위험한 상황에 처한다.

2016년에 산불이 빠르게 번진 적이 있었다. 8월의 뜨거운 바람은 송전선마저 끊어버리며 북부의 페리 카운티까지 사정없이 불길을 부채질했다. 5시간 만에 화재는 약 1만 제곱미터의 땅을 삼켜버렸고, 계속해서 커지고 있었다.[1] 영향권에 놓인 동네들은 3단계 대피 명령이 내려졌다. "당장 떠나라."는 의미였다.

드문드문 휴대전화 인프라가 있을 뿐 광대역 통신이 되지 않았던 그곳에서는 중요한 데이터를 송신할 수 없었고, 불길이 어디로 향하는지 누구를 대피시켜야 하는지 당국에 정보를 계속 업데이트해줄 방법이 없었다. 소방관들과 삼림청, 치안당국 사이에 중요한 정보를 공유할 수 있는 유일한 방법은 메모리 스틱에 데이터를 담아 트럭을 탄 운전자가 40분을 달려서 리퍼블릭까지 직접 가는 방법뿐이었다. 리퍼블릭에 가면 광대역 통신망과 무선 연결을 사용할 수 있었기 때문이다.

쿤츠 시장의 말에 따르면 시속 30킬로미터의 바람이 1분 만에 시속 80킬로미터로 바뀌는 상황에서, "그것은 그냥 너무 위험했다."

전화선 모뎀 시대에 갇힌 미국인들은 페리 카운티에 국한되지 않는다. 미국 50개 주 어디를 가도 이런 지역들이 있었다. 연방통신위원회의 2018년 광대역 서비스 보고서를 보면 2,400만 명 이상의 미국인, 특히 시골 지역에 사는 1,900만 명 이상의 미국인이 안정적인 초고속 광대역망을 이용하지 못했다.[2] 대략 뉴욕주 인구에 해당하는 규모다.

시골 지역에 광대역 통신망이 부족한 것은 비용의 문제는 아니다. 그들은 원한다고 해도 광대역 서비스를 돈 주고 살 수가 없었다. 많은 사람들이 전화식 모뎀에 의존해 구리선으로 데이터를 송신하고 있었고, 우리가 당연시하는 속도로 다운로드나 업로드를 할 수가 없었다.[3] 다시 말해 시골 지역의 상당 부분은 도시에서는 10년 전부터 가능한 속도로도 인터넷을 이용할 수 없었다.[4]

위 수치가 너무 의외라고 생각된다면, 연방통신위원회의 숫자보다 훨씬 더 높은 비율의 미국인이 광대역 통신망에 접속할 수 없다는 사실을 보여주는 강력한 증거가 있다. 우리는 데이터를 분석하면서 이 데이터가 기초하고 있는 방법론에 이미 문제가 있다는 사실을 알게 됐다. 연방통신위원회는 해당 지역의 서비스 사업자가 "과다한 자원 투입 없이"[5] 해당 서비스를 제공할 수 있다고 보고하면 그 지역 사람들은 광대역 통신망을 이용할 수 있는 것으로 결론 내린다. 하지만 실제로는 그렇게 보고한 사업자 다수가 서비스를 제공하지 않는다. 이는 마치 동네 식당이 '원한다면' 공짜 점심을 제공할 수 있다고 하니, 무료 점심에 대한 접근권이 보장되어 있다고 말하는 것과 같다. 동네 식당이 그럴 의향이 있는 것도 아닌데 말이다.[6]

실제로 다른 데이터를 보면 전국적으로 전혀 다른 그림이 그려진다. 예를 들어 2000년부터 정기적으로 인터넷 사용 실태를 조사하고 있는 퓨리서치센터Pew Research Center의 최신 데이터를 보면, 미국인의 35퍼센트는 집에서 광대역 통신망을 이용하지 않는다고 보고했다. 대략 1억 1,300만 명에 이르는 숫자다.[7] 심지어 연방통신위원회의 자체 가입 데이터를 보더라도 미국 가정의 46퍼센트는 광대역 인터넷에 가입하지 않은 것으로 되어 있다.[8]

광대역 통신망을 이용가능하느냐와 실제로 사용하느냐는 서로 다른 문제지만, 그 차이가 이 정도로 크다면 혹시 이들 수치 자체가 틀린 것은 아닐지 물어봐야 한다. 우리 회사 자체의 데이터 분석팀이 공공 데이터 및 마이크로소프트가 가진 자료에 기초해 좀더 자세히 분석해보았더니, 연방통신위원회의 추정보다는 퓨리서치센터의 수치가 훨씬 정확했다.[9] 그렇다면 미국 어디에서도 광대역 통신망 접근성에 관해 완벽히 정확한 추정치는 없다고 결론 내릴 수밖에 없었다.

그런데 이게 중요할까? 물론이다. 아주 중요하다.

광대역 통신망은 21세기에 전기나 마찬가지다. 사람들이 일하고, 생활하고, 공부하는 방식을 근본적으로 결정한다. 의학의 미래는 원격의료다. 교육의 미래는 온라인 교육이다. 농업의 미래는 정밀농업이다. 미래에 사물인터넷이 더 보편화한다고 해도, 즉 작지만 강력한 기기들이 어디에나 있어서 더 많은 데이터를 스스로 처리한다고 해도, 여전히 클라우드에 고속으로 접속할 수 있어야 하고, 그러려면 광대역 통신망이 필요하다.

지금 광대역 통신망이 없는 시골 지역은 여전히 20세기에 사는 것이나 마찬가지다. 거의 모든 경제지표가 그 점을 여실히 보여준다. 우리 데이터 분석팀이 찾아낸 내용은 전 세계 대학과 연구소들이 내린 결론과 일치했다. '미국에서 실업률이 가장 높은 곳은 광대역 통신망 접근성이 가장 낮은 지역인 경우가 많았다.' 광대역 통신망 접근성과 경제성장 사이의 높은 연관성을 보여주는 사실이다.[10]

비즈니스 리더들에게 어디에 사업을 확대하고 일자리를 늘리겠냐고 물어보면, 이런 요구 조건들이 바로 튀어나온다. 그들에게 광대역 통신망이 없는 곳에 새로운 시설을 설치하라는 것은 모하비 사막 한 가운데에 상점을 열라고 말하는 것과 같다. 현대식 고속 데이터 접속망에 의존하는 세상에서 광대역 통신이 안 되는 곳은 통신계의 사막이나 마찬가지다.

일자리가 늘지 않으면 지역공동체의 면면에 영향을 끼친다. 뒤돌아보면 2016년 11월 미국 대통령 선거가 끝난 후 시골 지역이 잊혀진 기분이 드는 것도 놀랄 일은 아니다. 이들 지역에 사는 많은 이들에게는 나라의 경제적 번영이 도심과 시골의 경계에서 멈춰버렸다.

전국의 페리 카운티와 같은 시골 지역은 포퓰리즘 정치가를 백악관에 들이는 데 일조했다. 우리가 출장을 시작한 곳은 시애틀이 위치한 킹 카운티였다. 킹 카운티에서 도널드 트럼프 후보에게 투표한 사람은 고작 22퍼센트에 불과했다. 반면에 페리 카운티에서는 힐러리 클린턴 후보에게 투표한 사람이 30퍼센트뿐이었다.[11] 나라의 정치에 관한 한, 두 카운티는 양극단에 위치한다. 시대가 다른 두 지역에서 하루를 보내고 나니 분열된 나라를 더 극명하게 이해할 수 있었다. 이는 또한 시골 지역의 더 밝은 미래를 위해 최소한 어떤 것들이 필요한지 알려주기도 한다.

농촌문제센터Center for Rural Affairs는 이 문제를 거의 직관적으로 이해하고 있었다. 아이오와와 네브래스카에 세 개의 사무실을 운영하고 있는 농촌문제센터는 중부지방의 솔직한 언어로 이렇게 말했다. "우리가 시골인 것이 사과할 일은 아닙니다. 우리는 소규모 가족 농장과 목장, 신규 자영업자, 시골 공동체를 대변합니다."[12]

알고 보니 농촌문제센터도 광대역 통신망 수용의 경제적 이점을 주장할 수 있을 만한 세부 사항과 통계수치를 가지고 있었다. 이곳에서 발행한 2018년 〈번영 지도Map to Prosperity〉 보고서를 보면 광대역 통신망 가입자가 1,000명 늘어날 때마다 80개의 새로운 일자리가 만들어졌다.[13] 주민들의 광대역 통신 속도가 초당 4MB 증가하면 연간 가계소득이 2,100달러 증가했다. 그리고 일자리가 필요한 사람들은 전통적인 방법 말고 온라인 검색을 이용했을 때 25퍼센트 빠르게 일자리를 찾아낼 수 있었다.[14]

오늘날 미국 시골 지역의 광대역 통신 상황이 이렇게 형편없는 데는 몇 가지 이유가 있었다. 가장 중요한 첫 번째 이유는 전통적인 광대역 통신망과 인터넷을 대체할 만한 통신서비스의 설치 비용이 비싸다는 점이다. 업계의 추산에 따르면 광섬유 케이블(전통적인 광대역 서비스 표준)을 설치하는 데는 1.6킬로미터당 3만 달러까지 들 수 있다.[15] 외진 지역에 충분한 광대역 서비스를 제공하려면 수십억 달러가 들 수도 있다는 뜻인데, 민간 부문에서는 아직 이 정도의 비용을 지불할 의향이 없었다.[16] 그럼에도 해마다 연방통신위원회는 보편적 서비스 구조와 기존 프로그램을 통해 일반 유선전화 사업자에게 지원하는 자금이 이동통신 펀드나 기존 프로그램을 통해 무선통신 사업자에게 지원하는 자금보다 8배나 더 많았다.[17]

여기서 두 번째 문제가 발생한다. 최근까지 광케이블의 대안을 개발하는 사업은 진척도 느리고 꾸준하지 못했다. 4G LTE 같은 이동통신 기술을 이용하면 스마트폰을 비롯한 기타 모바일 기기를 통해 고객들에게 광대역과 비슷한 속도의 통신서비스를 제공할 수 있지만, 이들 기술은 인구밀도가 좀더 높은 지역에 적합하다. 인구가 아주 희박한 지역에서는 위성 광대역 통신이 적절한 해결책이 될 수 있지만, 대기시간이 길고 대역폭이 부족하거나 데이터 비용이 높은 경우가 많았다.

세 번째로 규제 불확실성도 미국 시골 지역에 광대역 통신을 서비스하기 힘든 데 일조하고 있다. 예를 들어 사업자가 네트워크 설비를 위해 어느 지역을 지날 수 있는 중요한 통행권을 확보하려고 해도,

종종 헷갈리는 연방 법률이나 주 법률, 현지 법규 등으로 인해 시간과 비용이 늘어나기도 한다.[18]

마지막으로 시골 지역에는 광대역 서비스에 대한 수요가 미미해서 민간 투자가 적합하지 않다는 인식의 문제다. 만약 1.6킬로미터당 3만 달러라는 비용에 대해 시장수익률을 달성해야 하는 광케이블이 광대역 토신 보급의 유일한 대안이라면, 그 인식이 맞을 것이다. 하지만 여기에도 중요한 한 가지 사실이 빠져 있다. 시골의 수요는 실제로 존재한다. 비용이 덜 드는 방법을 선택해도 시장은 여전히 작동할 것이다. 바로 이 지점에서 역사와 기술이 교차한다. 그리고 미래를 위한 중요한 통찰이 나타난다.

역사를 보면 케이블TV나 전기, 일반 유선전화 등이 시골까지 도달하는 데는 다른 무선 기술, 즉 라디오나 TV, 이동전화보다 더 오랜 시간이 걸렸다. 유선전화 가입률이 90퍼센트가 되는 데는 40년이 걸렸지만, 휴대전화가 똑같은 문턱을 넘는 데는 10년밖에 걸리지 않았다. 전 세계적으로 라디오나 TV의 보급 격차를 해소해야 한다는 얘기는 들어본 적이 없을 것이다. 이들 무선 기기는 빠르게 수용되고, 전원만 꽂으면 사용할 수 있고, 알아서 주파수 대역을 찾아 작동했기 때문이다.[19] 교훈은 분명하다. 광대역 서비스가 광섬유 케이블에서 무선 기술로 옮겨간다면, 더 적은 비용으로 더 먼 곳까지 더 빠르게 광대역 서비스 범위를 넓힐 수 있다. 미국뿐만 아니라 전 세계 어디에서든 말이다.

이런 보급 격차를 채우기 위해 지난 10년간 새로운 무선 기술이 나타났다. 'TV 유휴채널'이라는 것으로 TV 주파수 대역에서 비어 있는, 장거리 송신이 가능한 채널을 사용하는 기술이다. 케이블TV가 생기기 전에 성장한 사람이라면 VHF나 UHF 신호를 잡으려고 지붕에 커다란 안테나를 달거나 TV에 붙은 토끼 귀처럼 생긴 안테나를 이리저리 움직여본 경험이 있을 것이다. VHF와 UHF 신호는 언덕을 넘고 나무를 지나 가정집의 벽을 통과하며 수킬로미터를 이동할 수 있는 강력한 지상파 신호다. 지금은 많은 VHF와 UHF 채널이 사용되지 않고 다른 목적으로 쓰이고 있다. 새로 개발된 데이터 기반 기술, 안테나, 단말기 등을 사용하면 바로 이 공간을 활용할 수가 있다. 광케이블에 TV 유휴채널 송신탑을 연결하면 무선신호가 10킬로미터 이상 떨어진 마을과 가정, 농장에까지 도달하게 만들 수 있다.

아프리카에서 TV 유휴채널 기술을 최초로 시연했을 때, 우연히 나도 그 자리에 있었다. 2011년 케냐 나이로비에서 열린 UN 콘퍼런스였는데, 우리는 1.6킬로미터 떨어진 곳에서 온 TV 유휴채널 신호를 이용한 인터넷으로 그곳에 온 사람들이 광대역 속도로 엑스박스를 사용할 수 있게 해주었다. 케냐 정부 관리들은 이 기술의 잠재력을 일찌감치 알아보았고, 우리는 그동안 케냐를 비롯한 몇몇 정부와 함께 이 기술을 구현해왔다. 2015년 나는 적도에 있는 케냐의 작은 마을을 다시 방문했다. 전기 보급률도 12퍼센트밖에 안 되는 시골이었다. 우리는 스타트업 한 곳과 손잡고 TV 유휴채널을 이용해 사람들에게 광대역 서비스를 제공했다. 나는 학교 선생님들과 이야기를 나누었는데 학생들의 성적이 오르고 있고, 1년 전에는 상상할 수도 없었던 일자리를 얻은 사람들도 생겨났다는 얘기를 들었다.

2017년 우리는 이제 미국의 시골 지역에 TV 유휴채널 기술을 좀더 폭넓게 채용할 수 있는 여건이 마련됐다고 판단했다. 몇 달의 기획 끝에 우리는 워싱턴 윌러드 인터콘티넨털 호텔에서 '마이크로소프트 농촌 에어밴드 계획Microsoft Rural Airband Initiative'을 발족했다.

우리는 5년 뒤인 2022년 7월 4일까지 추가로 미국의 시골 지역에 사는 200만 명에게 광대역 서비스를 제공하겠다고 약속했다. 우리가 통신사업에 진입할 생각은 없었다. 우리는 통신 사업자들과 손잡고 TV 유휴채널을 이용한 새로운 무선기기 등 여러 무선기술을 선보일 예정이었다. 우리는 5년간 이 사업에서 생기는 모든 수익을 다시 서비스 범위 확장에 재투자하겠다고 약속했다. 우리는 시골 지역에 더 많은 광대역 통신망을 구축할 수 있는 국가 정책을 요청했다. 그리고 12개월 내에 12개 주에서 12개의 프로젝트를 시작할 것이라고 발표했다. 거기서부터 우리는 계속 성장할 계획이었다.

행사 장소로 윌러드 호텔을 선택한 데에는 이유가 있었다. 연방정부 입법자들의 관심을 끄는 목적 외에도 1916년 3월 7일 같은 장소에서 일어났던 특별한 일을 기념하기 위해서였다. 그날 알렉산더 그레이엄 벨과 AT&T 지도부, 그리고 전국의 석학들은 이 호텔에 모여 미국지리학회에서 주최하는 벨의 전화 발명 40주년 기념 파티를 성대하게 치렀다. 하지만 AT&T의 지도부는 단순히 과거의 영광을 기념하는 것 이상을 원했고, 이날 밤을 계기로 미래에 대한 대담한 비전을 그리겠다는 계획을 세웠다.[20]

AT&T의 회장이었던 시어도어 베일Theodore Vail은 전국 방방곡곡에 아무리 먼 곳까지도 원거리 통화가 가능하다는 비전을 미국 사회에 보여주고 싶었다. 그것은 온 나라가 열광하는 목표이기도 했다. 그날 저녁까지도 사람들은 상업용 전화 서비스가 몇몇 작은 전화 교환국과 전국의 대도시 사이에 놓인 전화선을 통해서만 가능한 서비스라고 생각하고 있었다. "누가 어디에 있든 전 세계 다른 장소에 있는 사람과 즉각 통신을 나누는 게 불가능한 일일까요?" 베일은 그 자리에 모인 사람들에게 물었다.[21]

지금 우리가 알고 있듯이 그것은 가능한 일이었고, 미국은 그걸 실현했다. 미국은 이전에도 이런 도전을 극복한 적이 있으니, 또 한번 그렇게 할 수 있다는 것이 우리의 메시지였다.

에어밴드 프로그램을 통해 200만 명에게 광대역 서비스를 제공하겠다고 약속했지만, 우리의 진짜 목표는 그보다 훨씬 더 컸다. 우리는 자유기업 체제가 가진 힘을 기술을 이용해 발휘하고 싶었다. 모든 사람을 위해 시골 지역의 광대역 통신 격차를 빠르게 해소할 수 있는 새로운 역학관계를 시장에 도입하고 싶었다. 그러려면 우리가 가진 자금을 일부 활용해 컴퓨터칩 제조사와 단말기 제조사의 하드웨어 혁신을 가속화해야 했다. 그러면 이런 기기들이 가정이나 사무실, 농장 등에서 신호를 받아 그것을 와아파이 신호로 변환하는 것이다. 또한 소규모 통신 사업자들을 구매자 컨소시엄으로 묶어 이들 기기를 구매하게 한다면, 대규모 구매자 못지않은 할인 혜택을 받을 수 있는 물량이 확보될 것이다.

우리는 그 어느 정부보다 빠르게 움직였고, 목표에 집중할 수 있었기 때문에 예상보다 빠른 진척을 볼 수 있었다. 에어밴드 계획을 발표하고 17개월 만에 우리는 16개 주와 파트너십을 체결했다. 이전에는 광대역 통신을 이용할 수 없었던 사람들 100만 명 이상에게 광대역 서비스를 제공할 수 있는 규모였다. 생각보다 진척이 빨랐으므로 우리는 목표를 2018년 말까지로 상향하고, 2022년까지 200만 명이 아니라 300만 명에게 광대역 통신서비스를 제공하겠다고 선언했다. 그리고 추가적 조치들을 취한다면 이 기술을 더 빨리 확산할 수도 있을 것이다.

마이크로소프트의 이런 발표가 무언가 자극제가 된 듯했다. 전국 시골 지역의 라디오 토크쇼와 신문 사설에서 지지 의사를 표명했다. 그리고 본인들의 주나 선거구도 우리의 사업추진 목록에 추가해달라는 주지사와 국회의원들의 전화가 쇄도했다.

이 전략을 전개하는 데 핵심이 되는 한 가지는 적재적소에 딱 맞는 기술을 사용하는 것이다. 우리는 TV 유휴채널과 그 외 고정 무선 기술들이 결국 광대역 인터넷의 보급이 충분치 않은 시골 지역의 대략 80퍼센트 정도에 서비스를 제공하는 최선의 방법이라고 예상한다.

특히나 제곱킬로당 인구가 1에서 80명 정도로 인구 밀도가 낮은 지역에서는 말이다. 하지만 케이블 기반 기술이나 위성 기술처럼 다른 종류의 기술이 필요한 지역도 있을 것이다. 우리는 이렇게 하이브리드 방식을 채용하는 것이 광섬유 케이블만 사용하는 것보다는 대략 80퍼센트, 지금의 LTE 고정 무선기술보다는 대략 50퍼센트 정도 초기 자본이나 운영비용을 낮출 수 있으리라 생각한다.

에어밴드 계획이 통신 파트너십에서 나오는 매출로 수익을 내지 않고 재투자할 것이라고 하면 어리둥절한 표정을 짓는 사람들이 있다. 기업이 왜 그런 식을 돈을 쓰나요? 그러면 우리는 더 많은 사람들이 클라우드에 접속하게 되면 마이크로소프트를 포함해 IT 업계 전체가 혜택을 볼 것이라고 얘기한다. 우리는 광대역 통신이 가능해졌을 때 시골 지역에서 사용할 수 있는 새로운 애플리케이션도 만들고 있다. 그중에서 우리가 가장 좋아하는 것은 팜비츠FarmBeats라는 것이다. 팜비츠는 TV 유휴채널을 이용해 농장 곳곳의 작은 센서들을 연결하는 방식으로 정밀농업 기술을 사용할 수 있게 하여 농업 생산성을 향상하고 환경오염을 줄인다. 이익을 내면서 좋은 일도 할 수 있는 새로운 방법이 있다면 우리는 더 많은 투자를 해서라도 시골 지역의 경제성장을 촉진할 것이다.

그러나 이런 역학관계를 시장에 도입한다고 하더라도 광대역 서비스 격차를 줄이기 위해서는 공공 부문이 해야 할 중요한 역할이 있다. 첫째 필요한 TV 유휴채널 대역을 계속 이용할 수 있다는 규제 확실성이 필요하다. TV 주파수 대역의 일부는 경매로 판매되어 이동통신 사업자에게 면허가 주어졌지만, 모든 시장에서 적어도 사용 가능한 채널 두 개는 TV 유휴채널 기술을 위해 공용으로 남겨져 있어야 하고, 시골 지역에는 더 많은 채널이 필요하다. 좋은 소식은 이미 많은 작업이 진행됐고, 또 지속되고 있다는 사실이다.

공공 자금의 일부도 값비싼 광케이블을 땅속에 까는 것 외에 새로운 기술에 집중적으로 투자할 필요가 있다. 정부의 자금지원을 통신사업자의 자본투자에 맞춰 선별적으로 집행한다면 적은 비용으로도 아주 큰 효과를 낼 수 있다. 그렇게 하면 민간부문이 자발적으로 투자하기에는 진척이 느린 지역에 광대역 통신서비스 확장을 가속화할 수 있을 것이다.

궁극적으로 우리는 광대역 서비스 격차를 해소하는 데 초점을 맞출 수 있는 전국적 운동이 필요하다. 전기의 경우에도 그랬듯이 한 나라에서 지역에 따라 광대역 통신서비스 격차가 크게 난다면, 전반적 측면에서 지역차가 크게 벌어질 수밖에 없다.

실제로 도심을 넘어 전국 방방곡곡에 전기를 공급하던 시절에 국가가 취했던 여러 조치들에서 많은 교훈을 얻을 수 있다. 시골 농부들의 빈곤을 안타깝게 여겼던 프랭클린 루즈벨트 대통령이 1935년에 약속했던 조치들이 바로 그런 예다. 루즈벨트 대통령은 시골 지역을 뒤처지게 내버려두고서는 나라가 새로운 기술의 시대로 진입할 수 없다는 사실을 알고 있었다.

미국을 대공황의 경제 불황으로부터 끄집어내기 위한 계획의 일환으로 루즈벨트 대통령은 농촌전기화사업청Rural Electrification Administration을 신설하는 명령을 뉴딜 정책에 포함시켰다. 농촌전기화사업청은 농촌에 지역 전기 협동조합을 설립하는 일을 도왔다. 사료나 장비를 구입할 때 이미 협동조합을 이용하고 있던 농부들에게는 익숙한 개념이었다. 전기 협동조합은 시골의 최말단까지 전기를 연결하는 데 비용을 댔다. 농촌전기화사업청은 저금리 대출을 통해 시골의 전기 시스템을 건설하는 비용을 지원하고, 이렇게 건설된 시스템은 협동조합이 소유하고 감독했다.

프로그램을 시작한 것은 중앙정부였지만 프로그램이 성공한 것은 전국 방방곡곡에 전기를 보급할 수 있다고 믿은 사람들 덕분이었다. 아이오와까지 가는 길을 바꾸고 싶었던 사람들 덕분이었다. 대통령 선거에 출마하기 위해서가 아니라 새로운 기술의 약속을 전파하고 싶었던 사람들 덕분이었다.

80년도 더 전에 아이오와주 존스 카운티Jones County에 살던 지친 농부들은 노티 파인 식당에 왔던 주민들과 비슷한 괴로움을 겪었다. 그런데 1938년 여름 한 줄기 희망이 보였다. 아이오와주 시골 주민들은 서커스가 열리는 것을 보려고 아이오와주 동부에 있는 애나모사Anamosa에 모여들었다. 거의 10년간 계속된 경제적 어려움과 고된 하루를 보낸 뒤 맞이한 반가운 휴식의 사리였다.

이 서커스에는 광대도, 곡예사도, 조련된 동물들도 없었다. 대신에 농촌전기화사업청의 순회 전기 서커스단이 그 자리에 모인 사람들을 즐겁게 해주었다. 텐트 안에는 현대의 경이를 상징하는 것들, 즉 램프와 난로, 냉장고, 달걀 부화기, 착유기 등이 있었다. 이 모든 것들을 농촌전기화사업청의 루이전 메이머Louisan Mamer가 시연했다.[22]

스위치만 켜면 또는 손잡이만 쓱 돌리면, 방이 환해지고, 옷을 빨거나 다리고, 음악을 연주하고, 먼지를 쓸고, 음식을 식힐 수 있었다. 전기 없이는 요리가 무척 고된 일이었던 시절에 루이전은 요리를 무척 쉬워보이게 만들었다. 웨스팅하우스Westinghouse가 만든 조리대에서 그녀가 순식간에 소고기 스튜와 칠면조 구이, 과일 경단을 만들어내는 것을 본 사람들은 마음을 온통 빼앗겼다. 구경 온 사람들 중에서 남자 둘을 골라 요리 대결을 시킨 그녀는 열렬한 환호를 받으며 쇼를 마쳤다.[23]

루이전이 농촌전기화사업청에 들어갔을 때 미국의 도시에서 전기를 사용할 수 있는 주민은 90퍼센트에 이르렀으나 시골 지역에서는 그 비율이 10퍼센트에 불과했다.[24] 서양의 다른 국가에서는 찾아볼 수 없는 정도의 큰 격차였다. 당시 프랑스 시골의 경우 가정집과 헛간의 95퍼센트에 전기가 들어왔다.[25]

오늘날의 대형 통신 사업자와 마찬가지로 미국의 민간 전기회사는 주요 고속도로를 따라 도시와 도시를 연결했다. 주로 농장이 있던 인구밀도가 낮은 지역은 우회했다. 이들 기업은 멀리 떨어진 시골까지 전기선을 연장한다고 해도 그 비용을 회수하지 못할 거라 판단했고,

또 연결된다고 해도 대공항의 타격을 특히 심하게 받았던 농장들은 전기료를 내지 못할 것이라고 봤다.

이렇게 전기가 연결되지 않았기 때문에 농장에 사는 사람들은 현대의 이기를 제대로 누리지 못했을 뿐만 아니라 다른 지역들이 경제적으로 회복되는 동안에도 함께 끼지 못했다. 나라의 새로운 경제에 참여하고 싶은 마음이 간절했던 사람들은 민간 전기회사에 터무니없이 비싼 요금을 주고 자기 땅까지 전기를 끌어와야 했다. 펜실베이니아에 살던 존 얼 조지John Earl George는 데리 타운십에 있는 자신의 집까지 전기선을 330미터 연장하려면 펜실베이니아전기회사에 471달러를 내야 한다는 얘기를 들었다. 1939년에 471달러는 펜실베이니아 시골에서 한 사람의 1년 연봉에 해당하는 금액이었다.[26]

결과적으로 농촌전기화사업청은 전국 417개 협동조합에 속한 28만 8,000가구를 지원했다.[27] 그리고 4년 동안 루이전과 전기 서커스단을 전국에 순회 출장을 보내 농부들에게 이 새로운 기술을 활용하는 법을 가르쳤다. 이 서커스단을 처음으로 초청한 곳은 아이오와에 있는 마쿼케타 농촌 전기 협동조합Maquoketa Valley Rural Electric Cooperative이었고,[28] 4년차가 되었을 때는 시골 지역을 한 번 방문하면 만 명이 넘는 사람들이 구경을 오곤 했다.[29]

1930년대 말이 되자 농촌 가구의 4분의 1에 전기가 들어왔다.[30] 펜실베이니아의 존 얼 조지는 5달러의 가입비를 내고 남서 중앙 농촌 전기 협동조합Southwest Central Rural Electric Cooperative Corporation에 가입했다. 그가 받은 첫 전기료 고지서는 3.4달러에 불과했다.[31] 1945 년 루즈벨트 대통령이 죽었을 때 미국 시골 농장 10개 중 9개에는 전 기가 들어왔다.[32] 공공부문과 민간의 파트너십, 지속적 추진 그리고 약간의 창의성이 더해져 미국은 10년만에 시골의 전기보급 격차를 80퍼센트나 줄일 수 있었다. 이 모든 게 힘겨운 경제회복과 제2차 세 계대전 사이의 기간에 일어난 일이었다.

루이전에게 농장주들을 찾아다니며 현대 기술을 전파하는 일은 단 순한 경제적 필요성을 넘어 사회적 대의를 위한 일이었다. 수도도 전 기도 없는 일리노이주 시골에서 자란 루이전은 농장의 일이라는 것 이 얼마나 뼈 빠지게 힘든 일인지 경험으로 알고 있었다. 전기가 없 다면 시골 사람들은 생계만 힘든 것이 아니라 삶 자체가 힘들어졌다. "아마 시골 가정이라면 다들 알고 있었을 거라고 생각합니다. …시골 의 힘든 가사 노동을 반드시 줄여야 한다는 걸 말이죠." 그녀는 80대 에 가진 어느 인터뷰에서 그렇게 말했다. "그 힘든 일을 다 손으로 직 접 하면서 자녀까지 많이 낳아서 키웠으니 여자들이 지금보다 훨씬 일찍 죽을 수밖에 없었죠."[33]

무엇보다 루이전의 이야기는 새로운 기술을 널리 보급하는 것이 그저 경제적으로만 필요한 일이 아니라 사회적으로 필요한 일로 인 식되어야 함을 여실히 보여준다.

워싱턴주 페리 카운티를 떠나오면서 우리는 그날 보고 배운 것들 에 관해 많은 얘기를 나눴다. 한 가지 질문이 가장 중심이었다. '우리

가 뭔가 의미 있는 일을 할 수는 없을까?'

우리는 이전에 많은 사람들이 그랬던 것처럼 시골 사람들에게 공허한 약속만 남겨놓고 싶지는 않았다. 에어밴드 계획은 엘버트 쿤츠를 비롯해 페리 카운티 주민과 같은 이들에게 21세기의 기술을 전파하는 데 도움이 될 것이다. 우리는 마이크로소프트 에어밴드 계획을 이끌고 있는 폴 가넷Paul Garnett에게 적절한 파트너를 찾아보자고 했다.

폴의 팀은 파트너를 찾아냈고, 그해 말 우리는 디클러레이션 네트웍스 그룹Declaration Networks Group과 향후 3년간 TV 유휴채널과 기타 무선 기술을 이용해 페리 카운티와 이웃한 스티븐스 카운티의 4만 7,000명에게 광대역 인터넷 서비스를 공급하는 계약을 체결했다고 발표했다. 시작에 불과했지만 진정한 시작이었다.

우리가 페리 카운티를 처음 방문하고 1년 가까이 흐른 2019년 여름 우리는 다시 리퍼블릭으로 향했다. 디클러레이션 네트웍스를 비롯한 새로운 파트들과 함께 진척 상황을 점검하기 위해서였다. 이번에는 길을 잃지 않았다.

그날 저녁 마을을 빠져나오면서 우리는 메인스트리트에 있는 리퍼블릭 브루잉 컴퍼니Republic Brewing Company라는 주점에 마지막으로 들렀다. 동네의 마을회관 같은 역할을 하는 곳이었다. 상점의 전면에는 거대한 차고 문이 있었다. 햇빛이 좋은 날이면 이 문이 위로 열려서 테이블들을 보도에 내놓을 수 있었다.

그 전 해에 우리가 이곳을 찾았을 때는 주인 중 한 명이 바에서 일하고 있었다. 그녀는 우리가 마이크로소프트에서 왔다는 얘기를 듣고 깜짝 놀랐다. 대화를 나누면서 그녀는 우리에게 어떤 기회와 도전이 있을지 이야기했다. "앞으로 5년 안에 인터넷이 공급되면 이 지역은 완전히 달라질 거예요." 그녀는 생각에 잠겼다. "이곳에는 똑똑한 사람들이 정말 많아요. 인터넷 접속이 더 좋아지면 삶이 얼마나 달라질 수 있는지 깨닫게 되겠지요."

그 도전 때문에 우리는 이후 몇 달간 밤을 새웠다. 앞으로도 몇 년간 온 나라가 밤을 새워야 할 도전이었다.

# 10

# 인재 격차

## : 기술의 인간적 측면

대부분의 사람들은 기술을 제품 사업이라고 생각한다. 산업계에서 만들어낸 제품들은 대중의 관심을 사로잡고 우리가 일하는 방식, 생활하는 방식을 바꿔놓는다. 그러나 오늘의 히트 상품이 어느 틈에 어제의 추억이 되어버리는 세상에서 IT 기업의 실력을 결정하는 것은 오직 다음번 제품뿐이다. 그리고 그다음 제품의 우수성을 결정하는 것은 그것을 만드는 사람들이다. 간단히 말해서 기술은 기본적으로 사람 사업이다.

제4차 산업혁명은 디지털 혁신으로 정의된다. 어떤 면에서는 모든 기업이 IT 기업이 되어가고 있고, 정부나 비영리단체도 다르지 않다. 그 결과 기술의 인간적 측면은 경제의 모든 면면에서 중요해지고 있다.

여기에는 다면적이고 심오한 함의가 있다. 디지털 시대에 성공하기 위해 기업들은 자체적으로 키우든, 다른 곳에서 데려오든, 세계적 수준의 인재들이 필요하다. 각 지역은 시민들이 새로운 기술 능력을 보유할 수 있는 여건을 조성해야 한다. 각국은 세계 최고의 인재들을 영입할 이민 정책을 세워야 한다. 기업은 자신들이 서비스하는 고객과 시민들의 다양성을 반영하고, 또 이해할 수 있는 인재를 양성해야 한다. 그러려면 더 다양한 배경을 가진 사람들을 조직하는 것뿐만 아니라 끊임없이 직원들이 서로를 배울 수 있는 문화와 절차를 만들어야 한다. 마지막으로 핵심 도심지에서 기술 성장이 가속화된다면, 이들 지역은 그런 성장이 만들어내는 도전들, 개별 제도뿐만 아니라 공동체 전체에 제기되는 여러 난관들에 대처해야 한다.

이런 각각의 영역에서 IT 기업은 공동체의 지원, 종종 국가의 지원에 의존한다. 그리고 각 영역마다 IT 기업 스스로 더 많은 역할을 할 수 있는 기회와 책임도 주어진다. 이것은 수많은 조각을 동시에 움직여야만 풀 수 있는 큐브 장난감처럼 녹록치 않은 도전이다.

기술의 인간적 측면을 가장 잘 발전시킬 수 있는 방법은 뭘까? 우리에게 좋은 학습 기회가 되었던 것은 2018년 소프트웨어 개발자들을 위한 마이크로소프트 연례 과학전람회에 들렀을 때였다. 마이크로소프트 콘퍼런스 센터는 마이크로소프트 연구소Microsoft Research가 '테크페스트TechFest'라고 부르는 연례행사의 개최지로 변신해 있었다.

마이크로소프트 연구소는 오로지 기초 연구에 매진하고 있는, 세계에서 가장 큰 조직 중 하나다. 기술을 개발하는 것에 관한 한 최고 수준의 엘리트만 모여 있기 때문에 전형적인 조직이라고 할 수는 없다.

하지만 기술 세계를 한번 들여다보는 중요한 창문 역할은 할 수 있을 것이다.

마이크로소프트 연구소에는 1,200명의 박사가 있고, 그 중 800명 은 컴퓨터 과학 학위를 소지하고 있다. 그 규모를 짐작할 수 있게 참 고로 좀더 설명을 하면, 주요 대학에서 컴퓨터 과학과 교수진과 박사 과정을 수료한 특별 연구원들이 보통 60명에서 100명 정도다. 또 수 준으로 따지더라도 마이크로소프트 연구소는 세계 최고 수준의 그 어느 대학에도 뒤지지 않는 것으로 간주된다. 그러니까 세계 최고 대 학의 컴퓨터 과학과를 10배로 키워놓았다고 생각하면 된다. 수십 년 전 AT&T가 벨연구소에 갖춰놓았던 조직의 현대판인 셈이다.[1]

마이크로소프트 연구소의 연례행사인 테크페스트는 박람회와 비 슷하지만 주로 마이크로소프트 직원에게만 공개된다는 차이가 있다. 연구진은 팀별로 부스를 만들어 가장 최근의 성과물을 전시한다. 목 표는 회사의 다양한 그룹에 있는 엔지니어들이 이런 발전상을 보고 자신의 제품에 최대한 빨리 그 내용을 적용하는 것이다.

꼭 봐야 할 부스 목록의 가장 위쪽에 프라이빗 AI Private AI라는 전 시가 있었다. 프라이빗 AI란 최근에 기술적 돌파구가 마련된 분야로, 데이터 세트가 암호화된 채로 AI를 훈련시킬 수 있어서 사람들의 프 라이버시를 더 잘 보호할 수 있는 기술이다. 전시장 주위에 몰려 있 던 프라이빗 AI 팀원들은 우리가 하는 질문에 열렬히 답변을 해주었 다. 그들은 이미 서로 긴밀히 연락하고 있는 그룹으로 서로를 잘 아는 게 분명했다. 그런데 대화가 끝날 무렵 나는 놀라운 사실을 하나 알게 됐다. 여덟 명으로 이뤄진 그들이 무려 7개국 출신이었다는 점이다. 두 사람은 미국인, 나머지는 각각 핀란드, 이스라엘, 아르메니아, 인도, 이란, 중국에서 온 사람들이었다. 여덟 명이 모두 지금은 시애틀 인근에 살면서 레드먼드 캠퍼스에서 함께 일하고 있었다.

이들 연구진은 그 자체로 훨씬 더 큰 무언가를 말해주고 있었다. 그들은 현대의 가장 큰 기술적 난관에 도전하고 있는 팀이었고, 그 팀에는 세계 최고의 인재들이 필요했다. 이런 구성이 가능했던 것은 미국의 이민 시스템이 이들을 한자리로 불러모을 수 있게 우리를 도와준 덕분이었다.

미국의 IT 업계에게 이민정책 문제는 오랫동안 어려운 숙제였다. 어찌 보면 미국이 전 세계 기술 리더가 되는 데는 이민정책이 필수불가결했다. 전 세계에서 가장 영민하고 뛰어난 수많은 인재를 끌어들여 최고의 대학에서 연구하거나 전국의 기술 중심지에서 살게 하지 않았다면, 미국은 결코 정보통신 기술에서 글로벌 리더가 될 수 없었을 것이다.

아직 농업이 미국 서부 해안 경제를 지배하던 시절에 이민자들은 산업 혁신에 중요한 역할을 수행했다. 당시 실리콘과 서부 해안의 연관성이라고는 모래밖에 없었을 텐데 말이다(반도체칩의 원료인 실리콘은 모래에 많이 들어 있다. - 옮긴이). 대공황이 한창이던 때에도 미국의 이민 정책은 독일에 있던 알베르트 아인슈타인을 이곳까지 건너오게 만들었고, 그 덕분에 프랭클린 루즈벨트 대통령은 나중에 맨해튼 계획을 세워야겠다는 중요한 각성을 하게 된다.[2] 제2차 세계대전 이후 독일의 로켓 과학자들에게 이민정책의 문을 활짝 열었던 조치는 결국 세계 최초로 달에 사람을 보내는 데 핵심적인 역할을 한다. 연방정부는 미국 최고 대학들의 기초 연구에 투자했고, 아이젠하워 대통령은 공립학교의 수학과 과학 교육을 지원했다.[3] 그렇게 만들어진 연구와 교육, 이민에 대한 접근법이 이후 수십 년간 미국을 세계 경제와 지성의 리더로 만들었다.

다른 나라들은 이 모형을 연구하고 점점 더 많이 흉내 냈다. 그러나 정작 미국은 그 성공 비결을 차츰 잊어버렸다. 그리고 다양한 부문에서 정치적 지원이 와해되기 시작했다.

IT 업계는 이렇게 불협화음이 커지는 것을 목격했고, 21세기가 시작된 후에는 이민 문제와 관련된 난관에 대처해야 했다. 해마다 공화당은 고도의 기술을 가진 이민자는 지지하면서도 더욱 폭넓은 이민정책 개혁은 지지하지 않는다. 민주당은 고도의 기술을 가진 이민자를 지지하지만 더 큰 이민정책 개혁이라는 틀 안에서만 그렇게 할 뿐이다. 양당의 지도부와 오랫동안 이 문제를 이야기했지만 끝에 가서는 늘 실망스러운 결론과 함께 아무것도 이뤄지지 않았다. 2016년 대선 후에는 문제가 오히려 더 악화됐다.

사티아와 나는 2016년 12월 뉴욕으로 날아갔다. 당시 당선자 신분이던 트럼프 대통령과 IT 업계 리더들이 트럼프 타워Trump Tower에서 미팅을 갖기로 했기 때문이었다. 우리는 대화 도중에 어떤 식으로든 이민정책 문제를 제기할 방법을 찾기로 했다. 논의 초반에 사티아가 이민 정책의 중요성이 개인적으로도 중요한 역할을 했고 지금도 중요하다고 언급했다. 하지만 아무도 말을 보태지 않고 있는데 트럼프 대통령이 우리를 둘러보며 우리 생각은 어떠냐고 친절히 물었다. 우리는 얼른 뛰어들어서 중요한 세부사항들을 이야기했다. 그러자 트럼프 대통령은 우리에게 걱정할 게 하나도 없다고 했다. "떠나야 할 사람들은 나쁜 사람들뿐이에요. 좋은 사람들은 남아도 되고 계속해서 올 수도 있어요." 그 말에 누가 반기를 들까? 하지만 그 말이 과연 무슨 뜻인지 제대로 알 수 있는 사람이 누가 있었을까?

우리는 향후 백악관 보좌진이 될 사람들과도 따로 이민 문제와 교육 문제에 관해 이야기를 나눴다. 약간의 희망이 보였다. 하지만 2017년 취임식 한 달 후 희망은 물거품이 됐다. 새로 취임한 대통령은 7개의 이슬람 국가 출신 사람들에 대해 전면적인 여행 금지령을 내렸다. 전국의 공항마다 종교를 이유로 여행금지국을 선정한 것에 항의하는 사람들이 모여들었다. 마이크로소프트에서는 이 명령 때문에 140명의 직원과 그 가족이 영향을 받았고, 당시 해외에 있던 열두 명은 귀국할 수가 없었다.

마음속으로 IT 업계가 어느 쪽에 서 있는지는 의심의 여지가 없다. 우리는 우리 사람들 편이었다. 우리는 위험에 처한 직원들과 그 가족들이 있었고 그들이 위기를 겪는 모습을 지켜봐야 했다.

몇 시간 후 워싱턴주 법무장관 밥 퍼거슨Bob Ferguson이 소송을 내기로 결정했다. 우리가 전략의 방향을 찾으려고 노력하던 초기에는 아마존의 사려 깊은 법무팀장 데이비드 자폴스키David Zapolsky가 특히 많은 도움을 주었다.[4] 돌아오는 일요일 오후 나는 애플, 아마존, 페이스북, 구글과 회의를 소집했고, 우리는 다 함께 힘을 합쳐서 소장에 IT 업계의 폭넓은 지지를 표명하기로 했다.

방문 금지령으로 한바탕 난리가 펼쳐지고 있었지만 우리는 이 이슈가 해결되어 타협의 여지가 생기기를 바랐다. 2017년 6월 사티아와 나는 백악관으로 가서 IT 업계의 지도자들이 참여하는 또 다른 회의에 참석했다. 광범위한 그 회의들을 조직한 사람은 마이크로소프트의 최고재무책임자를 지낸 크리스 리델Chris Liddell이었다. 리델은 재러드 쿠슈너Jared Kushner 밑에서 연방정부를 현대화하는 각종 계획을 앞장서 추진하고 있었다. 내가 참석한 별도 회의에서는 좀더 폭넓은 이민정책 패키지가 없을지 광범위하고 솔직한 얘기가 오갔다. 백악관에서도 부서에 따라 분명히 생각이 갈렸지만 약간은 새로운 희망을 보았다.

하지만 9월이 시작되었을 때는 백악관이나 이 나라가 이제는 돌이킬 수 없는 방향으로 새로운 이민정책을 세우고 있다는 사실이 분명해졌다. 문제는 대통령이 불법체류 청년 추방유예 프로그램Deferred Action for Childhood Arrivals을 폐지시킬 것인가 하는 섬이었다. 그렇게 되면 그동안 혜택을 받고 있던 80만 명 이상의 젊은이들은 이도저도 아닌 상태에서 불확실한 삶을 살아가야 했다. 우리는 국경의 안전을 확보하면서도 추방유예 프로그램을 유지하고 다른 핵심적인 이민정책을 보전할 수 있는 타협책을 촉구했다.

그 모든 게 아무 소용이 없었다. 결정 사항이 발표되기 직전까지 백악관 사람들과 이야기를 나누었지만, 갈수록 상황은 암울해보였다. 나는 마이크로소프트 직원들 중에서 추방유예 프로그램의 혜택을 보고 있는 사람들을 보호할 방법에 관해 우리 회사 최고재무책임자인 에이미 후드Amy Hood와 아이디어를 짜냈다. 우리는 계획을 세워서 사티아의 결재를 받았다. 대통령이 추방유예 프로그램을 폐지한다는 발표를 했을 때 우리는 준비가 되어 있었다. 마이크로소프트는 업계 최초로 해당 조치의 영향을 받는 직원들을 법적으로 보호하겠다고 발표했다. 내가 NPR 기자에게 말했던 것처럼, 연방정부가 우리 직원 중 누구라도 이번 조치로 강제추방하려고 한다면 '우리를 통해야만' 했다.[5] 그런 다음 우리는 프린스턴대학교와 그 대학교의 학생 한 명과 함께 추방유예 프로그램 폐지에 반대하는 소송을 걸었다.[6]

추방유예 프로그램 폐지 결정은 여러모로 이후 이민정책과 관련한 논의들에 한계를 그어놓았다. 타협안에 대한 이야기가 나왔다가는 금세 물거품이 되곤 했다. 그러나 이는 또한 10년째 지속되어온 패턴의 일부이기도 했다. 조지 W. 부시 대통령은 재임 때 포괄적인 입법을 통해 교착 상태인 이민 문제를 타결해보려고 노력했다. 오바마 대통령 역시 재임 때인 2013년 상원에서 포괄적 법안을 통과시키는 등이 문제를 해결하려 했다. 그러나 결국 교착 상태를 깨지는 못했다.

그런데 지금은 논쟁이 오히려 더 격해졌다. 양당은 금세 자신들의 정치적 입지로 되돌아가버리곤 한다. 양당은 각자의 지지자에게 호소하기 위해 더 극단적인 주장을 펼치기 일쑤고, 지지층은 손쉽게 거기에 휘둘린다. 그러는 동안 이뤄지는 일은 아무것도 없다.

이런 정치적 열기와는 별개로 우리도 종종 비슷한 상황을 마주한다. 비즈니스나 규제의 세계에서도 한 가지 이슈를 놓고 줄다리기가 벌어진다. 그렇게 되면 결국에는 한 명의 승자와 한 명의 패자가 생길 수밖에 없다. 이는 아무것도 이루지 못하고 교착 상태만 지속시키는 지름길이다.

아이러니컬하게도 종종 이런 문제에 대한 해답은 문제의 범위를 확장하는 것이다. 협상을 할 때 내가 항상 가지고 가는 신조가 있다. '오직 한 명의 승자만 생기는 단일한 이슈 쪽으로 협상의 범위를 좁히지 마라.' 필요하다면 다른 주제가 합의에 거의 다다랐더라도 아직 매듭을 짓지 마라. 대신에 논의의 범위를 넓혀서 더 많은 이슈를 테이블 위에 올려라. '주고받기'가 더 많이 일어날 수 있는 기회를 만들어내라. 타협이 여러 차례 일어나야만 최종 단계에서 모두가 승자라고 주장할 수 있는 시나리오가 나온다. 우리가 정부나 전 세계 기업들과 어려운 반독점 소송과 지적재산권 논란을 헤쳐나가며 필수불가결한 것으로 증명된 방식이었다.

그래서 우리는 이민정책 이슈에 접근할 때도 이 원칙이 도움이 될 수 있다고 생각했다. 무엇보다 미국의 새로운 기술직 일자리에 이민자들이 들어가는 것과 미국 시민들이 들어갈 수 있는 일자리를 더 많이 만드는 것 사이에는 공정하고 실질적인 균형이 필요하다.

이것은 원칙과 함께 실용적인 정치가 수반되어야 할 문제였다. 우리는 이민정책 문제에 오랜 시간 관심을 갖게 되면서 정치적으로 가장 큰 과제가 무엇인지 알게 됐다. 그것은 이민자들이 미국에서 태어난 사람들의 기회를 빼앗는다고 느끼는 사람들의 인식이었다. 이것은 우리 직원들이 일하고 있는 다른 국가에서도 많이 보았던 문제였다. 무역의 경우와 마찬가지로 이민자가 늘어나는 것은 내국인들의 일자리를 위협하는 일로 인식될 수 있다. 그러나 이민 문제가 종종 정치적으로 더 많은 논란의 대상이 되는 이유는 사람들이 들어오고 외국의 관습이 함께 유입되면서 국내 문화를 어지럽히는 것으로 인식될 수 있기 때문이다.

2010년 우리 회사는 우리가 최선의 방안이라고 생각하는, 미국을 위한 '국가 인재 전략'을 제안했다.[7] 우리는 이슈의 범위를 넓혀서 미국인들을 위해서도 더 많은 기회를 창출하는 방식으로 이민 문제를 해결하고 싶었다. 우리 생각은 비자와 영주권 증가를 제한하는 문제와 이민 수수료를 대폭 인상하는 것을 서로 연계하자는 것이었다. 그렇게 늘어난 세입으로 새로운 직종이 요구하는 기술에 대한 폭넓은 교육과 훈련을 제공하자는 취지다.

자연히 하나씩 해결해야 할 세부사항이 무척 많았다. 그 어려운 작업을 2013년 몇몇 상원의원들이 맡았다. 오린 해치Orrin Hatch와 에이미 클로버샤Amy Klobuchar 의원은 초당적인 노력을 이끌어 '이민혁신법Immigration Innovation Act'이라는 것을 제안했다.[8] 이 법안은 우리가 제안한 기본 원칙을 채용하면서도 특정 핵심 국가들에 대한 영주권 부족 문제와 그동안 밀려 있던 다른 개혁안들을 다루었다. 법안의 내용 대부분은 결국 포괄적인 이민정책 법안으로 이어져 2013년 상원을 통과했으나 하원은 통과하지 못했다. 2016년 12월 트럼프 타워에서 이민정책 문제를 이야기할 당시 나는 동일한 접근법을 다시 제안했다. IT 업계 리더들은 대부분 우리 의견을 지지했으나 대통령 보좌진들은 의견이 뚜렷이 나뉘었다.

이민혁신법의 내용이 매력적이었던 것은 그동안 중요성을 띠게 된 사회적 목적을 위해 자금을 마련한다는 점이었다. AI와 기술을 기반으로 하는 경제에서 각국은 국민들이 더 좋은 일자리를 얻는 데 필요한 기술을 쉽게 개발할 수 있게 해주어야 하는 새로운 의무에 직면했다. 이는 IT 기업인 우리가 채용 과정의 일부로써 정면으로 다루어야 할 이슈이기도 했다. 1990년대에 반독점 소송으로 어려움을 겪었던 우리는 더 많은 통찰을 가지고 이 문제에 더 깊이 참여하게 됐다.

우리 회사 자체적으로 터닝포인트가 되었던 사건 중 하나는 2003년 1월 초에 일어났다. 다들 연말 휴가를 보내고 돌아왔을 즈음이었다. 우리 회사 소송팀은 워싱턴의 연방법원 칭소심에서 독점 금지법 위반 소송에 패할 경우 단일 사건으로는 최대 규모가 될 것이 분명한 집단 소송을 합의로 마무리하는 데 원칙적인 동의를 이끌어냈다. 캘리포니아주의 소비자 전원을 위해 11억 달러라는 어마어마한 금액을 지급하는 내용이었다. 마이크로소프트 역사상 최대 규모의 합의 소송이었다. 나는 당시 마이크로소프트의 CEO였던 스티브 발머Steve Ballmer에게 이대로 진행했으면 한다는 이메일을 보낸 후 숨을 죽인 채 그의 반응을 기다리고 있었다.

그날 아침 스티브는 제안된 합의안에 관해 얘기를 나누려고 복도를 걸어 내 사무실로 들어왔다. 대부분의 기업 경영자들처럼 스티브 역시 집단 소송을 제기하는 변호사들은 합의안의 일부로 자신들도 한몫 단단히 챙긴다는 사실을 잘 알고 있었다. 하지만 스티브는 이 합의안에 다른 것은 무엇이 포함되어 있는지를 궁금해했다. 자주 그랬듯이 스티브는 내 사무실 안을 왔다 갔다 하다가 자리를 잡았는데, 의자가 아니라 내 책상 위에 다리를 꼬고 앉았다. 처음 보는 모습이었다. 스티브는 내 눈을 똑바로 쳐다보며 이렇게 말했다. "어차피 우리가 이 많은 돈을 써야 한다면, 실제로 필요한 사람들이 진짜 혜택을 좀 받도록 해주면 좋겠어요." 나는 그러겠다고 약속했다.

최종 합의안에는 스티브의 요청 사항이 포함됐다. 마이크로소프트는 캘리포니아주 소재의 학교들이 새로운 컴퓨터 기술 관련 제품을 구매할 수 있는 바우처를 공급하는 데 합의했다. 비단 '우리 회사' 기술만이 아니라, 소프트웨어, 하드웨어, 서비스를 가리지 않고 우리의 경쟁사들을 비롯해 그 어느 회사의 기술이든 구매할 수 있는 바우처였다. 이게 하나의 모델이 되어 이후 우리는 전국적으로 같은 조치를 취했고, 결국 전국 학교에 30억 달러어치가 넘는 바우처를 공급했다.

그러나 시간이 지나면서 우리는 이 합의안을 통해 절감하게 된 사실이 하나 있었다. 우리뿐만 아니라 온 나라가 함께 깨달은 통찰이었다. 수십억 달러를 썼지만 기술과 관련해 학교들이 겪는 가장 큰 난관은 교실에 더 많은 컴퓨터를 들이는 문제가 아니었다. 학교들이 겪는 가장 큰 어려움은 그 기술을 사용하는 데 필요한 능력을 교사들에게 키워주는 일이었다. 우리는 잘 몰랐지만 교사들에게 또 다른 어려움이 있었다. 바로 컴퓨터 과학을 배울 수 있는 기회를 갖는 일이었다. 그들이 고등학교나 대학을 다녔던 시절은 컴퓨터 과학이 거의 태동기였기 때문이다. 학생들의 미래를 위해 코딩을 가르치고 컴퓨터 과학 수업을 진행하려면 교사들에게 먼저 그런 것을 배울 기회가 제공되어야만 했다.

어느 틈에 컴퓨터 과학은 21세기를 규정하는 분야 중 하나가 됐다. 디지털 콘텐츠를 다루는 일자리는 꾸준히 늘고 있다. 2017년 브루킹스연구소Brookings Institution의 어느 연구가 결론 내린 것처럼[9] 디지털 콘텐츠를 많이 다룰수록 일자리의 급여 수준도 높았다.[10] 워싱턴대학교의 에드 라조프스카Ed Lazowska 교수가 얘기한 것처럼 컴퓨터 과학은 '모든 것의 중심'이 되었다. 그의 설명처럼 "단순히 소프트웨어만이 아니라 생물학도 그렇고, 뭐든 마찬가지다. 컴퓨터 과학이 그 중심에 있다."[11]

하지만 컴퓨터 과학을 가르칠 수 있는 교사는 어마어마하게 부족했다. 미국의 고등학교 중에서 컴퓨터 과학 분야의 심화 과정을 제공하는 곳은 20퍼센트도 되지 않았다.[12] 2017년에 컴퓨터 과학 심화과정을 수강한 학생의 수는 다른 15개 과목보다 적었고, 그 15개 과목 중에는 유럽사도 있었다. 한 가지 문제는 컴퓨터 과학을 가르칠 수 있게 교사들을 훈련하는 비용이 많이 든다는 점이다.[13]

정부는 이 문제에 대처하는 데 굼뜬 행보를 보이는 반면, 자선단체들은 빠르게 움직였다. 큰 기여를 한 개인 중 한 명은 케빈 왕Kevin Wang이다. 케빈 왕은 컴퓨터 과학과 교육학 학위를 가지고 있었고, 소프트웨어 엔지니어가 되기 전에 고등학교에서 교사로 일한 적도 있었다. 케빈이 마이크로소프트에 들어온 지 3년이 됐을 때 시애틀의 어느 고등학교가 그의 이력을 알고 자원봉사자로 컴퓨터 과학 수업을 해줄 수 있는지 문의했다. 케빈이 자원봉사를 시작하자 이내 이 지역의 다른 학교들에서도 요청이 들어왔다.

케빈은 자신도 직장인이고, 어쨌거나 자신이 동시에 다섯 곳에서 수업을 할 수는 없다고 설명했다. 하지만 다른 학교들이 관심을 보인다면 마이크로소프트의 다른 개발자들이, 이를 테면 학교의 수학 선생님 같은 이들과 짝을 이뤄서 훌륭하게 수업을 진행할 수 있을 것 같았다. 개발자는 컴퓨터 과학에 대해 제공할 지식이 있고, 수학 선생님은 가르치는 방법을 알고, 수업을 관리하고, 학생들과 성공적으로 노력해나가는 것이다. 자원봉사자와 함께 협업하는 동안 시간이 지나면 수학 선생님 자신도 컴퓨터 과학을 알게 될 테니 컴퓨터 과학 선생님도 될 수 있을 것이다. 선생님들을 훈련하는 새로운 방법이 탄생한 순간이었다.

사내에서 자선활동을 전문으로 하는 마이크로소프트 필랜스로피즈Microsoft Philanthropies는 틸즈Technology Education and Literacy in Schools, TEALS라는 새로운 프로그램을 만들었다. 필랜스로피즈에서 추진할 교육 미션의 초석을 놓은 것이다. 틸즈는 해마다 마이크로소프트를 비롯한 500개 기업과 단체에서 1,450명의 자원자를 받아 미국 27개 주와 캐나다 브리티시컬럼비아주에 있는 500여 고등학교에서 컴퓨터 과학을 가르친다.

케빈 왕에 이어 두 번째로 등장해서 더 큰 영향을 끼친 인물이 있다. 하디 파토비Hadi Partovi는 미국 서부 해안 곳곳에서 다양한 IT 기업을 설립하고 출자하여 승승장구해온 사람이다. 이란인인 그의 부모는 이란 혁명 때 고국을 탈출해 미국으로 이주했다. 하디가 그렇게 성공한 사업가가 되었음에도 하디의 아버지는 그가 뭔가 더 중요한 일을 할 수는 없는지 물었다. 하디의 대답은 본인이 가진 돈을 일부 출연해 코드닷오알지Code.org라는 새로운 단체를 만든 것이었다. 이 단체가 컴퓨터 과학 교육의 얼굴을 바꿔놓았다.[14]

전통적인 비영리단체의 관점에서 보면 코드닷오알지의 시도는 경의를 자아냈다. 새로운 세대에게 코딩을 알려주기 위해 하디는 '아워 오브 코드Hour of Code'라는 연간 프로그램을 만들었다. 한 시간짜리 온라인 교육을 통해 학생들이 코딩을 시도해보는 프로그램이었다. 하디스 본인이 가지고 있던 바이럴 마케팅 기술을 활용했고, 지금까지 전 세계적으로 수억 명의 학생이 여기에 참여했다.[15] 마이크로소프트는 코드닷오알지의 최대 후원사가 되어 코드닷오알지가 교사 훈련에까지 사업을 확장하고 전국적으로 지원하는 것을 응원했다.

문제는 열악한 환경에 있는 학생들에게까지 이런 기회가 돌아가려면 훨씬 더 많은 지원이 필요하다는 사실이다. 모든 학생이 컴퓨터 과학 수업을 들어야 한다고 말하기는 어려울 수도 있지만, 모든 학생에게 기회는 주어져야 한다. 그렇다면 모든 고등학교, 더 이른 학년에까지 컴퓨터 수업이 가능해야 한다. 이 정도 규모로 교사들을 훈련시키기 위해서는 연방정부가 자금을 지원해서 격차를 해소하는 수밖에 없다.

오랜 시간 로비를 통해 2016년에는 마침내 연방 정부도 이 문제에 관심을 갖게 됐다. 2016년 1월 오바마 대통령은 40억 달러의 연방 자금을 투자해 전국 학교에 컴퓨터 과학 수업을 도입하자고 제안했다. 제안은 열렬한 환영을 받았으나, 의회는 새로운 예산을 한 푼도 책정해주지 않았다.[16]

이듬해 이방카 트럼프는 조금 더 진전을 보았다. 이방카 트럼프는 아버지가 아직 백악관에 입성하기 전부터 연방 정부가 학교의 컴퓨터 과학 교육에 투자하는 데 관심을 가졌다. 이방카 트럼프는 대통령을 설득해 지원을 얻어낼 수 있다고 자신했지만, 공공자금의 핵심은 대형 IT 기업들로부터 막대한 민간자금을 확보하는 것이라는 믿음도 가지고 있었다. 이방카 트럼프는 IT 업계에서 5년간 3억 달러를 지원하겠다고 약속해주면 같은 기간 연방 지원금 10억 달러를 확보하도록 해보겠다고 했다.

늘 그렇듯이 누가 먼저 나설 것인가 하는 문제가 남아 있었다. 백악관은 5년간 5,000만 달러를 약속해 시동을 걸어줄 회사가 필요했다. 오랫동안 이 일에 참여했고, 재정적 지원을 했고, 오바마 백악관 시절에도 지지한 마이크로소프트가 자연스럽게 선택됐다. 우리는 그러기로 했고, 다른 회사들이 우리 뒤를 따르기로 했다. 2017년 9월 마이크로소프트 필랜스로피즈의 수장인 매리 스냅Mary Snapp은 디트로이트에서 이방카를 만나 이 계획을 발표했다.

전국 학교에서 컴퓨터 과학을 가르치는 것은 진화하는 경제에서 새로운 세대에게 기회를 주는 데 반드시 필요한 일이다. 그러나 이는 공식의 일부에 불과하다. 지방 학교들의 경쟁력을 강화하기 위해 혁신적 프로그램을 개발하는 비정부단체와 주정부가 늘고 있다. 커뮤니티 칼리지에 투자하고, 평생 교육의 질을 높이고, 살면서 직장이나 커리어를 바꿔야 하는 사람들을 위해 새로운 커리어 경로도 탐색한다. 전국의 여러 단체는 해외를 돌아다니며 스위스의 견습제도나 싱가포르의 평생학습 재정 기금을 미국에 도입했을 때 성공할 수 있을지 알아보고 있다. 이는 워싱턴의 교착 상태와는 별개인 국가적 과제로서 전국적으로 조금씩 신전되는 희망을 보이고 있다.

IT 업계 역시 학습과 일자리 탐색 툴에 투자하고 있고, 그중에는 마이크로소프트가 링크드인을 통해 추진하는 사업도 있다. 링크드인은 '이코노믹 그래프Economic Graph'라는 것을 만들었는데,[17] 국가별로 기업들이 어떤 유형의 일자리를 만들고 있고, 그런 일자리에는 어떤 능력이 필요한지 알려준다. 전 세계 6억 회원으로부터 데이터를 제공받는 이코노믹 그래프는 공공사업을 기획하는 사람들이 교육과 능력 개발 프로그램의 초점을 맞추는 데 도움이 되는 툴을 제공한다. 콜로라도주에서 호주, 세계은행에 이르기까지 수많은 정부 조직과 비영리단체들이 이 툴을 이용하고 있다.[18]

링크드인의 데이터가 분명히 밝혀주었듯이 새로 일자리를 구하는 사람들에게는 컴퓨터와 데이터 기반 능력이 점점 더 중요해졌다. 2019년 5월 링크드인 러닝LinkedIn Leanring에서 최근 대학 졸업자들이 가장 많이 추구하는 능력 네 가지는 데이터 시각화, 데이터 모델링, 프로그래밍 언어, 웹 분석이었다. 모두 같은 내용을 강조하고 있다.[19] 마이크로소프트의 판매 부문 최고 책임자들인 장 필립 쿠르투아Jean-Philippe Courtois와 저드슨 알토프Judson Althoff는 새로운 기술이 제대로 수용되려면 회사가 우리 직원들뿐만 아니라 고객들의 직원들을 위한 능력 개발 프로그램에도 투자해야 한다고 보았다. 그래서 우리는 AI에 관한 기술 능력을 전 세계 고객들에게 전달할 수 있는 교육 프로그램을 만들게 됐다.

사업을 진행하면서 계속해서 새로운 교훈과 도전들이 나타났다.

지금도 씨름 중인 한 가지 도전은 사람들이 저렴한 방식으로 새로운 기술을 습득할 수 있게 만드는 것이다. 여기에는 고등학교 컴퓨터 과학 수업에서 대학 학위와 기타 중등교육 이후의 자격증 취득을 위한 교육과정까지 포함된다. 이 도전을 해결하려면 IT 업계와 정부가 새로운 방식으로 협력하면서 함께 접근해나가야 한다.

우리는 이 점을 워싱턴주에서 직접 경험했다. 워싱턴주는 '워싱턴주 기회 장학금 프로그램Washington State Opportunity Scholarship program'이라는 것을 만들었다. 공공자금과 민간자본을 서로 짝을 지어서 우리 지역 학생들이 의료, 과학, 기술, 엔지니어링, 수학 분야의 학위를 딸 수 있게 도와주는 프로그램이다.[20] 2011년 이후, 이 조합은 2억 달러 이상의 기금을 마련했고, 연간 대략 5,000명의 대학생들을 지원하고 있다. 학생들은 최고 2만 2,500달러의 장학금을 받을 수 있다. 이 프로그램은 대학 입학문을 넓혀주었다. 장학금을 받은 학생들의 거의 3분의 2가 자기 집안에서 처음으로 대학을 간 경우였고, 다수는 여성과 유색인종이었다.[21]

마이크로소프트나 보잉 같은 민간 부문의 주요 후원사들에게는 이런 것들도 모두 좋은 소식이었지만, 고무적인 점은 이 프로그램이 더욱 폭넓은 접근법을 가지고 더 큰 결과를 만들어냈다는 점이다. 5년 전 프로그램 책임자로 합류한 나리아 산타 루시아Naria Santa Lucia는 학생들에게 멘토와 인턴십, 향후 취업 가능한 기업과의 연결을 제공하는 데 초점을 맞췄다. 그러자 지역사회 전역의 기업과 개인들에게도 역할이 생겼다. 이런 조합은 학생들의 졸업률을 높였을 뿐만 아니라 보수가 좋은 직장에 취업할 수 있는 확실한 경로를 제공했다. 최근의 보고서를 보면 졸업 후 5년 만에 프로그램 참여자의 중위 소득은 그들이 대학 공부를 시작했을 때 가족 전체의 소득보다 50퍼센트나 높아졌다. 전국적으로 30세에 도달한 미국인이 부모의 같은 나이 때보다 더 많은 돈을 벌 확률이 "40년 전 86퍼센트에서 오늘날 51퍼센트로 하락"한 시기에 말이다.[22]

우리는 프로그램의 이런 성공에 고무되어 새로운 기술과 고등교육에 더 많은 지역민들이 접근할 수 있게 더 큰 목표를 추구하기로 했다. 2019년 초 지역 지도자들이 내가 워싱턴대학교 애너 마리 코스 Ana Mari Cauce 총장과 함께 새로운 교육기금 조성을 촉구하는 일에 동참해줄 수 있는지 물어왔다. 고등교육 시스템에 의존하는 기업들의 세금을 올려서 기금을 조성할 예정이었다.

매력적인 아이디어였지만 그만큼 어려움도 따르는 일이었다. 나는 해당 기금이 4년제 대학에서 학위를 따려는 사람들뿐만 아니라 기술학교나 커뮤니티 칼리지에 다니는 학생들에게도 도움을 주었으면 했다. 또 독립적인 이사회가 해당 기금이 책임감 있게 사용되고 있는지 평가하고 경기침체 시에도 해당 기금이 다른 목적에 유용되지 않는 보호장치가 마련되기를 바랐다.

결국 이런 이슈들은 비교적 쉽게 해결할 수 있는 것으로 드러났지만, 다른 기업들에게 더 많은 세금을 내게 한다는 점에서 여전히 마음이 편하지 않았다. 마이크로소프트가 이런 정책을 지지하는 것이 재정적으로나 정치적으로 회사에 어떤 의미를 가질지 에이미 후드와 마주 앉아 심도 있게 고민을 나눴다. 결국 우리는 지역 기업들에게 추가 세금을 걷는 정책을 지지하는 데 회사의 명성이 달린 만큼, 워싱턴주에서 가장 큰 IT 기업인 마이크로소프트와 아마존이 다른 기업들보다 더 높은 세율을 내는 구조를 제안하자고 했다.

우리는 지역 정부에 이런 내용을 제안했고, 그대로 입법이 진행되었다. 우리는 〈시애틀 타임스Seattle Times〉의 논평을 통해[23] 공개 지지 활동을 시작하면서 워싱턴주의 기업들에게 추가 세금을 내자고 했다. "IT 업계에서 가장 큰 회사들이 고급 인력도 가장 많이 채용하는 만큼 조금 더 많은 몫을 감당하기로 하자."고 썼다.[24] 이 제안은 처음에는 다른 기업들과 약간의 마찰이 있었으나[25] 입법자들이 기업당 연간 추가세금을 700만 달러로 한정하는 타협안을 찾아냈다. 불과 6주 만에 주정부 입법부는 새로운 예산안을 승인했고, 이제 전용 기금을 통해 연간 대략 2,500만 달러를 고등교육에 사용할 수 있게 됐다.

워싱턴주가 만든 인력교육투자법Workforce Education Investment Act은 지역사회에서나 전국적으로나 큰 환영을 받았다. 2020년도부터 무료로 또는 적은 수업료로 중산층 이하 소득 가구의 학생들이 커뮤니티 칼리지와 공립대학에 다닐 수 있고, 재정 빈곤에 시달리는 커뮤니티 칼리지에 새로운 기금을 제공하며, 학자금 지원 대기자 리스트를 없앨 수 있는 약속이었기 때문이다.[26] 템플대학교의 어느 교수님이 설명한 것과 같이 요 근래 들어 주정부가 내놓은 가장 진보적인 고등교육 기금법이었다.[27] 나로서는 IT 업계가 지역사회에 좀더 초점을 맞춘 접근법에 익숙해지고, 당연한 자기 몫보다 조금 더 비용을 감당할 수 있다면, 우리가 긍정적인 영향력을 발휘하고 있다는 증거처럼 보였다.

안타깝게도 이런 유형의 발전은 아직 사막 속의 오아시스 같은 처지다. 미국에서 IT 기술 교육을 접할 수 있는 기회는 전혀 고르게 분포되어 있지 않다. 광대역 통신 격차와 마찬가지로 능력의 격차도 특정 집단에게 특히 더 강한 타격을 입힌다. 그리고 이것은 미국의 다른 여러 분열들을 더욱 악화시킨다.

컴퓨터 과학을 공부하는 학생들을 살펴보면 서로 전혀 다른 영향을 받고 있다는 사실을 분명히 알 수 있다. IT 업계는 여성 인력 부족으로 고전하고 있는데, 2018년 컴퓨터 과학 심화과정 시험에 응시한 학생 중 여학생은 28퍼센트뿐이었다.[28] 소수인종 학생들에게서도 똑같은 트렌드를 볼 수 있다. 전국적으로 소수인종 학생의 비율은 43퍼센트에 달하는 반면 컴퓨터 과학 심화과정에 응시한 소수 인종 학생의 비율은 21퍼센트에 불과했다.[29] 온 나라가 시골 지역의 경제적 기회를 걱정하고 있지만, 2018년 컴퓨터 과학 심화과정 시험에 응시한 시골 지역 학생은 10퍼센트에 불과했다.[30]

간단히 말해서 2018년 컴퓨터 과학 심화과정 시험에 응시한 학생들은 전체적으로 보았을 때 남학생, 백인, 부유층, 도시 거주자가 많았다. 여기에는 여러 가지 이유가 있다. 하지만 IT 업계도 어느 정도의 책임을 인정해야 한다. 그동안 IT 업계는 여성이나 사회적 소수자들이 커리어를 쌓기에 그리 좋은 곳만은 아니었다.

과학과 기술 분야에서는 오랫동안 뛰어난 여성 개척가들이 있었다. 역사상 똑같은 분야에서 유일하게 노벨상을 두 번 수상한 마리 퀴리Marie Qurie도 있고, 세상에 자동차의 가능성을 처음으로 보여주었던 베르타 벤츠Bertha Benz도 있다.[31] 남자들은 개인으로서 이들 여성의 공헌은 기꺼이 인정할 준비가 되어 있었으나, 기술계는 더 폭넓게 여성들을 위한 기회를 만들고 여성들을 인정하는 데 줄곧 느린 행보를 보였다. 대부분의 IT 기업에서 여성 인력 비율은 여전히 30퍼센트도 되지 않고, 기술직에서는 그 비율이 더 낮은 수준이다. 마찬가지로 흑인, 히스패닉, 라틴 아메리카 출신들도 보통 인구 비율의 절반에도 미치지 못한다.

다행히도 지난 몇 년 사이에 이런 시각은 마침내 바뀌기 시작했다. 어느 부문 할 것 없이 IT 기업들은 채용을 더 다양화하고 좀더 포용적인 직장 문화를 양성하기 위한 새 프로그램들을 발족했다. 그런 새로운 발전들 중에는 다른 경제 부문에서 이미 오랫동안 실천하고 있는 기초적인 내용도 있다. 단순히 입으로만 떠든 것이 아니라 실제로 직장 내 다양성을 증진했는지를 기준으로 고위 경영자의 연봉 일부를 결정하는 것처럼 말이다. 아니면 채용 담당사들을 보내서 다양성을 높일 수 있는 지원자들을 식별하고, 역사적으로 흑인들이 많이 다

넀던 대학교나 히스패닉 출신이 많으면서 좋은 성과를 내고 있는 대학교에 방문하려는 노력을 배가하기도 한다.

특별히 어려운 일은 아니다. 대단할 것 없는, 거의 상식적인 노력들이다. 좋은 소식은 마침내 바퀴가 움직이기 시작했다는 것이다. 그러나 포용과 관련해 IT 업계가 앞으로 훨씬 더 많이 노력해야 한다는 데는 의문의 여지가 없다.

관점의 초점을 조금 더 밖으로 돌린다면 IT 기업들은 인재 확보라는 문제의 마지막 빈칸에 대해 좀더 폭넓게 생각할 수 있을지 모른다. IT 기업은 자신을 빠르게 성장시켜준 그 지역사회에 바로 이런 영향력을 미치고 있다.

급성장하는 IT 기업은 지역사회에 고연봉 일자리를 제공한다. 이를 원하지 않는 지역이 어디에 있을까? 아마존의 두 번째 본부를 유치하려는 경쟁은 바로 이런 측면을 그 어느 때보다 많이 보여주었다. 수많은 도시들이 세금 감면을 비롯해 기타 인센티브를 요구하는 아마존의 환심을 사려고 기를 썼다.

그러나 성장에는 반드시 부작용이 따른다. 배부른 소리가 될 수도 있지만, 여전히 문제는 해결해야 한다. 그리고 많은 지역에서 상황은 계속 악화되어 왔다.

가장 먼저 눈에 띄는 것은 고속도로다. 길은 막히고, 통근 시간은 길어지고, IT 기업은 직원들을 위해 회사 버스를 운영하기 시작한다. 평일 오후 실리콘밸리의 고속도로는 대부분 주차장처럼 느껴진다.

주차장 사이로 조금 더 빨리 지날 수 있는 사람들만 빼고 말이다. 고속도로의 부담은 빙산의 일각과 같다. 제일 먼저 눈에 띄는 것은 고속도로지만, 실제로 성장은 교통에서부터 학교에 이르기까지 해당 지역 인프라의 모든 면면에 똑같은 부담을 준다.

지난 몇 년간 문제는 훨씬 더 심각한 수준에 이르렀다. 일자리는 늘어났으나 주택 공급이 그 속도를 따라잡지 못했다. 기초적 경제 논리가 작동했다. 더 높은 임금을 받으려고 사람들이 이주해오면 주택 건설은 그 속도를 따라잡지 못하고 주택 가격이 상승하며 중산층 이하 소득 인구는 밖으로 밀려났다. 지역사회의 교사, 간호사, 구급요원들은 IT 기업의 지원부서 직원들과 마찬가지로 종종 더 먼 곳으로 밀려났고, 더 긴 통근 시간을 견뎌야 했다.

사티아와 내가 이 문제를 얘기했던 것은 2018년 6월 시애틀에서 열린 어느 작은 미팅에서였다. 수년간 우리는 지역 비즈니스 리더들에게 지역 전체의 기본 문제인 교육과 교통에 집중해달라고 촉구해왔다. 우리가 아침을 함께 먹고 있던 열 명의 사람들은 챌린지 시애틀Challenge Seattle에 속하는 지역사회 리더들이었다. 챌린지 시애틀은 우리 지역의 시민과 비즈니스 단체로 우리도 설립을 도왔고, 워싱턴주 주지사를 지낸 크리스틴 그레고어Christine Gregoire가 CEO로서 단체를 이끌고 있었다. 그날 아침의 주제는 향후 무엇이 우리 단체의 우선순위가 되어야 할 것인가 하는 문제였다.

조찬으로 깨달은 것이 있었다. 돌아가면서 이런저런 얘기를 해보니 모든 참석자가 공통으로 하는 얘기는 우리 지역의 변화가 반드시 긍정적이지만은 않다는 것이었다. 시애틀의 우리는 그동안 샌프란시스코나 캘리포니아 북부와 같은 극심한 주택난은 피했다는 자부심을 가졌다. 그런데 이제는 더 이상 그렇지 않다는 것을 깨달았다. 아마존이나 마이크로소프트 같은 기업들이 계속 성장하면서 실리콘밸리에 근거를 둔 80여개 기업의 엔지니어링 전초기지들이 급성장하고 있었다. 시애틀 인근은 갑자기 에메랄드 시티Emerald City에서 클라우드 시티Cloud City로 진화했다. 2011년에서 2018년 사이에 중위 가계소득은 34퍼센트 상승한 반면, 주택 중위가격은 96퍼센트나 올랐다.[32]

　이슈가 가장 크게 불거진 것은 그해 초 시애틀 다운타운에서였다. 노숙자가 끈질기게 계속 증가하자 시애틀 시의회는 이 문제를 해결하기 위해 일자리에 균일세를 매겨 연간 7,500만 달러를 조성하겠다고 했다.[33] 업계는 크게 실망을 나타냈고 아마존은 새로운 시애틀 타워를 건축하겠다던 계획을 보류하면서 결정을 뒤집지 않으면 일자리 성장이 느려질 것이라고 위협했다.[34] 우리는 워싱턴 호수 반대편에서 문제가 진행되는 것을 목격했다. 마이크로소프트가 위치한 레드먼드를 포함해 다른 주변 도시들은 워싱턴 호수를 기준으로 시애틀과 나뉘어졌다. 시애틀 논쟁에 끼어들지는 않았지만 그것을 바라보고 있는 우리 마음도 착잡했다. 일자리에 세금을 붙인다는 생각에는 우리도 회의적이었지만, 대책을 비난만 하는 것보다는 업계가 더 많은 일을 해야 한다는 느낌이 들었다. 뭔가 대대적인 조치가 필요했다.

시애틀 시장과 시의회는 균일세 의견을 취소했지만 효과적인 대안은 별로 나타나지 않았다.[35]

조찬 모임에서 사티아가 주택 문제를 꺼내자 다들 한 마디씩 거들었다. 나는 얼마 전 토요일 아침에 시애틀 인근에서 가장 큰 도시인 벨뷰의 경찰서장 스티브 마일릿Steve Mylett과 커피를 한 잔 했다고 이야기했다. 내가 그를 만나자고 한 것은 일부 우리 직원들이 제기한 우려를 전하기 위해서였다. 직원들은 종종 벨뷰에서 지역 경찰들의 인식을 비롯해 인종 문제를 겪는다고 했다. 마일릿 서장은 열린 마음으로 나의 관점을 경청했다. 그리고 내가 몰랐던 사실 하나를 알려주었다. 집값이 올라서 벨뷰의 신입 경찰관들이 더 이상 본인이 순찰하는 도시에서 살 수가 없다는 것이었다. 심지어 경찰서장 본인조차 출퇴근에 한 시간씩이 소요되는 걸 참고 있었다. 우리가 지적한 두 사안에는 중요한 연관이 있었다. 지역 경찰들이 가까이 살 수가 없는데 지역사회와 경찰력 사이에 튼튼한 유대관계를 형성하기란 어려운 일이었다.

나는 챌린지 시애틀의 회원들에게 이 이야기를 하며 마이크로소프트에 있는 우리 팀에게 새로운 운동을 펼칠 수 있는 아이디어를 개발해보라고 지시했다고 말했다. 조찬 모임을 끝내고 회의실을 나오면서 나는 사티아에게 좀더 자세한 설명을 해주었다. 엘리베이터에 도착했을 때쯤에는 우리 둘 다 그 새로운 운동을 우선순위로 추진해야겠다고 마음먹고 있었다.

레드먼드에 돌아온 우리는 사안에 대한 이해를 돕기 위해 데이터 분석팀에게 조사를 시켰다. 데이터 분석팀은 질로Zillow와 협업해서 부동산 데이터를 가지고 이전보다 더 큰 데이터 세트를 만들었다. 그렇게 알게 된 사실은 눈이 휘둥그레질 만했다. 비단 우리뿐만 아니라 지역 전체 입장에서도 말이다. 데이터에 따르면 노숙자가 증가하고 있을 뿐만 아니라 저렴한 주택을 구하기 힘든 곳이 광범위한 지역까지 빠르게 확산되고 있었다. 이 지역에서 일자리가 21퍼센트 증가하는 동안 주택 건설은 13퍼센트 증가에 머물렀다.[36] 시애틀 외곽의 소도시로 가면 그 격차는 더 커졌다. 중산층 이하 소득 가구를 위한 주택 건설이 모두 정체되고 있었기 때문이다. 중산층 이하 소득 가구들은 점점 더 직장에서 한참 떨어진 도시나 교외로 밀려나고 있었다. 이제 우리 지역은 매일 통근 시간이 90분 이상 걸리는 사람의 비율이 전국 최악 수준에 속했다.[37]

우리는 중산층 이하 소득 가구를 위한 주택공급을 늘리려면 뭔가 해야 한다고 결정했다. 우리는 지역 곳곳의 여러 단체와 사람들에게 자문을 구하고 전국으로부터, 혹은 전 세계적으로 우리가 배울 수 있는 사례들을 모조리 알아가며 몇 달을 보냈다. 사티아의 지원 아래 에이미 후드와 나는 내부적으로 더 큰 프로젝트를 후원하기로 했다. 에이미 후드는 재무팀을 시켜 대안들을 개발했다. 우리는 다른 몇몇 대형 IT 기업과 마찬가지로 마이크로소프트가 균형 잡힌 재무 상태를 유지하고 있고 작업에 투입할 수 있는 유동자산이 풍부한 유리한 입장임을 알게 됐다. 2019년 1월 에이미와 나는 마이크로소프트가 이 문제 해결을 위해 대출, 투자, 자선 기부 등의 혼합 형태로 5억 달러를 지원한다고 발표했다.[38]

우리가 알게 된 특히 중요한 사항이 두 가지 있다. 첫째 돈만으로는 결코 문제를 해결할 수 없다는 것이 이미 분명했다. 전 세계에 걸쳐 이 이슈를 연구하면서 분명해진 사실은 효과적인 발전을 위해서는 더 많은 자본과 새로운 공공 정책이 결합되어야 한다는 점이었다. 우리의 기금 조성 못지않게 중요한 것은 우리 지역 9개 도시 시장들이 중산층 이하 소득 가구의 주택공급을 늘리기 위해 개혁을 고려하겠다고 함께 발표하는 일이었다. 발표를 준비하면서 크리스틴 그레고어는 공공용지 기부와 토지용도 제한 조정, 신축 활성화를 위한 기타 개정사항 등 구체적인 추천사항들에 관해 여러 시장들과 협상을 타결했다.[39] 쉽지 않은 문제들이었고, 상당한 정치적 용기가 필요한 조치들이었다.[39] 우리는 무엇보다 우리가 조성하는 기금이 촉매제가 되어 지역사회를 단결시킬 수 있는 더 큰 노력으로 이어지기를 바랐다.[40]

두 번째 중요한 깨달음은 우리의 발표에 대한 반응이었다. 이 문제는 우리 지역뿐만 아니라 전국적으로, 심지어 해외에까지 사람들의 신경을 자극한 것이 분명했다. 2016년 미국 대통령선거 결과는 기술이 동력이 된 번영을 누리는 시대에 수많은 시골 지역의 우려가 확산된 결과였다. 시골 사람들은 계속 뒤처지고 있었다. 하지만 이제 이런 우려가 새로운 방식으로 도시 지역까지 확산되고 있었다. 사람들은 번쩍거리는 고층 건물 사이를 걷고 있지만, 그 건물들은 IT 업계의 직원들을 위해 지어진 것이고 정작 자신들은 더 이상 가까운 지역에 거주할 수 없었다.

이 좌절감은 충분히 이해할 만한 것이고 미국 정치에 새로운 국면을 추가하고 있었다. 우리는 그런 좌절감이 뉴욕시에도 퍼져나가는 것을 보았다. 일부 뉴욕의 지역 정치인들은 보조금과 세금 감면을 통해 아마존의 일자리를 유치한 것을 오히려 후회하고 있었다. 우리 회사의 성장이 우리 지역의 주택 수요에 미치는 영향을 고려했을 때 우리는 이 문제를 통감하지 않을 수 없었다.

어찌 보면 저렴한 가격의 주택공급 문제는 IT 업계와 관련된 인간적 측면의 온갖 문제가 서로 연결되어 있음을 여실히 보여주었다. 건강한 회사를 만들려면 직원 구성에 다양성이 있어야 하고 지역사회와 함께 번창해야 한다. IT 기업이 지역사회에게 우리를 위해 뭘 해줄 수 있냐고 묻는 것은 당연한 일이지만, 이제 업계는 스스로 더 큰 질문을 해봐야 할 때다. 성공은 몸집만 키우는 것이 아니라 책임도 함께 가져온다. IT 업계는 자신이 속한 지역사회를 지원하기 위해 무엇을 할 수 있는지 자문해봐야 한다. 우리에게는 훌륭한 인재가 필요하고 그 인재는 길 건너에만 사는 것이 아니라 전 세계에 살고 있다. 하지만 우리는 주위의 모든 사람들을 위해 기회를 늘려갈 수 있도록 더 많은 노력을 기울여야 한다.

이 모든 도전에는 행동이 필요하다. 마이크로소프트에서 새로운 프로젝트를 시작할 때 내가 종종 이야기하는 것처럼, 1등상은 대단한 일을 하는 것이다. 2등상은 무엇이든 하는 것이다.

아무것도 안 하는 사람이 성공하는 경우는 드물다.

# 11

# AI와 윤리

: 컴퓨터가 뭘 할 수 있는지보다
뭘 해야 하는지 물어라

2017년 1월 글로벌 트렌드를 짐작할 수 있는 연례행사인 세계경제
포럼이 열렸다. 내가 스위스 다보스에 도착해보니 사람들의 관심사
는 온통 AI였다. IT 기업은 죄다 자신들이 AI 기업이라고 떠벌리고
있었다. 만찬이 끝난 어느 저녁, 나는 위스콘신 북동부 출신의 용기를
발휘해 눈밭을 뚫고 3킬로미터가 넘는 다보스 중심가를 걸었다. 알
프스의 어느 마을이라기보다는 라스베이거스의 쇼핑가를 걷는 기분
이었다. 스키로 유명한 이 동네가 은행 몇 개를 제외하고는 온통 IT
기업들의 간판과 로고로 빛나고 있었다. 마이크로소프트를 비롯한
각 기업은 그 주를 알프스 산맥에서 보내고 있는 업체나 정부, 오피
니언 리더들에게 자신들의 AI 전략을 열심히 홍보하고 있었다. 두 가
지가 명확했다. AI가 트렌드라는 것, IT 기업들은 마케팅 예산이 넘
쳐난다는 것이었다.

AI의 효용에 관한 여러 토론에 참석한 뒤 내가 깨달은 것은 AI가 무엇인지, 또는 어떤 원리로 작동하는지 시간을 내어 설명하는 사람이 아무도 없다는 사실이었다. 그런 내용은 회의실에 있는 모든 참석자가 이미 알고 있을 것이라고 가정하고 있었다. 하지만 다보스에서 직접 여러 사람과 대화를 나눠본 결과, 그것은 사실이 아니었다. 그런데도 사람들은 손을 들어 기본적 사항을 질문하기를 꺼렸다. 이해할 만한 일이었다. 지금 얘기하고 있는 내용을 정확히 이해하지 못한다고 앞장서서 인정하고 싶은 사람은 아무도 없었다.

AI를 둘러싸고 무언가 뿌연 안개가 드리워져 있는 것 외에 나는 좀 다른 것도 알아챘다. AI를 규제해야 하는가에 관해 이야기하는 사람이 아무도 없다는 점이었다.

〈테코노미Techonomy〉의 데이비드 커크패트릭David Kirkpatrick이 사회를 본, AI에 관한 웹캐스트에서 나는 마이크로소프트가 AI에 관한 정부 규제가 있을 거라고 생각하느냐는 질문을 받았다. 나는 5년 후면 우리가 정부에서 제안한 새로운 AI 규제안에 관해 갑론을박을 하고 있을 거라고 말했다. IBM에서 온 어느 경영자는 자신은 그렇게 생각하지 않는다고 했다. "미래를 예측할 수는 없죠. 정확한 정책이 나올 수 있을지 모르겠어요. 저는 오히려 역효과가 나지 않을까 걱정될 것 같아요."[1]

다보스에서 보낸 일주일은 IT 업계에 만연한 테마들이 무엇인지 보여주었고, 그 모두가 다 긍정적인 내용은 아니었다. IT 업계는 다른 대부분의 업계와 마찬가지로 새로운 혁신이 무슨 내용이고 어떤 원리로 작동하는지 사람들에게 잘 설명하지 않은 채로 마냥 돌진하곤 한다. 새로운 기술은 순전히 혜택만 있을 거라는 거의 신적인 믿음이 너무 오래 지속되었다. 실리콘밸리에 있는 많은 사람들은 정부의 규제기관이 기술을 따라잡지 못한다고 오랫동안 믿었다.

기술을 이렇게 이상적으로 생각하는 관점은 비록 대부분 그 의도가 좋은 경우였지만 결코 현실적이지 못했다. 최고의 기술조차 의도치 않은 결과가 있고, 혜택은 고르게 확산되지 않는다. 그리고 이것조차 새로운 기술이 해로운 목적에 오남용되기 전까지의 이야기다. 오남용은 반드시 일어난다.

1700년대에 벤 프랭클린Ben Franklin이 미국에서 우편 서비스를 만든 이후 범죄자들은 '우편 사기'라는 것을 발명했다. 1800년대에 전신과 전화가 생기자 범죄자들은 전신 사기를 발명했다. 20세기에 IT 전문가들이 인터넷을 발명하자 새로운 형태의 사기가 개발될 것이 피할 수 없는 일임은 역사를 아는 사람이라면 모두가 알았다.

우리의 난관은 IT 업계가 늘 앞을 내다본다는 것이다. 문제는 과거의 지식을 활용해 코앞에 닥칠 문제를 예상할 수 있게 백미러를 충분히 오래 들여다보는 사람이 거의 없다는 점이다.

다보스에서 AI 파티가 열리고 채 1년이 못 되어서 AI는 사회에 다양한 의문점을 만들어내기 시작했다. 이전에 기술에 대한 대중의 신뢰는 프라이버시와 보안을 중심으로 한 것이었는데, AI는 이제 사람들을 불안하게 만들고 있었고 금세 공공 토론에서 화제의 중심이 되고 있었다.

컴퓨터가 학습능력과 의사결정 능력을 갖게 되면서 점점 더 인간의 개입으로부터 자유로워지고 있었다. 그렇지만 컴퓨터가 어떻게 이런 결정을 내린다는 거지? 컴퓨터가 가장 선한 인간성을 반영할까? 아니면 혹시 그보다 훨씬 못한 무언가를 반영하는 것은 아닐까? AI 기술이 사회에 이바지하기 위해서는 지침이 될 강력한 윤리 원칙이 절실히 필요하다는 사실이 점점 더 분명해졌다.

오래전부터 이런 날은 예정되어 있었다. 1956년 다트머스대학교의 연구자들은 학습이 가능한 컴퓨터의 개발 가능성을 탐구하기 위해 여름 연구교실을 열었다. 일부 사람들은 이때를 AI에 관한 학문적 논의가 탄생한 시점으로 본다. 그런데 그보다 몇 년 앞서 아이작 아시모프Isaac Asimov는 〈런어라운드Runaround〉라는 단편소설에서 저 유명한 '로봇의 삼원칙'을 썼다.[2] 자율적인 AI를 기반으로 한 로봇의 의사결정에 대해 지침이 될 수 있는 윤리 원칙을 만들어보려는 인류의 시도를 SF적으로 설명한 것이었다. 배우 윌 스미스Will Smith가 출연했던 2004년 영화 〈아이 로봇〉이 극적으로 보여주었던 것처럼 그 결과는 좋지 못했다.

1950년대 이후 AI는 간헐적으로 개발이 진행되어 왔다. 1980년대 중반 일진광풍이 불었던 것은 유명하다. 잠깐 동안 '전문가 시스템'[3]이라는 것에 투자와 스타트업, 미디어의 관심이 쏟아졌다. 그런데 60

년이나 지난 2017년에 AI가 그처럼 화려하게 무대에 등장한 이유는 뭘까? 유행이어서는 아니었다. 오히려 오랫동안 수렴되고 있던 훨씬 더 폭넓은 트렌드와 이슈가 반영된 결과였다.

IT 업계 전반에 걸쳐 보편적으로 동의하는 AI의 정의는 없다. 그렇다 보니 기술 전문가들은 열렬히 각자의 관점을 개진한다. 2016년 나는 당시 새로 등장하던 AI라는 이슈에 관해 마이크로소프트의 데이브 하이너Dave Heiner와 이야기를 한참 나눈 적이 있었다. 데이브 하이너는 당시 마이크로소프트에서 이 분야의 기초연구를 오랫동안 이끌어온 에릭 호비츠Eric Horvitz와 함께 일하고 있었다. 내가 계속 질문을 쏟아내자 데이브는 내가 지금까지도 유용하다고 생각하는, AI에 관해 생각할 수 있는 방법을 하나 알려주었다. "AI는 우리가 주는 데이터에서 패턴을 식별하는 방식으로 경험을 통해 배우고 의사결정을 내릴 수 있는 컴퓨터 시스템이에요." 에릭 호비츠는 "AI는 사고라든가 똑똑한 행동의 기초가 되는 연산 메커니즘을 연구하는 학문"이라며 다소 더 넓은 정의를 사용한다. 여기에는 데이터가 연관될 수도 있지만, 종종 게임을 하거나 자연언어를 이해하는 것처럼 경험에 기초할 수도 있다. 컴퓨터가 데이터와 경험으로부터 배우고 의사결정을 내릴 수 있는 것(AI에 대한 이런 유의 정의의 핵심)은 기본적으로 두 가지 기술적 능력에 기초한다. 인간 수준의 지각과 인간 수준의 인지력이다.

인간 수준의 지각이란 인간이 시각과 청각을 통해서 그렇게 하는 것과 같은 방식으로 컴퓨터가 세상에 무슨 일이 벌어지고 있는지 '지각'할 수 있는 능력이다. 어찌 보면 1830년대에 카메라가 발명된 이후 기계는 세상을 '볼 수' 있었다. 하지만 사진 속에 묘사된 게 무엇인지 이해하려면 언제나 인간이 필요했다. 마찬가지로 1877년 토머스 에디슨이 축음기를 발명한 이래로 기계는 줄곧 소리를 들을 수 있었다. 그러나 인간만큼 정확하게 들은 내용을 이해하거나 글로 옮길 수 있는 기계는 없었다.

영상인식과 음성인식은 컴퓨터 과학 연구자들에게 오랫동안 성배와 같았다. 1995년 빌 게이츠가 마이크로소프트 연구소를 설립했을 당시 연구소장 네이선 미어볼드Nathan Myhrvold의 첫 번째 목표 중 하나는 영상인식과 음성인식 분야 최고의 학자들을 영입하는 것이었다. 나는 아직도 1990년대에 마이크로소프트 기초연구팀이 낙관적 예측을 내놓았던 일이 기억난다. 연구팀은 컴퓨터가 곧 인간만큼 음성을 이해할 수 있을 것이라고 했다.

마이크로소프트 연구진의 낙관주의는 학계나 IT 업계 전반의 전문가들이 공유하던 인식이었다. 그러나 실제로 음성인식을 개선하는 데는 전문가들의 예측보다 오랜 시간이 걸렸다. 영상인식이든, 음성인식이든 목표는 컴퓨터가 인간에 필적할 만큼의 정확도로 세상을 인식하게 만드는 것이다. 인간의 인식이 100퍼센트 정확하지는 않다. 누구나 실수를 하고 남이 나에게 하는 말을 잘못 알아듣기도 한다. 전문가들은 우리의 음성 이해 정확도를 96퍼센트 정도라고 추정한다. 뇌가 그 차이를 빠르게 메우기 때문에 우리가 깊이 생각하지 않을 뿐이다.[4] 그러나 AI 시스템이 이 수준에 이를 때까지 우리는 90 퍼센트라는 성공률에 깊은 인상을 받기보다는 컴퓨터가 만드는 실수를 성가셔할 확률이 높다.

2000년에 컴퓨터는 영상인식과 음성인식에서 90퍼센트의 벽을 넘었다. 하지만 이후 발전은 10년간 정체됐다. 2010년 이후 다시 발전에 속도가 붙기 시작했다. 앞으로 100년 후 사람들이 21세기의 역사를 되돌아본다면 2010년에서 2020년의 10년간이 AI가 만들어진 시기라고 결론 내릴 가능성이 크다.

AI가 비상하는 데 발사대 역할을 했던 최근의 기술 발전 세 가지가 있다. 첫째 컴퓨팅 파워가 마침내 AI가 필요로 하는 막대한 수의 계산을 수행할 수 있는 수준까지 발전했다. 둘째 클라우드 컴퓨팅 덕분에 하드웨어에 막대한 자본을 투자하지 않고서도 많은 사람 혹은 기관들이 그런 컴퓨팅 파워와 저장 용량을 이용할 수 있게 됐다. 마지막으로 디지털 데이터가 폭발적으로 성장한 덕분에 훨씬 큰 데이터 세트를 구축해서 AI 기반 시스템을 훈련시킬 수 있게 됐다. 이런 요건들이 맞아떨어지지 않았다면 AI의 발전 속도가 그토록 가속화되었을지 의문이다.

그런데 컴퓨터 과학자나 데이터 과학자들이 효과적인 AI를 만들 수 있게 도와준 중요한 네 번째 요소가 있다. 그것은 AI에게 필요한 2차적이면서도 더욱 기본적인 기술적 능력, 즉 인지력이다. 컴퓨터가 추론하고 학습할 수 있는 능력 말이다.

컴퓨터가 사고할 수 있게 만드는 최선의 기술적 접근법은 무엇인지에 관해 수십 년간 활발한 논의가 있었다. 그런 접근법 중 하나가 소위 '전문가 시스템expert system'이라는 것에 기초한 방법이었다. 1970년대 말과 1980년대에 특히 유행했던 이 접근법은 다량의 팩트fact를 수집하고 규칙을 만든 후 컴퓨터가 논리적 추론을 연쇄적으로 적용해 의사결정을 내리게 했다. 어느 기술 전문가가 지적했던 것처럼 이런 규칙 기반의 접근법은 현실 세계의 문제가 갖는 복잡성에 맞는 수준까지 능력을 확대할 수가 없었다. "복잡한 영역에서는 규칙의 수가 어마어마하게 많아져서 수작업으로 새로운 팩트를 추가하면서 예외의 경우라든가 다른 규칙들과의 상호 관계를 추적한다는 것은 비현실적이다."[5] 여러모로 인간은 규칙들을 가지고 추론하는 것이 아니라 경험에 기초한 패턴을 인식하는 방식으로 살아간다.[6] 이제와 생각해보면 그렇게 자세한 규칙에 기초한 시스템이란 변호사들이나 좋아할 수 있는 접근법이었다.

1980년대 이후 대안적 접근법이 더 우월한 것으로 증명되고 있다. 이 접근법은 통계 기법을 이용해서 패턴을 인식하고 예측하고 추론한다. 사실상 데이터로부터 학습한 알고리즘을 통해 시스템을 구축하는 방식이다. 지난 10년간 컴퓨터 과학과 데이터 과학의 비약적 발전으로 소위 딥러닝deep learning 또는 인공신경망이라는 것을 많이 사용하게 됐다. 인간의 뇌에는 시냅스로 연결된 신경세포들이 있어서 주변 세상의 패턴을 식별할 수 있다.[7] 컴퓨터 기반의 인공신경망에는 뉴런이라고 부르는 계산 유닛이 있는데, 이것들이 인공적으로 연결되어 AI 시스템이 추론을 할 수 있게 만든다.[8] 즉 딥러닝 기법은 막대한 양의 유관 데이터를 제공해 컴퓨터가 패턴을 인식하도록 훈련시키는데, 그 과정에 여러 층의 인공 뉴런이 사용된다. 이 과정에는 막대한 연산능력과 데이터가 필요하고, 그렇기 때문에 앞서 이야기한 여러 기술 발전이 필요했던 것이다. 여기에는 또한 다층 인공신경망을 훈련시키기 위한 기술적 돌파구도 필요했는데,[9] 이 부분의 결실을 맺기 시작한 것이 대략 10년 전이었다.[10]

이런 여러 변화들이 집합적으로 작용하여 AI 기반 시스템은 빠르게 인상적인 발전을 거뒀다. 2016년 마이크로소프트 연구소 영상인식 시스템 연구팀은 이미지넷ImageNet이라고 하는 라이브러리의 수많은 물체를 식별하는 과제에서 인간 능력에 필적하는 성과를 거두었다. 이후 연구팀은 음성인식 연구에서도 스위치보드Switchboard 데이터 세트라는 과제에서 94.1퍼센트의 정확도를 달성했다.[11] 다시 말해 컴퓨터는 인간만큼 세상을 잘 인식하기 시작했다. 똑같은 현상이 언어 변환 분야에서도 일어났다. 언어 변환을 위해서는 컴퓨터가 뉘앙스나 비속어를 포함해 서로 다른 단어의 의미를 이해할 수 있어야 했다.

이내 사람들은 걱정을 하기 시작했는데 AI 기반의 컴퓨터가 온전히 스스로 생각하고 초인적 속도로 추론할 수 있게 되어 기계가 세상을 접수할 수 있을 것인가를 질문하는 기사들이 났기 때문이었다. 기술 전문가들이 초지능superintelligence, 어떤 이들은 '특이점singularity'이라고 부르는 문제였다.[12) 우리가 이 문제에 초점을 맞추었던 2016년 데이브 하이너가 얘기했던 것처럼, 사람들이 이 문제에 너무 많은 시간과 관심을 뺏기는 바람에 더 중요하고 시급한 이슈들이 관심을 받지 못하고 있었다. 데이브는 "그런 건 완전히 SF 같은 얘기인데 괜히 그것 때문에 지금 쏟아지는 더 시급한 AI 관련 문제들이 주목받지 못하고 있다."고 했다.

바로 그, 더 시급한 문제들이 대두된 것은 그해 백악관에서 후원한 어느 콘퍼런스 자리였다. 콘퍼런스의 대화 내용은 〈프로퍼블리카 ProPublica〉에 "기계의 편견Machine Bias"이라는 제목의 기사로 게재되었다.[13) 해당 기사의 부제가 모든 걸 말해준다. "전국적으로 미래 범죄자 예측에 사용되는 소프트웨어, 흑인에 대한 편견 갖고 있어." AI는 다양한 환경에서 예측에 점점 더 많이 사용되고 있었고, AI 시스템이 다양한 시나리오에서 유색인종을 비롯한 특정 집단에 대한 편견을 갖지는 않는지 우려가 높아지고 있었다.[14)

2016년 〈프로퍼블리카〉가 설명한 이 편견 문제는 사실이었다. 대중들의 정당한 기대에 맞게 AI가 작업을 수행하기 위해서는 현실 세계에서 두 가지 문제가 해결되어야 한다. 첫 번째는 데이터 세트의 편향성 문제다. 예를 들어 사람들의 얼굴 사진이 들어 있는 안면인식 데이터 세트의 경우 백인 남성은 충분한 사진이 확보되어 있어 높은 정확도의 예측이 가능할지 모른다. 그런데 여성이나 유색인종의 경우에는 데이터 세트에 포함된 사진이 백인 남성보다 적다면 이들 집단에게는 오류 확률이 더 높을 가능성이 크다.

실제로 박사과정의 학생 두 명이 '젠더 차이Gender Shades'라는 프로젝트 연구에서 바로 그런 현상을 발견했다.[15] 로즈 장학생으로 시를 쓰기도 하는 MIT 연구원 조이 부올라뮈니Joy Buolamwini와 스탠퍼드대학교 연구원 팀닛 게브루Timnet Gebru는 연구를 통해 AI의 편견에 대한 대중의 이해를 증진시키기로 하고, 젠더와 인종에 따른 안면인식 시스템의 정확도를 비교했다. 이 두 여성 연구원이 확인한 결과를 보면 예컨대 얼굴 성별을 인식할 때 아프리카 흑인 정치인들의 얼굴은 북유럽 백인 정치인들에 비해 오류가 발생하는 비율이 더 높았다. 심지어 일부 AI 시스템은 미국의 흑인 여성인 부올라뮈니까지 남성으로 인식했다.

부올라뮈니와 게브루의 연구는 우리가 생각해봐야 할, 편견의 또 다른 차원이 있음을 알려주었다. 세상에 도움이 되는 기술을 만들고 싶다면 팀원들을 구성할 때부터 이미 그 속에 세상의 다양성을 반영해야 한다. 두 사람이 발견한 것처럼 연구진이나 엔지니어 집단의 다양성이 더 높다면 편견의 문제도 더 잘 인식하고 더 많이 고심할 가능성이 높다. 본인에게도 영향을 끼칠 수 있는 문제들이기 때문이다.

AI를 통해 컴퓨터가 경험으로부터 배우고 의사결정을 내리는 것이 가능해진다면, 우리는 과연 AI에게 어떤 유형의 경험을 주고 어떤 의사결정을 내리게 해야 할까?

2015년 말 마이크로소프트의 에릭 호비츠는 이런 우려를 컴퓨터 과학 커뮤니티 내부에 제기했다. 공동 저자로 학술지에 게재한 글에서 호비츠는 특이점으로 인해 종말론적 위험이 닥칠 가능성에 대해서는 대부분의 컴퓨터 과학자가 기껏해야 먼 이야기로 치부한다는 사실을 알렸다. 그러면서 커지고 있는 다른 이슈들을 좀더 진지하게 살펴볼 때가 되었다고 했다.[16] 그런 우려를 이어받아 이듬해 사티아는 〈슬레이트Slate〉에 기고한 글에서 "이 기술을 만들어내고 있는 사람들과 제도들에게 과연 어떤 가치를 주입할지를 논의해야 한다."고 말했다.[17] 그러면서 그는 가장 먼저 포함되어야 할 가치로 프라이버시, 투명성, 책임감 등을 제시했다.

2017년 말 우리는 AI 전반에 관한 윤리를 전면적으로 다룰 필요가 있다고 결론 내렸다. 간단한 문제가 아니었다. 이전에는 인간만이 내릴 수 있었던 의사결정을 이제는 컴퓨터가 내리게 되면서 사실상 인류가 가진 모든 윤리적 질문은 컴퓨터에 관한 윤리적 질문이 되어가고 있었다. 철학자들이 수천 년간 토론을 하고서도 딱히 보편적인 답을 구하지 못한 문제라면, 지금 컴퓨터 때문에 필요하다고 해서 하루아침에 의견 일치를 볼 수 있을 것 같지는 않았다.

2018년 AI 개발의 선봉에 있던 마이크로소프트나 구글 같은 기업들은 이 새로운 난관 해결에 본격적으로 뛰어들기 시작했다. 학계를 비롯한 기타 전문가들과 함께 우리는 AI 개발의 지침이 될 수 있는 일련의 윤리 원칙이 필요하다는 사실을 인식했다. 마이크로소프트는 최종적으로 이와 관련해 6개의 윤리 원칙을 정했다.

첫 번째 원칙은 '공정성', 즉 편견과 관련된 문제를 해결해야 한다는 점이었다. 그런 다음 우리는 이미 어느 정도는 사회적 합의가 이루어진 다른 두 영역으로 옮겨갔다. '신뢰성과 안전'이 중요하다는 점과 강력한 '프라이버시와 보안'이 필요하다는 점이다. 이들 개념은 앞선 기술 혁신의 과정에서 법률 및 규제를 통해 중요한 발전을 이뤘다. 철도와 자동차 기술에 대응하는 과정에서 제품 신뢰성과 관련 법규들이 이미 신뢰성과 안전에 대한 기준을 세워놓았다. 마찬가지로 정보통신 기술의 혁신 과정에서 프라이버시와 보안 기준이 만들어졌다. 이들 영역에서 AI가 새로운 도전 과제를 제시하고 있는 것은 사실이지만, 우리는 기존의 법적 개념을 바탕으로 새로운 기준들을 쌓아올리면 된다.

네 번째 원칙은 2014년에 사티아가 CEO에 부임한 이후 우리 회사 직원들이 줄곧 바랐던 이슈인데, 장애인들의 요구에 부응하는 포용적 기술을 구축하는 것이 중요하다는 주장이다. 마이크로소프트는 포용적 기술에 초점을 맞추고 있고, 그렇다면 AI도 당연히 포함될 수밖에 없다. 컴퓨터가 사물을 볼 수 있다면, 시각장애인들에게 어떤 역할을 할 수 있을지 한번 상상해보라. 컴퓨터가 소리를 들을 수 있다는 점은 청각장애인들에게는 어떤 의미가 될까? 이런 목표들은 우리가 완전히 새로운 장치를 발명하거나 유통시켜야만 이룰 수 있는 사항도 아니다. 사람들은 이미 볼 수 있는 카메라와 들을 수 있는 마이크가 장착된 스마트폰을 가지고 다니고 있기 때문이다. '포용'을 네 번째 윤리 원칙으로 포함시키면서 이 영역은 이미 발전의 조짐을 보이고 있다.

네 가지 원칙은 각각 모두가 중요하지만, 이것들이 성공하기 위해 의존하고 있는 근본적인 원칙 두 가지가 있다. 먼저 하나는 '투명성'이다. 우리에게 투명성이란 AI 시스템이 중요한 의사결정을 어떤 식으로 내리는지 그 정보가 공개되고 납득할 수 있어야 한다는 뜻이다. AI의 내부 원리가 계속 블랙박스 속에 머문다면 대중이 어떻게 AI를 신뢰할 것이며, AI가 앞의 네 가지 원칙을 고수하는지 규제기관들이 장차 무슨 수로 평가할 것인가?

AI 개발자들이 어떤 알고리즘을 사용하는지 공개해야 한다고 주장하는 사람들도 있다. 하지만 우리가 자체적으로 판단하기로는, 대부분의 경우 그런 방법은 무언가 도움이 되는 내용을 알려주기보다는 오히려 귀중한 영업상의 비밀을 노출할 가능성이 더 크다. 그렇게 되면 기술 부분의 경쟁이 오히려 저해될 것이다. 우리는 이미 AI에 관해 학계나 다른 IT 기업들과 파트너십을 맺고 더 나은 접근법을 개발하고 있다. 점점 더 초점을 맞추고 있는 방법은 의사결정에 사용되는 핵심 요소를 설명하는 것처럼 AI를 설명 가능하게 만드는 쪽이다.

마지막 AI의 윤리 원칙은 나머지 모든 원칙의 기반이라 할 수 있는 '책임감'이다. 컴퓨터는 인간에 대한 책임을 갖고, 컴퓨터를 설계하는 사람들은 다른 모든 사람에 대한 책임을 갖는 그런 미래를 세상은 만들 수 있을 것인가? 어쩌면 이것이 우리 세대를 결정짓는 핵심 질문일지 모른다.

이 마지막 원칙이 지켜지려면 AI 기반 시스템이 인간의 검토나 판단, 개입 없이 멋대로 엇나가는 일이 없도록 모든 과정에 인간이 포함되어 있어야 한다. 다시 말해 인간 권리에 중대한 영향을 미칠 수 있는 AI 기반 의사결정은 늘 인간의 유의미한 검토와 통제 아래에 있어야 한다. 그리고 그러려면 AI가 만들어내는 의사결정을 평가하는 훈련을 받은 사람들이 필요하다.

여기에는 또한 폭넓은 관리 과정도 중요하다고 우리는 결론 내렸다. AI를 개발하거나 사용하는 모든 기관은 AI 시스템의 개발과 활용에 관한 새로운 정책과 프로세스, 훈련 프로그램, 준법 감시 시스템이 필요하다. 또한 이를 검토하고 조언해줄 사람들도 필요하다.

2018년 우리는 마이크로소프트의 원칙들을 발표했고 곧 큰 반향을 얻었다는 사실을 깨달았다.[18] 고객들은 우리의 AI 기술뿐만 아니라 윤리적 관심사에 대한 우리의 접근법과 현황에 대해서도 브리핑을 부탁했다. 충분히 일리 있는 반응이었다. 마이크로소프트의 모든 전략은 AI 기술의 구성 요소(예컨대 영상 및 음성 인식 툴, 기계학습 등)에 대한 접근권을 제공하여 'AI를 민주화'하는 것이었다. 그래야 고객들도 각자에게 맞춤화된 AI 서비스를 만들어낼 수 있기 때문이다. 하지만 그러려면 AI 윤리에 대한 세련된 접근법을 개발해 AI 자체 못지않게 폭넓게 공유해야 했다.

AI를 이렇게 폭넓게 보급한다는 것은 AI 기술에 대한 어느 정도의 규제는 반드시 필요하다는 뜻이다. AI 윤리에 대한 일반의 이해를 넓힌다면 윤리적인 사람들이 윤리적으로 행동하는 데 도움이 될 수 있다. 하지만 윤리적 행동에 관심이 없는 사람들은 어떻게 할까? 모든 AI 시스템이 특정한 윤리 기준에 맞춰 작동하게 만드는 유일한 방법은 그렇게 하도록 요구하는 수밖에 없다. 그러려면 사회가 포용하는 윤리 기준에 맞춰 사법적 수단과 규제를 강구해야 했다.

1년 전 나는 다보스포럼에서 5년 후면 본격적인 규제 절차가 진행될 거라고 예측했다. 하지만 실제로는 그보다 빠른 속도로 규제 노력이 추진될 것이 분명해졌다. 그 본격적인 모습이 드러난 것은 2018년 4월 우리가 싱가포르에서 AI 이슈를 책임지고 있는 정부 관료들을 만날 때였다. 관료들은 이렇게 말했다. "아주 시급한 이슈예요. 저희는 몇 년이 아니라 몇 달 안에 첫 번째 법안을 내놓으려고 합니다."

AI의 윤리적 이슈는 일반적 논의에서 시작해 더 구체적인 주제로 진화할 수밖에 없었다. 그렇게 보면 구체적으로 몇몇 논란이 되는 사항이 생길 것이다. 앞으로 5년 혹은 10년 후에 우리가 어떤 주제를 토론하고 있을지는 정확히 예측할 수 없지만, 벌써 드러난 여러 이슈들을 통해 몇 가지 통찰을 끌어낼 수는 있다.

2018년 논란이 되었던 사항 중 하나는 AI를 군사 무기로 사용하는 것과 관련되어 있었다. 여러 공개 논의를 통해 익히 알고들 있듯이

'살인 로봇'과 관련된 문제다. 살인 로봇이라는 단어는 SF 속 이미지를 연상시킨다. 사람들은 이 단어를 쉽게 이해한다. 아마 영화 〈터미네이터〉가 5편의 속편을 내놓았을 뿐만 아니라, 1984년 1편이 나온 이래 적어도 10년마다 한 편씩은 개봉한 사실도 일부 영향을 주었을 것이다. 다시 말해 10대 이상의 사람이라면 누구나 자율형 무기의 위험성을 대형 화면을 통해 목격했을 가능성이 크다.

이런 공공정책 논의를 통해 일찌감치 알게 된 교훈 중 하나는 여기에 관련된 기술 유형을 좀더 세밀하게 분류하고 이해하게 만들어야 한다는 점이다. 전 세계 군 지도자들과 얘기를 나눠보면 다들 공통적으로 하는 말이 있다. 어느 날 아침 일어나보니 우리가 잠든 사이 기계들이 전쟁을 일으키는 모습은 보고 싶지는 않다는 것이다. 전쟁과 평화에 대한 의사결정은 인간의 몫으로 남아 있어야 한다.

하지만 그렇다고 전 세계 군 관료들이 다른 모든 문제에 대해서도 같은 생각을 갖고 있는 것은 아니다. 여기서 우리는 한 가지 구분이 필요하다. 전직 국방부 관료로서 지금은 어느 싱크탱크 소속인 폴 샤Paul Scharre는 그의 책 《그 누구의 것도 아닌 군대Army of None: Autonomous Weapons and the Future of War》에서 점점 더 중요성을 띠고 있는 질문들을 끄집어낸다.[19] 그는 우리가 해봐야 할 핵심적인 질문은 추가적인 인간의 확인 없이 무기를 쓸 수 있는 능력을 '언제', 그리고 '어떤 식으로' 컴퓨터에게 부여할 것인가라고 말한다. 한편으로 땅에 있는 테러리스트를 확인하려고 할 때 영상인식과 안면인식 컴퓨터가 달린 드론이 인간보다 정확도가 더 뛰어나다고 해서 군 관료들이 의사결정 과정에서 인간 책임자들을 없애고 상식을 제외해야 하는 것은 아니다. 다른 한편으로 해군 소함대에서 미사일 수십 발을 쏘았다면 컴퓨터 기반 의사결정에 따라 이지스 전투 시스템의 대 미사일 방어 체계가 반응해야 한다. 하지만 그 경우에도 다양한 시나리오가 전개될 수 있고 무기 시스템 사용은 그에 따라 맞춤식으로 대응해야 한다.[20] 대체로 첫 미사일 발사 결정은 인간이 내려야 하겠지만, 개별 타깃마다 인간의 승인을 기다릴 시간은 없다.

자율형 무기와 관련해 나타날 수 있는 우려들을 생각해서 IT 기업들이 AI 기반 기술을 이용해서 군과 협업하는 것은 모두 거절해야 한다고 주장하는 사람도 있다. 한 예로 구글은 직원들의 항의로 미국 국방부와의 AI 계약을 철회했다.[21] 마이크로소프트에서도 직원들 일부가 비슷한 우려를 제기하면서 똑같은 이슈에 직면했다. 마이크로소프트는 미국을 비롯한 여러 국가의 군 업무를 맡아왔다. 몇 년 전 내가 시애틀 바로 북부에 있는 워싱턴주 에버렛으로 가서 미국 해군 항공모함 니미츠Nimitz 호의 모항을 방문한 것도 그런 맥락이었다. 니미츠 호에는 4,000대 이상의 컴퓨터가 윈도 서버 운영체제를 가동해 항공모함의 다양한 기능을 지원하고 있었다.

그러나 많은 사람들에게는 AI 기반 시스템이 이런 유형의 플랫폼 기술과는 다른 카테고리로 인식되는 것도 이해할 만한 일이다. 우리는 신기술이 완전히 새로운 복잡한 이슈들을 제기한다는 사실을 인식하고 있고, 그래서 미국 육군에 증강현실 기술과 군인용 홀로렌즈 장치를 공급하는 계약을 논의할 당시 이 문제에 관해 심도 있는 대화를 나눴다.

구글과 반대로 우리는 미국 군대에 최고의 기술을 계속해서 공급하는 것이 중요하다고 결론을 내렸다. 인권에 대한 기본적 감수성과 민주적 절차를 가지고 있다고 신뢰할 수 있는 다른 동맹 국가들에게도 마찬가지다. 미국과 북대서양조약기구의 군사 방어는 오랫동안 최첨단 기술에 의존해왔다. 개별적으로 또 공개적으로 우리가 밝혀 온 것처럼 "우리는 미국에 강력한 국방력이 필요하다고 믿으며, 국방을 맡은 사람들이 마이크로소프트를 포함한 미국 최고의 기술을 이용할 수 있기를 바란다."[22]

동시에 우리는 회사의 일부 직원들이 미국 정부의 여타 군사 기관과 맺은 국방 계약 업무를 불편하게 여기는 것을 인지했다. 그중에는 다른 국적을 가진 사람들도 있었고, 다른 윤리적 관점을 갖고 있거나 평화주의자인 사람들도 있었으며, 또 어떤 이들은 그저 자신의 에너지를 다른 기술 활용에 쏟고 싶어 했다. 우리는 이들의 관점을 존중해 해당 개인들은 다른 프로젝트를 맡을 수 있게 조처하겠다고 했다. 마이크로소프트의 규모와 다양한 기술 포트폴리오를 고려하면 이런 요청들은 충분히 수용할 수 있으리라 본다.

하지만 이 모든 조처를 한다고 해도 우리는 AI가 부기와 결합할 때 제기될 수 있는 복잡한 윤리적 이슈들을 충분히 고민하지 않을 수 없었다. 마이크로소프트 고위 지도부 내에서 이 문제를 논의했을 때, 나는 무기 개발과 관련한 윤리적 이슈가 중요해진 것은 이미 1800년대부터라고 지적했다. 전투 현장에 중공탄과 다이너마이트가 등장했던 시기 말이다. 사티아는 사실 전쟁과 관련한 윤리적 이슈는 고대 로마 시대 키케로의 저작에까지 거슬러 올라간다고 했다. 사티아는 그날 저녁 나에게 이메일을 보내 그가 키케로는 기억하면서 고대 인도의 대서사시 《마하바라타The Mahabharata》를 잊은 것을 안다면 어머니가 속상해하실 거라고 말했다. (고맙게도 사티아는 내가 관련 정보를 더 볼 수 있게 위키피디아의 해당 표제를 링크해주었다.)[23]

이런 논의를 통해 우리는 적극적인 기업 시민으로서 우리가 윤리적 이슈에 계속해서 참여해야 한다고 결론 내렸다. 그리고 우리의 참여가 이제 막 타나나고 있던 공공정책 이슈 결정에 도움이 되리라 보았다.[24] 직원들에게도 이야기했듯이 우리는 새로운 기술이 제기한 정책 이슈에 관해 우리보다 더 적극적으로 임한 IT 기업은 없다고 생각했다. 특히나 정부의 감시와 사이버 무기와 관련해서는 말이다.[25] 마찬가지로 우리는 이 문제에 관한 최고의 접근법은 AI와 군대에 관해 책임 있는 정책과 법률을 지지하는 것이라고 생각했다.

우리는 소매를 걷어붙이고 더 많이 알아보고 더 세련된 관점을 개발하기로 했다. 그러다 보니 다시 여섯 개의 윤리 원칙으로 돌아가게 됐고, AI와 무기에 어떤 윤리적 이슈들을 적용할 수 있을지 알 수 있었다. 가장 많은 영향력을 끼칠 수 있는 것은 신뢰성과 안전, 투명성,

그리고 가장 중요한 책임감이었다. 이 세 가지를 모두 해결할 때에만 향후 AI가 활용되어도 여전히 통제권은 인간이 갖게 될 것이라고 모든 사람이 확신할 수 있을 것이다.

우리는 또한 보안과 국가 차원의 사이버 공격이라는 맥락에서 우리가 접근했던 이슈들에 중요한 유사성이 있다는 사실을 발견했다. 이 영역에서는 이미 여러 국내 법규와 국제 법규가 새로운 형태의 기술에 적용되고 있다. 치명적인 자율형 무기에까지 말이다.

다른 많은 역학관계 역시 사이버 무기와 관련된 보안 이슈에서 보았던 듯하다. 2018년 UN 사무총장 안토니우 구테헤스António Guterres는 직설적으로 '살인 로봇'의 금지를 촉구했다. 그는 이렇게 말했다. "사실을 있는 그대로 얘기합시다. 향후에 기계가 멋대로 판단해 인간의 생명을 앗아갈 수 있다는 생각은 도덕적으로 역겨운 일입니다."[26] 그러나 사이버 무기의 경우에도 그랬듯이, 세계 최고의 군사력을 가진 국가들은 자국의 기술 개발을 제한할 수 있는 새로운 국제 법규 제정에 반대해왔다.[27]

교착 상태를 깨기 위해 잠재적 우려의 핵심을 건드리는 구체적 시나리오들이 나오고 있다. 한 예로 국제 인권단체 휴먼라이츠워치 Human Rights Watch는 각국 정부에게 "유의미한 인간의 통제 없이 타깃을 선별하고 공격하는 무기 시스템의 금지"를 촉구했다.[28] 이런 유형의 국제 운동은 "유의미한 인간의 통제" 같은 구체적 조건에 초점을 맞추고 있고, 이렇게 완전히 새로운 윤리적 도전을 해결하는 데 반드시 필요한 구성요소다.

이런 작업이 기존의 윤리 전통이나 인권 전통을 바탕으로 삼는 것도 중요한 일이다. 나는 미국 육군이 윤리적 의사결정에 오랫동안 심도 있게 초점을 맞춰왔다는 사실에 깊은 인상을 받았다. 물론 그렇다고 해서 군대가 윤리적으로 탈선하지 않거나 때로 어마어마한 실수를 저지를 우려까지 모두 사라지는 것은 아니다. 하지만 내가 고위 장성에서부터 미국 육군사관학교 생도에 이르기까지 여러 사람들을 통해 알게 된 바로는, 미국에서는 윤리학 수업을 이수하지 않으면 사관학교를 졸업할 수 없다고 한다.[29] 미국의 많은 대학에서 컴퓨터 과학 전공자들에게는 아직 이 같은 요건이 마련되어 있지 않다.

다른 나라의 지도자들과 함께 이와 비슷한 이슈들에 관해 논의하면서 우리는 윤리적 관점이라는 것이 궁극적으로는 더 큰 인권과 철학적 기반 위에 놓여 있다는 사실을 깨닫게 됐다. 그렇기 때문에 우리는 이들 주제를 전 세계 다양한 문화권이 해당 문제를 이해하는 방식, 그리고 그런 다양성이 빚어낸 다양한 법률과 규제 노력과 연결시켜 생각해야 한다.

다른 정보통신 기술과 마찬가지로 AI도 전 세계적으로 사용되는 것을 염두에 두고 설계된다. AI를 만들어내는 기술 전문가들은 해당 AI가 어디를 가나 똑같은 방식으로 작동하기를 바란다. 그러나 법률이나 규제는 국가마다 다를 수 있기 때문에 정부 외교관들에게도, 또 기술 전문가들에게도 어려움이 생긴다. 우리는 이런 차이를 반복적으로 경험했다. 처음에는 지적재산권법과 관련해서, 그 다음에는 경쟁 규제와 관련해서, 가장 최근에는 프라이버시와 관련해서 겪었다. 하지만 어떻게 보면 근본적으로 철학에 뿌리를 두고 있는 윤리적 이슈 해결을 위해 필요한 법적 복잡성에 비하면 앞서 경험한 그런 차이들은 단순하다고 말할 수 있다.

AI를 마주하는 세상은 이전의 그 어떤 기술에서도 겪어보지 못했던, 서로 다른 철학적 전통 사이의 차이와 유사성에 대처해야 한다. AI가 제기하는 이슈들은 개인에게 부여된 책임의 역할, 공공 투명성의 중요성, 개인 프라이버시의 개념, 기본적 공정성의 개념 등과 같은 주제를 아우른다. 인간에 대한 철학적 이슈에서조차 합의를 볼 수 없는 전 세계가 대체 어떻게 해야 컴퓨터 윤리에 대해 단일한 접근법을 마련할 수 있을까? 우리가 미래에 해결해야 할 근본적 난제다.

이 문제를 해결하기 위해서는 기술을 만들어내는 사람들이 컴퓨터나 데이터 과학뿐만 아니라 사회과학이나 자연과학, 인문학 쪽에서도 더 많이 나와야 한다. 인공지능이 인류가 내놓을 수 있는 최고의 선의를 바탕으로 의사결정을 내리기 위해서는 인공지능을 개발하는 과정에 여러 학문 분야가 연계해야 한다. 그리고 고등 교육의 미래를 생각할 때는 반드시 모든 컴퓨터와 데이터 과학자들이 인문학을 접하도록 해야 한다. 인문학을 전공하는 모든 사람도 컴퓨터나 데이터 과학이 어느 정도는 필요할 것이나.

또한 컴퓨터나 데이터 과학 교과 자체도 윤리학에 좀더 초점을 맞추는 것이 필요하다. 그 방법은 특정 과목에 좀더 집중된 형태가 될 수도 있고, 아니면 모든 과목에 윤리학이 한 요소가 될 수도 있으며, 혹은 둘 다를 채택할 수도 있을 것이다.

새로운 세대의 학생들은 이런 대의명분을 열렬히 환영할 것이라고 낙관해도 좋다. 2018년 초에 나는 마이크로소프트의 수석 부사장 해리 섬Harry Shum과 함께 공개적으로 질문을 제기한 바가 있다. 해리 섬은 로봇공학 박사로 마이크로소프트에서 AI 부문의 한 축을 책임지고 있다. "지금 의사들이 하고 있는 히포크라테스 선서를 프로그래머들도 하게 되는 날이 올까요?" 이런 선서가 일리 있다고 생각하는 사람들은 우리뿐만이 아니었다.[30] 몇 주 후 워싱턴대학교의 컴퓨터 과학과 교수 한 분이 시험 삼아 전통적인 히포크라테스 선서를 좀 편집하여 인공지능을 만드는 사람들을 위한 새로운 원칙을 제안했다.[31] 해리와 내가 전 세계 대학교의 캠퍼스를 돌아다니며 이야기를 해보니 다음 세대들은 이 문제에 충분한 관심을 가지고 있었다.

궁극적으로 인공지능을 위한 윤리 원칙에 관해 전 세계적 논의가 진행된다면 좀더 큰 범위를 포용해야 할 것이다. 그 자리에는 기술 전문가와 각국 정부, 비정부단체, 교육자들뿐만 아니라 철학자들과 전 세계 수많은 종교 대표자들까지 앉을 자리가 마련되어 있어야 할 것이다.

전 세계적 논의가 필요하다 보니 나는 생각지도 못한 곳에서 기술에 관한 이야기를 하게 됐다. 바로 바티칸이었다. 아이러니한 방문이었다. 우리가 로마에 들른 것은 2019년 2월이었다. 며칠 후면 우리는 독일로 가서 해마다 전 세계 군사 지도자들 틈에 둘러싸이는 뮌헨 안보 콘퍼런스에 참석할 예정이었다. 로마에 들른 것은 바티칸 지도부와 컴퓨터 윤리에 관해 이야기를 나누기 위해서였다. 공교롭게도 바로 일주일 뒤에 바티칸 지도부는 교회에서 성직자와 아동학대에 관한 윤리적 이슈를 다루기 위해 자체 회의를 개최했다. 인류의 열망과 도전들을 강조해주는 기막힌 타이밍이었다.

바티칸에 도착했을 때 우리를 맞이한 사람은 빈센초 파글리아Vincenzo Paglia 대주교였다. 백발에 쾌활한 성정을 지닌 이탈리아 가톨릭 교회의 대주교는 우리를 보고 활짝 웃었다. 수많은 저서를 집필하기도 한 파글리아 대주교는 바티칸에서 다양한 윤리적 이슈에 대응하는 작업을 앞장서 이끌었는데, 거기에는 인공지능과 관련한 새로운 문제들도 포함되었다. 마이크로소프트와 바티칸은 인공지능이라는 새로운 기술과 오래된 윤리적 문제들이 교차하는 지대를 연구하는 사람들에게 박사학위를 공동으로 수여하기로 했다.

그날 오후의 만남을 통해 우리는 한쪽에서는 기술과 과학, 다른 한쪽에서는 철학과 종교로 대표되는 두 영역의 역사적 충돌을 다시 한번 생각해보게 됐다. 바티칸에서 파글리아 대주교는 우리에게 교황청 도서관을 구경시켜 주었다. 그곳에서 우리는 요하네스 구텐베르크Johannes Gutenberg가 1450년대에 빌명해서 사용하기 시작한 가동 금속활자 인쇄기로 제작한 최초의 성경을 보게 됐고, 조심스레 책장까지 넘겨보았다. 이 기술적 발전이 의사소통의 혁명을 몰고 왔고, 그 영향은 교회를 포함한 유럽 사회 구석구석 미치지 않은 곳이 없었다.

다음으로 우리는 150년 후에 쓰인 편지 묶음을 보았다. 갈릴레오와 교황 사이에 오간 서신을 보존해놓은 것이었다. 하늘에서 태양과 지구의 개별 위치에 관한 갈릴레오와 교회 사이의 논쟁이 서신의 중심 내용이었다. 서신의 내용처럼 갈릴레오는 1600년대 초에 자신의 망원경을 사용해 태양의 흑점이 자리를 바꾸는 것을 기록했다. 태양이 회전하고 있음을 알려주는 내용이었다. 성경의 해석을 둘러싼 격렬한 논쟁 등으로 인해 갈릴레오는 로마에서 취조를 받았고 죽을 때까지 가택연금에 처해졌다.

두 사건은 과학과 기술이 신념이나 종교, 철학이라는 문제와 어떤 식으로 연결되고 또 충돌할 수 있는지 여실히 보여준다. 인쇄기나 망원경의 발명과 마찬가지로 AI 역시 이들 영역을 결코 그대로 두지는 않을 것이다. 문제는 우리가 어떻게 하면 사려 깊고, 서로를 존중하고, 포용적인 전 세계적 대화를 추진할 것인가 하는 점이다.

프란치스코 교황과 파글리아 대주교와의 미팅에서 우리가 논의한 것도 바로 그 주제였다. 우리는 각국이 점점 더 국내에만 집중하고 때로는 이웃이나 도움이 필요한 이들에게 등을 돌리는 문제를 배경으로 기술 발전에 관해 이야기를 나눴다. 나는 1930년대에 기술의 위험을 심각하게 경고했던 알베르트 아인슈타인의 사례를 언급했다. 그러자 교황은 아인슈타인이 제2차 세계대전 이후에 했던 말을 상기

시켜주었다. "나는 3차 세계대전에서 사람들이 어떤 무기를 가지고 싸울지는 알지 못합니다. 하지만 4차 세계대전 때는 분명 돌멩이와 막대기를 들고 싸울 겁니다."[32] 기술, 특히 핵기술이 다른 모든 것을 말살할 수 있는 수준까지 발전했음을 지적한 말이었다.

미팅을 마치면서 프란치스코 교황은 오른손으로는 나와 악수를 하고 왼손으로 내 손목을 잡으며 이렇게 촉구했다. "인간성을 잃지 마세요." 인공지능의 미래를 생각할 때 우리 모두에게 할 수 있는 훌륭한 조언이다.

# 12

# AI와 안면인식

: 얼굴이 휴대폰만큼
보호받을 가치가 있는가?

2002년 6월 스티븐 스필버그Steven Spielberg 감독의 새 영화 〈마이너

리티 리포트〉가 개봉됐다. SF 작가 필립 K. 딕Philip K. Dick의 유명한

1956년작 단편소설을 각색한 영화였다. 영화의 배경은 2054년 범죄

라고는 찾아볼 수 없는 워싱턴 D.C.다. 영화배우 톰 크루즈Tom Cruise

가 연기한 주인공은 살인범들이 범죄를 저지르기 전에 그들을 체포

하는 경찰의 엘리트 부서 프리크라임Precrime 팀의 팀장이다. 프리크

라임 팀은 미래를 볼 수 있는 세 명의 예지자들이 보는 내용을 바탕

으로 사람들을 체포할 수 있는 권한이 있다. 그러나 곧 톰 크루즈는

모든 사람과 모든 사물이 추적되는 도시에서 자신의 팀원들을 피해

도망다니게 된다. 예지자들이 그가 살인을 저지를 것이라고 예측했

기 때문이다.[1]

　15년이 넘게 지난 지금 보아도 사법기관에 대한 이런 식의 접근법

은 얼토당토않은 것처럼 보인다. 하지만 영화 〈마이너리티 리포트〉에 나왔던 한 가지 기술은 2054년보다는 훨씬 더 빨리 현실이 될 것으로 보인다. 도망을 치고 있던 톰 크루즈는 의류상점 갭Gap에 들어간다. 상점의 기술은 매장에 들어오는 고객 한 명 한 명이 누구인지 알아보고는 고객이 좋아할 것이라고 생각되는 의류 이미지들을 즉각 키오스크에 보여주기 시작한다. 어떤 사람들은 그렇게 제안되는 내용이 멋지다고 생각하고, 어떤 사람들은 상점의 그런 반응이 짜증나거나 심지어 무시무시하게 느껴질 수도 있다. 간단히 말해서 상점에 들어가는 것은 마치 어느 웹사이트를 둘러본 후에 내 소셜 미디어 피드로 돌아왔을 때 내가 조금 전에 보았던 무언가를 홍보하는 새 광고가 갑자기 나타나는 것과 비슷한 경험을 제공한다.

〈마이너리티 리포트〉에서 스필버그 감독은 기술이 어떻게 잘 이용될 수도 있고 남용 내지는 오용될 수도 있는지 한번 생각해보라고 관객들에게 묻는다. 범죄를 저지르기 전에 범죄자를 제거할 수도 있겠지만 일이 잘못됐을 때는 사람들의 인권을 짓밟게 될 것이다. 갭 매장에서 톰 크루즈를 알아본 기술은 톰 크루즈에게 내장되어 있는 칩으로부터 정보를 받는다. 하지만 현실에서 21세기 초반 20년간의 기술 발전은 스필버그의 상상력을 뛰어넘었다. 지금은 그런 칩이 전혀 필요하지 않은 것이다. 고객이 지난주에, 또는 한 시간 전에 이곳을 방문했다면 안면인식 기술은 클라우드에 있는 데이터와 카메라를 활용한 AI 기반 컴퓨터 영상인식 기술을 동원해 매장으로 들어오는 고객의 얼굴을 식별할 수 있다. 이것은 IT 업계와 정부가 인공 지능에 관한 윤리적 문제와 인권 문제에 구체적으로 접근할 수 있는 최초의 기회일 수도 있다. 안면인식을 어떻게 규제할 것인지 결정할 수 있다면 말이다.

대부분의 사람들에게는 사진을 분류하고 검색하는 것처럼 간단한 시나리오로 시작된 문제가 금세 훨씬 더 복잡한 이슈가 됐다. 이미 많은 사람들이 아이폰이나 윈도 노트북 컴퓨터의 잠금을 해제할 때 비밀번호보다는 안면인식 방법을 더 편안하게 생각한다. 그리고 거기서 끝이 아니다.

컴퓨터는 이제 대부분의 인간이 태어나면서부터 해왔던 일, 즉 사람의 얼굴을 인식하는 일을 해낼 수 있다. 대부분의 사람들은 아마도 엄마의 얼굴을 인식하는 것부터 시작했을 것이다. 육아의 기쁨 중 하나는 퇴근해서 집에 갔을 때 아장아장 걷는 아기가 좋아서 어쩔 줄 모르며 달려올 때다. 10대 초반까지 지속되는 이런 반응은 인간의 타고난 안면인식 능력 덕분이다. 일상생활에서 아주 기본적인 능력이지만 어떻게 그런 일이 가능한지 우리가 멈춰서 생각해보는 일은 없다.

알고 보니 사람의 얼굴은 지문만큼이나 고유했다. 얼굴의 특징에는 두 눈동자 사이의 거리, 코의 크기, 미소의 형태, 턱선 등이 포함된다. 컴퓨터가 사진을 이용해서 이런 특징들을 표시하고 조합하면, 알고리즘이 이용할 수 있는 수학식의 토대가 만들어진다.

사람들은 더 편리한 생활을 위해 이 기술을 전 세계적으로 사용하고 있다. 때로는 소비자 편의를 위한 경우도 있다. 내셔널 오스트레일리아 은행National Australia Bank은 마이크로소프트의 안면인식 기술을 이용해서 고객이 은행 카드가 없어도 ATM으로 걸어가 안전하게 현금을 인출할 수 있는 기술을 개발 중이다. ATM이 고객의 얼굴을 인식하면 고객은 PIN 넘버를 입력하고 거래를 완료하면 된다.[2]

훨씬 큰 혜택이 미치는 또 다른 시나리오도 있다. 워싱턴에 있는 국립인간게놈연구소National Human Genome Research Institute는 안면인식 기술을 이용해 디조지 증후군DiGeorge syndrome 내지는 22q11.2염색체 결실증후군22q11.2 deletion syndrome이라고 부르는 질병을 의사들이 진단할 수 있도록 돕고 있다. 이 질병은 흑인이나 동양인, 또는 라틴 아메리카 출신 사람들이 특히 잘 걸린다. 심장이나 신장 손상을 비롯해 건강상의 여러 심각한 문제를 일으킬 수 있는 질병이다. 그런데 이 질병은 종종 얼굴에 미묘한 특징을 나타내기도 한다. 그 특징을 컴퓨터가 안면인식 시스템을 이용해 식별하면 치료가 필요한 환자를 의사가 진단하는 데 도움을 줄 수 있다.[3]

이런 시나리오들은 사회에 도움이 되는 방식으로 안면인식을 활용하는 중요하고 구체적인 방법들을 잘 보여준다. 21세기에 새로 생긴 도구인 셈이다.

그러나 다른 수많은 도구들의 경우처럼 안면인식이라는 도구가 무기로 돌변할 수도 있다. 어느 정부가 안면인식 기술을 이용해 평화로운 집회에 참석한 모든 개인을 식별해서 표현의 자유와 집회의 자유를 위축시키는 후속조치를 취할지도 모른다. 그리고 심지어 민주사회에서조차 다른 모든 기술과 마찬가지로 안면인식 기술도 늘 완벽한 것은 아니라는 사실을 망각한 채 경찰이 안면인식 기술에 과도하게 의존해 용의자를 식별할지도 모를 일이다.

이 모든 이유로 안면인식 기술은 더 큰 정치, 사회적 이슈와 얽혀 우리에게 중요한 질문을 제기한다. '우리는 안면인식이라는 형태의 인공지능이 우리 사회에서 어떤 역할을 수행하기를 바라는가?'

2018년 6월, 그해 여름을 달구었던 정치 이슈와 관련해 앞으로 벌어질 일들을 살짝 엿보게 해주는 사건이 있었다. 사건의 발단은 버지니아에 사는 한 남자였다. 그는 자신을 '공짜 소프트웨어 수선가'라고 소개했지만, 더 큰 정치적 이슈에 관심이 많은 게 분명했다. 그는 마이크로소프트가 미국 이민관세청Immigration and Customs Enforcement과 계약을 맺었다는 내용의 트윗을 여러 건 게시했다. 그가 기초로 삼은 것은 1월 마이크로소프트 마케팅 블로그에 게시된 한 포스트였다.[4] 솔직히 우리 회사 사람들은 그 포스트를 모두 잊고 있었다. 하지만 그의 트윗에 따르면 마이크로소프트의 기술이 이민관세청이 요구하는 높은 보안 기준을 통과해 곧 적용될 것이라고 했다. 그는 마이크로소프트가 이민관세청의 업무를 지원할 수 있어 자랑스럽게 여기고 있다며, 이민관세청이 안면인식 기술을 사용할 경우 발생할 수 있는 잠재적 결과를 언급해놓았다.[5]

2018년 6월 트럼프 행정부가 미국 남쪽 국경에서 부모와 자녀들을 분리하기로 결정하면서 폭발적인 관심을 불러일으켰다. 상황이 이렇게 되고 보니 몇 달 전에 그냥 마케팅 용도로 작성해 놓은 글이 이제는 완전히 달리 보였고, 안면인식 기술을 사용한다는 것도 전혀 달리 보였다. 사람들은 이민관세청과 기타 이민 관련 기관들이 안면 인식 기술을 사용할까 걱정했다. 이제는 이민자가 길을 걸어가기만 해도 클라우드와 연결된 카메라가 그들을 인식하게 되는 것인가? 안면인식 기술의 발달 상황이나 편견의 위험 등을 고려할 때 카메라가 사람을 잘못 인식해서 엉뚱한 사람을 체포할 수도 있는 것인가? 수많은 의문이 양산됐다.

시애틀 시간으로 저녁쯤 되자 우리 마케팅 블로그에 관한 트윗은 인터넷을 휩쓸고 있었고 홍보팀은 대응책을 강구하고 있었다. 엔지니어링 팀과 마케팅 팀의 일부 직원들은 그냥 마케팅 포스트를 내리자고 했다. "오래된 내용이고 지금에 와서 사업에 무슨 영향이 있는 것도 아니"라고 하면서 말이다.

그러나 마이크로소프트의 홍보팀장인 프랭크 쇼Frank Shaw는 해당 포스트를 내리지 말라고 세 번이나 조언했다. "상황이 더 악화될 거예요."라는 게 그의 말이었다. 그러거나 말거나 누군가 유혹을 참지 못하고 포스트의 일부를 삭제했다. 그러자 역시나 상황은 악화됐고 부정적인 뉴스가 다시 한 번 쏟아졌다. 다음날 아침이 되자 사람들은 제대로 교훈을 배웠고, 포스트는 다시 원상복구됐다.

흔히 있는 일이듯이, 우리는 회사가 이민관세청과 맺은 계약의 내용이 정확히 어떤 것인지 먼저 파악해야 했다.

문제를 철저히 파고들어보니, 해당 계약은 안면인식에 사용되는 내용이 전혀 아니었다. 그리고 천만다행으로 마이크로소프트가 작업 중인 프로젝트 중에 국경에서 부모와 자녀를 갈라놓는 데 도움을 주는 내용은 하나도 없었다. 해당 계약은 이민관세청이 그들의 이메일과 일정표, 메시지, 서류 관리 등을 클라우드로 옮길 수 있게 도와주는 내용이었다. 우리 회사가 미국이나 전 세계 다른 정부 기관을 포함해 다른 고객들과 작업하는 프로젝트와 별반 다를 것이 없었다.

그럼에도 불구하고 새로운 논란은 이미 탄생한 후였다. 마이크로소프트가 이민관세청과의 계약을 취소하고 이민관세청과 작업 중인 모든 프로젝트를 중단해야 한다고 주장하는 사람들도 있었다. 정부의 기술 사용이라는 주제는 그해 여름 내내 우리를 붙잡고 놓아주지 않았다. 직원 일부는 이민관세청 계약을 중단하자는 청원서를 돌렸다. 이 문제는 더욱 커져 IT 업계까지 휘젓기 시작했다. 클라우드를 기반으로 하는 소프트웨어 회사 세일스포스Salesforce에서는 미국 관세국경보호청과 맺은 계약 때문에 비슷한 직원 운동이 일어났다. 구글에서도 비슷한 운동이 일어났고, 결국 구글은 군용으로 개발하려던 인공지능 프로젝트를 취소했다. ACLU American Civil Liberties Union 는 아마존을 타깃으로 삼았다. 그들은 아마존의 안면인식 서비스인 레커그니션Rekognition과 관련해 우리의 목소리를 내고 있던 직원들을 지지했다.[6]

IT 업계와 좀더 넓게는 산업계 전반에서 이런 유형의 직원 운동은 전에 없던 일이었다. 100년도 더 전에 일부 업계에서 노동조합이 했던 역할을 연관시키는 사람들도 있었다. 그러나 노동조합은 원칙적으로 조합원들의 경제적 조건과 노동 조건에 초점을 맞췄었다. 2018년 여름 일어난 직원 운동은 성격이 달랐다. 이 운동은 직원들에게 특정 사회적 이슈에 관해 입장을 정하기를 촉구했다. 직원들은 직접적으로 또는 간접적으로 전혀 얻을 것이 없었다. 직원들은 그저 자신들이 중요하다고 생각하는 사회적 가치와 입장을 회사가 지지해주기를 바랐을 뿐이다.

이렇게 새로운 직원 운동의 물결에 대해 각 회사가 보이는 반응들을 조사해본 것이 우리에게는 도움이 됐다. 같은 시애틀에서 겨우 몇 킬로미터 떨어진 곳에 있는 아마존의 리더들은 이런 유형의 이슈에 관해 직원들과 직접 대화하고 싶어하는 것 같지 않았다.[7] 회사 측의 이런 뜨뜻미지근한 반응에 직원 일부는 이슈를 제기하는 데 관심을 잃은 듯 보였다. 사실상 고개를 숙이고 하던 일이나 열심히 하라는 말을 하고 있는 셈이었다. 반면에 실리콘밸리에 있는 구글의 리더들은 전혀 다른 접근법을 취했다. 구글은 종종 직원들의 불평에 빠르게 반응해 방향을 돌리기도 했고 AI 관련 군수계약을 취소한 것도 그런 맥락이었다.[8] 정해진 접근법은 없는 것이 분명했다. 기업들은 자신들만의 기업문화를 생각해보고 직원들과 어떤 관계를 맺고 싶은지 스스로 고민하는 수밖에 없었다. 우리의 경우 마이크로소프트의 조직

문화를 생각해보았을 때 다른 곳에서 보이는 접근법들의 중간쯤 되는 길을 가기로 했다.

이런 사건들은 중요한 몇 가지 변화를 반영하는 듯했다. 아마도 가장 중요한 첫 번째 변화는 직원들이 회사에 대해 갖는 기대가 높아지고 있다는 점일 것이다. 그런 변화는 이미 몇 달 전 발표된 에델먼 신뢰 지표Edelman Trust Barometer에서도 확인됐다.[9] 홍보와 마케팅 전문 기업 에델먼Edelman은 2001년부터 매년 '신뢰 지표'를 발표하고 있었다. 기관에 대한 사람들의 신뢰 변화를 통해 전 세계 분위기의 변화를 알아보는 지표다. 2018년 초에 나온 에델먼의 보고서를 보면 수많은 기관에 대한 신뢰가 추락한 반면, 회사에 대한 직원들의 신뢰는 크게 증가했다. 보고서에 따르면 전 세계적으로 72퍼센트의 사람들이 자신의 회사가 옳은 일을 한다고 믿었고, 심지어 미국에서는 그렇게 느끼는 사람의 비율이 79퍼센트에 이르렀다.[10] 반면에 정부를 그런 식으로 신뢰하는 미국인은 3분의 1에 불과했다.

당시 우리가 겪고 있던 일도 그런 관점이 반영되어 있었고, 어쩌면 거기서 한발 더 나아간 것이었다. IT 업계 직원들 중에는 회사의 의사 결정 형성 과정이나 회사가 시대적 이슈에 개입하는 방식에 적극적인 역할을 하고 싶어하는 사람들이 있다. 사람들이 정부를 신뢰하지 못하는 때에 이런 관점이 더욱 두드러지는 것은 놀랄 일이 아닐 것이다. 직원들은 옳은 일을 할 수 있다고 생각하는 다른 유형의 기관을 찾고 있었고, 무언가 공적인 영향력을 미칠 수 있기를 바랐다.

이런 변화는 기업의 리더들을 낯선 영역으로 밀어넣었다. 시애틀에서 참석한 어느 작은 만찬에서 나는 우리가 공통으로 겪고 있는 불안을 한 IT 기업의 CEO가 토로하는 것을 들었다. 그는 자신이 어떻게 그 자리까지 올랐는지를 설명하며 이렇게 말했다. "저는 어지간한 일이라면 뭐든 자신 있어요. 그런데 지금은 완전히 다른 무언가에 내맡겨진 기분이에요. 직원들은 내가 이민자 문제며 기후변화를 비롯한 기타 수많은 문제에 대한 자신들의 우려를 처리해주기를 바라요. 대체 어떻게 반응해야 할지 모르겠어요."

어쩌면 당연한 말이겠지만, 이런 현상이 제일 뚜렷한 것은 가장 젊은 세대에 속하는 직원들 사이에서다. 무엇보다 대학생들은 캠퍼스에서 사회 변화에 대해 큰 목소리를 내는 것이 오랜 전통으로 자리잡혀 있고, 때로는 그 길에 앞장설 수 있도록 대학 측에도 정책을 바꾸라고 요구한다. 당시는 여름이었기 때문에 마이크로소프트 구내에는 대략 3,000명 정도의 인턴이 근무 중이었는데, 그들이 이 문제에 강한 관심을 갖는 것은 당연한 일이었다. 그저 여름 한철을 우리와 함께 보낼 뿐인데도 마이크로소프트의 입장에 대해 직접적인 영향력을 미치고 싶어하는 사람들까지 있었다.

우리는 이 문제를 어떻게 고민하고 대응할지 이야기를 나눴다. 사티아와 의견을 교환하면서 나는 프린스턴대학교 이사회에서 일할 때 배웠던 교훈을 되새겼다. "이제는 IT 기업의 리더가 된다는 게 대학의 리더가 되는 것과 비슷해지고 있는 것 같아요. 우리가 보유한 박사 연구진들은 대학교수들과 비슷하죠. 인턴이나 젊은 직원들은 종종 대학생들과 비슷한 시각을 갖고 있고요. 다들 자기 목소리를 내고 싶어해요. 반대하는 기업의 주식을 매입하지 말라고 학생들이 대학 측에 요구하는 것처럼, 회사가 정부기관을 보이콧하기를 바라는 직원들도 있어요."

나는 프린스턴대학교 이사회 활동을 통해 몇 가지 핵심적인 교훈을 얻었다. 그중에서도 가장 중요한 것은 훌륭한 의도를 가진 학생들이 내놓는 답이 때로 틀릴 수도 있지만, 그들이 제기하는 질문만큼은 옳은 것일 수도 있다는 사실이었다. 그리고 바로 그런 질문들이 전문가나 고위 지도부는 미처 생각지 못했던 더 좋은 길을 안내할 수도 있었다. 내가 사내에서 자주 이야기하는 것처럼 반쯤 구워낸 아이디어에 대한 최고의 대처는 아이디어를 죽이지 않는 것이 아니라, 아이디어를 끝까지 구워서 온전히 익히는 것이다. 우리가 전개했던 훌륭한 운동 중 몇 가지는 바로 그런 식으로 시작된 것이었다. 그런 아이디어들은 마이크로소프트에서 사티아가 육성해놓은 조직문화를 기초로 했고, 성장과 끝없는 배움이라는 사고방식에 뿌리를 두고 있었다. 간단히 말해서 지금 직원 운동의 새 시대가 열리고 있는 것이라면 우리는 직원들과 소통하고, 그들의 우려를 이해하고, 사려 깊은 답을 내놓을 수 있는 새로운 방법을 찾아야 했다.

나는 또 프린스턴에서의 경험을 통해 대학들이 이런 필요에 부응하기 위해 여러 건전한 프로세스를 개발했다는 사실을 알고 있었다.

대학들은 모든 사람이 의견을 낼 수 있고 좀더 협력적인 논의를 할 수 있는 기회를 창출했다. 그렇게 하면 감정은 잦아들고 이성이 확산되어 집단 전체가 시간을 갖고 끝까지 고민하며 어려운 의사결정을 내리게 해주었다. 우리는 우리도 대학들이 택하는 이런 길을 가기로 하고, 에릭 호비츠와 프랭크 쇼, 리치 소어Rich Sauer 등 AI 윤리 이슈를 책임지고 있는 회사 고위 변호사들이 줄줄이 개최하는 원탁회의에 직원들이 참여할 수 있게 했다.

공공 이슈에 관해 회사가 입장을 정하는 것이 좋겠다고 판단될 때와 그렇지 않을 때가 언제인지 제대로 알아내는 것이 점점 더 중요해지고 있다. 우리는 기업의 경연진이라는 이유로 어떤 이슈에 관해 회사의 이름을 멋대로 사용해도 되는 권한이 생기는 것은 아니라고 생각했다. 뭔가 중요한 관련이 있을 때에만 회사의 입장을 내놓아야 한다고 판단했다. 기본적으로 우리가 공공 이슈에 대응해야 할 책임이 생기는 경우는 해당 이슈가 우리 고객, 또는 고객의 우리 기술 이용에 영향을 주는 경우, 직장 내에서, 또는 공동체에서 우리 직원들에게 영향을 주는 경우, 그리고 우리 주주들이나 파트너들의 필요, 또는 우리 사업에 영향을 주는 경우라고 생각했다. 이것으로 모든 의문이 해소되는 것은 아니었지만 적어도 직원들과 논의를 위한 유용한 틀을 제공했다.

직원들의 의문은 또한 우리가 정부와의 관계에 대해, 그리고 안면인식 같은 새로운 기술이 제기하는 도전에 대해 건설적인 방향으로 더욱 열심히 고민하게 만들었다.

한편으로 우리는 시대적 사건에 대해 정부기관을 보이콧하는 방식으로 대응하라는 제안은 불편했다. 특히나 법률의 지배를 받는 민주 사회에서 말이다. 어찌 보면 이것은 원칙이 있는 반응이었다. 내가 종종 사람들에게 상기시키려고 노력하듯이, 우리는 누구에 의해 선출된 사람들은 아니다. IT 기업들이 정부를 단속해주기를 바라는 것은 이상할 뿐만 아니라 비민주적으로 보였다. 일반 원칙으로서 선출된 적이 없는 기업들에게 정부를 단속하라고 요구하기보다는 국민이 선거를 통해 선택한 정부가 기업을 규제하라고 하는 것이 더 분별 있는 요구로 보였다. 사티아와 나는 이 부분을 자주 이야기했고 이 점이 중요하다고 생각했다.

현실적인 측면도 있었다. 우리는 수많은 단체나 개인이 우리 기술에 크게 의존하고 있다는 것을 알고 있었다. 그런데 우리가 정부기관이 하는 어떤 행동에 반대한다는 이유로 기술 자체를 사용하지 못하게 한다면, 혼돈과 의도치 않은 결과가 초래되기 쉬웠다.

이런 현실적인 측면이 더욱 뚜렷해졌던 것은 2018년 8월이었다. 금요일 아침 출근길, 〈뉴욕 타임스〉의 〈더 데일리The Daily〉 팟캐스트를 듣고 있는데 핵심을 찌르는 이야기가 나왔다. 그날의 이슈는 이민자 자녀와 그 가족들을 상봉시키라고 법원이 정해준 기한을 정부가 맞추지 못한다는 내용이었다. 팟캐스트에서 낯익은 목소리가 흘러나왔다. 무료 변호단체인 '변호가 필요한 아이들Kids in Need of Defense,

KIND'을 이끌고 있는 웬디 영Wendy Young이었다. 10여 년 전에 나도 그곳의 의장으로 일했다.[11] 웬디는 행정부가 나중에 가족들을 어떻게 상봉시킬지 생각조차 해보지 않고 가족 분리 정책을 시행했다고 설명했다.[12]

웬디와 여러 번 얘기를 나눠보았던 나는 그 내용을 익히 알고 있었지만, 이어진 〈뉴욕 타임스〉 저널리스트 케이틀린 디커슨Caitlin Dickerson과 애니 코리얼Annie Correal의 자세한 설명은 충격적이었다. 두 사람의 설명에 따르면 이민자들이 최초로 국경을 넘을 때 관세국경보호청 직원들이 사용하는 컴퓨터 시스템은 드롭다운식 메뉴를 쓴다. 국경을 넘는 사람이 보호자 없는 미성년자인지, 성인 개인인지, 아동을 동반한 성인, 즉 가족 단위인지 분류하는 것이다. 이후에 자녀가 부모와 분리되면 컴퓨터 시스템은 다시 돌아가서 이 할당을 변경하게끔 되어 있었다. 예컨대 아이는 다시 보호자 없는 미성년자로, 부모는 성인 개인으로 바꾸는 것이다. 문제는 이렇게 되면 컴퓨터 시스템이 이전의 데이터를 아예 지워버려서 당초 모든 구성원이 하나의 가족으로 할당되어 있던 기록이 더 이상 남지 않는다는 것이다. 결과적으로 정부에게는 더 이상 가족구성원들을 서로 연결시킬 기록이 하나도 남지 않았다.

이 사례는 이민자와 가족에 관한 문제일 뿐만 아니라 기술에 관한 문제이기도 하다. 정부에서 사용하고 있는 데이터베이스의 구조는 한 가지 프로세스는 처리할 수 있어도 다른 용도로는 쓸 수 없었다.

행정부는 가족 분리가 포함된 새로운 조치를 처리할 수 있게 IT 시스템을 업데이트시킨 것이 아니라 어떤 컴퓨터 구조가 필요할지 생각도 해보지 않고 그냥 일을 벌였다. 몇 달 전에 웬디와 함께 멕시코 국경 인근에 있는 지휘통제소를 방문해 관세국경보호청의 시스템을 본 적이 있는 나는 그들의 시스템이 구닥다리인 것이 놀랍지 않았다. 하지만 행정부가 어떤 기초적인 기술 인프라가 필요할지 생각조차 해보지 않았다는 사실은 여전히 경악스러웠다.

그날 아침 회의실에 들어서니 사티아를 비롯한 고위 지도부 팀이 금요일 정기회의를 위해 속속 모여들고 있었다. 그 자리에서 나는 내가 출근길에 팟캐스트에서 들은 내용을 공유했다. 우리는 대화를 나누면서 이 일이 우리의 더 큰 우려와도 맞닿아 있다는 사실을 깨달았다. 일부 사람들은 우리가 반대하는 정책들을 근거로 IT 기업이 정부기관에 대한 서비스를 모조리 중지해야 한다고 주장했다. 기술은 우리 생활의 핵심 인프라가 됐고, 그걸 업데이트할 수 없거나 심지어 기술 공급을 중단하기로 결정한다면, 예상하지 못하고 의도하지 않았던 온갖 일들이 벌어질 수 있었다. 내부 회의에서 사티아가 여러 번 이야기했던 것처럼 정부는 가족들을 다시 상봉시키는 데도 이메일이라는 툴을 사용하고 있었다. 그런데 우리가 그걸 완전히 차단한다면 무슨 일이 벌어질지 알 수 없었다.

결국 우리는 미국에서 정부기관을 보이콧하는 것은 잘못된 접근법이라고 결론 내렸다. 하지만 우리 직원들을 포함해 그런 행동을 요구하는 사람들이 제기하는 의문 자체는 올바른 것이었다. 예를 들어 안면인식기술이 제기하는 도전들은 더 많은 주의가 필요했다.

고민을 거듭한 우리는 안면인식이라는 새로운 기술에는 새로운 법률과 규제가 필요하다고 결론 내렸다. 혁신을 계속 이어가면서도 프라이버시에 대한 대중의 요구를 보호하고 편견이나 차별의 위험을 해결하려면 그게 유일한 방법이었다.

기업이 정부에게 특정 제품을 규제해달라고 요구하는 것을 이상하게 생각하는 사람도 많았다. 마이크로소프트의 이사회 의장인 존 톰슨John Thompson은 실리콘밸리에 있는 사람들 중에는 우리가 시장에서 다른 기업들보다 뒤처져 있기 때문에 경쟁자들의 속도를 늦추려고 규제를 원한다고 생각하는 사람들이 있다고 전해주었다. 나는 발끈할 수밖에 없었다. 정반대로 2018년 미국표준기술연구소National Institute of Standards and Technology가 또 한 차례 안면인식 기술을 테스트했을 때 마이크로소프트의 알고리즘은 모든 항목에서 최고를 차지하거나 그에 근접했다.[13] 우리 외에 44개 기업이 테스트용으로 기술을 내놓았지만 아마존을 비롯한 많은 기업들은 기술을 아예 내놓지도 않았다.

우리가 규제에 관심을 갖게 된 것은 시장이 흘러가는 방향을 감지했기 때문이다. 몇 달 전에 우리 회사 세일즈 팀 한 곳이 안면인식 서비스를 포함한 AI 솔루션을 어느 나라 정부에 판매하고 싶어 했다. 그 나라는 독립된 사법부가 없었고 인권 존중이라는 측면에서도 썩 좋은 이력을 갖고 있지 않았다. 해당 정부는 수도 전역의 카메라에 우리 기술을 사용하고 싶어 했다. 우리는 인권을 무시하는 정부가 안면인식 기술을 사용한다면 어디에 있는 누구든 추적하게 될까 봐, 혹은 모든 곳의 모든 사람을 추적하게 될까 봐 걱정됐다.

사내 AI 윤리위원회의 조언에 따라 우리는 제안받은 거래를 진행하지 않기로 결정했다. 위원회는 전 세계 자유와 민주주의를 지속적으로 감시하는 독립 감시단체인 프리덤 하우스Freedom House가 자유롭지 않다고 결론 내린 국가에 대해서는 일반적 용도로 안면인식 서비스를 사용하는 것에 선을 그으라고 권고했다. 현지 세일즈 팀은 실망했다. 계약을 추진 중이던 현지 세일즈 팀의 팀장은 최종 결정권을 갖고 있던 나에게 절절한 이메일을 보냈다. 그녀는 우리가 폭력이나 테러 위험을 방지하도록 안면인식 서비스를 만들었다면, 한 사람의 어머니이자 전문가로서 훨씬 더 안전하다고 느꼈을 것이라고 했다.

나는 그녀의 논점을 이해했다. 그녀가 강조하고 있는 것은 공중의 안전과 인권이라는 오래된 긴장 관계의 특징이었다. 두 가지는 하나를 얻으면 하나를 내줄 수밖에 없는 어려운 대가 관계에 있었다. 또한 그녀의 논지는 인공지능과 관련해 새롭게 나타날 수많은 윤리적 의사결정이 얼마나 주관적일지를 잘 보여주었다. 물론 해당 세일즈 팀장을 비롯해 여러 사람들이 지적했듯이, 우리가 이 서비스를 제공하지 않을 경우 다른 기업이 끼어들 수 있다는 우려는 계속해서 남았다. 그렇게 되면 우리는 사업도 잃고, 다른 누군가가 안면인식 기술을 오용하는 것을 옆에서 구경만 해야 할 것이다. 하지만 여러 요인을 두루 고려한 결과, 우리는 이 새로운 기술에 일종의 윤리적 기초가 마련되게 하는 편이 좋겠다고 결론 내렸다. 그렇게 할 수 있는 유일한 방법은 특정 용도로 사용하는 것을 거절하고 좀더 폭넓은 공개토론이 이뤄지도록 촉구하는 것이었다.

이처럼 원칙이 있는 접근법이 필요하다는 생각을 강화시켜준 사건이 또 있었다. 캘리포니아의 한 지방 경찰청이 청내의 모든 자동차와 바디 카메라body camera(미국에서 경찰관들이 몸에 부착하는 녹화용 카메라. - 옮긴이)에 차를 세우는 사람의 사진을 찍는 기능을 탑재하고 싶다고 연락을 해왔던 것이다. 경찰청 측은 그냥 일상적인 검문으로 차를 세울 때도 사람들의 사진을 찍어서 다른 범죄 용의자 데이터베이스에 포함된 사람은 아닌지 대조하고 싶다고 했다. 우리는 해당 경찰청의 논리는 이해했지만, 안면인식 기술이 아직은 너무 완성도가 부족해서 그런 시나리오로 사용할 수 없다고 조언했다. 안면인식 기술을 그런 식으로 사용했다가는, 적어도 2018년에는, 너무 많은 긍정 오류(거짓인데 참이라고 잘못 판단하는 것. - 옮긴이)가 나올 것이 뻔했다. 특히나 아직까지 오류 비율이 높은 유색인종이나 여성을 잘못 인식할 확률이 높았다. 우리는 해당 계약을 거절하고 경찰청에 그런 용도로 안면인식을 사용하지 말라고 설득했다.

이런 경험을 통해 우리는 안면인식 기술에 적용할 수 있는 원칙들에 관해 몇 가지 통찰을 얻을 수 있었다. 그러나 우리가 그렇게 고고

한 원칙을 고수한다고 해도 시애틀 반대편, 또는 태평양 건너의 다른 기업들이 안면인식에 대해 전혀 안전장치를 사용하지 않거나 제한을 두지 않는다면 실질적인 영향력은 거의 없지 않을까 걱정이 됐다. AI를 기반으로 하는 다른 수많은 기술과 마찬가지로 안면인식은 데이터의 양이 커지면 성능이 개선된다. 그렇다면 초기에 최대한 많은 계약을 따내려는 인센티브가 생기고 경쟁은 극한으로 치달으면서 IT 기업은 사회적 책임과 시장에서의 성공 사이에 선택을 강요받게 된다.

이렇게 치열한 경쟁을 피할 수 있는 유일한 방법은 건강한 시장경쟁을 뒷받침할 수 있는 최소한의 책임을 정해두는 것이다. 그러려면 안면인식이라는 기술 자체는 물론 그것을 개발하고 사용하는 기업까지도 법률로 통제할 필요가 있었다.

우리는 역사적으로 다른 기술 규제 사례에서 통찰을 이끌어냈다. 규제에 대한 균형 있는 접근법을 통해 소비자와 생산자 모두에게 좀 더 건전한 역학관계를 창출해낸 시장은 많다. 자동차 산업의 경우 20세기에 수십 년간 규제에 대한 저항이 있었다. 그러나 지금에 와서 보면 모든 사람이 안전벨트를 매고, 모든 차량에 에어백을 설치하고, 모든 기업이 연비 효율을 높이려고 노력하는 것은 법률이 핵심적 역할을 했기 때문이다. 그리고 이 사실은 현재 폭넓게 인정받고 있다. 항공 안전이나 식품업계, 제약업계의 경우도 마찬가지다.

물론 규제의 필요성에 관해 이야기하는 것과 어떤 형태의 규제가 가장 합리적인지를 결정하는 것은 다른 문제다. 2018년 7월 우리는 고민이 필요하다고 생각되는 문제들의 목록을 발표하고[14] 어떤 해답이 가능할지 사람들의 조언을 구했다. 논의는 직원들과 기술 전문가들 사이에서 시작됐지만 빠르게 전국으로, 다시 세계 곳곳으로 확산됐고, 이 문제에 관해 적극적 역할을 하고 있던 ACLU와 같은 시민인권 단체들까지 참여했다.

특히 놀라웠던 것은 내가 파리 프랑스 하원에서 만난 국회의원들의 반응이었다. 의원 중 한 명은 이렇게 말했다. "IT 기업들 중에 마이크로소프트 말고는 이런 질문을 제기하는 곳이 없네요. 마이크로소프트는 왜 그러는 거죠?" 안면인식 분야는 종종 우리가 IT 업계의 다른 참여자들과 다른 길을 가기로 선택한 이슈였다. 아마도 다른 것보다 우리가 1990년대에 독점금지법 위반 소송을 벌이며 배웠던 교훈들이 반영된 결과일 것이다. 당시 우리는 다른 많은 기업이나 업계와 마찬가지로 그런 규제가 불필요하고 오히려 해가 될 가능성이 높다고 주장했었다. 그러나 당시의 경험으로 우리가 배운 교훈 중에 하나는 그런 식의 접근법이 반드시 효과가 있지도 않을 뿐더러 용납될 수 없는 일로 간주된다는 점이다. 사회 전반에 광범위한 영향을 미치고 혜택과 잠재적 오남용이 공존하는 제품의 경우에는 그랬다.

우리는 더 이상 대부분의 IT 기업이 정부의 개입에 대해 전통적으로 보여왔던 식의 저항을 보이지 않았다. 그 싸움은 이미 해봤다. 대신에 우리는 규제에 대해 좀더 적극적이면서도 균형 잡힌 접근법이라고 생각하는 것을 지지했다. 우리가 이미 2005년부터 미국 연방 정부에 프라이버시 보호 입법을 요청한 데는 바로 그런 이유도 있었다. 우리는 정부가 세부사항을 잘못 규제해서 우리가 정부의 개입을 지지했던 것을 후회할 날도 있으리라는 사실을 알고 있었다. 그러나 우리는 IT 업계가 모든 것을 스스로 알아내는 관행보다는 이런 일반적이 접근법이 IT 업계나 사회에 더 나을 것이라고 믿었다.

핵심은 구체적인 사항들을 알아내는 것이었다. 〈와이어드Wired〉에 실린 니타샤 티쿠Nitasha Tiku의 글은 바로 그런 역학관계의 중요성을 잘 포착했다. 2018년 말 티쿠는 이렇게 지적했다. "IT 업계의 스캔들로 지옥 같은 한 해를 보내고 나니, 정부를 싫어하는 기업 경영자들도 입법에 대해 개방적인 입장이라고 천명하기 시작했다." 그러나 티쿠가 알아챘던 것처럼, 우리의 목표는 한발 더 나아가 정부에게 안면 인식 기술을 규제할 구체적 법안을 제안하는 것이었다.[15]

12월이 되자 우리는 새로운 법안을 제안할 수 있을 만큼 많은 것들을 알아냈다는 생각이 들었다. 모든 잠재적 문제에 대해 해답을 가진 것은 아니지만 이 분야 첫 번째 법안이 될 수 있을 만큼의 해답은 찾았다고 믿었다. 그 법안이 기술은 계속 발전하면서도 공공의 이익을 보호할 수 있게 해줄 것이다. 우리는 정부가 안면인식 기술과 보조를 맞추는 것이 중요하다고 생각했다. 단계적인 접근법을 취하는 편이 공공 부문 전반에 걸쳐 더 많은 것을 더 빠르게 배울 수 있게 할 것이다.

요약하면 우리는 소위 '최소 기능 제품minimum viable product'이라는 개념을 빌려왔다. 최소 기능 제품이란 스타트업 기업과 소프트웨어 개발에 주로 사용되는 개념이다. 최소 기능 제품은 기업가이자 작가인 에릭 리스Eric Ries가 정의한 것처럼 "신제품의 초기 버전을 만들어서 검증된 학습 내용(미래에 대한 막연한 추측이 아니라 실제 데이터 수집에 기초한 내용)을 최대한 많이 수집"하는 것을 목표로 한다.[16] 다시 말해 생각할 수 있는 모든 질문에 대한 완벽한 답을 찾을 때까지 기다리는 것이 아니라, 중요한 질문에 대해 믿을 만한 답을 얻었다고 생각되면 그걸 바탕으로 행동하는 것을 추구한다. 제품을 만들고, 시장에 내놓아서 현실 세계로부터 피드백을 받으라는 이 개념 덕분에 여러 기업뿐만 아니라 기술도 더 빠르고 성공적으로 움직이는 것이 가능해졌다.

더 빠르게 움직이면서도 다각도로 생각하고 초기의 선택들이 긍정적일 것이라고 자신감을 갖는 것이 중요하다. 이 경우 우리는 안면인식 문제에 접근할 수 있는 강력한 개념들을 확보했다고 생각했다. 워싱턴 D.C.에 있는 브루킹스연구소Brookings Institution에서 나는 새로운 법안이 필요하다고 공식적으로 주장하고,[17] 좀더 자세한 법안 내용을 발표했다.[18] 그다음에는 밖으로 나가서 6개월 동안 미국 외 전세계 8개국을 돌며 공공행사나 법안 공청회 등에서 우리 주장을 피력했다.

우리는 입법이 세 가지 핵심 문제를 해결할 수 있다고 믿었다. 편견이 작용할 위험, 프라이버시 문제, 민주적 자유의 보호가 그것이었다.

우리는 시장이 잘 작동한다면 편견을 줄이는 발전을 가속화하는 데 도움이 될 거라고 믿었다. 안면인식 서비스가 오류 비율이 높고 결과적으로 차별을 낳을 수 있다면, 그 어느 고객도 구매하려 들지 않을 것이다. 그러나 고객들에게 정보가 부족하면 시장이 제대로 작동할 수 없다. 컨슈머 리포트Consumer Reports 같은 단체가 자동차 안전과 같은 이슈를 대중들에게 알려주었던 것처럼, 우리는 학계를 비롯한 기타 단체들이 경쟁하는 여러 안면인식 서비스의 정확도를 테스트하고 그 정보를 알려줄 수 있다고 믿었다. 그렇게 되면 MIT의 조이 부올라뮈니 같은 연구자들이 기업들을 촉구할 수 있는 연구를 추진하는 데도 힘이 될 것이다. 핵심은 시장에 참여하는 기업들이 자사의 제품을 테스트할 수 있게 만드는 것이었다. 그게 바로 우리의 제안이었고, 사실상 규제를 이용해 시장을 강화하자는 주장이었다.[19]

우리는 차별이 발생할 위험을 줄이려면 안면인식 기술을 구현할 기업들에게 훈련된 직원을 통해 핵심적인 의사결정에 앞서 결과를 검토하게끔 법으로 요구해야 한다고 생각했다. 의사결정권을 그냥 컴퓨터에 떠넘겨버려서는 안 되었다.[20] 특히 우리가 걱정했던 것은 기업들이 기술을 설계할 때 의도한 것과 다른 방식으로 안면인식 기술을 사용할 경우 편견이 작동할 위험이 더 커질 수 있다는 점이었다.

어찌 보면 더 골치 아픈 것은 특정 개인을 감시할 때 사법당국이 안면인식 기술을 사용해도 되는 때는 언제인가 하는 문제였다.

민주주의가 제대로 작동하기 위해서는 늘 사람들이 서로 만나서 대화할 수 있어야 한다. 사적으로든, 공적으로든 자신의 관점을 이야기할 수 있어야 한다. 그럴려면 정부의 감시 없이 사람들이 자유롭게 이동할 수 있어야 한다.

정부가 이런 형태의 우려를 제기하지 않으면서도 공공의 안전을 도모하고 대중에게 더 나은 서비스를 제공하도록 안면인식 기술을 사용할 수 있는 방법도 많다.[21] 그러나 어디를 가든 카메라가 있고, 막대한 컴퓨팅 파워와 저장 능력이 클라우드에 마련되어 있는 상황에서 정부가 안면인식 기술을 이용해 특정 개인을 끊임없이 감시하는 것도 가능한 일이다. 정부는 언제든 그렇게 할 수 있고, 심지어 늘 그렇게 할 수도 있다. 그런 식으로 안면인식 기술을 사용한다면 유례없는 규모의 집단 감시가 발생할 수도 있다.

소설《1984》에서 조지 오웰George Orwell이 묘사해놓은 미래의 모습을 보면 시민들이 정부의 감시를 피하기 위해 어두운 방에 몰래 모여 서로의 팔에 암호의 말을 두드린다. 그렇지 않으면 카메라와 마이크가 그들의 얼굴, 목소리, 말 한마디 한마디까지 모조리 포착해 기록할 것이기 때문이다. 오웰은 거의 70년 전에 이미 그런 비전을 그려놓았다. 우리는 이제 기술이 그런 유형의 미래를 정말로 가능하게 만들까 봐 걱정이 됐다.

우리가 보기에 그 해답은 사법기관이 특정 개인을 감시하면서 안면인식 기술을 사용할 수 있는 경우를 입법으로 정해두는 것이다. 당장 사람의 목숨이 위험한 것 같은 긴급 상황이나 감시를 위해 수색영장과 같은 법원의 명령을 받았을 때에만 안면인식 기술을 사용할 수 있도록 말이다. 그렇게 되면 안면인식 서비스 사용에 대한 규칙이 만들어질 것이다. 지금 미국에서 휴대전화로 활성화되는 GPS 위치 정보를 통해 개인의 위치를 추적할 수 있는 경우를 정해둔 것과 비슷하다. 2018년 대법원이 결정한 것과 같이 경찰은 수색영장 없이는 위치를 알려주는 휴대전화 기록을 취득할 수 없다. 즉 개인이 어디를 다녔는지 물리적 위치 정보를 취득해서는 안 된다.[22] 말하자면, "우리 얼굴이 우리 휴대전화만큼 보호받을 가치가 있는가? 우리 관점에서 답은 확실한 '예스'다."[23]

마지막으로 안면인식에 대한 규제는 상업적으로 보더라도 소비자의 프라이버시로서 보호해야 하는 것이 당연했다. 지금 우리는 모든 상점에 클라우드와 연결된 카메라를 설치해 실시간으로 안면인식 서비스를 이용할 수 있는 시대에 진입하고 있다. 쇼핑몰에 들어서는 순간부터 우리는 사진이 찍히고, 어디를 가든 컴퓨터가 우리를 인식할 수 있다. 쇼핑몰 소유주는 이 정보를 모든 상점과 공유할 수 있다. 그 데이터를 가지고 상점 주인들은 내가 마지막으로 방문한 것이 언제이고 무엇을 구매했는지 알 수 있을 뿐만 아니라, 그 정보를 다른 상점과 공유해서 앞으로 내가 뭘 구매할지까지 예측할 수 있다.

우리의 주장은 새로운 규제가 이런 기술 자체를 모두 금지해야 한다는 것은 아니었다. 오히려 우리는 상점들이 책임감을 갖고 기술을 이용해 쇼핑 경험을 개선할 수 있도록 도우려는 기업들 중 하나다.

우리는 많은 소비자들이 그런 고객서비스를 환영할 거라고 생각한다. 하지만 우리는 또 사람들이 언제 안면인식 기술이 사용되고 있는지 알 수 있고, 질문할 수 있고, 진정한 선택권을 가질 권리가 있다고 생각한다.[24]

그래서 우리가 새로운 법률의 내용으로 추천한 것은 안면인식 기술을 사용하는 기업들이 '눈에 띄는 공지'를 통해 사람들이 그 사실을 알 수 있게 하는 것이었다.[25] 언제 어떻게 사람들이 유의미한 통제권을 행사하고 동의 여부를 제출할 수 있는지 새로운 규칙도 개발해야 했다. 후자의 이슈는 향후 추가적인 작업을 통해 적절한 법적 방식을 정해두는 것이 분명히 필요할 것이다. 특히나 프라이버시 관련 법률이 유럽보다 덜 발달한 미국에서는 말이다.

새로운 법률을 어디까지 적용해야 하는가를 생각해보는 것도 도움이 됐다. 일부 측면에 대해서는 모든 곳에서 법안이 통과되도록 촉구할 필요는 없었다. 예를 들어 의미 있는 어느 주나 국가가 공개 테스트나 학계 테스트용으로 기업이 안면인식 서비스를 제출하도록 요구한 후 그 결과를 공개해서 다른 곳까지 보급할 수도 있었다. 그런 생각으로 우리는 주 의회 의원들에게 2019년 초 회기에 앞서 새로운 입법을 고려할 것을 촉구했다.[26]

그러나 소비자 프라이버시 보호와 민주적 자유 수호와 관련해서는 관할권을 따지지 않고 모든 곳에 새로운 법률이 필요하다. 우리는 각국 정부마다 관점이 다른 점을 고려할 때 이는 비현실적일 거라고 생각했다. 따라서 단순히 정부에게 조치를 요구하는 것만으로는 충분치 않을 것이다. 미국 정부가 조치를 취한다고 하더라도 세상은 넓다. 전 세계 정부가 안면인식 기술을 인권보호에 맞게 사용할 거라고는 누구도 확신할 수 없을 것이다.

정부가 리더십을 발휘해야 한다고 해서 IT 기업의 윤리적 책임이 사라지는 것은 아니다. 안면인식 기술은 더 큰 사회적 가치와 일치하는 방향으로 개발되고 사용되어야 한다. 우리는 우리가 제안한 법안에 맞춰 여섯 가지 원칙을 발표했다. 우리 회사의 안면인식 기술에 이미 적용하고 있는 것들이었다. 우리는 이 원칙들을 실천할 수 있도록 시스템과 툴을 만들었다.[27] 다른 IT 기업들, 혹은 인권 단체들 역시 비슷한 접근법을 채용하기 시작했다.

안면인식 기술과 관련된 이슈는 인공지능과 관련해 앞으로 어떤 윤리적 도전들이 나타날 수 있을지 엿볼 수 있는 기회를 제공했다. 우리처럼 전반적으로 적용할 수 있는 폭넓은 원칙으로 시작할 수도 있다. 그러나 그 원칙들이 구체적인 AI 기술과 특정 시나리오에 적용되면 새로운 시험을 받게 될 것이다. 그때는 또 AI 사용과 관련해 미처 생각지 못했던 새로운 논란이 나타날 가능성이 크다.

더 많은 이슈들이 출현할 것이다. 안면인식이 그랬던 것처럼, 새로운 이슈가 나올 때마다 해당 기술을 사용할 수 있는 여러 잠재적 방법에 관해 꼼꼼한 검토가 필요할 것이다. 많은 경우 새로운 규제와 IT 기업의 적극적인 자율규제가 함께 필요할 것이다. 국가에 따라, 문화에 따라 서로 다른 관점들이 대두될 것이다. 각국은 이들 이슈를 해결하기 위해 계속해서 더 빠르게 협력할 수 있는 역량을 개발해야 할 것이다. 오직 그때에만 우리는 계속해서 기계를 책임감 있게 사용할 수 있을 것이다.

# 13

# AI와 노동력

## : 말이 일자리를 잃던 날

1922년 12월 20일 브루클린 하이츠의 거리에는 말발굽 소리가 쿵쿵 울렸다. 205호 소방차의 소방관들은 추운 겨울 아침 속으로 달려가려는 말들의 해진 마구를 단단히 붙잡았다. 소방서의 부서장 마틴이 종을 울려 신호를 보내자, 소방관들이 "이랴!" 하고 채찍을 내리쳤다. 그러자 소방차를 끄는 말들이 뉴욕의 거리 속으로 세차게 내달리기 시작했다. 하지만 불이 난 곳은 없었다. 말들이 끄는 소방차는 브루클린 버로 홀Brooklyn Borough Hall을 향하고 있었다. 그곳에서 기다리고 있는 모터 달린 자동차에 고삐를 넘겨주기 위해서였다.

말들이 끄는 마차와 소방호스가 실린 수레가 요란한 소리를 내며 소방서를 박차고 나가자, 뉴욕 시민들은 길가에 늘어서 응원의 함성을 지르거나 그 뒤를 따라 함께 도시를 달렸다. 시민들, 도시의 관료들, 소방관들, 소방관들의 예쁨을 받는 달마시안들까지 이렇게 대거

출동한 것은 205호 소방차를 끄는 '충실하고 충성스런' 말들에게 경의를 표하기 위해서였다.[1]

흠뻑 젖은 말들이 홀 앞에 서자 달마시안들은 주위를 빙 둘러싸며 소방관들에게 호스를 얼른 소화전에 연결하라고 재촉했다.[2] 그러나 소방관들은 호스를 꺼내는 대신 말들의 목에 화환을 걸어주었다. 오늘이 이 말들의 마지막 근무였고, 뉴욕시에서 소방차를 끄는 모든 말들이 마지막으로 운행하는 날이었다.

소방차를 끄는 말들을 은퇴시키는 것이 실용적인 결정이긴 하지만, 진보는 뉴욕의 문화에 근본적 영향력을 끼쳤다고 일간지 〈브루클린 이글Brooklyn Eagle〉은 전했다. "지난 3세대 동안 남자아이들에게 소방관이 동경의 대상이었던 것만큼이나 소방차를 끄는 말들은 기쁨의 대상이었다. 그 말들이 오늘 뉴욕시에서 사라졌다. 아마도 영원히 돌아오지 않을 것이다."[3]

50년 이상 묵묵히 일했던 소방차용 말들이 직장을 잃었다. 변화하는 기술과 그 기술이 일자리에 미치는 영향력을 보여주는 사례였다. 사실 소방차를 끄는 말들도 이전에 소방차를 끌던 사람들을 대신해 나타난 것이었다. 원래는 자원봉사자들로 구성된 성인 남자들과 남자아이들이 소방차를 끌었다. 그러다가 1832년 콜레라의 창궐로 뉴욕 소방서의 인력이 급감하자 말이 대안으로 떠올랐다. 화재 현장까지 소방차를 끌고 가기에 인력이 충분치 않았다. 필요는 발명의 어머니라고 했던가. 뉴욕 소방서는 어쩔 수 없이 864달러라는 큰돈을 들

여 말들을 구매했다. 그리고 아프고 죽어가는 소방관들을 대체했다.[4]

소방서에서는 1860년대가 되어서야 인력이 끄는 소방차를 말이 끄는 소방차로 공식적으로 교체했다. 하지만 이행 과정은 쉽지 않았다. 그중 한 가지 장애물은 소방차를 끄는 소방관들이 가진 자부심이었다. 1887년 당시 생존한 소방관들 중에서 최고령자로 알려졌던 에이브러햄 퍼디Abraham Purdy는 말의 도입이 소방서 내에 많은 다툼을 불러와 소방관들이 퇴사했다고 증언했다.[5]

그러나 그 무엇도 진보의 흐름을 막을 수는 없었다. 빠르게 탈부착할 수 있는 말 가슴걸이를 비롯해 여러 장비가 발전하면서 결국 소방호스를 손으로 끌던 자원봉사자들은 사라지게 됐다. 1869년쯤에는 잘 훈련된 말과 인력들이 1분이면 소방서에서 출동할 수 있었다.[6] 그러나 20세기에 들어 소방차를 끄는 말들은 100년 전 사람들과 같은 운명을 맞았다. 말들의 일자리는 대체되었다. 이번에는 내연기관으로 가동되는 기계가 말들을 대체했다.

이는 경제라는 커다란 파이의 작은 조각 하나를 보여준 것에 불과했다. 300년 가까이 진행된 기술 변화는 계속해서 업무의 성질을 바꿔놓았고 전반적으로 생활 수준을 향상시켰다는 데 이론의 여지가 없었다. 그러나 불가피하게도 거기에는 언제나 승자와 패자가 있었다. 때로 그 승자와 패자는 개인이나 가족이었고, 공동체나 어느 주 심지어 국가가 되는 경우도 왕왕 있었다.

오늘날 전 세계가 이와 비슷한 희망과 불안 섞인 눈초리로 인공지능을 바라보는 것도 충분히 이해할 만한 일이다. 기계가 말들에게 끼쳤던 영향을 컴퓨터도 우리에게 끼치게 될까? 우리의 일자리는 어느 정도나 위험에 처해 있는 것일까?

우리는 가는 곳마다 이런 질문을 받는다. 바람이 많이 불던 어느 일요일 오후 멕시코 국경 인근에 위치한 텍사스 서부의 작은 도시 엘패소의 황량한 활주로를 향해 하강하면서 가장 먼저 들었던 생각도 그런 내용이었다. 옆바람에 비행기는 아래위로 많이 흔들렸고 크게 덜컹이며 착륙했다. 바위가 많은 프랭클린산맥이 끊어진 위치에 자리한 엘패소는 리오그란데 강을 따라 두 국가와 두 주 사이에서 교차로역할을 한다. 우리는 비행기 창문 너머로 광활한 풍경을 실컷 감상하였다.

험난한 착륙 과정은 따뜻한 환대에 금세 지워져버렸다. 엘패소는 두 개의 언어와 두 개의 문화가 공존하는 활기가 넘치는 도시다. 국경 건너편 멕시코에는 더 큰 도시 후아레스가 있어서 두 도시가 함께 독특한 국제적 공동체를 형성했다.

우리는 마이크로소프트의 테크스파크TechSpark 프로그램의 일환으로 이곳을 방문했다. 테크스파크는 2017년에 우리가 미국 6개 지역사회와 파트너십을 맺기 위해 창안한 운동이었다.[7] 목표는 현지 업체와 정부, 비영리단체 리더들과의 새로운 협업을 통해 대도시 외의 여러 지역사회에서 기술이 미치는 영향을 좀더 잘 평가하는 것이었다. 이 사업에는 내가 자란 곳 근처에 있는 그린베이 패커스Green Bay

Packers와의 혁신적 기술 파트너십도 포함됐다. 이 프로그램은 미국 곳곳에서 기술이 만들어내고 있는 새로운 도전은 무엇이며 우리가 기술을 새로운 방식으로 활용했을 때 나타날 수 있는 더 밝은 미래는 어떤 것이 있는지 알 수 있는 기회가 됐다.[8]

10번 주간 고속도로를 달려가는데 최근 엘패소 경제에 일어난 변화 한 가지가 우리의 눈길을 사로잡았다. 사막 여기저기에 대규모 콜센터들이 생겨나 있었다. 영어와 스페인어를 둘 다 사용하는 노동력을 쉽게 구할 수 있는 이 지역의 이점을 활용해 급성장하고 있는 산업이었다. 엘패소 주민 수천 명을 고용하고 있는 이들 콜센터는 거의 10억 명에 가까운 서반구 사람들에게 서비스를 제공할 수 있었다. 하지만 이 지역을 둘러보면서 달갑지 않은 한 가지 생각이 계속 무겁게 마음을 짓눌렀다. 이 콜센터의 일자리 다수가 10년, 어쩌면 그보다 더 빨리 사라지고 말 것이다. 그리고 인공지능이 그 자리를 대신할 것이다.

지역 리더들을 만나서 AI가 지역 경제에 어떤 영향을 미칠 것 같은지 이야기하려니 먼저 경고부터 해줘야 할 듯했다. 누구도 미래를 알 수는 없다. IT 기업의 리더가 나서서 대단한 '미래학자'라도 되는 듯이 앞으로 10년 후, 혹은 20년 후에 세상은 이렇게 될 거라고 자신 있게 과대망상적인 예측을 내놓는 것은 너무나 쉬운 일이다. 사람들은 틀림없이 귀 기울여 들을 것이다. 좋은 소식은 그렇게 한들 10년 후면 그가 무슨 말을 했는지 기억하는 사람은 거의 없을 거라는 점이다. 그리고 완전히 틀린 예측을 내놓았다 해도 중간에 내용을 고칠 기회는 얼마든지 있다.

경고를 하더라도 진정한 통찰로 미래가 어디로 가고 있는지 예측할 수 있도록 하는 것은 중요하다. 엘패소 사람들을 만나 AI가 이 지역 사람들의 일자리에 어떤 영향을 미칠지 이야기하면서 우리는 두 가지 측면에서 그런 통찰을 찾아볼 수 있다고 말했다.

첫 번째는 AI가 할 수 있는 일과 할 수 없는 일을 잘 이해해서 그것이 일자리와 업무에 미칠 영향을 심사숙고하는 것이다. 뻔한 이야기지만, AI가 잘 수행할 수 있는 일이라면 금세 AI로 대체될 것이다. 최근에는 AI가 인간의 말을 알아듣고, 이미지를 인식하고, 언어를 변환하고, 패턴을 구분해 새로운 결론에 도달할 수 있을 만큼 발전했다는 사실을 고려해야 한다. 어느 업무의 대부분을 AI가 완료할 수 있고 심지어 더 빠르다면 그 일자리는 컴퓨터로 대체될 위험이 클 것이다.

AI가 가장 빨리 없애버릴 것이라고 생각되는 일자리를 예측해본다면 패스트푸드 식당의 드라이브스루 코너에서 고객의 주문을 받는 업무라고 말할 수 있을 것이다. 지금은 사람이 우리의 말을 듣고 주문 내용을 컴퓨터에 입력한다. 하지만 옥외 마이크의 성능이 개선된다면 인공지능이 사람처럼 말을 알아들을 수 있을 테니 이 업무는 곧 기계가 처음부터 끝까지 수행하게 될 것이다. 우리가 미처 알기도 전에, 드라이브스루 코너에 들어서면 사람이 아닌 기계에 대고 얘기를 하고 있을 것이다. 컴퓨터가 100퍼센트 정확하지는 않겠지만 그건 사람도 마찬가지다. 따라서 주문 내용을 확인하고 수정할 기회도 있을 것이다.

엘패소의 급성장하는 콜센터 산업을 바라보며 감탄과 함께 우려 섞인 복잡한 감정이 든 것은 그 때문이었다. 고객과 대화를 나누는 업무의 상당 부분은 고객의 말을 알아듣고 그들의 문제를 해결하는 것이 핵심이다. 그러나 간단한 고객지원 요청의 경우 이미 컴퓨터가 해결하고 있다. 종종 고객지원 센터에 전화를 걸었을 때 가장 어려운 일은 진짜 사람과 통화하는 일인 것 같다. 왜냐하면 컴퓨터가 전화를 받고, 원하는 명령의 번호를 입력하라고 하고, 간단한 문장 형태로 된 우리의 발언 내용을 해독하는 것에 익숙해졌기 때문이다. AI가 계속해서 발전한다면 이런 업무는 더 많이 자동화될 것이다.

이는 다른 카테고리에 속하는 업무들도 사라질 위험이 있다는 뜻이다. 운전이라는 업무의 상당 부분은 창으로 들어오는 이미지를 시각적으로 인식하고, 해당 정보를 분석하고, 의사결정을 내리는 것이다. 이들 분야의 컴퓨터가 발달하면서 AI는 자동차나 트럭의 운전 기능을 넘겨받을 수 있게 됐다. 20세기 중반에는 큰 빌딩의 엘리베이터에서 사람들 대신 버튼을 조작해주는 일자리가 흔히 있었다. 지금은 그런 일자리가 진귀한 것이 되었을 뿐만 아니라 시대착오적으로 보인다. 21세기 중반이 되면 사람이 운전하는 택시나 우버 기사가 그런 느낌을 주게 되지 않을까?

기계 검사 분야에서는 이미 비슷한 현상이 나타나고 있다. 레드먼드에 있는 마이크로소프트 구내에는 3,500개가 넘는 소화기가 있다. 전에는 사람을 고용해서 매달 각 소화기의 압력이 한계치 이하로 떨어지지 않았는지 검사했다. 지금은 소화기마다 작은 센서가 회사의 네트워크에 연결되어 있다. 언제든지 소화기의 압력이 기준치 이하로 떨어지면 중앙에 있는 상황판에 즉시 불이 들어와서 누군가 문제를 해결하게 된다. 안전은 개선됐고 비용은 감소했다. 그러나 더 이상 매달 3,500개의 소화기를 검사하기 위해 사람을 고용하지는 않는다.

이미 오랫동안 기계와 자동화는 반복적인 작업이나 육체노동을 대체해왔다. 그러나 컴퓨터가 생각도 할 수 있게 되었다는 것은 체력뿐만 아니라 두뇌를 쓰는 일자리도 위험에 처한다는 뜻이다. 예를 들어 AI가 인간의 언어를 변환하는 능력이 빠르게 발전하고 있는 점을 감안하면 통역사의 일자리가 점점 위험해지는 것은 피할 수 없을 것이다.

법무 보조 인력의 경우도 마찬가지다. 오래 전부터 이 분야는 기술 기반 서비스의 영향을 받아왔다. 15년 전에는 마이크로소프트의 변호사마다 법무 보조 인력을 한 명씩 고용하고 있었다. 하지만 내부망을 통해 셀프서비스 기반의 업무 보조 서비스를 제공할 수 있게 되면서 지금은 변호사 4명당 1명의 보조 인력만 있으면 되는 수준이 됐다. 또한 기계학습을 통해 AI 기반 시스템의 패턴 인식 능력이 커지면서 계속해서 기술이 업무를 흡수해갈 것으로 기대된다. 법무보조 인력의 업무뿐만 아니라 신입 변호사의 법률 조사 작업까지도 말이다.

심지어 석박사 학위가 있거나 고급 기술을 가지고 있는 사람도 일자리를 뺏길 위험에서 자유로울 수 없을 것이다. AI는 소득 수준에 관계 없이 모든 사람들에게 영향을 미칠 것이다. 오늘날 평균 연봉이 40만 달러인 방사선과 전문의를 예로 들어보자.[9] 방사선과 의사는 하루 중 대부분의 시간을 CT나 MRI에서 이상 소견을 찾는 데 보낸다. AI를 사용하는 기계에 충분히 많은 이미지를 제공한다면 골절이나 출혈, 악성 종양이 있는지, 엑스레이의 정상 유무를 판독하도록 훈련시킬 수 있다.[10]

일부 직업의 경우 AI의 파괴력이 위력적인 것은 분명하지만, 희망도 없는 것은 아니다. 나 역시 신입 변호사로 시작했지만 수많은 로스쿨 졸업생들이 초창기 업무 대부분을 너무나 지루하게 여기는 것을 충분히 이해한다. 1986년 어느 대형 로펌에서 내가 수십만 페이지 이상의 서류를 읽고 정리해야 했을 때, 어떤 기분이었는지 아직도 기억난다. 지금은 이미 그런 업무들이 자동화되어 있다. 수많은 서류나 판례를 뒤지는 동안 생각이 자극되는 것도 사실이지만, 처음부터 올바른 질문을 창의적으로 물을 수 있어야 한다. 일부 경우에는 AI가 지루하기 짝이 없는 활동이나 잡일을 대신함으로써 우리가 더 고차원적으로 사고하고 유익한 업무에 집중할 수 있게 해줄 것이다.

여러모로 인간은 더 많은 시간과 관심을 요하는 새로운 업무를 만들어내는 데 대단한 능력을 보여왔다. 자동차, 계산기, 보이스메일,

워드프로세서, 그래픽디자인 등이 나타나면서 수십 년간 많은 일자리가 사라지고 바뀌었지만 여전히 사람이 해야 할 일은 많다. 몇몇 사람들이 지적했듯이 일자리란 여러 업무의 묶음이다. 그 업무들 중에는 자동화할 수 있는 부분도 있지만 그렇지 못한 부분도 있다.[11]

수많은 산업화와 자동화의 물결이 지나간 지금, 우리 시대에 정말로 필요한 것은 무엇일까? 오래 전 마이크로소프트 연구소의 소장을 지낸 릭 라시드Rick Rashid가 반쯤 농담으로 말했듯이, 요즘은 회의에 너무 많은 시간을 쓴다. 우리의 시간을 잡아먹는 것은 회의뿐만이 아니다. 수많은 방식으로 우리는 서로 간의 소통에 너무 많은 에너지를 쓰고 있다. 일반적인 직장인은 사무실에서 하루 평균 122통의 업무용 이메일을 주고받는다.[12] 2018년 지구상 인류는 매일 2,810억 통이라는 어마어마한 수의 업무용, 비업무용 이메일을 생성했다.[13] 그러나 이메일은 사람들의 소통 방식에서 일면에 불과하다. 매일 전 세계 사람들은 1,450억 개의 문자 메시지와 애플리케이션 메시지를 보내고 있다.[14]

이는 동전의 양면과 같다. AI가 잘 해내지 못할 것으로 보이는 업무들이 있다. 그중 다수가 남들과의 협업과 같은 소프트 스킬soft skill이다. 협업은 크고 작은 기업에서 여전히 기본적인 업무로 남을 것이다. 릭이 말한 것처럼 협업을 하기 위해서는 종종 회의가 필요하다(잘 계획된 회의라면 더 좋을 것이다). AI는 또 간호사나 심리상담사, 선생님, 심리치료사 등에게 요구되는 공감을 보이는 능력도 뛰어날 수 없을 것이다. 이런 직업을 가진 사람들은 일부 작업에는 AI를 사용하겠지만 일 전체를 AI가 대신하기는 힘들 것이다.

새로운 기술이 으레 그렇듯이 AI는 직업을 없애고 바꾸기만 하는 것이 아니라 새로운 산업과 커리어를 만들어내기도 할 것이다. 그러나 AI가 어떤 새로운 일자리를 만들어낼지 알아내는 것은 AI가 오늘날 노동력에 미칠 수 있는 잠재적 영향력을 분석하는 것보다 훨씬 더 어려운 일이다. 그럼에도 불구하고 이미 AI와 관련해 새로운 직업들이 나타나고 있다.

우리는 전 세계 정치 지도자들과 AI에 관해 이야기하다가 통찰을 얻을 때도 있었다. 2017년 봄 내가 영국에 있는 마이크로소프트 지부를 찾았을 때도 그랬다. 테리사 메이Theresa May 영국 총리가 마이크로소프트를 방문했고, 나는 UK 사업총괄 CEO 신디 로즈Cindy Rose 옆에 서 있었다. 젊은 수습생이 메이 총리의 머리에 홀로렌즈 헤드셋을 씌워주는 것을 우리 둘은 숨죽여 지켜보고 있었다. 복잡한 기계 속에서 오류를 찾아내는 법을 시연하는 증강현실 장치 안에서 메이 총리가 씩씩하게 움직이는 것을 보고서야 우리는 안도의 한숨을 내쉬었다. (알고 보니 홀로렌즈 사용법을 터득하는 것은 브렉시트Brexit 전략을 협상하는 것에 비하면 식은 죽 먹기였다.)

시연이 끝나고 헤드셋을 벗은 메이 총리는 수습생을 돌아보며 어떤 일을 하는지 물었다. 수습생은 자랑스럽게 이렇게 대답했다. "저는 시연 도우미입니다. 고객들이 증강현실 같은 새로운 기술을 어떻게 받아들이고 업무에 활용할 수 있는지 보여주는 일을 합니다."

"시연 도우미." 총리는 수습생의 말을 따라했다. "처음 들어보는 직업이군요."

지금 우리에게는 익숙하지 않지만 수많은 새 이름을 가진 새로운 직업들이 생길 것이다. 우리의 지인들 혹은 우리 자녀의 지인들이 파티에 나타나 자신은 '안면인식 전문가' 혹은 '증강현실 설계가', '사물인터넷 데이터 분석가'라고 설명할 것이다. 지난 수 세대 동안 그랬듯이 그들이 하는 말을 이해하려면 업데이트된 사전이 필요하다고 느낄 날이 올 것이다.

결국에는 누구나 이런 새로운 직업을 정확히 예측하고 싶을 것이다. 하지만 안타깝게도 미래는 과거와 마찬가지로 혼란스럽다. 천리안을 가진 사람은 없다.

이 점이 명확해진 것은 2016년 가을이었다. 사티아와 나는 베를린에서 앙겔라 메르켈Angela Merkel 독일 총리를 만났다. 반짝이는 강철과 유리로 지어진 총리 관저는 2001년 개관했는데, 바로 근처에는 훨씬 오래된 독일 국회의사당이 19세기 말까지 거슬러 올라가는 독일 국가의 상징처럼 서 있었다.

전후 독일의 유명한 총리 콘라트 아데나워Konrad Adenauer의 초상이 내려다보는 회의실에서 우리는 통역을 만났다. 그날의 통역은 독일어와 영어를 모두 유창하게 구사했을 뿐만 아니라 외교적 전문성까지 갖춘 사람임을 금세 알 수 있었다. 몇 마디 안 되는 우리의 독일어에 비하면 메르켈 총리는 영어를 잘 구사했지만, 일부의 대화는 너무 기술적이어서 통역의 도움을 받는 것이 좋았다. AI의 방향성에 관해 이야기하던 사티아가 AI의 통역 능력을 언급한 순간이 있었다. 머지 않아 AI가 인간 통역사를 대체할 거라고 말하던 사티아는 잠시 말을 멈추더니 자신이 한 말을 깨닫고 통역을 향해 "미안합니다."라고 했다. 통역은 전혀 멈칫하지도 않고 "걱정 마세요."라고 차분히 말했다. "IBM에서 나온 사람도 20년 전에 똑같은 얘기를 했는데 저는 아직도 여기 있잖아요."

이 대화가 보여주는 중요한 핵심이 있다. AI가 어떤 직업을 대체할 수 있는지 정확히 예측하는 것과 그 대체 작업이 실제로 언제 일어날지 추정하는 것은 전혀 다른 문제라는 사실이다. 마이크로소프트에서 사반세기를 근무하면서 나는 기술 분야의 리더들이 컴퓨터의 방향을 정확히 예측하는 것을 보고 여러 번 깊은 인상을 받았다. 그러나 시기에 대한 그들의 예측은 오락가락했다. 사람들은 지나치게 낙관적인 경향이 있어서 실제보다 더 빨리 변화가 일어날 거라고 예측하곤 한다. 하지만 빌 게이츠가 했던 유명한 말처럼 "우리는 늘 향후 2년간 벌어질 변화에 대해서는 과대평가하고, 향후 10년간 벌어질 변화에 대해서는 과소평가한다."[15]

이는 처음 있는 일은 아니다. 자동차에 관한 흥분과 과대 선전이 시작된 것은 1888년이다. 메르세데스 벤츠의 낭성을 창조한 카를 벤츠Karl Benz의 아내 베르타 벤츠는 그해 100킬로미터 떨어진 어머니의 집까지 남편의 발명품을 운전해서 감으로써 자동차가 뭘 할 수 있는지 언론 앞에 보여줬다.[16] 하지만 그로부터 17년이 지난 1905년에 찍힌 뉴욕 브로드웨이의 사진을 보면 길에는 말과 수레가 가득하고 자동차라고는 눈을 씻고 봐도 찾을 수 없다. 새로운 기술이 무르익어서 널리 수용되는 데는 시간이 걸린다. 그런데 똑같은 교차로에서 다시 15년이 지난 1920년에 촬영된 사진을 보면 길은 자동차와 수레로 꽉 막혀 있고 말이라고는 한 마리도 찾아볼 수 없다.

신기술은 일정한 속도로 보급되는 경우가 거의 없다. 처음에는 과대 선전이 기술 발전을 앞서 나가기 때문에 기술 개발자들은 상당한 인내가 필요하다. 그러다 기술은 변곡점에 이른다. 이때는 종종 다른 여러 발전이 융합되고 누군가의 능력으로 그런 발전들이 서로 합쳐져 전체적인 제품 경험이 이전보다 훨씬 매력적이 되는 경우가 많다. 2007년 스티브 잡스가 아이폰을 성공적으로 출시한 것이 바로 그런 예다. 휴대전화도, PDA도 이전에 이미 10여년간 발전을 거듭하고 있었다. 그러나 결정적으로 터치스크린의 발달과 깔끔한 디자인에 모든 것을 결합하려고 했던 잡스의 비전이 전 세계적으로 스마트폰의 폭발적 성장을 가져왔다.

AI의 경우 비슷한 점도 있고 다른 점도 있을 것이다. 컴퓨터를 사용해 드라이브스루 코너에서 주문을 받는 것과 같은 수많은 AI 시나리오가 머지않아 현실이 될 것이다. 그러나 자율주행차처럼 오류를 범할 경우 누군가 부상을 입거나 사망할 수도 있는 복잡한 과제라면 훨씬 더 많은 시간이 소요될 수 있다. 따라서 경제 전반에서는 어느한 가지 기술이라도 단번에 대체가 일어나기보다는 분야에 따라 순차적인 파동과 물결이 일어날 가능성이 높다. 이것이 향후 2, 30년간의 기술과 사회 변화의 특징이 될 수도 있다.

그렇기 때문에 이런 변화들이 일자리와 경제에 미치는 누적 효과를 생각해보는 것이 더욱 중요해진다. 이런 미래를 우리는 낙관해야하는 것일까, 비관해야 하는 것일까? 역사가 우리에게 알려준 바로는양쪽 다일 수밖에 없다.

2017년 매킨지 글로벌 연구소McKinsey Global Institute에서 나온 자동차의 변화에 관한 연구를 한번 생각해보자. 해당 보고서는 "1910년에서 1950년 사이 자동차의 도입이 미국에서만 690만 개의 새로운일자리를 만들어냈다."고 추산한다.[17] 해당 연구에 따르면 말에서 자동차로 옮겨간 경제적 변화로 인한 40년간 새로 생긴 일자리는 파괴된 일자리의 10배에 이른다. 새로 생긴 일자리들은 자동차 서비스나자동차를 이용한 교통 및 배송과 관련되어 있다.[18] 그렇다면 우리는충분히 낙천적으로 생각할 이유가 있을 듯하다.

그러나 정반대의 사실을 가리키는 연구들도 있다. 대공황이 한창일 때 미국 인구통계청에서 작성한 1933년 보고서를 보면 말에서 자동차로 옮겨간 것이 지금의 경제적 상황을 만든 주요 요인 중 하나로서 전국적인 영향을 미쳤다고 이야기하고 있다.[19]

이토록 정반대되는 결론을 우리는 어떻게 설명해야 할까? 어찌 보면 양측 모두가 옳은 주장이다. 장기적으로 보면 상황은 해결되게 되어 있다. 40년 후 경제는 효과적으로 변화를 겪어내며 넘겼고 자동차 산업은 전후 경제성장과 마찬가지로 만개하고 있었다. 그러나 이런 변화에 접어든 지 20년밖에 되지 않았던 시점에서는 경제가 험난한 길목을 지나고 있었다.

21세기에 저 옛날을 되돌아보면 말에서 자동차로 바뀐 것이 그토록 부정적인 영향을 가져올 수 있었다는 게 믿기지 않을 정도다. 그러나 늘 데이터로 뒷받침되는 인구통계청이라는 기관에서 포착한 중요한 배경, 극적이라고도 할 수 있는 이 배경을 살펴보면 중요한 통찰을 얻을 수 있다.

1933년 인구통계청에서 농업 통계를 내던 젤머 페텟Zellmer Pettet은 이 데이터를 가지고 작업에 들어갔다. 그는 처음에 조지아주에서 과일 재배를 하다가 나중에 현장 요원 자격으로 인구통계청에 들어갔다. 그는 철학 전공으로 학사학위를 받았지만, 오늘날 우리가 빅데이터라고 부를 수 있는 것과 농업의 교차 전공으로 석사학위를 받았다. 그는 115개의 논문을 썼고[20] 결국 농업통계청Census of Agriculture의 청장으로 은퇴했다.[21] 미국의 통계 조사원들은 전국에 거주하는 사람들의 수만 세는 것이 아니라 말의 수도 세었다는 점이 그에게는 도움이 됐다.

페텟은 〈농업용 말The Farm Horse〉이라는 제목의 보고서에서 소방차를 끌던 말들의 사촌쯤 되는 것들을 다루었다. 숫자로 빼곡한 이 보고서는 대공황에 관해 설득력 있는 스토리를 내놓는다. 마치 2003년에 나온 브로드웨이 뮤지컬 〈위키드Wicked〉가 1939년작 고전 영화 〈오즈의 마법사The Wizard of Oz〉의 배경을 설명하듯, 페텟의 보고서는 대공황을 초래한 수많은 사건들을 설명한다.

자동차가 도입되기 전에 미국 경제가 얼마나 이례적으로 말을 중심으로 이뤄졌는가로 이야기는 시작된다. 어느 역사가가 말했듯이 1870년대 미국의 모든 가정은 직접적, 또는 간접적으로 말에 의존했다.[22] 전국적으로 사람 다섯 명당 말 한 마리가 있었다.[23] 보통 말 한 마리는 매일 사람보다 10배의 칼로리를 소비했기 때문에[24] 농부들은 사람보다도 말을 위해 작물을 키워야 할 정도였다.

페텟은 인구통계청의 방대한 데이터를 가지고 연소기관 도입 후 무슨 일이 일어났는지 보여준다. 1920년에서 1930년 사이 자동차와 트럭, 농업용 기계의 영향이 결합되어 전국적으로 말 개체수는 급감한다. 1920년에 1,980만 마리였던 것이 10년 후에는 1,350만 마리가 된 것이다.[25] 거의 3분의 1이 줄어든 수치였다. 말의 개체수가 줄어들면서 말이 먹는 농작물 수요도 감소했다. 주로 건초, 귀리, 옥수수 같은 것들이었다.

농부들로서는 말이 아니라 사람들이 원하는 작물로 갈아타는 것이 정답이었고, 정확히 그렇게 됐다. 페텟이 보고하듯이 농부들은 말 사료 재배에 사용했던 농지 약 730억 제곱미터를 면화와 밀, 담배 생산으로 바꿨다.[26] 시장에는 이들 작물이 넘쳐나면서 가격이 하락했다. 가격이 떨어지자 농부들의 소득도 줄었다. 이 세 가지 작물로부터 농부들이 벌어들인 총매출은 1919년 49억 달러에서 1929년 26억 달러로, 다시 1932년에는 고작 8억 5,700만 달러로 줄어들었다.[27] 1930년대 초 농장의 소득 감소에 영향을 준 요인들은 그밖에도 더 있었으나, 말 개체수 감소로 인한 영향은 비록 간접적이기는 해도 극명했고 틀림없는 사실이었다.

이내 전국의 농촌 가구들은 농장의 대출 이자도 지급하기 힘들어졌고, 시골 은행들은 그런 농장들에 담보권을 행사하기 시작했다. 하지만 은행들의 담보권 행사 속도는 농장들의 연체 속도를 따라잡을 수 없었고, 이내 시골 은행들은 국가 금융센터의 더 큰 은행들에 진 빚을 상환하는 데 문제가 생기기 시작했다. 게다가 도시의 많은 일자리는 포장이나 제조, 농기계 등 농업을 기초로 한 산업에 의존하고 있었다.[28] 이 상황은 전국으로 퍼져나갔다. 1933년 일자리를 잃은 것은 말들뿐만이 아니었다. 거의 1,300만 명에 이르는 사람들, 국가 노동력의 4분의 1이 일자리를 잃었다.[29]

AI가 일자리에 끼칠 영향력을 생각할 때 거의 100년 전 일로부터 우리는 어떤 교훈을 끌어낼 수 있을까? 어쩔 수 없이 우리는 롤러코스터를 대비해야 할 것이다. AI 시대로의 이행은 틀림없이 자동차 시대로의 이행만큼이나 큰 격변이 될 것이다. 노동력으로 사용했던 말의 종말은 예측하기 힘든 간접적 경제 영향의 중요성을 잘 보여준다. 20세기 때와 마찬가지로 AI 시대로의 이행은 기술뿐만 아니라 정부나 공공부문의 혁신까지 요구할 것이다. 대공황이 초래한 두 가지 혁신을 한번 생각해보라. 정부는 농부들이 특정 작물을 과잉생산하지 않도록 보조금을 지급하는 정책을 시행했고, 은행의 건전성을 확보하기 위해 예금자 보험과 규제가 생겨났다.

새로운 공공 혁신이 필요한 분야를 모두 다 예측할 수는 없지만 그러한 요구가 점점 증대될 거라는 점은 가정하고 있어야 한다. 그런 맥락에서 우리가 가장 걱정해야 할 것은 기술혁신이 너무 빠르지 않을까 하는 점이 아니라, 정부의 조치가 너무 느리지 않을까 하는 부분이다. 민주정부가 정치적 교착상태와 양극화의 시대에 일어날 새로운 요구와 위기에 제대로 대응할 수 있을까? 정치적 성향이 어디쯤 있든, 이것은 우리 시대를 관통하는 질문 중 하나가 될 수밖에 없다.

이 이야기에서 교훈을 끌어내야 할 두 번째 중요한 파급력이 있다. 바로 기술 진화에 대한 더 큰 사회적 선택과 문화적 가치가 끼칠 영향이다. 자동차가 말을 대체할 거라는 사실이 오늘날 우리에게는 불가피하게 보일지 몰라도, 장기적 관점에서 보면 이 진술 속에는 수많은 진실이 담겨 있다. 그러나 어느 작가가 말했듯이 구체적 전개 상황을 하나씩 살펴보면 반드시 그렇게 되지는 않아도 됐을 만한 일들이 많이 있다. 이 작가는 이렇게 말했다. "동물의 힘을 대체한 것은 20세기 초 에너지 소비에 대한 문화적 선택의 결과라는 점에서 그 형태가 독특하다."[30] 미국에서 진보 운동은 도시의 효율과 위생, 안전의 개선을 표방했다. 그래서 그런 이점을 모조리 가진 것처럼 보였던 자동차를 더 빨리 받아들이게 만들었고, 반면에 말을 이동 수단으로 사용하는 것은 서둘러 거부하게 만들었다. 말이 그 세 가지 영역에서 어떤 문제들을 일으키는지 도시의 주민들은 너무나 잘 알고 있었기 때문이다.

그런 맥락에서 자동화나 인공지능 같은 기술 트렌드가 기술과 경제만의 문제라고 생각하는 것은 오산이다. 개인, 기업, 심지어 국가가 문화적 가치에 기초해 선택을 내리게 될 것이다. 그 문화적 가치는 개별 소비 성향에서부터 더 큰 정치 트렌드에 이르기까지 모든 곳에서 드러나 새로운 법률과 규제를 낳을 것이다. 그 과정은 전 세계 곳곳에서 서로 다른 방식으로 진행될 것이다.

이런 변화로부터 이끌어낼 수 있는 마지막 교훈이 있다. 아마도 가장 고무적인 교훈일 것이다. 근본적 기술변화가 간접적으로 어떤 부정적 영향을 초래할지 예측하는 것이 불가능하듯이 긍정적 영향 역시 우리를 깜짝 놀라게 만들 것이다. 간접적 요인에 의해 지금은 존재하지 않는 새로운 직업들이 수없이 창출될 것이다.

뉴욕과 같은 곳에서 자동차가 직간접적으로 끼친 영향을 한번 생각해보자. 브루클린에서 소방차용 말이 마지막으로 은퇴하기 5년 전이었던 1917년 뉴욕시는 이미 전국 자동차 판매의 중심지였다. 브로드웨이에서 마차와 마구를 판매하던 상점들은 타이어와 배터리 같은 자동차 부품 판매점으로 대체되었다. 한때 미국말교환소American Horse

Exchange가 있던 자리에는 벤츠와 포드, GM 소유의 고층 빌딩들이 우후죽순 생겨났다. 자동차 정비소, 주차장, 주유소, 택시 회사들은 숙련된 새로운 인재들이 회사의 각 직위를 맡아주고 미국인들이 점점 더 집착하고 있는 이 산업을 뒷받침하기를 간절히 바랐다.

이런 직접적 영향은 그리 놀라울 게 없다. 지금 되돌아보아도 그보다 놀라운 것은 처음에는 아주 멀리 있는 것처럼 보였던 여러 새로운 산업의 등장이다.

그 좋은 예가 바로 소비자들에게 신용을 제공하는 산업이 급성장한 것이다. 1924년 판매된 자동차의 75퍼센트는 일시불이 아니었다. 자동차 할부는 금세 전국의 소매 할부판매의 절반을 넘어섰다. 그때도 지금처럼 각 가정에서 자동차는 주택 구매 다음으로 가장 비싼 소유물이었다. 자동차를 사려면 사람들은 돈을 빌려야 했다. 어느 경제 역사학자는 이렇게 말했다. "할부 신용판매와 자동차는 각각 서로의 성공에 대한 원인이자 결과다."[31]

그렇다면 이런 흥미로운 질문을 할 수 있다. 나라의 금융 수도라고 할 수 있는 뉴욕에서 첫 번째 자동차가 길 위를 굴러가는 것을 본 시민들 중에 이 발명품이 금융 부분에 새로운 일자리를 창출하리라 예상한 사람은 몇이나 될까? 내연기관에서 소비자 신용으로 가는 길은 서서히 우회적으로 펼쳐졌다. 거기에는 대량생산을 가능하게 하여 폭넓은 층에서 지동차를 너 서럼하게 이용할 수 있게 만들었던 헨리 포드의 조립 라인 같은 또 다른 발명품과 비즈니스 프로세스가 적지 않은 역할을 했다.

마찬가지로 자동차는 다시 광고계를 바꿔놓았다. 시속 50킬로미터 이상의 속도로 차를 타고 이동하는 행인들에게 "간판이 한눈에 들어오지 않으면 아무 소용이 없었다." 그래서 어디에 보이든 한눈에 알아볼 수 있는 기업 로고라는 것이 생겼다.[32] 그러나 일찍이 자동차를 구매했던 사람들 중에 자신이 광고계에 새로운 일자리를 창출하는 데 이바지할 거라고 생각한 사람이 있었을 것 같지는 않다.

그렇다면 고무적이면서도 정신이 번쩍 드는 새로운 관점이 등장한다. 기술은 우리를 더 생산적으로 만들고, 지루하게 보이는 일상의 허드렛일에서 우리를 해방시켜줄 것이다. 그리고 미래 세대가 당연하게 여길 새로운 기업들, 놀라운 일자리들을 만들어낼 것이다. 결연한 의지와 재무 능력을 갖추고 새로운 능력을 개발하고 새로운 기업을 창업하는 위험을 감수할 사람들이 보상받는 시대가 될 것이다. 그러나 자동차가 경제적 효과를 가져옴과 동시에 소방서의 말이 사라지는 문화적 손실이 있었듯이 그 과정에서 우리는 틀림없이 시행착오를 겪고 중요한 것들을 잃을 것이다. 기술의 발전 속도를 늦추고 싶거나 기술의 부정적 영향을 극구 피하고 싶은 사람들은 실망할 가능성이 크다. 대신 핵심은 새로운 기회와 도전 사이에서 균형을 잘 잡는 것이 될 것이다. 그러기 위해서는 개인이나 사회나 적응에 중점을 두어야 할 것이다.

여러모로 이는 전혀 새로운 것이 아니다. 제1차 산업혁명의 여명이 밝은 이래 사람들은 늘 새로운 기술과 그 기술이 일자리에 미친 충격에 적응해왔다. 대대로 사람들은 적응하기 위해 무엇을 필요로 했는지 한발 물러서서 생각한다면 도움이 될 것이다. 기술이 마이크로소프트의 제품이나 미래에 끼치게 될 영향을 생각하면서 우리는 사람들이 네 가지 능력을 발휘해야만 성공할 수 있다고 결론 내렸다. 새로운 주제와 분야에 관해 배우고, 새로 나타난 문제를 분석하고 해결하고, 남들과 아이디어를 소통하고 정보를 공유하고, 팀의 일원으로서 효과적으로 협업하는 것이 그것이다.

우리는 AI를 활용하고 새로운 기술을 만들어내 이들 각 영역에서 사람들이 더 잘 적응할 수 있게 도와야 할 것이다. 그렇게 할 수 있다면 사람들은 다음번 변화의 물결에 맞서기보다는 거기서 혜택을 얻는 능력을 키울 수 있을 것이다. 이런 관점에서 보면 조금은 낙천적으로 생각할 여지가 생길 뿐만 아니라, 인간이 그 기발함을 발휘해 내일의 기술에서 이득을 얻는 새로운 방법을 찾아낼 거라고 조금은 믿음을 가질 수 있을 것이다.

14

# 미국과 중국

## : IT 업계의 신냉전

TOOLS AND
WEAPONS

2015년 9월 어느 상쾌한 저녁이었다. 업계와 정부의 알 만한 사람들이 웨스틴 시애틀Westin Seattle 호텔에서 열리는 성대한 만찬에 속속 모습을 드러냈다. 그랜드볼룸에서 저녁 식사가 거의 끝나갈 때쯤 전국에서 모여든 750명의 참석자들은 잠시 동작을 멈추었다. 검정색 정장에 주황색 넥타이를 맨 그날의 귀빈이 단상에 올랐기 때문이다.[1] 방 안의 모든 사람이 열심히 귀를 기울이는 가운데 귀빈은 그의 유년 시절과 미국의 역사, 서구의 팝 문화를 언급했다. 그는 보잘 것 없는 자신의 배경을 들려주며 어니스트 헤밍웨이와 마크 트웨인, 헨리 데이비드 소로의 작품을 평생토록 사랑했다고 말했다. 그는 대학 시절 알렉산더 해밀턴의 〈연방주의자The Federalist〉를 읽었는데 뮤지컬 〈해밀턴〉이 크게 유행하면서 다시 회자되어 감개가 무량하다고 했다. 불과 한 달 전에 〈해밀턴〉은 브로드웨이에서 개봉했다.

귀빈은 산뜻한 서두의 인사말을 접으며 주민들에게 더 나은 삶을 가져다주고 싶다는 포부를 밝혔다. 그는 그것을 '꿈'이라고 불렀다. 단상에 오른 사람은 흔히 보는 미국의 정치가가 아니었다. 실은 미국인조차 아니었다. 그는 중국의 시진핑習近平 주석이었다. 그가 말하는 꿈이란 '중국몽中國夢'이었다.[2]

시진핑 주석은 미국의 전직 국무장관 헨리 키신저와 현직 상무장관 페니 프리츠커Penny Pritzker 옆에 서서 소박한 이야기에 이어 우리가 기다리던 그날 저녁의 최대 관심사를 거론했다. 중국이 미국 기업들에 대한 사이버 도둑질을 그만두고 계속해서 중국 시장에 대한 "문을 열어두겠다."고 약속한 것이다.

그날 낮 시진핑 주석이 탄 비행기가 내린 페인필드 공항은 세계에서 가장 큰 공장과 인접해 있었다. 시애틀에서 북쪽으로 35킬로미터 정도 떨어진 워싱턴주 에버렛에 보잉의 제조 설비가 있기 때문이다. 시진핑은 세계 최대의 인구와 세계에서 두 번째로 큰 경제 규모를 자랑하는 국가의 리더였으나 미국 방문은 처음이었다. 폭풍 같은 방문 일정을 잡아놓은 그는 '미국에서 아시아로 가는 관문'을[3] 필두로 뉴욕과 워싱턴 D.C. 까지 방문할 예정이었다. 수개월의 노력 끝에 성사된 역사적 방문이었다.

다음날 나는 마이크로소프트의 경영진들과 함께 레드카펫에 서 있었다. 우리는 마이크로소프트의 경영자 브리핑 센터Executive Briefing Center 입구 안쪽에서 대기했다. 넥타이를 고쳐매고 유리문 밖을 내다

보면서 중국 주석의 사절단이 언제 오나 지켜봤다. 국내 방문 일정의 아주 세세한 부분까지 모두 협상을 통해 조심스럽게 연출되었다.

중국 정부는 지난 2개월 동안 시진핑 주석의 방문을 준비하면서 사전 답사팀을 네 번이나 보냈다. 방문 횟수가 늘어날 때마다 중국 기획관들의 숫자는 두 배로 늘어나는 듯했다. 첫 미팅에는 나도 참석했지만, 이후 세 번의 미팅에는 참석하지 않았다. 방문 1주일 전에 나는 우연히 복도를 지나다가 최종 기획 미팅이 마무리되는 것을 보았다. 손님들에게 악수나 할까 하고 들어갔더니 악수해야 할 사람이 40명이 넘었다.

물류 이동도 문제였지만 다른 해결해야 할 이슈들에 비하면 그건 아무것도 아니었다. 가장 중요한 의제는 기술이 될 거라는 것을 누구나 알고 있었다. 마이크로소프트를 포함해 미국 기업들은 중국 시장에 좀더 폭넓게 접근하는 것에 관심이 많았다. 2015년 늦봄 우리는 베이징으로 가서 중국 고위 관료들을 만났다. 그리고 우리가 생각하는 개방적이고 공정한 시장 접근 기회가 미국의 기업이나 중국의 고객 모두에게 혜택이 될 거라고 이야기했다. 서서히 문이 조금씩 열렸다. 오랜만에 처음으로 희망이 보였다.

그러나 고작 1개월 후인 7월 초 중국의 해커들이 미국 연방인사국에서 2,100만 명이 넘는 미국인의 주민번호와 기타 개인정보를 복사했다는 뉴스가 터졌다.[4] 해커들이 침투한 데이터베이스에는 미국인 중에서 국가 보안승인을 받은 모든 인력에 대한 상세 정보가 들어 있었다. 이 사건은 중국의 사이버 도둑질 실력이 얼마나 되고, 미국 연방인사국의 정보 보안은 얼마나 형편없는지 한 번에 보여주었다.

그 다음 주 백악관은 행정부 고위 관료들과 자그마한 회의를 소집했다. 9월로 예정된 내방을 앞두고 벌어진 이 사건에 관해 논의하기 위해서였다. 사이버 해킹이 백악관의 심기를 긁은 것이 분명해보였다. 관료들은 데이터를 훔쳐간 것에 화가 났을 뿐만 아니라 해킹이 그토록 쉽게 벌어졌다는 사실에 당황했다. 그렇게 혼란스러운 감정을 느끼면서 좋은 의사결정을 내리기란 힘든 법이었다.

8월말이 되자 백악관 팀은 양국 정부 간의 새로운 사이버보안 합의 협상의 막바지에 이르렀으나 확정적인 것은 아니었다. 내방 계획이 진행되면서 시진핑 주석의 첫 방문지를 워싱턴 D.C.가 아닌 다른 곳으로 정하는 게 좋아보였다. 백악관에 도착하기 전에 무언가 긍정적인 모멘텀을 만드는 것이 좋을 듯했다. 동부의 D.C.가 아닌 서부의 워싱턴주가 논리적인 선택이었다.

9년 전 후진타오胡錦濤 주석이 처음 미국을 공식 방문했을 때도 가장 먼저 시애틀에 들렀다. 빌 게이츠와 멀린다 게이츠가 워싱턴 호수가에 있는 자택에서 정성들인 만찬을 대접했고, 양국 정부 모두 결과에 만족한 듯했다. 우리는 전에도 손님을 접대해본 적이 있으니 이번에도 우리가 접대를 하겠다고 했다. 마이크로소프트 본부도 안내하고 말이다. 우리는 그편이 사이버보안 합의를 촉진할 동기도 되고 실패할 경우 외교적 충격을 완화할 수 있을 것이라고 봤다.

그날 오후 우리는 마이크로소프트에서 으리으리한 자동차 행렬을 기다리며 신중하게 정해진 순서에 맞춰 서 있었다. 사티아가 가장 먼저 시진핑 주석과 인사를 하고, 그다음에 빌 게이츠와 마이크로소프트 이사회 의장 존 톰슨이 뒤따르기로 했다. 그다음에는 내가 서고, 다음에는 중국에서 성장해 우리 검색 사업을 이끌고 있던 치 루Qi Lu가 섰다. 사티아는 시진핑 주석의 가이드가 되어 구내를 투어하고 환영 연설을 했고, 해리 셤은 우리 홀로렌즈 기술을 시연했다.

다음으로 우리가 들어섰던 큰 방에서 벌어진 일을 기자들은 시진핑의 미국 방문 중 '가장 기억에 남을 순간'이라고 했다. 마이크로소프트 방문이나 시애틀 일정뿐만 아니라 6일간의 미국 방문 전체에서 말이다.[5] 그곳에는 미국과 중국의 28개 IT 기업 대표들이 기념 촬영을 위해 모여 있었다. 시진핑 주석의 양옆으로는 팀 쿡, 제프 베조스, 지니 로미티Ginni Rometty, 마크 저커버그를 비롯해 미국의 IT 업계에서 알 만한 CEO는 모두 늘어서 있었다. 그 전날 저녁 만찬에서 시진핑 주석이 사이버보안 관련 발표를 한 덕분에 찍을 수 있게 된 이 사진은 시진핑 주석이 미국 방문 기간 동안 촬영한 그 어떤 사진보다 빛나는 한 장이었다. 미국을 제외하면 이런 거물들을 모두 불러 모을 수 있는 나라의 대통령은 오직 하나뿐이었다. 시진핑 주석은, 그리고 중국이라는 나라는, 글로벌 경제뿐만 아니라 세계 IT 무대에서도 한가운데를 차지하고 있는 것이 분명했다.

중국이 IT 분야의 슈퍼파워로 등장한 것은 어찌 보면 우리가 점점 더 양극화하는 IT 세계에 살고 있다는 신호다. 정보통신 업계에게 있어 중국과 미국은 전 세계 양대 소비국이다. 또한 두 나라는 다른 나라에 정보통신 기술을 제공하는 가장 큰 공급자들이기도 하다. 오랫동안 전 세계 주식시장에서 시가총액이 가장 큰 기업 10개 중 7개는 IT 기업이었다. 그 7개 중 5개가 미국 기업이고, 나머지 2개는 중국 기업이었다. 앞으로 10년이 지나면 이 목록의 제일 위쪽을 차지하는 중국 기업의 수는 늘어날 가능성이 크다.

그러나 미국과 중국의 기술 관계는 지금도, 이전에도 그 어느 곳과도 비슷하지 않은 독특한 관계다. 이전에는 전 세계적으로 IT 경쟁이 일어났다. 메인프레임 컴퓨터의 시대였던 1970년대에는 미국과 일본이 선두를 다투었다. 그러나 지금의 역학관계는 다르다. 거기에는 중국이 그 규모를 이용해 중국 시장에 대한 접근권을 통제하고 자국 기업들에게 그 어느 정부도 주지 못한 특혜를 제공한 탓도 있다. 그 결과 구글이나 페이스북처럼 다른 지역에서는 모르는 사람이 없을 만큼 유명한 기업들도 중국에서는 사실상 없는 것이나 마찬가지다.

중국에 진출한 다른 미국 기업들도 있지만, 중국에서 전 세계 다른 지역과 비슷한 수준의 성공을 거둔 기업은 아이폰을 보유한 애플뿐이다. 최근 애플은 중국에 진출한 미국 IT 기업 중 두 번째인 인텔보다 3배나 많은 매출을 올렸다.[6]

이윤을 따져보면 격차는 더 극명해진다. 애플이 중국 내에서 올린 이익은 미국의 나머지 IT 부문을 합친 것보다 더 많다. 대단한 성과

이지만 애플에게는 하나의 도전이기도 하다. 애플의 전 세계 수익성에서 중국이 차지하는 비율이 너무 크기 때문이다. 마이크로소프트가 전 세계에 윈도우나 오피스 프로그램 같은 제품을 판매하면서 오랫동안 겪어본 바로는, 매출이나 이익의 상당량이 특정 출처에 의존할 경우 늘 그 영역에서 변화를 모색하기가 어려웠다. 애플 지도부가 베이징을 그토록 자주 방문하는 이유도 그 때문이다.

더욱 중요한 것은 애플의 유일한 성공이 다른 모든 기업의 단점을 적나라하게 보여준다는 사실이다. 미국의 IT 기업들은 전 세계 다른 지역에 비해 왜 유독 중국에서는 그토록 성공하기가 어려운 것일까? 10년 이상 이 문제는 IT 업계의 가장 큰 의문이었다. 워싱턴 D.C.에 있는 양당의 정치가들도 미국의 IT 기업이 중국에서 성공하기를 과연 바라야 하는 것인지 점점 의문을 가지고 있다. 잠재적 기술 이전과도 관련되어 있기 때문이다.

미국과 중국 사이의 기술 관계는 전 세계에서, 아마도 역사상으로도 가장 복잡한 문제가 됐다. 경쟁이 늘어나면서 양국은 서로를 이해하는 것이 무척 중요해졌다. 국제관계의 역사를 보면 다른 나라를 보는 시각이 진정한 이해보다는 캐리커처 같은 단편적 인상을 기초로 형성된 경우가 너무나 많다. 미국 기업들이 다른 국가보다 유독 중국에서 더 어려움을 겪었던 데는 여러 이유가 있다. 그 이유들을 합쳐서 맥락을 이해하는 것이 중요하다.

점점 더 뚜렷해지고 있는 것 중 하나는 중국의 소비자들이 바라는 정보통신 기술이 종종 미국이나 유럽 기타 지역의 소비자들과는 다르다는 사실이다. 마이크로소프트를 포함해 미국의 IT 기업들이 중국 시장에 도입하는 제품은 처음에는 미국의 이용자들을 위해 설계된 제품인 경우가 많았다. 때로는 그런 제품들이 중국 이용자들의 니즈와 취향을 만족시키기도 했다. 아이폰이나 마이크로소프트 서피스Microsoft Surface 같은 하드웨어라든가, 마이크로소프트 오피스 프로그램처럼 생산성을 높여주는 소프트웨어가 그런 예다. 하지만 중국의 이용자들은 전혀 다른 식의 접근법을 취한 제품에 끌리는 경우도 많았다.

빌 게이츠는 이미 20년도 더 전에 중국에 대한 선견지명을 갖고 있었다. 그는 중국이 대형 소비자 시장일 뿐만 아니라 중요한 기술 인재 국가로 부상할 것이라고 했다. 1998년 11월에 마이크로소프트 아시아 연구소Microsoft Research Asia가 문을 열었다. 현재 이 연구소가 들어선 베이징의 두 빌딩은 중국 최고의 학술기관인 칭화대학교와 베이징대학교 인근에 위치한다. 초기 20년간 이 연구소의 중점 연구과제는 기초 컴퓨터 과학뿐만 아니라 다양한 분야에 걸쳐 있었고, 그 중에는 자연언어와 자연스러운 사용자 인터페이스, 대용량 데이터 처리, 검색 기술도 포함됐다.[7] 연구원들이 발표한 논문만 1,500편이 넘었고, 이것들은 전 세계 컴퓨터 과학 발전에 이바지했다. 마이크로소프트 아시아 연구소는 급성장하는 중국의 기술 인재 기반의 상징과도 같았다.

마이크로소프트 아시아 연구소는 종종 기초 연구를 넘어 중국 시장에 특화된 신제품을 개발하거나 테스트하는 일도 했다. 그렇게 해서 미국인의 관점에서 보면 놀라운 결과물이 나오기도 한다. 그 한 예가 샤오아이스Xiaoice이라는 AI를 기반으로 한 여성 소셜 챗봇Chatbot이다. 10대와 20대 초반의 사람들과 대화를 나누도록 디자인된[8] 이 챗봇은 중국의 사회적 니즈를 충족시켜준 것으로 보인다. 이용자들은 보통 자신의 일상이나 문제, 희망, 꿈 등에 관해 샤오아이스와 15분에서 20분 정도 대화를 나눈다. 어쩌면 형제자매가 없는 중국 사회의 니즈를 채워주는 것일지도 모른다. 샤오아이스는 6억 명 이상의 이용자를 가진 서비스로 성장했고, 기능도 점점 늘어나고 있다. AI 기반 애플리케이션을 이용해 시를 쓰거나 작곡을 하기도 한다. 샤오아이스는 일종의 유명인이 되어서 TV 기상예보에 손님으로 나타나기도 하고 정기적으로 TV와 라디오 프로그램을 진행하기도 한다.[9]

그러나 국가마다 기술 취향은 서로 다른 것으로 드러났다. 2016년 봄 우리는 샤오아이스를 미국으로 가져왔다. 테이Tay라는 이름으로 미국 시장에 출시한 것이다. 샤오아이스의 미국 데뷔 과정에서 발생한 수많은 문제의 시작은 새로운 '이름'이었다.

휴가 중에 저녁 식사를 하다가 나는 휴대폰을 살펴보는 실수를 범했다. 비벌리힐스의 어느 변호사가 보낸 이메일이 금방 도착해 있었다. 변호사는 자신을 이렇게 소개했다. "저희는 테일러 스위프트Taylor

Swift를 대리하고 있습니다. 의뢰인을 대신에 이 이메일을 드립니다."
이 인상적인 서두만으로도 예사 이메일이 아니라는 것을 알 수 있었
다. 그는 이렇게 이어갔다. "분명 아시리라고 생각합니다만, '테이'라
는 이름은 저희 고객과 밀접한 관련이 있습니다." 아니, 나는 몰랐다.
하지만 그냥 넘길 수 없는 이메일이었다.

변호사는 '테이'라는 이름이 테일러 스위프트와 우리 챗봇 사이에
뭔가 연관이 있는 듯한 오해를 일으킨다며 그것은 연방법과 주 법률
에 어긋난다고 주장했다. 우리 회사의 상표권 담당 변호사들의 생각
은 달랐지만, 우리는 테일러 스위프트에게 시비를 걸거나 그녀의 감
정을 상하게 할 마음은 전혀 없었다. 얼마든지 다른 이름을 고를 수
있었고, 우리는 금세 다른 이름을 찾아보자고 이야기했다.

그런데 이 일이 있자마자 더 큰 이슈가 우리를 걱정시켰다. 테이는
샤오아이스와 마찬가지로 대화 중의 피드백에 기초해서 사람들과 얘
기를 나누도록 훈련시킬 수 있었다. 그러자 장난을 좋아하는 몇몇 미
국인들이 조직적으로 트윗을 이용해 테이에게 지독히 인종 차별적인
발언을 가르치는 캠페인을 벌였다. 이 문제를 해결하기 위해 우리는
거의 하루 만에 테이를 시장에서 철수시켜야 했다. 우리는 서로 다른
문화적 규범을 이해하고 AI에 대해 더 강력한 안정장치를 마련해야
한다는 교훈을 얻었다.[10]

그러나 테이는 아시아와 미국 사이의 문화적 관습의 차이를 보여
준 일례에 불과했다. 미국에서 개발한 서비스들이 처참하게 실패한

이유는 중국 이용자들이 자국에서 개발되었거나 자국민을 위해 개발된, 다른 식의 접근법을 취한 다른 종류의 제품들을 선호하는 탓이었다. 전자상거래 분야에서 아마존보다는 알리바바, 메시지 서비스 분야에서 미국 서비스들보다는 텐센트Tencent의 위챗WeChat, 검색 분야에서 구글보다는 바이두Baidu라는 중국 서비스가 성공한 것은 주목할 가치가 있었다. 여러 사람들이 이미 지적했듯이 이들 서비스는 미국 기업들이 하지 못한 혁신적인 방식으로 중국인들의 취향에 부응했다.

이는 전 세계적으로, 특히 중국에서 점차 늘어나고 있는 IT 업계의 특성을 잘 보여준다. 똑똑한 사람은 어디에나 있다. 중국의 기업들은 미국 기업을 포함해 자유기업을 표방하는 사람들이 오랫동안 중시해온 집요한 혁신과 강력한 직업윤리를 바탕으로 제품을 혁신하고, 열심히 일하고, 막대한 성공을 거두고 있다. 이는 비단 기술적 툴을 만들어내는 중국 기업에만 한정된 이야기가 아니라, 놀라운 속도로 AI 기반 사업을 발전시키고 있는 중국 사회 전반의 기업들에게 해당된다. 이렇게 시장이 급성장하면서 중국의 기술이라는 놀라운 엔진은 더 큰 동력을 얻고 있다. 그 덕분에 중국의 IT 업계는 미국의 IT 기업들이 전 세계 그 어디에서 겪는 것보다 더 무시무시한 현지 경쟁을 유도하고 있다.

그러나 우리의 성공을 그보나 더 어렵게 만드는 요인들이 있다. 그 요인들은 처음에는 중국 시장에 접근하는 것을 막았지만 점차 미국에서도 비슷한 현상이 나타나고 있다.

기술 시장 접근성에 장벽을 치려는 경쟁을 가장 먼저 시작한 나라는 이론의 여지없이 중국이다. 다른 국가들이라고 해서 그런 유혹을 느끼지 않았던 것은 아니다. 다만 세계 무역 시스템, 특히 WTO 체제에 참여하기 위해서는 그런 전략을 펼칠 수 없었다. 미국 무역대표부는 오랫동안 다자 협상, 또는 양자 협상에 초점을 맞추면서 미국의 IT 부문에게 전 세계 시장의 문을 개방했다.

오직 중국만이 이런 접근법에 저항하겠다는 확고한 전략과 그걸 실천할 수 있는 시장 규모를 갖고 있었다. 다른 지역에서는 자유롭게 수입되는 제품들도 중국에서 판매하려면 하나 이상의 정부 면허가 필요했다. 또 면허가 있어도 중국의 공공부문이나 대형 소비 주체는 미국의 IT 기업이 중국의 파트너사와 조인트 벤처를 통해 판매 제안을 해야만 해당 기술을 구매하거나 사용하는 경우가 빈번했다.

형편이 좋을 때조차 IT 업계의 조인트 벤처는 제대로 작동하기가 매우 어려운 것으로 악명 높았다. 정보통신 기술은 빠르게 바뀌고 공학적으로 매우 복잡한 경우가 많다. 그에 따라 비즈니스 모델도 진화하므로 마케팅, 세일즈, 사업지원 모두 계속해서 변화해야 한다. 대규모 인수합병이 자주 실패하는 산업에서 조인트 벤처는 더 많이 실패한다. 여기에 국가, 문화, 언어가 서로 다른 곳에서 사업을 해야 하는 복잡성까지 있다.

공식적 요구는 아니라고 해도 조인트 벤처를 통해 시장에 진입해야 한다는 비공식 의무 사항은 마치 크로스컨트리 선수에게 무거운 짐이 가득 든 백팩을 짊어지고 경기를 하라는 것과 같았다. 그런 선수가 경기에서 이기는 날은 매우 드물 것이고, 비슷한 제약조건이 없는 썩 훌륭한 현지 기업과 경쟁까지 해야 한다면 확률은 더욱 낮아질 것이다. 간단히 말해서 조인트 벤처를 통해 중국에서 사업을 해야 한다는 의무 사항은 실질적으로 미국 기업이 중국 시장에 접근하는 데 매우 효과적인 장벽 역할을 하고 있다.

그러나 중국과 미국 간의 기술 이슈는 시장 접근성의 문제에 그치지 않았다. 정보통신 기술이 폭넓은 소통이나 자유분방한 표현, 사회운동에서 차지하는 역할을 감안하면, 오랫동안 중국 정부가 기술 사용을 규제해온 방식은 서양의 방식과는 달랐다. 중국 시장에 진출하려는 미국의 IT 기업은 중앙정부 차원에서, 또 지방정부 차원에서 수많은 정부기관이 제시하는 어질어질할 정도로 계속 진화하는 규제들을 모두 충족시켜야 하는 경우가 많았다. 공공질서를 중시하는 중국인들과 인권을 중시하는 서구 사이의 분명한 긴장 관계 때문에 골치 아픈 이슈들이 제기되는 험난한 날들도 많았다.

어찌 보면 이런 차이는 더 깊은 철학과 세계관의 차이에 뿌리를 두고 있다. 이 모든 이슈들이 어떻게 맞아들어 가는지 이해할 수 있어야 한다.

미시건대학교의 리처드 니스벳Richard Nisbett 교수는 2003년에 내놓은 책《생각의 지도》[11]에서 이런 이슈들이 2000년 이상 거슬러 올라가는 깊은 철학적 전통의 차이를 반영한다고 말했다. 미국인들의 사고는 종종 고대 그리스에서 발달한 철학에 어느 정도 기반을 둔 반면, 중국인들의 사고는 공자와 그 추종자들의 가르침에 기초한다. 이 두 가지는 2000년 이상 전 세계적으로 가장 널리 퍼져 있고 가장 큰 영향력을 행사하는 사고 방식이면서 서로 달랐다.

나는 수십 년간 세계 각지에서 열린 회의에 참석했지만 한 나라의 수도에서 정부와 논의를 진행하는데 가끔 2000년 이상 된 역사적 경험을 대놓고 들먹이는 도시는 베이징밖에 보지 못했다. 정확히 말하면 BC 221년 중국을 통일한 진나라가 등장하곤 했다.

헨리 키신저가 말했듯이 중국이 수천 년간 살아남을 수 있었던 것은 주민들과 사대부 정치에 육성된 가치 공동체 덕분이다.[12] 20세기 미국 관료들 중에서 키신저만큼 중국을 집중적으로 연구한 사람도 없을 것이다. 그의 말처럼 오늘날까지 중국에서 공식적으로 생각의 지침이 되는 것은 공자의 가르침이다. 공자는 진나라가 탄생하기 200년도 더 전에 죽었다. 그의 가르침에는 연민의 통치, 학문에 전념, 조화의 추구 등이 포함된다. 그 바탕에는 '너의 위치를 알라'는 기본적 의무를 포함해 사회적 행위에 대한 위계서열적 코드가 있다.[13]

니스벳이 지적하듯이 서양 정치 사고의 기초를 이루고 있는 그리스 철학은 강한 호기심이라는 측면에서 공자가 말한 '학문에의 전념'과 통하는 부분이 있다. 그러나 행위 주체로서 개인에 대한 개념은 공자의 가르침하고는 근본부터 달랐다. 그리스 철학에서 사람은 자신의 삶을 책임지고 본인의 선택대로 자유롭게 행동할 수 있다.[14] 아리스토텔레스와 소크라테스가 정의한 고대 그리스인의 행복은 제약으로부터 자유로운 삶 속에서 탁월함을 향해 자신의 힘을 발휘할 수 있는 상태다.[15]

미국에서 설립되었고 여전히 본부가 미국에 있는 회사로서 우리는 회사의 역사적 뿌리를 의심하지 않았고, 전 세계적으로 인권을 보호해야 한다는 데도 추호의 의심이 없었다. 우리는 이미 10년 전에 소비자 이메일을 중국에 있는 서버에 보관하지 않기로 결정했다. 중국 정부는 우리가 그렇게 하면 중국 소비자들에게 더 이상 서비스를 제공할 수 없다고 분명히 말했지만, 우리는 인권상의 문제가 발생할 위험이 있다고 판단했다. 나는 늦은 밤 걸려왔던 그 전화를 평생 잊지 않을 것이다. 그날 나는 중국의 최전선에 있는 직원들에게 그건 회사가 불법 검열이라고 결론 내린 요구이니 단호한 입장을 취하라고 명령했다. 나는 편안한 내 집에 앉아서도 숨을 죽이고 있었다. 내 답변을 현지 관료들에게 실시간으로 중계하고 있는 우리 직원들이 불편하게 앉아 있다는 사실을 알고 있었기 때문이다. 최근 우리는 우리의 안면인식 서비스에 대한 접근권을 제한했다. 대중 감시가 발생할 우려가 있었기 때문이다.

이런 사례들은 인권에 대한 우리의 확고한 신념을 구체적으로 묻고 있었다. 오랫동안 우리는 중국에서 고객을 시원하고 사업을 성장시키는 데 전념했지만, 인권 문제에 관해서만큼은 원칙을 가지고 접근해야 한다고 결론 내렸다. 시간이 지나며 더 분명해졌지만, 매출 성장이나 실적보다는 보편적 인권을 포함한 기본적 가치에 우선순위를 두는 접근법을 꾸준히 유지하는 것은 매우 중요한 일이었다.[16)]

우리 관점에서 보면 이런 기본적 차이 때문에 전 세계 양대 경제 대국에 있는 사람들은 서로의 문화와 역사적 전통을 더 많이 알아야 한다. 어느 한 국가가 외면한다고 해서 이런 차이가 사라지지는 않는다.

이런 차이에 대해 우리가 직접적으로 알 수 있는 기회가 2018년 봄 베이징에서 있었다. 아시아에서 일주일을 보내려고 일찍 도착했던 우리는 무더운 일요일 가장 현대적인 기술인 AI와 말 그대로 수천 년에 걸쳐 나타난 전통 철학과 종교가 어떻게 연결되고 또 대조되는지 깊이 살펴볼 기회를 가졌다.

마이크로소프트 팀은 룽취안사龍泉寺에서 아침을 시작했다. 룽취안사는 석조와 목조가 섞여 있고 꼭대기는 불교식 곡선 지붕으로 덮인 다층 건물이었다. 절이 자리 잡은 곳을 현지 사람들은 '도시의 허파'라고 불렀다. 베이징 서쪽 외곽 평황링鳳凰嶺의 숲이 울창한 지역으로 자연공원이었다. 이 절은 요나라 시대에 건립됐다. 개울 위로 비탈에 걸쳐 있는 평화로운 장소로 수천 마리의 매미가 살고 있었다. 우리는 구불구불한 오솔길을 따라 걷다가 흥미로운 정원을 통과했다. 그러나 우리가 무엇보다 기뻤던 것은 우리를 초대한 스님이 작업 중인 AI 프로젝트를 보여주었을 때였다.

셴신Xianxin 스님이 설명해준 것처럼 이 절은 불교의 가르침과 전통을 현대 세상과 조화시키려는 노력에 매진하고 있었다. 스님은 베이징기술대학교 졸업생이었다. 그렇다. 컴퓨터 과학 학위를 가진 스님이다. 스님은 룽취안사가 AI의 도움을 받아 고대 불교 서적 수천 권을 디지털화하는 작업을 진행하고 있다고 자랑했다. 그러면서 스님들이 기계 기반 번역 기술을 이용해 작업 내용을 전 세계 16개 언어로 공유하는 과정을 설명해주었다. 현대 기술이 세계에서 가장 오래된 가르침을 전파하고 있었다.

그날 오후 우리는 베이징 도심으로 가서 중국 최고의 철학자이자 윤리학자인 허화이홍He Huaihong, 何懷宏 교수를 만났다. 그는 북경대학교에서 중국의 사회윤리를 변화시키는 것에 관한 책을 출판한 바 있었다.[17] 이 책을 슬쩍 넘겨보기만 해도 현대 중국에서는 (적어도 일부 분야에서는) 활발한 토론이 부족하다는 생각을 말끔히 몰아내준다.

우리는 AI로 인해서 대두된 윤리적, 철학적 이슈와 그런 이슈들을 국가에 따라 어떻게 다르게 보는지에 관해 이야기를 나눴다. 그의 첫마디가 니스벳이 15년 전에 쓴 책의 서두를 그대로 들려주는 것 같아서 깜짝 놀랐다. 그는 이렇게 말했다. "서양에서는 발전이 일직선처럼 일어난다고 생각하지요. 기술은 앞으로만 전진하고 끊임없이 개선된다는 낙천적 생각을 갖고 있죠."

니스벳이 지적한 것처럼 서양 사람들은 특정 목표에 초점을 맞추고 내가 최선을 다하면 내 주변 세상을 바꿀 수 있다고 생각하는 경향이 있다. 실리콘밸리를 혁신적 태도의 상징으로 만든 기업가정신도 바로 그런 성향과 관련된다.

허화이홍 교수는 이렇게 말했다. "중국에서는 모든 게 돌고 돈다고 생각합니다. 삶이 황도 별자리처럼 둥글고 언젠가는 모든 게 본래의 자리로 돌아온다고 생각하지요." 그래서 중국 사람들은 앞만 보는 것이 아니라 뒤도 돌아보게 됐고, 개별 조각이 아니라 큰 그림에 좀더 초점을 맞추게 됐다.

니스벳이 설명한 것처럼 태평양 좌우에 있는 사람들이 똑같은 이미지도 얼마나 다르게 보는지를 생각하면 태평양은 정말로 넓은 바다다. 정글에 있는 호랑이 사진을 한 장 찍어보라. 미국인들은 아마 호랑이 자체와 호랑이가 뭘 할 수 있는지에 초점을 맞출 것이다. 반면에 중국인들은 정글 자체와 정글이 호랑이의 삶의 면면에 어떤 영향을 끼치는지에 초점을 맞출 것이다. 어느 쪽도 틀린 것은 아니다. 어쩌면 두 가지를 결합하는 것이 가장 좋은 길일지도 모른다. 하지만 서로 다르다는 사실만큼은 분명하다.

이렇게 서로 다른 전통은 양쪽의 사회가 기술이나 기술 규제에 대해 생각하는 방식과도 일맥상통한다. 미국인들은 본능적으로 정부와 거리를 두려고 한다. 그래서 IT 기업이라는 '어린 호랑이'는 앞으로 무엇을 이룰 수 있을지 낙천적 전망을 가지고 성장하고, 변화하고, 튼튼해질 수 있다. 반면에 중국인들은 IT 기업이라는 호랑이가 살고 있는 '사회라는 정글'을 더 빨리 언급한다. 그래서 그물 같은 정부 규제로 호랑이의 활동을 통제한다.

이런 측면을 하나 추가해보면 중국에서 IT 기업과 정부 사이의 복잡한 관계를 더 잘 설명할 수 있다. 극복해야 할 것은 언어의 장벽만이 아니다. IT 기업들은 서로 협력하고 전 세계 인권 커뮤니티와도 교류하며 프라이버시 및 표현의 자유와 관계된 전 세계적 원칙을 지켜달라고 촉구해왔다. 그러나 어떤 때에는 이런 원칙들이 제2차 세계대전 직후의 중국을 포함한 전 세계 정부들이 지지했던 것만큼의 지지도 받지 못하곤 한다. 복잡한 논의의 뿌리를 찾아보면 그 논의가 정치적 접근법을 둘러싼 협상일 뿐만 아니라 아리스토텔레스와 공자라는 서로 다른 세계관에 대한 협상이 아닌가 느껴질 때가 있다.

서로 다른 철학적 렌즈는 그 자체로도 충분히 복잡한데, 지난 10년간 사이버보안 이슈는 문제를 더욱 어렵게 만들었다. 미국 정부는 연방인사국 해킹 사건 같은 것뿐만 아니라 중국의 하드웨어 제조업체 화웨이Huawei가 라우터를 설치해 고객들의 통신 내용을 중국 정부가 모니터링할 수 있게 만들었다는 보도에 대해서도 강경한 반응을 보였다.[18] 스노든의 폭로에 들어 있던, 미국 직원이 시스코의 라우터를 조작해 똑같은 일을 하고 있는 사진을 생각해보면 입장이 완전히 뒤바뀐 셈이다.[19] 두 회사는 이후 상대방 시장에서 명성을 다시 회복해보려고 노력하고 있지만, 온전히 성공한 것 같지는 않다.

워싱턴 D.C.에서는 양당 모두가 중국의 영향력이 부상하는 것을 우려의 눈으로 지켜보고 있다. 트럼프 대통령은 중국에게 거의 모든 종류의 미국 제품을 더 많이 구매하라고 압박하면서도, 한 가지 카테고리만큼은 신중을 기하고 있다. 바로 IT 분야다. 경제성장과 군사력 모두의 측면에서 IT 기술이 점차 근간이 될 것이라고 믿기 때문에 미국의 정책 입안자들은 현재진행 중인 중국으로의 기술 이전이 앞으로 끼칠 영향에 대해 점점 우려를 표해왔다.

이런 우려가 커지고 있고 또 중요한 내용이긴 하지만, 복잡한 질문에 간단한 답을 내놓기에는 양측 모두 위험이 따른다. 양국 모두 고려해봐야 할 미묘한 문제들이 있다.

먼저 정보통신 기술 중에는 국가안보나 군사 측면에서 민감한 것들도 있지만, 그렇지 않은 것들도 많다. 또한 어떤 기술은 군사적 목적이나 평화적 목적 둘 다에 유용할 수 있다는 주장도 새삼스러운 것은 아니다. 그렇게 양쪽으로 쓰일 수 있는 제품들은 수십 년간 존재했고 수출규제 제도가 잘 갖춰진다면 통제가 가능하다. 그럼에도 불구하고 미국의 정책 입안자들이 현재 부상하고 있는 중국을 고려할 때 국가보안에 중요한 다른 기술들과 IT 기술 사이의 중대한 차이를 고려하지 못할 위험성이 점점 커지고 있다.

게다가 정보통신 기술 중에는 기밀인 것들도 있지만 그렇지 않은 것들도 많다. 수많은 군사기술과는 달리 컴퓨터나 데이터 과학의 발전은 종종 기초연구 단계에서 일어나기 때문에 처음에는 학술논문의 형태로 발표되고 이것들은 전 세계 어디서나 이용할 수 있다. 또 소프트웨어는 오픈소스 형태로 공개되어 있는 소스코드로 구성되는 경우가 많다. 어디에 사는 누구든 소스코드를 읽을 수 있고 자기 제품에 포함시킬 수도 있다는 얘기다. 영업기밀 보호에 관한 우려도 중요한 내용이고 일부 컴퓨터 과학 분야에는 적합할 수 있지만, 영업기밀이 사실상 적용될 여지가 거의 없는 소프트웨어 분야도 있다.

또한 인권 문제를 분명히 제기하는 기술 시나리오도 있다. 안면인식 서비스와 시민들 및 소비자 데이터를 클라우드에 저장하는 것이 바로 그런 예다. 반면에 1980년대 이후 우리가 유통시켜온 마이크로소프트 워드 프로그램의 경우 이용자가 자신의 컴퓨터에서 사용하면 어느 누구도 거기에 무슨 내용을 썼는지 알 수 없다. 워드 온라인Word Online은 현재 클라우드에서 운영되지만 어떤 버전을 어떤 식으로 사용할지는 이용자가 선택할 수 있다. 인권이라는 맥락에서 보아도 동일한 소프트웨어가 시나리오에 따라 극적으로 다른 결과를 가져올 수 있다.

마지막으로 중국 자체가 미국의 기술 제품 공급망에서 중요한 한 부분을 차지한다. 이 부분은 컴퓨터 하드웨어 부품 제조와 관련해서는 일반적으로 잘 알려진 내용이다. 하지만 중국의 역할은 여기서 그치지 않는다. 중국의 엔지니어 수는 폭증하고 있고 이들은 글로벌 R&D의 모든 과정에 일원으로 참여하고 있다. 대부분의 IT 기업은 중국 엔지니어들이 만들어낸 연구 성과를 미국, 영국, 인도 기타 전 세계 엔지니어들이 만들어낸 연구 성과와 통합하여 구분 없이 사용한다. 정책 입안자들은 양국의 기술 발전을 분리할 수 있게 태평양

위에 새로운 철의 장막을 세우고 싶다고 생각할지 모르나, 글로벌 기술 발전의 성질상 그런 일이 일어나기는 어렵다. 혹시 철의 장막이 세워진다고 하더라도 그 장막이 그 국가에게 도움이 될지 아니면 자국의 기술 발전 속도만 늦추게 될지 분명치 않다.

이런 이유 때문에 기술 교역을 어떻게 생각할 것인가 하는 문제는 미국과 중국 모두에게 점점 큰 수수께끼가 되고 있다. 장기적으로 고려해봐야 할 측면이 세 가지 있다.

첫째 수입 측면에서 보면 현재로서는 미국도, 중국도 IT 기업들이 서로의 시장에 무제한 접근할 수 있다고 말하기는 힘들 것이다. 오히려 양국의 IT 리더들에게는 일종의 홈코트 어드밴티지 같은 것이 생겼다. 그 결과 미국과 중국의 기업들은 점점 더 자국에서는 쉽게 성공하고 나머지 국가에서 경쟁하게 됐다.

국제경제 관점에서 보면 관련 기업들에게는 이렇게 자국 시장을 보호하는 것이 축복인 동시에 저주다. 아무리 14억의 인구를 가진 중국이라 해도 전 세계 소비자의 80퍼센트 이상은 다른 나라에서 생활하며 일하고 있다. 전 세계 기술 리더로 성공하는 유일한 방법은 전 세계적으로 존중받는 것뿐이다. 미국의 IT 기업도, 중국의 IT 기업도 유럽이나 라틴 아메리카, 동남아시아 기타 다른 지역에서 성장하고 싶다면 국경 밖의 고객들을 끌어와야 한다. 미국 정부와 중국 정부가 각자 상대국에서 만들어진 기술을 신뢰하지 못하겠다고 주장한다면, 나머지 국가들은 양국의 말이 모두 옳으니 다른 출처를 찾아봐야겠다고 결론 내릴 위험성이 있다.

어찌 보면 5G 제품 같은 네트워크 부품은 평화시나 전쟁시나 국가 인프라의 근간이고 민감한 사안이기 때문에 국가적 차원의 조작과 해킹의 가능성뿐만 아니라 지난 이력을 보더라도 이 부분에 초점을 맞추는 것은 충분히 이해가 가는 일이다. 그러나 이 분야에서조차 국가의 정책은 확고히 객관적 사실과 논리적 분석에 기초해야 한다. 각국 정부가 특정 회사나 개인에게 형사상 기소를 포함 기타 심각한 법적 조처를 취하려고 할 때는 더욱 신중을 기해야 한다.

5G가 아니더라도 많은 분야에서 수많은 기술 서비스를 배척하는 조치는 필요하지도 않고 오히려 역효과를 낼 가능성이 크다. 대부분의 기술 서비스는 국가와 관계없이 안정적으로 규제할 수 있는 방법들이 얼마든지 있다. 혹시라도 규제가 필요하다면 말이다. 기술에서 가장 앞서 있는 두 국가는 기술 시장의 대부분을 개방함으로써 다른 국가들이 따라할 수 있는 모범을 세우는 편이 경제적으로 유리하다.

둘째 특히 요즘 워싱턴 D.C.에서는 교역 방정식에서 수출 측면에 점점 더 많은 초점을 맞추고 있다. 따라서 미국의 관료들은 비단 중국뿐만 아니라 점점 더 많은 국가에 대해 계속해서 늘어나는 중요 기술 제품의 수출을 막으려고 할 가능성이 크다.

이때 위험 요소는 기술의 성공은 늘 글로벌 규모의 성공을 필요로 한다는 사실을 미국의 관료들이 세대로 평가하지 못할 수 있다는 점이다. 정보통신 기술의 경제성은 R&D와 인프라에 들어간 비용을 최대한 많은 수의 이용자로 분산시킬 수 있느냐에 달려 있다. 그래야 가격이 내려가고 네트워크 효과를 만들어내 새로운 애플리케이션을 시장의 리더로 만들 수 있다. 링크드인의 설립자 중 한 명이자 마이크로소프트의 이사회 구성원이기도 한 리드 호프먼Reid Hoffman이 보여준 것처럼 빠르게 '기습적으로 규모를 키워서' 글로벌 리더가 되는 것은 IT 기업이 성공하기 위한 기본 전략이다.[20] 그러나 제품이 미국 땅을 벗어날 수 없다면 글로벌 리더십을 확보하는 것은 불가능하다.

따라서 미국이 새로운 수출규제를 다시 한 번 마련하는 일은 과거 그 어느 때보다 더 어려운 과제가 되었다. 조심스럽게 진행하는 동시에 수출에 대한 새로운 접근법도 생각해보아야 할 것이다. 과거에는 수출규제 담당관이 때에 따라 수출을 전면 금지할 수 있는 제품 목록을 가지고 있었다. AI부터 양자 컴퓨터에 이르기까지 새로 출현하는 기술들은 종류를 정해서 수출은 허용하되 용도나 이용자에 제한을 거는 편이 더 합리적일 것이다. 그렇게 되면 정부나 기업의 수출 행정은 더 복잡해질 수 있지만 국가안보를 지키면서 경제성장을 촉진하려면 그 방법밖에 없을 것이다.

마지막으로 미국이나 중국만을 위해서가 아니라 전 세계를 위해 생각해보아야 할 더 큰 그림이 있다. 기술 사용이라는 측면에서 양국은 전 세계 인터넷을 거의 절반으로 양분해가고 있다. 더 크게 보면 중국과 미국이 건강한 관계를 구축하지 못한다면 21세기가 끝날 쯤에는 지금보다 결코 더 좋은 상황이 될 수 없을 것이다. 간단히 말해서 기술 이슈를 비롯해 여러 문제에서 미국과 중국이 안정적인 관계를 유지하는 것은 전 세계를 위해 반드시 필요한 일이다.

그러려면 미국과 중국을 연결할 수 있는 교육적, 문화적 기초를 계속해서 튼튼하게 만들어야 한다. 양국의 기술 이슈를 해결하기 위해서는 과학과 공학뿐만 아니라 언어, 사회과학, 심지어 인문학적인 면에서도 공통의 이해가 필요하다. 지금 현재 양국의 서로에 대한 이해도는 필요한 수준에 미치지 못하는 경우가 많다.

대부분의 경우 상대방에 대한 이해 부족은 미국 쪽에서 더 강하게 나타난다. 시진핑 주석의 교육 내용에는 알렉산더 해밀턴부터 어니스트 헤밍웨이에 이르는 미국 작가들의 책도 포함되어 있었다는 사실을 생각해보라. 미국의 정치가 중에서 그에 필적하는 중국 작가의 책을 읽어본 사람이 과연 얼마나 될까? 중국이 2500년 이상의 풍부한 역사를 가지고 있다는 사실을 고려하면 문제는 관심을 가질 콘텐츠가 부족한 것이 아니라 관심 자체가 부족한 것이다. 역사가 반복적으로 보여주듯이 미국이 여러 국제 문제를 헤쳐나가기 위해서는 미국의 리더들이 다른 나라를 깊이 이해해야 한다.

결국 미국과 중국은 서로의 이해관계에 도움이 되는 상호 관계가 필요하다. 양국의 지도자들은 눈을 벌겋게 뜨고 자국의 이해관계에만 초점을 맞출 것이다. 그러나 두 경제대국이 서로 만날 때는 자신들만의 이해관계뿐만 아니라 양국의 관계가 전 세계 다른 국가들에게 어떤 영향을 미칠지까지 생각해야 할 책임이 있다. 전 세계 인구

의 거의 80퍼센트에 이르는 나머지 국가들도 양국 관계로부터 받는
영향이 나날이 커지고 있기 때문이다.

# 15

# 데이터의 미래

## : 오픈 데이터 혁명의 필요성

TOOLS AND
WEAPONS

지정학적인 힘과 경제적 부의 분배에 데이터와 AI는 어떤 영향을 미칠까? 이것은 미국과 중국을 중심으로 한 또 다른 역학관계이기도 하지만 나머지 여러 나라에게도 더 큰 함축적 의미를 가진다. 우리 시대를 관통하는 이 질문에 대해 2018년 가을 비관적인 시각이 나타났다.

워싱턴 D.C.에서 국회의원들을 만났는데 몇몇 상원의원이 아직 출판 전인 새 책《AI 슈퍼파워》를 미리 받아서 읽어봤다는 얘기를 했다. 저자인 리카이푸Kai-Fu Lee, 李開復는 애플과 마이크로소프트, 구글에서 경영자를 지낸 인물이다. 대만에서 태어난 그는 현재 베이징에서 첫 손가락에 꼽히는 벤처 캐피털리스트로 활약하고 있다. 책에서 그는 정신이 번쩍 들 만한 주장을 펼쳤다. 그는 "AI 세상의 질서는 중국과 미국의 몇 안 되는 기업들 손에 유례없는 부가 집중되는 승자독

식의 경제를 만들어낼 것"이라고 했다.[1] "나머지 국가들은 먹다 남은 찌꺼기나 줍게 될 것"이라는 게 그의 표현이었다.[2]

리카이푸의 주장의 근거는 뭘까? 요약하면 '데이터의 힘'이라는 말로 축약될 수 있었다. 가장 많은 이용자를 확보하는 기업이 가장 많은 데이터를 확보할 텐데, AI에게는 데이터가 로켓의 연료나 마찬가지이기 때문에 가장 많은 데이터를 확보한 회사의 AI 제품이 더 강화될 것이라는 게 그의 주장이었다. 더 강력한 AI 제품을 가진 회사는 더 많은 이용자를 끌어모으고 그에 따라 더 많은 데이터를 확보하게 될 것이다. 이런 순환관계는 규모의 이익으로 이어지고 결국 해당 기업은 시장의 모든 경쟁자를 몰아낼 것이다. 카이푸는 이렇게 말했다. "AI는 자연히 독점기업에게 끌린다. 어느 기업이 일단 초반에 주도권을 잡으면 이런 사이클이 계속 반복되어 다른 기업은 더 이상 진입할 수 없는, 극복 불가능한 장벽이 만들어진다."[3]

IT 시장에서는 이 개념을 '네트워크 효과'라고 부른다. 예를 들면 운영체제에 사용할 애플리케이션을 개발할 때도 오랫동안 이 원칙이 적용되어 왔다. 어느 운영체제가 1위 자리를 차지하면 모두가 그 운영체제를 위한 앱을 개발하려고 한다. 더 뛰어난 기능을 가진 새로운 운영체제가 나타나더라도 앱 개발자들에게 새로운 운영체제를 감안해달라고 설득하기는 쉽지 않다. 마이크로소프트도 1990년대에 윈도를 가지고 이 네트워크 효과의 혜택을 누렸다. 그러다가 20년 후에는 장벽의 반대편 벽에 부딪혔다. 윈도 폰을 가지고 아이폰과 안드로

이드와 경쟁해야 했을 때 말이다. 오늘날 페이스북에 도전하려고 하는 새로운 소셜 미디어들도 모두 똑같은 문제에 직면한다. 구글 플러스Google Plus가 실패한 원인 중 하나다.

카이푸에 따르면 AI도 이와 비슷한 강력한 네트워크 효과를 누릴 것이라고 한다. AI 때문에 경제의 모든 분야에서 힘의 집중이 심화될 것이다. 분야를 막론하고 가장 효과적으로 AI를 사용하는 기업이 가장 많은 고객 데이터를 확보할 것이고, 가장 강력한 피드백 고리를 만들어낼 것이다. 더 심각한 결과를 가져오는 시나리오도 있었다. 소수의 거대 IT 기업이 데이터에 자물쇠를 채워버리고 자신들만 그 데이터를 처리함으로써 경제의 다른 모든 부문에서 이들 기업에 의존해 AI 서비스를 해야 하는 경우다. 이 경우 시간이 지나면 다른 산업 부문으로부터 이들 AI 선두업체로 어마어마한 경제적 부의 이동이 발생할 가능성이 크다. 그리고 카이푸의 예상처럼 이들 기업 대부분이 중국의 동부 해안과 미국의 서부 해안에 몰려 있다면 이 두 지역이 이득을 보는 대가로 다른 모든 지역이 희생될 것이다.

이런 추측들을 가지고 우리는 뭘 할 수 있을까? 다른 것들과 마찬가지로 이런 예측의 한가운데에는 알맹이가 되는 진실이 있다. 그리고 이 경우 그 알맹이는 어쩌면 하나 이상일 수도 있다.

AI가 제대로 작동하기 위해서는 클라우드 기반의 컴퓨팅 파워와 알고리즘 개발, 많은 양의 데이터가 필요하다. 세 가지 모두 없어서는 안 될 요소이지만 그중에서도 가장 중요한 것은 데이터다. AI가 작동하기 위해서는 물리적인 세상, 경제, 우리가 일상을 어떻게 사는 지에 관한 데이터가 필요하다. 지난 10년간 기계학습이 급속히 진화하면서 AI 개발자에게 데이터는 크면 클수록 좋다는 사실이 분명해졌다.

AI가 주도하는 세상에서 데이터의 영향력은 단순히 IT 업계에만 충격을 미치는 것이 아니다. 2030년형 신차는 과연 어떤 제품이 될지 한번 생각해보라. 최근 한 연구가 추산한 바에 따르면 2030년쯤 되면 자동차 비용의 절반은 전장부품과 컴퓨터 부품일 것이라고 한다. 2000년 당시 이들 부품 비용의 비율은 20퍼센트였다.[4] 2030년이 되면 자동차는 자율 또는 반자율 주행과 내비게이션, 통신, 엔터테인먼트, 유지 및 보수, 안전 등을 위해 늘 인터넷에 연결되어 있을 것이 분명하다. 이 모든 것에 아마도 클라우드 컴퓨팅 기반의 인공지능과 대량 데이터가 사용될 것이다.

이 시나리오에 따르면 중요한 질문을 하나 하게 된다. 자동차는 점점 AI로 운영되는 바퀴 달린 거대한 컴퓨터가 되어가고 있다. 그렇다면 이 자동차에서 창출되는 이익은 대체 어느 산업, 어느 기업이 가져갈 것인가? 전통적인 자동차 제조사가 가져갈 것인가, 아니면 IT 기업이 가져갈 것인가?

이 질문은 아주 큰 파급력을 가질 수도 있다. 이 경제적 가치를 자동차 제조사들이 계속 보유할 수 있다면, 장기적으로 GM이나 BMW, 도요타 등 자동차 회사들의 미래는 낙관해도 좋을 것이다. 이들 회사의 일자리, 연봉에 대한 전망도 밝을 테고, 주주들의 미래도 밝을 것이다. 그런 맥락에서 위 질문은 이들 기업의 주주나 이들 기업이 위치한 공동체 심지어 국가에게도 중요한 문제가 된다. 미국의 미시건주나 독일, 일본과 같은 곳의 경제는 이 질문의 답이 어떻게 정해지느냐에 따라 미래가 결정된다고 해도 과언이 아니다.

이런 예상이 너무 앞서 나갔다고 생각된다면 아마존이 도서출판업계에, 나아가 수많은 소매업 부문에 미친 영향력을 한번 생각해보라. 구글과 페이스북이 광고에 미친 영향력은 또 어떤가? AI도 항공사에서부터 제약회사, 물품 배송에 이르기까지 온갖 분야에 충격을 가져올 수 있다. 그게 바로 리카이푸가 그리는 미래의 모습이다. 그렇다면 미래에는 가장 많은 데이터 풀을 보유한 몇몇 기업과 해당 기업이 위치한 지역으로 점점 더 많은 부가 이동할 것이라고 결론 내릴 만한 근거가 있는 셈이다.

그러나 흔히 그렇듯이 미래로 가는 경로가 불가피한 단 하나의 길만 있는 것은 아니다. 미래가 이런 식으로 전개될 위험은 분명히 있지만, 우리가 그려보고 추구할 수 있는 또 다른 경로도 있다. 우리는 데이터가 제 기능을 하는 데 필요한 모든 툴에 대해 사람들이 더 폭넓게 접근할 수 있게끔 해주어야 한다. 데이터로부터 수혜를 볼 수 있는 크고 작은 기업, 지역사회, 국가들에게 제대로 된 기회가 만들어지게끔 데이터를 공유하는 방법을 개발해야 한다. 간단히 말해서 우리는 AI 자체와 AI가 의존하고 있는 데이터를 민주화해야 한다.

그렇다면 어떻게 해야 데이터의 양이 중요한 세상에서 소규모 참가자들에게 더 큰 기회를 만들어줄 수 있을까? 어쩌면 매튜 트러널Matthew Trunnell은 답을 갖고 있는지도 모르겠다. 트러널은 프레드 허친슨 암 연구센터Fred Hutchinson Cancer Research Center의 최고 데이터 책임자Chief Data Officer다. 시애틀에 위치한 이 암 연구센터는 이 지역 영웅인 프레드 허친슨의 이름을 땄다. 허친슨은 디트로이트 타이거즈에서 투수로서 10시즌을 보내고 메이저리그 야구팀 3곳에서 감독을 역임했다. 1961년 프레드 허친슨은 신시내티 레즈를 월드시리즈에 진출시키기도 했다.

안타깝게도 프레드의 성공한 야구 커리어와 인생은 길게 지속되지 못했는데, 45세였던 1964년 암으로 사망했기 때문이다.[5] 그의 형 빌 허친슨Bill Hutchinson은 의사로서 프레드의 암을 치료했다. 동생이 죽은 뒤 빌은 암 치료에 전념하는 '프레드 헛치' 연구센터를 설립했다.

트러널은 허친슨 암 연구센터에서 일하기 위해 2016년 시애틀로 왔다. 프레드 허친슨 암 연구센터는 유니언호수 남쪽 가에 있는 13개 건물에서 2,700명의 직원이 일하고 있다. 멀리 시애틀의 아이콘과 같은 스페이스 니들Space Needle이 보인다.

허친슨 암 연구센터의 미션은 야심차다. 인간을 고통 받게 하는 암과 암으로 인한 죽음을 세상에서 없애는 것이다.[6] 이곳에서는 노벨상 수상자 3명을 비롯한 많은 과학자들과 의사, 연구자들이 최첨단 연구와 치료에 힘쓰고 있다. 바로 옆에 있는 워싱턴대학교와도 밀접히 협업한다. 워싱턴대학교는 의료센터와 컴퓨터 과학 센터로 전 세계적 명성을 보유한 곳이다. 허친슨 암 연구센터는 그동안 백혈병을 비롯한 기타 혈액암에 대한 혁신적 치료법과 골수이식법, 면역치료 요법 등 인상 깊은 업적을 쌓아왔다.

허친슨 암 연구센터도 지구상 거의 모든 분야의 연구소나 기업과 같은 처지가 됐다. '데이터'에 미래가 달린 것이다. 센터장 개리 길리랜드Gary Gilliland가 말한 것처럼 데이터는 "암 예방, 진단, 치료를 완전히 바꿔놓을 것"이다.[7] 그는 연구진이 데이터를 "환상적인 새 현미경"으로 변신시켜서 "면역 시스템이 암과 같은 질병에 어떻게 반응하는지" 보여준다고 말했다.[8] 그 결과 생명의학 분야의 미래는 더이상 생물학만이 아니라 컴퓨터 과학과 데이터 과학의 융합에 달려있게 됐다.

트러널은 한 번도 리카이푸를 만난 적은 없었지만 바로 이런 인식 때문에 세계 최대의 데이터 공급원을 장악한 기업이 미래를 장악한다는 리카이푸의 주장에 도전해보기로 마음먹었다. 만약에 리카이푸의 주장대로 된다면 북아메리카 한구석의 중소 도시에 자리한 세계 최고 수준의 과학자 팀이라고 해도 암 치료법을 가장 먼저 찾아내겠다는 목표를 꿈꾸기는 힘들어질 것이다. 이유는 분명하다. 허친슨 암 연구센터가 아무리 AI 기반 암 연구에 도움이 될 만한 중요 건강 기록 데이터에 접근할 수 있다고 해도, 결코 세계 최대의 데이터 세트를 보유한 것은 아니기 때문이다. 대부분의 단체나 기업과 마찬가지로, 허친슨 암 연구센터가 미래에도 계속 선두의 위치를 유지하려면 필요한 모든 데이터를 실제로 소유하지 않은 상태에서 경쟁해야 한다.

좋은 소식은 확실한 성공의 길이 있다는 사실이다. 그것은 데이터가 다른 중요한 자원들과는 아주 다른 두 가지 특징을 가지고 있기 때문이다.

첫째 석유나 천연가스 같은 전통적 천연자원과는 달리 데이터는 사람들이 만들어낸다. 마이크로소프트에서 언젠가 금요일 고위 지도부 회의 때 사티아가 말했던 것처럼 데이터는 아마도 세상에서 가장 재생 가능한 자원일 것이다. 자원들 중에 데이터만큼 자신도 모르게 많이 만들어내는 자원이 또 있을까? 인간은 점점 더 빠른 속도로 데이터를 만들어내고 있다. 공급이 한정되어 있거나 심지어 부족한 자원들과는 달리 세상에 넘쳐나는 것이 있다면 그것은 바로 데이터다.

그렇다고 해서 규모가 중요하지 않다거나 규모가 큰 참가자가 유리하지 않다는 뜻은 아니다. 규모가 크면 유리하다. 중국은 다른 어느 국가보다 인구가 많고 그렇기 때문에 데이터를 생성할 수 있는 능력도 더 크다. 그러나 예컨대 전 세계 석유 매장량의 절반 이상을 보유한 중동과는 달리,[9] 그 어느 국가도 전 세계 데이터 시장을 독점하기는 쉽지 않을 것이다. 사람들은 어디서나 데이터를 만들어내므로 21세기 내내 어디에 있는 국가이든 대략 인구 규모와 경제활동 수준에 걸맞은 데이터를 생성할 것이라고 기대하는 것이 합리적이다.

초기 시장에서는 아마도 중국과 미국이 AI 리더가 될 것이다. 그러나 중국이 크기는 크지만, 전 세계 인구의 18퍼센트를 차지할 뿐이다.[10] 미국은 전 세계 인구의 겨우 4.3퍼센트를 차지한다.[11] 경제 규모로 따진다면 미국과 중국은 더 많은 이점이 있을 것이다. 미국은 전 세계 GDP의 23퍼센트를 차지하고, 중국은 16퍼센트를 차지한다.[12] 그러나 양국은 서로 힘을 합치기보다는 경쟁할 가능성이 훨씬 크다. 그렇기 때문에 우리가 진짜 물어봐야 할 질문은 전 세계 데이터 공급량의 4분의 1 이하를 가지고 둘 중 어느 한 국가가 전 세계 데이터를 장악할 수 있겠느냐 하는 것이다.

결과는 장담할 수 없지만 더 중요한, 데이터의 두 번째 특징 덕분에 규모가 작은 참가자들에게도 기회가 있다. 경제학자들의 표현을 빌면 데이터는 경합성이 없다. 공장을 가동하기 위해 석유 한 통을 썼다면 그 석유는 이제 다른 공장에는 쓸 수 없다. 그러나 데이터는 쓰고 또 쓸 수 있다. 똑같은 데이터를 가지고 수십 개 기관에서 통찰을 끌어내고 새로운 내용을 알아낼 수 있다. 그렇게 해도 데이터의 쓰임은 전혀 줄어들지 않는다. 핵심은 데이터를 여러 참가자들이 공유하고 사용할 수 있게 만들어야 한다는 사실이다.

어쩌면 당연한 일이지만 학술 연구 커뮤니티는 데이터를 공유 방식으로 사용하는 데 앞장서왔다. 대학들은 데이터를 공유하여 학술 연구의 성격과 역할을 감안해 여러 번 사용할 수 있는 데이터 저장소를 만들기 시작했다. 마이크로소프트 연구소 역시 이런 데이터 공유 방식을 추구하고 있다. 무료 데이터 세트를 이용할 수 있게 하여 자연언어 처리라든가 컴퓨터 시각 기술뿐만 아니라 자연과학, 사회과학 등의 연구 발전을 도모하는 것이다.

매튜 트러널이 자극을 받았던 것도 이런 데이터 공유 능력 덕분이었다. 트러널은 암 치료 경쟁을 가속화할 수 있는 최선의 방법은 복수의 연구 기관들이 새로운 방식으로 데이터를 공유하는 것임을 알게 됐다.

이론상으로는 간단해 보이지만, 실행은 간단치 않다. 먼저 하나의 단체 내에서도 데이터는 부서별 장벽에 가로막혀 어느 한구석에 쌓여 있기 일쑤인데, 심지어 그 장벽이 서로 다른 기관 사이에 놓여 있다면 어려움은 더 클 수밖에 없다. 데이터가 기계로 읽을 수 없는 형태로 저장되어 있을 수도 있다. 읽을 수 있는 형태라고 해도, 데이터 세트에 따라 포맷도, 이름표도, 구조도 서로 달라서 다 함께 공유하거나 사용하기가 쉽지 않다. 만약 데이터가 개인에게서 나온 것이라면 프라이버시와 관련해 법적인 이슈가 먼저 해결되어야 한다. 데이터에 개인정보가 없다고 하더라도 해결해야 할 다른 큰 문제들이 있다. 조직 간의 관리 절차라든가 데이터 규모가 커지고 질이 개선될 때 소유권 문제 같은 것들이다.

이런 어려움은 단지 기술적인 문제만은 아니다. 조직구조의 문제이고, 법적, 사회적, 심지어 문화적인 문제다. 트러널이 깨달은 것처럼 이런 문제가 발생하는 원인 중에는 대부분의 연구 기관이 자체 개발한 툴을 가지고 기술 작업을 하는 탓도 있다. 트러널은 이렇게 말한다. "자체 개발한 툴은 데이터가 어느 한 기관의 구석에 쌓이게 만들 뿐만 아니라 중복 데이터 수집, 환자 이력 및 결과 분실, 어디엔가 있을 수 있는 보완적 데이터를 접할 수 없는 문제 등을 일으킨다. 이런 문제들이 합쳐지면 새로운 사실 발견에 장애가 되고, 건강 데이터 연구의 속도가 느려지며, 비용이 올라간다."[13]

이 모든 장애물들이 합쳐지면 연구 기관이나 IT 기업들은 서로 파트너십을 맺기가 어렵다고 트러널은 말한다. 그 결과 기계학습에 사용할 수 있을 만큼 큰 데이터 세트를 만들기가 어렵다. 이런 장벽을 극복할 수 없기 때문에 리카이푸가 말하는 AI 장악의 전망이 나오는 것이다.

트러널을 비롯해 허친슨 센터에 있는 연구자들은 이 데이터 문제를 한번 해결해보기로 했다. 2018년 8월 허친슨 센터의 이사회 구성원이기도 한 사티아는 허친슨 센터의 작업에 관한 이야기를 듣기 위해 마이크로소프트의 고위 직원들을 만찬에 초대했다. 트러널은 자신이 꿈꾸고 있는 데이터 공동체에 관해 설명했다. 여러 암 연구 기관이 새로운 방식으로 데이터를 공유할 수 있는 방안이었다. 그의 비전은 여러 기관들이 IT 기업 한 곳과 파트너십을 체결하고 데이터를 모두 한 곳에 모으는 것이었다.

트러널의 발표를 듣고 있노라니 나는 점점 열정이 차올랐다. 그가 설명하는 어려움들은 여러모로 우리도 익히 알고 있거나 겪어본 많은 사례들과 비슷했다. 트러널이 설명하는 계획을 듣고 있으니 소프트웨어 개발의 진화 과정이 기억났다. 마이크로소프트 초창기에 개발자들은 자신의 소스코드를 영업기밀로 보호했고, 대부분의 IT 기업을 포함 기타 기관들은 코드를 자체 개발했다. 그러나 오픈소스는 소프트웨어 개발과 사용에 혁명을 몰고 왔다. 소프트웨어 개발자들은 차츰 다양한 오픈소스 모델에 따라 자신의 코드를 공개했다. 타인들이 거기에 살을 붙이고 그것을 사용하고 더 발전시킬 수 있도록 말이다. 그 결과 개발자들 사이의 폭넓은 협업이 가능해졌고, 이것은 소프트웨어 혁신을 가속화했다.

소프트웨어 개발의 혁신이 시작되었을 때 마이크로소프트는 변화 수용에 느렸을 뿐만 아니라 적극적으로 저항하기까지 했다. 그래서 오픈소스 코드가 있는 제품들을 내놓는 기업들에게 특허권을 주장하기도 했고, 나는 그 중심에 서 있었다. 그러나 시간이 지나고 특히 2014년 사티아가 CEO가 된 이후 우리는 이 저항이 실수라는 사실을 인식하기 시작했다. 2016년 우리는 오픈소스 커뮤니티를 지원하는 스타트업인 재머린Xamarin을 인수했다. 재머린의 CEO인 냇 프리드먼Nat Friedman은 마이크로소프트에 합류하여 외부자의 입장에서 우리 지도부에게 중요한 시각을 제공해주었다.

2018년이 시작될 즈음 마이크로소프트의 제품은 140만 개가 넘는 오픈소스 요소를 사용하고 있었고, 역으로 다시 수많은 오픈소스와 관련 프로젝트에 기여하고 있었을 뿐만 아니라 자체 기본 기술 다수를 오픈소스로 공개하고 있었다. 우리의 변화를 알 수 있는 일례로 마이크로소프트는 전 세계 소프트웨어 개발자들, 특히 오픈소스 커뮤니티들의 본거지와 같은 깃허브GitHub에 가장 많은 오픈소스를 제공하는 기여자가 됐다.[14] 그해 5월 우리는 75억 달러를 써서 깃허브를 인수하기로 했다.

우리는 냇이 계속 사업을 운영하게 하기로 결정했다. 계약을 추진하는 동안 우리가 내린 결론은 중요 오픈소스 그룹과 힘을 합쳐 우리가 10년 전에 했던 것과 정반대로 해야 한다는 것이었다. 우리는 우리가 가진 특허를 내려놓고 리눅스를 포함해 기타 주요 오픈소스 요소를 만든 개발자들을 보호하기로 했다. 나는 사티아와 빌 게이츠를 비롯한 기타 이사회 구성원들에게 이 문제를 설명하면서 지금은 "루비콘 강을 건너야 할 때"라고 말했다. 우리는 그동안 역사의 잘못된 편에 서 있었고, 이제는 우리 모두가 결론 내렸듯이 방향을 바꿔 오픈소스에 매진할 때였다.

데이터 공동체에 관한 트러널의 설명을 듣고 있으니 그때의 교훈들이 생각났다. 우리 앞에 놓인 어려움들은 결코 간단하지 않았지만 오픈소스 커뮤니티들이 극복했던 수많은 문제들도 마찬가지였다. 마이크로소프트 내부에서 오픈소스 소프트웨어 사용이 늘어나면서 우리는 기술적, 조직적, 법적 문제들을 심사숙고하게 됐다. IT 업계 최초로 최근 우리는 공유 데이터 사용 문제와 관련한 프라이버시와 법적 문제들을 해결하기 위해 노력하기 시작했다.

그러나 여러 함정보다 더 놀라운 것은 트러널이 설명한 것이 약속하는 미래였다. 오픈소스 코드가 소프트웨어에 혁명을 일으켰던 것처럼 우리가 '오픈 데이터' 혁명을 이뤄낼 수 있다면? 이 방법이 세계 최대의 독자적 데이터 세트를 가지고 거기에만 의존하는 단일의 연구소보다 더 나은 성과를 낼 수 있다면?

논의를 하는 동안 나는 2년 전에 참석했던 어느 회의가 생각났다. 놀랍게도 그 회의는 결국 데이터 공유가 현실 세계에 미치는 영향력에 초점을 맞췄다.

대통령 선거가 끝나고 한 달 후인 2016년 12월 초 마이크로소프트의 워싱턴 D.C. 사무실에서 회의가 있었다. 기술이 대통령 선거에 미친 영향력을 평가하는 회의였다. 두 정당을 비롯해 다양한 운동 본부가 우리 제품과 다른 기업들의 기술을 사용했다. 그들이 기술을 어떻게 사용했고 무엇을 알게 됐는지 민주당 그룹과 공화당 그룹이 각각 우리와 만나 얘기를 나누기로 했다.

먼저 만난 것은 힐러리 클린턴의 선거운동 팀 자문들이었다. 2016년 선거기간 동안 미국의 정치 데이터 발전소처럼 생각된 조직이었다. 그들은 민주당 전국위원회의 성공과 버락 오바마 대통령의 2012년 재선 선거운동 성공을 바탕으로 대규모 분석팀을 설치했다.

클린턴 선거운동 본부는 세계 최고의 기술 전문가들이 최첨단 선거운동 기술 솔루션을 만들었다. 그들이 활용하고 개선한 자료는 아마도 미국에서 가장 훌륭한 정치 데이터 세트였을 것이다. 기술 자문가와 선거운동 자문가들이 말하기를, 클린턴 선거운동 팀의 명석하고 상냥한 매니저 로비 무크Robby Mook는 거의 모든 의사결정을 분석팀이 생성한 통찰을 바탕으로 내렸다고 한다. 선거 당일 동부에서 해가 질 때쯤 클린턴 선거운동 본부에 있던 모든 사람이 자신들이 선거에서 이긴 줄 알았다고 말했다. 거기에는 막강한 데이터 분석 능력이 큰 몫을 차지했다. 저녁 식사 시간쯤에는 분석팀 직원들은 컴퓨터 앞에서 일어나 선거운동 팀원들이 보내는 감사의 기립 박수를 받았다.

그러나 처음의 박수갈채는 사라지고, 패배한 클린턴 선거운동 본부의 분석가들은 점점 할 말을 잃어갔다. 선거운동 팀은 선거 일주일 전까지 미시건주와 위스콘신주에서 공화당원들의 유세가 증가한 것을 개표날 밤까지도 알지 못했다는 이유로 대놓고 비난을 받았다. 그러나 선거운동의 데이터 활용에 대해서는 여전히 고도의 확신이 널리 퍼져 있었다. 사후 정리를 마치면서 나는 민주당 사람들에게 간단한 질문을 했다. "데이터 운영을 잘못해서 졌다고 생각하십니까, 아니면 데이터 운영을 잘했는데도 졌다고 생각하십니까?"

그들은 금세 확신에 찬 반응을 내놓았다. "데이터 운영은 우리가 더 잘했다는 데 의심의 여지가 없습니다. 그랬는데도 진 거지요."

민주당 사람들이 떠나고 우리는 잠시 쉬는 시간을 가졌다. 그리고 다시 공화당 사람들이 우리와 의견을 교환하기 위해 마주앉았다. 그들은 선거 과정을 설명하면서 도널드 트럼프를 공화당 후보로 지명하게 만든 놀라운 우여곡절이 트럼프 선거운동 팀의 데이터 전략에 결정적 영향을 미쳤다고 했다. 2012년 버락 오바마 대통령의 재선이 결정된 직후 공화당 전국위원회 위원장으로는 라인스 프리버스Reince Priebus가 재선됐다. 프리버스와 그가 새로 임명한 비서실장 마이크 쉴즈Mike Shields는 2012년 패배 결과와 관련해 공화당 전국위원회의 운영 과정에 대해 철저한 반성의 시간을 가졌고, 거기에는 기술 전략에 관한 내용도 포함되어 있었다. 발전 속도가 빠른 기술계에서 흔히 있는 일이듯이 경쟁을 뛰어넘을 수 있는 기회가 드러났다.

프리버스와 실즈는 공화당의 기술 컨설팅 회사 3곳에서 나온 데이터 모형을 전국위원회 내부에 이식했다. 민주당 쪽으로 기울어 있는 실리콘밸리의 인재 후보군은 접근하기가 쉽지 않았지만, 두 사람은 미시건대학교에서 새로운 최고기술책임자CTO도 영입하고 버지니아주 교통부에서 젊은 기술 전문가도 데려와 정치계를 위한 새로운 알고리즘을 만들었다. 프리버스와 실즈는 최고의 데이터 과학 인재가 어디에나 있다고 믿었고 그 사실을 증명했다.

그날 아침 공화당 기술 전략가들은 프리버스 팀이 그 다음에 한 일이 가장 중요했다고 설명했다. 프리버스 팀은 데이터 공유 모형을 만들어서 전국의 공화당 후보뿐만 아니라 다양한 정치자금 후원단체와 보수단체들이 가진 정보를 공유하도록 설득했고, 그렇게 규합된 정보, 즉 거대한 기초 데이터 파일을 만들 수 있었다. 쉴즈는 최대한 많은 출처로부터 최대한 많은 데이터를 모으는 것이 중요하다고 생각했다. 그렇게 생각한 데는 최종 대통령 후보가 누가 될지 공화당 전국위원회가 전혀 알 수 없었던 탓도 있다. 최종 후보가 지명될 때까지는 후보에게 어떤 유형의 이슈, 혹은 어떤 유형의 유권자가 가장 중요할지 알 수 없었다. 그래서 공화당 전국위원회는 최대한 많은 단체와 연합해 최대한 다양한 데이터를 모으려고 했다. 그 결과 이들은 민주당 전국위원회나 클린턴 선거본부가 보유한 그 어떤 데이터보다도 훨씬 더 풍부한 데이터 세트를 만들어낼 수 있었다.

2016년 봄 공화당 후보자로 지명된 도널드 트럼프 진영은 클린턴 선거본부만큼 심도 있는 기술 인프라를 가지고 있지 않았다. 이런 약점을 보완하기 위해서 트럼프의 사위 재러드 쿠슈너Jared Kushner는 선거운동 본부의 디지털 총책임자인 브래드 파스케일Brad Parscale과 힘을 합쳐 자체 전략이 아니라 공화당 전국위원회가 이미 보유하고 있는 것들을 바탕으로 한 디지털 전략을 수립했다. 이들은 전국위원회의 데이터 세트를 기초로 도널드 트럼프를 좋아하지 않는다고 말한 공화당원 1,400만 명이 어떤 사람들인지 정체를 파악했다. 이렇게 회의적인 사람들을 지지자로 돌려놓기 위해 트럼프 팀은 파스케일의 고향인 샌안토니오에 알라모 프로젝트를 만들고, 특히 페이스북을 통한 선거자금 모집과 메시지 전달, 타깃 선정에 힘을 쏟았다. 트럼프 팀은 데이터가 이 유권자들에게 중요할 것이라고 알려준 주제들, 예를 들면 아편계 진통제 사태라든가 오바마케어 같은 주제를 가지고 이들과 반복적으로 소통했다.

공화당 사람들은 선거가 나아오면서 데이터 운영으로 드러났던 사실들을 설명해주었다. 선거 열흘 전에 이들은 가장 중요한 싸움이 벌어질 몇 개 주에서 클린턴보다 2퍼센트 포인트 뒤져 있다고 판단했다. 하지만 인구의 7퍼센트는 아직 어느 쪽에 투표할지 마음을 정하지 못한 것으로 나타났다. 선거운동 팀은 이들 주에서 투표장에 간다면 트럼프에게 투표할 가능성이 높다고 생각되는 사람 70만 명의 이메일 주소를 보유하고 있었다. 선거운동 팀은 바로 이들 집단이 투표장에 가도록 설득하는 데 총력을 기울였다.

우리는 공화당 사람들에게 이번 경험을 통해 기술에 관해 어떤 교훈을 얻었는지 물었다. 몇 가지가 있었다. 클린턴 선거운동 팀처럼 철저한 데이터 운영 전략을 짜려고 무리하지 마라. 오히려 상업적인 주요 기술 플랫폼 중 하나를 골라서 그것을 활용하는 데 집중하라. 공화당 전국위원회가 했던 것처럼 최대한 많은 데이터를 내놓고 공유할 수 있는 수많은 파트너를 모집할 폭넓은 연합 생태계를 구축하라. 이런 방법을 써서 파스케일이 개발한 것과 같은, 상업적인 플랫폼 위에서 운영할 수 있는 선별적 역량에 자원을 집중하라. 당신이 가진 알고리즘이 당신 생각만큼 훌륭할 거라고 절대로 자신하지 마라. 끊임없이 당신의 알고리즘을 테스트하고 개선하라.

미팅이 끝날 때쯤 나는 민주당 사람들에게 했던 것과 비슷한 질문을 했다. "데이터 운영이 뛰어나서 이겼다고 생각하십니까, 아니면 클린턴 선거 팀이 운영을 더 잘했는데도 이겼다고 생각하십니까?"

공화당 사람들은 그날 아침 민주당 사람들이 그랬던 것만큼이나 빠르게 답을 내놓았다. "우리가 데이터 운영을 더 잘했다는 데 의문의 여지가 없습니다. 우리는 미시건주가 트럼프 쪽으로 기울고 있다는 걸 클린턴 선거 팀보다 먼저 알았으니까요. 그리고 클린턴 팀은 절대 보지 못한 것까지 보았죠. 위스콘신주가 선거 전 주말 동안 트럼프 쪽으로 넘어왔다는 것 말이에요."

양 팀이 모두 떠난 후에 나는 우리 사람들에게 손을 들어보라고 했다. 클린턴 선거 팀이 데이터 운영을 더 잘했다고 생각하는 사람은? 트럼프 팀이라고 생각하는 사람은? 결과는 만장일치였다. 방에 있던 사람들은 모두 라인스 프리버스와 트럼프 선거 팀의 접근법이 더 뛰어났다고 판단했다. 클린턴 선거 팀은 기술적 능력과 초기 우세에 의존했다. 반면에 트럼프 선거 팀은, 필요했기 때문에, 매튜 트러널이 설명한 것과 비슷한 데이터 공유 방식을 사용했다.

2016년 대통령 선거 결과에 관해서는 늘 토론의 여지가 많이 남을 것이다. 특히나 미시건주, 위스콘신주, 펜실베이니아주처럼 접전이었던 곳에 관해서는 말이다. 그러나 이날 우리가 결론 내렸던 것처럼 라인스 프리버스와 공화당 전국위원회의 데이터 모형은 감히 미국 역사의 판도를 바꿨다고도 할 수 있을 것이다. 데이터에 대해 조금 더 개방적으로 접근하는 것만으로도 이런 결과를 낼 수 있다면, 다른 조치들은 과연 얼마나 대단한 것을 해낼 수 있을지 한번 생각해보라.

이런 유형의 기술 협업의 핵심은 기술에만 초점을 맞출 것이 아니라 인간적 가치아 프로세스에 집중해야 한다. 기관들은 데이터를 공유할지, 한다면 어떻게 공유하고 어떤 조건을 달지 결정해야 한다. 중요한 몇 가지 원칙이 있다.

첫째는 프라이버시를 보호하기 위한 구체적 합의다. 프라이버시에 관한 우려가 커지는 점을 감안하면 이는 기관들이 사람들에 관한 데이터를 공유하고, 사람들이 자신에 관한 데이터를 마음 놓고 공유하는 데 필요한 전제 조건이다. 가장 큰 어려움은 프라이버시를 보호하면서도 데이터를 공유할 수 있는 기술을 개발하고 선별하는 것이 될 것이다. 여기에는 소위 '비식별형 프라이버시differential privacy' 기술이 포함될 것이다. 이 기술은 집계된 데이터 또는 개인을 식별 불가능한 형태의 데이터만 제공하거나, 질문 형태로만 데이터 세트에 접근할 수 있는 것처럼 새로운 방식으로 프라이버시를 보호하는 기술이다. 암호화된 데이터를 다루도록 훈련한 기계학습이 사용될 수도 있다. 이런 목적을 위해 나의 데이터를 공유할 것인지 결정할 수 있게 해주는 새로운 모형들이 출현할 것이다.

두 번째로 반드시 필요한 것은 보안이다. 데이터가 취합되고 하나 이상의 기관이 해당 데이터에 접근할 수 있다면 최근 이슈가 되는 사이버보안 문제가 대두될 수밖에 없다. 그러려면 지속적인 보안 개선도 필요하겠지만 여러 기관이 보안을 함께 관리하는 운영 보안의 개선도 필요하다.

데이터의 소유권을 둘러싼 기본적 문제에 대한 실질적 협의도 필요할 것이다. 여러 집단이 데이터의 소유권이나 데이터에 대한 지속적 통제권을 포기하지 않고 데이터를 공유할 수 있도록 만들어줘야 할 것이다. 토지 소유자들이 소유권을 포기하지 않고서도 지역권地役權을 설정한다거나, 다른 계약을 통해 사람들이 토지에 드나들 수 있게 하는 것처럼, 우리도 데이터에 대한 접근권을 관리할 새로운 방법을 만들어내야 할 것이다. 그렇게 해서 여러 집단이 데이터가 어떻게 사용될 것인가를 비롯해 데이터를 공유하는 조건을 선택하는 방식으로 더 많이 협조할 수 있게 해줘야 한다.

이런 이슈들에 접근할 때 오픈 데이터 운동은 소프트웨어에 대한 오픈소스 트렌드를 참조할 수 있을 것이다. 소프트웨어의 경우에도 처음에는 라이선스 문제가 대두됐다. 그러나 시간이 지나자 오픈소스 표준 라이선스가 나타났다. 데이터에도 비슷한 노력들이 나타날 거라고 기대할 수 있다.

정부 정책도 오픈 데이터 운동을 촉진할 수 있다. 먼저 공적 용도를 위해 정부 데이터를 더 많이 사용할 수 있게 해주는 것부터 시작할 수 있을 것이다. 그렇게 되면 작은 기관들의 데이터 부족 현상을 줄일 수 있을 것이다. 그 좋은 사례가 2014년 미국 의회가 '디지털 책임과 투명성 법Digital Accountability and Transparency Act'을 통과시킨 것이다. 이 법률은 표준화된 방식으로 예산에 관한 정보를 더 많은 사람들이 이용할 수 있게 했다. 이를 바탕으로 오바마 행정부는 2016년 AI를 위한 오픈 데이터를 요청했고, 뒤이어 트럼프 행정부도 정부 기관들에게 '전략적 자산으로 데이터를 활용'하는 통합적 연방 데이터 전략을 제안했다.[15] 영국과 유럽 연합도 비슷한 노력을 경주 중이다. 그러나 현재 정부의 데이터 세트 5개 중에서 1개만 오픈되어 있다. 훨씬 더 많은 데이터가 개방되어야 할 것이다.[16]

오픈 데이터는 또한 프라이버시법의 진화와 관련해 중요한 이슈를 제기한다. 지금의 법률은 주로 AI 개발이 가속화되기 전에 만들어진 것들이다. 그래서 지금의 법률과 오픈 데이터 사이에는 긴장 관계가 있고 이는 심각하게 고려해야 할 사항이다. 예를 들어 유럽의 프라이버시 관련 법률들은 소위 '목적 제한'에 초점을 맞추고 있다. 데이터가 수집되었을 때 구체적으로 명시한 목적을 위해서만 정보를 사용하도록 제한하는 것이다. 그러나 데이터를 공유함으로써 암 치료처럼 사회적 목적을 달성할 수 있는 새로운 기회들이 많이 나타나고 있다. 다행히 이 법률은 공정하고 당초의 목적과 배치되지 않을 경우 데이터의 용도를 고치는 것을 허용하고 있다. 이제 이 조항을 어떻게 해석할 것인가 하는 중요한 문제가 제기될 것이다.

특히 저작권과 관련해 중요한 지적 재산권 이슈도 생길 것이다. 예컨대 책을 읽는 것처럼 저작권이 있는 작품을 통해 누구든 새로운 사실을 알게 되는 것은 오랫동안 허용되어온 일이다. 그러나 그런 정보의 습득이 기계를 통해 일어나도 되는지에 관해서는 현재 의문을 제기하는 사람들이 있다. 데이터의 폭넓은 사용을 장려하고 싶다면 기계도 그렇게 할 수 있어야 할 것이다.

데이터 소유자를 위한 실질적 협의 방식을 개발하고 정부 정책을 해결한 이후에 또 하나 중요한 것이 있다. 더 적은 비용으로 더 쉽게 데이터를 공유할 수 있는 기술 플랫폼과 툴을 개발하는 일이다.

허친슨 암 연구센터에서 트러널도 이 같은 문제에 봉착했었다. 트러널은 암 연구 커뮤니티가 추구하는 작업과 IT 기업들이 추구하는 작업이 서로 다르다는 사실을 알게 됐다. 현재 다양한 데이터 세트를 분석하고, 통합하고, 관리하는 최첨단 툴을 개발하고 있는 쪽은 IT 업계이다. 그러나 트러널이 알아보았듯이 데이터를 생산하는 사람들과 새로운 툴을 만드는 사람들이 서로 다르기 때문에 매일 생성되는 막대한 양의 과학적 교육적 데이터, 임상시험 데이터를 이용해 발견할 수 있는 영향력 있고 삶을 바꿀 수 있고 어쩌면 생명을 구할 수 있는 기회들을 놓치고 있다.[17]

그러나 이런 일이 가능하려면 오픈 데이터에 최적화된 강력한 기술 플랫폼이 데이터 이용자들에게 제공되어야 한다. 시장은 움직이기 시작했다. IT 기업들이 제각각 비즈니스 모델을 검토하면서 고를 수 있는 선택의 여지도 생겼다. 자체 플랫폼에서 데이터를 수집하고 규합해 자신들이 알아낸 통찰을 기술 서비스나 컨설팅 서비스의 형식으로 제공하는 업체도 있을 수 있다. 여러모로 이것은 IMB이 왓슨 컴퓨터를 가지고 해왔던 일이고, 페이스북과 구글이 온라인 광고계에서 하고 있는 일이다.

흥미롭게도 내가 매튜 트러널의 얘기를 귀 기울여 듣고 있던 그 8월의 저녁에 마이크로소프드와 SAP, 어도비Adobe의 직원들로 구성된 연합팀이 보완적인 다른 프로젝트를 이미 작업 중이었다. 한 달 후

세 회사는 '오픈 데이터 이니셔티브Open Data Initiative'라는 것을 발족했다. 여러 단체들이 데이터에 대한 소유권과 통제권을 그대로 유지하면서도 데이터를 한데 모아서 공유할 수 있는 기술 플랫폼과 툴을 제공하기 위한 것이었다. 각 단체가 이미 보유한 데이터 중에서 유용한 것들을 식별하고 평가하며 해당 데이터를 공유에 적합한, 기계가 읽을 수 있는 구조화된 형태로 만들 수 있는 기술 툴도 제공할 예정이었다.

다른 어느 것 못지않게 오픈 데이터 혁명도 실험이 있어야만 제대로 된 결과물이 나올 것이다. 저녁 식사가 끝나기 전에 나는 트러널 곁으로 의자를 당겨 앉아 우리가 뭘 함께 할 수 있을지 물었다. 캐나다 밴쿠버에 있는 최고 기관들을 포함해 북아메리카 한 구석에서 여러 암 연구기관들과 함께 마이크로소프트가 이미 추진 중인 작업을 더 발전시킬 수 있는 기회라는 점이 특히 매력적이었다.

12월이 되자 이 작업은 결실을 맺어 마이크로소프트는 허친슨 암 연구센터에 400만 달러를 투자한다고 발표했다. 공식적으로 '캐스캐디아 데이터 발견 운동Cascadia Data Discovery Initiative'라고 부르는 이 작업은 허친슨 암 연구센터 및 워싱턴대학교와 밴쿠버에 있는 브리티시컬럼비아대학교, BC 암센터BC Cancer Agency가 프라이버시를 보호할 수 있는 방식으로 데이터를 공유하도록 도와줄 예정이다. 그리고 비슷한 운동이 계속 확산 중이다. '캘리포니아 데이터 협업체California Data Collaborative'에서는 여러 도시, 상수도 공급업체, 도시계획 기관

등이 데이터를 공유해 물 부족 문제 분석에 기초한 해결책을 내놓으려 하고 있다.[18]

이 모든 일들은 우리가 기회를 잡기만 한다면, 오픈 데이터의 미래를 낙관할 수 있다는 뜻이다. 어떤 기술은 특정 기업이나 국가에만 혜택이 되지만, 모든 기술이 그런 것은 아니다. 예를 들어 각국은 누가 전기라는 분야에서 전 세계 1인자가 될 것인가 하는 문제를 심각하게 고민할 필요가 없었다. 누구라도 전기라는 발명품을 사용하면 됐고, 오히려 누가 선견지명을 가지고 전기를 최대한 널리 활용할 것인가가 문제였다.

우리는 전기를 쉽게 이용할 수 있는 것처럼 데이터를 효과적으로 사용하는 것을 사회적 목표로 삼아야 한다. 쉬운 일은 아니다. 그러나 데이터 공유에 관한 제대로 된 접근법과 정부의 올바른 지원이 있다면 데이터가 몇몇 대형 기업이나 국가의 전유물이 되지 않는 공유 모형을 다 함께 만들 수 있을 것이다. 데이터는 세상이 필요로 하는 형태로, 모든 곳에서 새로운 경제성장의 중요한 동력이 될 수 있을 것이다.

# 16

# 결론

## : 우리보다 커져버린 기술을
## 어떻게 관리할 것인가?

앤 테일러Anne Taylor는 켄터키 맹인학교에 다니던 10대 시절에 자신의 열정을 불사를 일을 하나 찾았다. 그때 발견한 열정이 그녀의 커리어에까지 이어졌다. 주간에 앤은 장애인들이 마이크로소프트의 제품을 더 쉽게 이용할 수 있도록 도와주는 일을 하고 있었다. 앤은 이일을 정말 좋아한다고 말했다. 하지만 남는 시간에 어떤 일을 하는지 물어보자 앤의 표정이 한층 더 밝아졌다. 앤은 이렇게 말했다. "저는 해커예요."

2016년 앤은 AI와 컴퓨터 시각 기술, 스마트폰 카메라를 이용한 프로젝트에 두 번째로 영입된 해커였다. 그녀의 임무 중 하나는 이마에 휴대폰을 묶고 마이크로소프트 구내를 돌아다니며 앱을 테스트하는 것이있다. 밀명가로 살려고 하던 종종 패션은 포기해야 할 때가 있지만 마이크로소프트에서는 정말 패션에 한계는 없는 듯했다.

이 팀의 작업은 결국 돌파구를 찾아냈다. 맹인들이 스마트폰이 그려주는 대로 세상을 '볼 수 있게' 도와주는 AI 앱을 만들어낸 것이다. 스스로도 맹인인 앤은 이제 가족이 쓴 메모지를 '씨잉 AI Seeing AI'를 통해 혼자서 읽을 수 있다. 앤은 이렇게 말한다. "여러분한테는 간단한 일처럼 보일 거예요. 여러분은 오랫동안 할 수 있었던 일이니까요. 하지만 저는 누군가 글로 써준 것이 개인적인 내용일 때조차 언제나 다른 사람에게 읽어달라고 해야 했어요. 지금은 그럴 필요가 없죠. 저한테는 큰 의미가 있는 일이에요."[1]

텍스트를 인식하는 것은 단순히 요즘 글자를 읽는 데만 중요한 일이 아니다. AI는 뉴저지주에서 일하는 머리나 러스토 Marina Rustow의 연구 방식을 바꿔놓았다. 러스토는 프린스턴대학교 게니자 연구실 Geniza Lab의 근동近東 연구 교수이다. 이곳에서 러스토는 세계 최대 규모의 유대교 필사본 보관소인 카이로의 벤 에즈라 Ben Ezra 유대교회당에서 나온 40만 건에 달하는 문서를 해독하고 해석하는 일을 한다.

이 문서들을 연구하는 일은 어마어마하게 힘든 과제다. 문서들은 다수가 조각조각 분리되어 전 세계 도서관과 박물관에 흩어져 있다. 너무나 많은 양의 자료가 너무나 많은 곳에 흩어져 있다 보니 물리적으로 이것들을 끼워 맞추는 것은 거의 불가능에 가깝다. 하지만 러스토 팀은 AI의 도움을 받아 디지털로 된 문서 조각들을 하나씩 뒤지는 방식으로 수천 킬로미터 떨어진 곳에 보관되어 있던 조각들을 서로 맞출 수 있었다. 그 결과 유대인과 이슬람교도들이 중세에 어떤

식으로 공존했는지 이전에는 불완전했던 그림을 제대로 그려볼 수 있었다.[2]

AI 알고리즘이 러스토 팀이 멀리 떨어진 과거를 보존하는 데 도움을 줄 수 있다면, 지금 살아 있는 역사를 보호하는 데는 과연 어떤 도움을 줄 수 있을까?

아프리카에서는 밀렵이 여전히 심각한 골치거리다. 밀렵은 세상의 아이콘과 같은 동물들, 가장 잘 알려진 동물을 포함해 멸종위기에 처한 종들의 명맥을 완전히 끊어버린다. 마이크로소프트 '지구환경 AI 프로젝트AI for Earth' 팀은 카네기멜런대학교 연구진과 함께 우간다 야생동물국Uganda Wildlife Authority 순찰대원들이 밀렵꾼들보다 한 발 앞서나갈 수 있도록 돕고 있다. 14년간의 국립공원 순찰 데이터를 샅샅이 검토할 수 있는 알고리즘을 이용한 야생동물 안전보호 도우미 Protection Assistant for Wildlife Security, PAWS 앱 덕분이다. 이 앱은 컴퓨터 게임이론을 사용해 밀렵 행태를 학습하고 예측함으로써 당국이 선제적으로 밀렵 유력 지점을 찾아내고 그에 맞춰 순찰을 조정할 수 있게 도와준다.[3]

이런 사례를 통해 알 수 있듯이 기술의 힘은 맹인이 새로운 방식으로 세상을 보고, 역사가가 잊혀진 과거를 발견하고, 과학자가 병든 지구를 위해 새로운 전략을 세울 수 있게 도와준다. 기술의 힘이 약속하는 가능성은 사실상 그 폭에 제한이 없다.

AI는 과거 자동차나 전화기 심지어 PC 같은 단일한 발명품과는 다르다. AI는 우리의 일상이나 사회의 모든 면면을 움직이는 도구와 장치에 사용된다는 의미에서 '전기'와 같은 형태를 보인다. AI는 전기처럼 배후에서 움직일 테고, 우리는 AI가 거기 있다는 사실조차 자주 잊어버릴 것이다. AI라는 동력이 갑자기 꺼지기 전까지는 말이다.

사티아는 이렇게 새로운 현실을 '기술 집약tech intensity'이라고 불렀다. 기술이 우리 주변 세상에 스며드는 현상을 나타낸 표현이다.[4] 이 새로운 시대는 각 기업이나 단체 심지어 국가가 단순히 기술을 채택하기만 하는 것이 아니라 자체 기술을 만들어냄으로써 성장에 박차를 가할 수 있는 좋은 기회다. 그렇다면 기업은 이 기술이 제대로 작동하는 데 필요한 새로운 기술과 역량을 직원들이 갖출 수 있도록 도와주어야 할 것이다.

그것은 어마어마한 약속의 시대이면서 동시에 새로운 도전의 시대이기도 하다. 디지털 기술은 말 그대로 도구이자 무기가 됐다. 디지털 기술은 1932년 알베르트 아인슈타인이 했던 말을 떠올리게 한다. 아인슈타인은 기계의 시대가 많은 혜택을 가져다주겠지만 인류의 조직력이 기술 발전의 속도를 따라갈 수 있어야 한다고 촉구했다.[5] 우리는 인류에게 더 많은 기술을 보급하려고 노력하는 동시에 기술에 더 많은 인간성을 주입할 수 있도록 해야 할 것이다.

이 책의 곳곳에서 이야기했던 것처럼 오늘날 기술이 경제에 미치는 파급력이 매우 불균형적이다. 일부에게는 막대한 부와 발전을 가져다주면서도 다른 곳에서는 일자리를 없애버리고, 광대역 통신망이 미치지도 않는 등 뒤처지는 사람들을 만들어낸다. 기술은 전쟁과 평화의 얼굴을 바꿔놓고 있다. 사이버 공간에 새로운 전쟁이 펼쳐지는 극장을 개설하고, 국가 수준의 사이버 공격과 가짜 정보로 민주주의를 위협하기도 한다. 국내 지역사회를 양극화하고, 프라이버시를 침해하고, 권위주의 정권이 시민들을 유례없이 감시할 수 있는 수단을 제공하기도 한다. AI가 계속해서 발전하면서 이런 전개는 더욱 더 가속화될 것이다.

이 역학관계는 우리 시대의 정치적 이슈에도 작용하고 있다. 사람들은 이민자 문제, 무역, 부유세 등에 관해 논쟁하지만, 그런 문제들을 만들어내는 데 기술이 어떤 역할을 했는지 정치인들이 고려하거나 IT 업계가 인정하는 경우는 거의 없다. 우리 모두가 결과로 나타나는 증상에만 너무 매몰된 나머지, 기저에 있는 중요한 원인에 대해서는 관심을 가질 시간도, 에너지도 부족한 듯 보인다. 특히 기술의 파급력이 계속 가속화되면서 근시안적 이해가 커질 우려가 있다.

기술변화의 속도가 느려지기를 기대하는 것은 비현실적이다. 그러나 그런 변화를 관리하기 위해 우리가 더 많은 일을 해야 한다고 주장하는 것은 무리한 요구가 아니다. 철도, 전화, 자동차, 텔레비전 등 앞선 기술 시대나 발명품들과 달리, 디지털 기술은 수십 년 동안 거의 아무런 규제도, 심지어 자기 규제도 없이 발전해왔다. 이제는 이렇게 두 손 놓고 있을 것이 아니라 좀더 적극적인 접근법으로 변화하는 도전에 단호히 대처해야 한다는 것을 인정할 때다.

더 적극적인 해법이라는 것이 꼭 모든 것을 정부나 규제가 해결해야 한다는 뜻은 아니다. 그것은 정부에게 아무것도 하지 말라고 요구하는 것만큼이나 근시안적인 생각으로, 성공하기 힘들 것이다. 오히려 개별 기업과 IT 업계 전반에 걸친 협업부터 이루어져야 한다.

20년 전 마이크로소프트가 곤경에 처했을 때 우리는 변화해야 한다는 사실을 인정했다. 나는 그 시절의 싸움에서 세 가지 교훈을 얻었고, 지금도 그 교훈들을 적용하며 여전한 배움을 얻고 있다. 현재 세상에서 기술이 차지하는 역할을 생각하면 이 교훈들은 과거 우리 회사처럼 오늘날 IT 업계 전체에도 적용될 수 있을 듯하다.

첫째 우리는 정부와 업계, 고객, 사회 전반이 우리에게 가진 더 높아진 기대치를 받아들여야 한다. 과거 우리 회사는 법이 요구하든, 안 하든 더 많은 책임을 떠안아야 했다. 더 이상 우리가 신흥기업이 아니었기 때문이다. 우리는 원하는 건 뭐든 할 수 있다고 우길 것이 아니라 타의 모범이 되려고 분투해야 했다.

둘째 우리는 밖으로 나와서 남들이 하는 말을 경청하고 기술 문제를 해결하는 데 더 많은 도움이 되어야 했다. 그 시작은 더 많은 사람들과 건설적인 업무 관계를 구축하는 것이었다. 하지만 그것은 시작에 불과했다. 우리는 남들이 우리를 어떻게 느끼는지, 우리와 관련해 무엇을 걱정하는지 이해해야 했다. 작은 문제가 통제 불능으로 커지기 전에 문제를 해결해야 했다. 그러려면 정부 심지어 경쟁자들과도 공통점을 찾기 위해 더 자주 상의해야 했다. 우리는 분명 어려운 문제에 직면하게 된다는 사실과 때로는 타협할 수 있는 용기를 내야 한다는 사실을 인정했다.

일부 엔지니어가 그러지 말고 싸움을 계속하자고 주장한 날들도 있었다. 가끔은 그들이 나의 용기를 의심하는 것이 아닌가 느낀 적도 있다. 종종 물러서지 말아야 할 때도 분명히 있지만, 나는 계속해서 싸우는 것보다 타협하는 데 더 많은 용기가 필요하다고 주장했다. 여기에는 인내도 필요했다. 타협점을 찾는 과정에서 협상이 실패하거나 교착상태에 이르렀다가 다시 만나 합의에 이르는 경우도 많았다. 우리는 품위를 지키며 실패하는 능력을 키워야 했다. 모든 것이 무너져 내릴 때조차 상대를 칭찬할 수 있어야만, 때가 왔을 때 다시 어려운 문제를 해결해갈 수 있다. 늘 그렇다.

그리고 마지막으로 우리는 좀더 원칙이 있는 접근법을 개발해야 했다. 우리는 기업가적 문화를 유지하면서도 대내외적으로 이야기할 수 있는 원칙과 통합하는 것이 필요했다. 우리는 처음에는 독점금지법 위반 소송 때문에, 그다음에는 호환성과 인권 문제 때문에 원칙을 설정하는 능력을 개발하기 시작했다. 2장에서 다룬 2015년 정부의 감시 문제와 관련해 사티아가 제안했던 것처럼, 우리는 이 주제에 대해서도 의사결정의 지침이 될 원칙들을 개발했다. 그 결과로 나온 '클라우드 약속'은 다른 영역에서도 계속해서 우리의 모범이 되고 있다. 이 접근법은 다른 많은 덕목도 있지만, 우리가 지고 가는 책임이 무엇이고 그 책임에 임하는 최선의 방법은 무엇인지 우리가 계속해서 생각하게 만든다.

여러모로 이런 접근법은 IT 업계 전반에 걸쳐 문화의 변화를 요구한다. 분명한 이유가 있기 때문에 IT 기업들은 전통적으로 흥미진진한 제품이나 서비스를 먼저 개발한 다음, 최대한 빨리 최대한 많은이용자를 끌어오는 데 초점을 맞춰왔다. 그 이상의 것을 생각하기에는 시간이나 관심이 거의 없는 경우가 많았다. 리드 호프먼이 '기습적 확장blitzscaling'이라는 단어로 정확히 표현한 것처럼 시장을 선도하는 기술을 글로벌 규모로 개발하기 위해서는 효율성보다는 속도를 우선하는 '번개처럼 빠른 길'이 최선의 접근법이다.[6] 그렇게 해서 1위 자리를 차지했을 때조차 기업은 여전히 빠르게 움직여야 한다. 혁신을 늦추라는 무거운 압박이 나타났을 때 실리콘밸리에 어떤 근심이 생겨날지 쉽게 상상이 될 것이다.

그런 근심도 중요하다. 그러나 지금 기술이 세상에서 차지하는 역할을 감안할 때 IT 기업이 생각의 속도보다 빨리 움직이거나 자신들의 서비스와 제품이 미칠 파급력을 생각조차 해보지 않는 것도 역시나 위험한 일이다. 이 책의 주장 중 하나는 기업이 사회적 책임을 다하기 위해 더 많은 일을 하면서도 여전히 충분히 성공할 수 있다는 것이다. 그런 이슈가 등장하면 사티아가 얼른 지적하듯이, 우리는 분명 빠르게 움직여야 하지만 우리 기술에 대한 안전장치도 필요하다. 어떤 이슈가 대두될지 미리 예상하고 그에 대한 원칙이 있는 접근법을 정해둘 수 있다면 자동차는 속도가 높아져도 경로를 이탈하지 않을 것이다. 그렇게 한다면 공공연한 논란이나 평판의 훼손으로 인해 경영자들이 제품 개발이나 이용자 증가보다 논란 해결에 더 많은 시간을 써야 하는 일을 적어도 일부는 피할 수 있을 것이다.

그러나 아무리 좋은 의도를 가지고 있어도 이런 유형의 노력이 자연스러운 것은 아니다. 가장 자연스러운 길은 계속해서 제품을 확장하면서 사고 싶어하는 모든 사람에게 제품을 판매하는 것이다. 자발적 제제에 관한 이야기가 나오면 거의 항상 내부 반대가 일어난다. (경험에서 하는 말이다.) 따라서 기업의 행동을 자체 규제하겠다는 것은 위로부터의 리더십이 필요한 일이다. 경영진들은 폭넓게 생각하고, 직원들이 눈앞에 닥친 문제에 대해 가능한 해결책을 찾는 것뿐만 아니라 가능한 모든 문제에 대한 해결책을 찾게끔 독려해야 한다.

IT 기업들이 전통적인 제품 개발, 마케팅, 세일즈 외의 분야에 대한 역량을 키우는 것도 한 가지 답이 될 수 있다. 기술이 세상의 이슈와 충돌할 때 금융, 법률, 인사 부문의 강력한 지도자는 그 무엇으로도 대체할 수 없다. 과거에는 IT 업계에서 이들 직책이 주로 자본을 조달하고, 기업을 다른 회사에 팔고, 회사를 주식시장에 상장시키는 데 중요하다고 생각했다. 그러나 오늘날의 이슈와 니즈는 그보다 훨씬 더 광범위하다.

이들 분야가 중요한 한 가지 이유는 제품이 가야 할 방향을 결정하는 대원칙을 정하는 일이 쉽지 않기 때문이다. 거기에는 대중의 기대치, 현실 세계의 시나리오, 실질적인 개발 니즈에 대한 확실한 이해와 심사숙고가 필요하다. 그리고 이 모든 것을 위해서는 엔지니어링 팀과 세일즈 팀 간의 긴밀한 소통이 중요하다. 마이크로소프트에서는 우리 법무팀장인 데브 스탈코프Dev Stahlkopf가 시간을 내서 프로젝트 담당자들과 협력하는 것이 흔한 일이다. 프로젝트 담당자들은 앞으로 어떤 문제와 논란이 기다리고 있을지 미리 알고 싶어 하기 때문이다.

또 하나의 난관은 새로운 원칙을 채택하는 것으로 이 작업이 끝이 아니라는 점이다. 우리 내부 감사팀이 에이미 후드와 나에게 조언했던 것처럼, 11장에서 이야기한 AI 관련 윤리 문제가 확인되면 새로운 원칙을 정의하는 것뿐만 아니라 구체적인 정책과 관리 구조, 책임 구조, 그에 필요한 직원 훈련 등이 뒤따라야 한다. 전 세계 수십 만 고객에게 서비스하고 있는 기존의 대형 IT 기업에게는 아주 큰 시험대가 되는 일이다. 원칙들은 글로벌 규모로 운영하고 실행할 수 있어야 한다. 8장에서 이야기한 일반정보보호규제를 시행하기 위해 우리가 기술적인 작업이 필요했던 것처럼 말이다. 이런 유형의 작업에는 글로벌 기업 운영에 이바지하는 다양한 부문의 폭넓은 지원이 필요하다.[7]

궁극적으로 충분한 정보와 폭넓은 사고를 바탕으로 지도자가 내린 결정은 개별 IT 기업에서는 물론이고 IT 업계 전반에 걸쳐 더 많은 협업을 통해 더욱 적극적인 조치로 전환되어야 한다. 다른 수많은 업계에 비하면 오늘날의 IT 업계는 업종 내부의 협력이나 자발적 노력이라는 측면에서는 파편화된 경우가 많고 때로는 분열되어 있기도 하다. 기술의 다양성과 경쟁적인 비즈니스 모델을 감안한다면 놀랄 일만은 아니다. 그러나 지금의 차이에도 불구하고 IT 업계가 서로 더 많이 협업할 여지는 분명히 있다.

이런 필요성이 특히 두드러지는 것은 사이버보안 강화나 가짜 정보와의 전쟁 같은 시급한 이슈와 관련해서다. 4장에서 이야기한 워너크라이에 대한 대응이라든가, 7장에서 이야기한 지멘스의 신뢰헌장이나 폭넓은 '사이버보안 기술 합의'처럼 최근 중요한 몇몇 운동이 있었다. 하지만 어찌 보면 이런 운동들은 대중이나 정부가 앞으로 우리에게 더 많이 기대할 내용이나 우리가 실제로 할 수 있는 일들을 감안할 때 겨우 시작에 불과하다.

여기에도 문화적 변화가 필요할 것이다. 오늘날에는 최고의 IT 기업조차 사이버보안 같은 문제에 대해 업계의 다른 참가자들과 면밀한 협력이 불필요하다고 결정하는 경우가 너무나 많다. 혹은 최고가 되기 전에는 퍼레이드에 참여하지 않겠다고 결정하는 경우도 있다. 아니면 당장 정치적 곤경에 처해 있는 어느 IT 기업이 포함되어 있다면 그 퍼레이드에는 참여하지 않겠다고 결정하기도 한다. 공공의 비판에 직면한 기업 옆에 섰다가 '감염'이 일어날까 걱정하는 것이다. 어느 정도 이해할 만한 우려이지만 IT 업계의 경영자들은 이에 저항할 필요가 있다. 전체적으로 보았을 때 그런 시각을 갖고서는 IT 업계가 세상이 기대하는 책임을 감당하기가 더 어려워지기 때문이다.

개별 기업이나 IT 업계가 다 함께 더 많은 일을 할 수 있는 기회는 어마어마하게 많지만, 그렇다고 해서 역시나 더 많은 일을 해야 할 정부의 책임이 덜어지는 것은 아니다. IT 업계에서는 선량하고 생각이 깊은 사람들이 많지만, 산업혁명이 시작된 이래 지난 300년을 돌아보았을 때, 주요 업계가 온전히 혼자서 모든 것을 성공적으로 규제한 사례는 없다. 오늘날이라고 처음으로 그런 사례가 만들어질 것이라고 생각하는 것은 순진한 생각일 것이다.

심지어 가능하다고는 해도 그게 과연 최선의 길일지 자문해봐야 한다. 기술 이슈는 사실상 경제와 사회, 개인의 삶의 모든 측면에서 영향을 미친다. 민주주의 사회에서 가장 소중하게 여기는 가치는 우리 모두를 통치할 법률을 만들 사람을 우리 스스로 선출함으로써 우리가 나아갈 길을 우리가 정한다는 점이다. IT 업계의 경영자는 주주들이 선출한 이사회가 선택한 사람일 수는 있지만, 대중이 선출한 사람은 아니다. 민주 국가는 대중이 선출하지 않은 지도자에게 미래를 맡겨서는 안 된다.

이 모든 것을 감안하면 디지털 기술 규제에 관해 정부가 더 적극적이고 단호한 접근법을 취하는 것이 중요하다. 이 책의 다른 모든 주장과 마찬가지로 말은 쉬워도 실천되기는 어려운 문제다. 그러나 우리가 적용해볼 만한 중요한 교훈이 몇 가지 있다.

먼저 규제 공간에서 정부도 IT 업계와 같은 혁신이 필요하다. 모든 이슈가 무르익을 때까지 기다릴 것이 아니라 발 빠르게 움직여서 처음에는 제한적이더라도 일단 규제 조치를 내놓고, 거기서 나온 결과를 토대로 학습한다면 빠르고 점진적인 대처가 가능하다. 다시 말해 IT 업계에서 사용하는 '최소 기능 제품' 개념을 채택해 12장에서 설명한 것과 같이 우리가 AI나 안면인식과 관련해 주장하는 유형의 접근법을 고려해야 한다. 신사업이나 소프트웨어 신제품과 마찬가지로 첫 번째 규제조치가 마지막은 아닐 것이다. 그렇더라도 정부가 제한적 조치를 빠르게 취해 나가는 편이 더 현명한 방법이다.

이 방법이 특정 분야의 기술 규제에 효과를 낼 수 있을까? 만약에 그렇다면 우리 시대의 새로운 규제 형식이 될 수 있을 것이다. 만약 정부가 제한적인 규칙을 채택하고, 경험을 통해 배우고, 그 학습 내용을 바탕으로 마치 기업이 제품에 새 사양을 추가하듯이 새로운 규제 조항을 추가하는 후속 조처를 취한다면 법률이 더 빠르게 움직일 수 있을 것이다. 물론 정부 관리들은 여전히 폭넓은 의견을 수렴하고, 심사숙고하고, 적어도 중요한 질문 몇 가지에 대해서는 옳은 답을 갖고 있음을 확신할 수 있어야 한다. 그러나 IT 업계에서 개발된 일부 문화적 기준을 다시 기술 규제에 도입한다면 정부는 기술 변화의 속도를 따라잡는 데 큰 도움을 받을 것이다.

정부가 변화하는 기술 트렌드를 점검하고 시장 솔루션을 더 폭넓게 자극할 수 있는 기회를 찾는다면 긍정적이고 실질적인 영향력을 미칠 수 있다. 9장에서 설명한 것과 같은 지역 광대역 통신에 대한 우리의 접근법이 바로 이런 개념을 토대로 한 것이다. 비용이 많이 드는 광케이블이 시골의 가정까지 미치려면 수십 년이 걸릴 것이다.

그런 곳에 값비싼 공적자금을 투자하기보다는 정부가 자금을 지원해 새로운 무선 기술을 자극하여 시장의 힘에 가속을 실어주는 편이 현명한 길일 것이다. 그렇게 해서 일단 시장이 날아오르고 나면 그 다음에는 스스로의 힘으로 전진할 것이다.

그 어느 때보다 지금 각국의 정부는 정부 조치를 통해 기술 시장을 자극할 수 있는 기회를 많이 가지고 있다. 흔히 정부는 한 국가 내에서 가장 큰 기술 구매자이고, 정부의 조달 결정은 전체 시장 트렌드에 강력한 영향을 미친다. 더욱 중요한 것은 정부가 귀중한 데이터를 대규모로 보유하고 있다는 점이다. 이 데이터를 정해진 적절한 방식으로 공공 용도에 사용할 수 있다면 정부는 해당 기술을 사용하는 기술 시장에 결정적인 영향력을 가질 수 있을 것이다. 예를 들어 10장에서 설명했던 것처럼 정부는 더 많은 정보를 갖고 있는 공공부문과 시민운동을 자극해 새로운 직종에 필요한 기술과 그런 기술을 원하는 사람들을 서로 짝지어줄 수 있다. 그렇게 생긴 강력한 방법을 가지고 정부는 15장에서 논의한 것과 같은 오픈 데이터 모형이 더 빨리 채택되도록 할 수도 있다.

더 적극적인 규제 접근법을 시행하기 위해서는 정부 관료들이 기술 트렌드를 더욱 잘 이해해야 할 것이다. 그러려면 기술을 만드는 사람들과 그것을 규제해야 하는 사람들 사이에 더 많은 대화가 필요하다. 이 또한 결코 쉬운 일은 아니다. 역사적으로 실리콘밸리와 워싱턴 D.C.만큼 국가의 비즈니스 혹은 기술센터와 국가의 수도가 서로 멀리 떨어져 있었던 적도 없다. 미국의 정치 수도와 기술 수도 사이의 거리는 그보다 더 멀다. 워싱턴대학교의 역사학자 마거릿 오마라 Margaret O'mara는 이렇게 지적했다. "정치나 금융 권력의 중심에서 멀리 떨어진, 쾌적하고 나른한 캘리포니아 북쪽 한 구석에서 사업하다 보니, 저들은 기업계의 갈라파고스 같은 것을 만들어버렸다. 이곳은 신종 기업들의 고향이 되어 유별난 기업 문화를 키우고 어느 정도의 괴상함 정도는 용인하는 동네가 됐다."[8]

4,000킬로미터라는 지리적 거리는 두 도시에 과연 공통점이 있을까 하는 생각이 들게 한다. 하지만 시애틀 같은 곳에서 실리콘밸리와 워싱턴 D.C.로 각각 여행을 가보면, 두 도시가 주는 흥분과 활력 때문에 두 곳 모두 세상의 중심처럼 느껴진다는 사실을 쉽게 알게 된다. 그러나 지금은 그 어느 때보다 이런 지리적 단절을 연결할 튼튼한 다리를 건설하는 일이 필요하다.

한 가지 난관은 기술계에 종사하는 많은 사람들이 정부 사람들은 기술을 적절히 규제할 만큼 기술을 잘 이해하지 못한다고 너무나 오랫동안 단언해왔다는 점이다. IT 기업들은 정부의 온갖 보조금과 지원의 혜택을 보고 있으면서 말이다.[9] 입법자들이 IT 기업의 경영자에게 잘못된 질문을 하거나, 또는 옳은 질문도 잘못된 방식으로 제기하는 실수를 저질렀을 때 금세 달려들어서 비난하는 언론도 그런 시각을 한층 더 강화하는 역할을 했다. 그러나 내 경험에 비춰보면, 15년 전 어느 날 디지털 광고에 관해 나와 얘기를 나누던 상원의원은 〈워싱턴 포스트)를 인터넷으로 읽을 수 있다는 사실조차 모르고 있었던 것에 비해, 이후의 정부 관료들은 많은 발전이 있었다.

IT 업계에서 사반세기가 넘게 일한 나는 기술 제품들이 복잡하다는 사실을 깨닫는다. 하지만 그것은 오늘날의 상업용 비행기나 자동차, 고층 건물, 약품, 심지어 식료품도 마찬가지다. 비행기는 정부에 있는 사람들이 이해하기에는 너무 복잡하니 연방 항공청은 비행기를 규제하지 말아야 한다고 주장하는 소리는 들어보지 못했다.[10] 항공기를 이용하는 대중들이 결코 그런 것은 용납하지 않을 것이다. IT는 근본적으로 다르다고 주장할 이유가 무엇인가? 더구나 지금은 비행기의 수많은 부품이 IT를 기반으로 만들어지는데 말이다.

정부 기관은 규제 대상인 제품을 사실에 기초해서 이해할 만큼 충분한 역량을 키웠다는 사실이 이미 오랫동안 증명되었다. 그렇다고 해서 그 과정이 일사천리로 진행된다거나 모든 사람이 똑같이 일을 잘한다는 뜻은 아니다. 또한 모든 규제가 합리적이거나 상식에 부합하는 것도 아니다. 그러나 IT 업계는 복잡한 IT를 자신들만 이해할 수 있다는 착각에서 깨어나야 한다. 그리고 많은 사람들과 정부가 더 잘 이해할 수 있게 기술에 관한 정보를 공유하기 위한 노력을 좀더 많이 기울여야 한다.

여러모로 정부 앞에 놓인 두 번째 난관은 훨씬 더 두드러지는 부분이다. IT 기술 및 기업은 이미 글로벌화되었다. 인터넷은 글로벌 네트워크를 위해 설계되었고, 인터넷의 수많은 이점은 그 연결성에서 나온다. 역사상 있었던 수많은 다른 기술들과는 달리 인터넷은 영향력이나 지리적으로 미치는 범위 면에서 그 어떤 단일 정부도 능가한다. 인터넷이 전화나 텔레비전, 전기와 같은 앞선 발명품들과 구별되는 지점이 바로 이것이다. 앞선 발명품들이 기초하고 있던 네트워크나 연결망은 흔히 국경이나 주 경계에서 멈췄다.

이 난관을 이해할 수 있는 한 가지 방법은 아마도 규제의 영향력 측면에서 디지털 기술과 가장 비슷했던 기술을 생각해보는 것이다. 1800년대에 철도는 미국을 재정의하는 데 있어서 그 어느 발명품보다 큰 역할을 했다. 철도는 당초 경제를 규제할 권한을 가장 많이 갖고 있던 주 정부의 관할권을 넘어선 곳까지 이어졌다. 남북전쟁 이후 수십 년 동안 미국의 철도회사들은 여러 주의 정부보다 더 크고 강력해졌다.

전기를 맞은 것은 1880년대였다. 전시를 제외하면 연방 차원에서 경제를 규제하는 전통은 사실상 전무했고, 철도를 규제하자는 제안은 워싱턴 D.C.에서 계속 좌절됐다. 주 정부들은 철도 요금을 규제하는 법률을 통과시키는 방식으로 주 경계를 넘는 여행에 대해 영향력을 행사했다. 1886년 연방 대법원은 요금 규제 법률들을 모두 폐기하고 연방정부만이 그 권한을 가진다고 판결했다.[11] 사람들은 갑자기 극명한 현실과 조우했다. 주 정부는 철도를 규제하고 싶어도 할 수 없고, 연방정부는 철도를 규제할 뜻이 없다는 현실이었다.[12] 이 새로운 정치적 역학관계가 교착상태를 깨버렸고, 이듬해 의회는 철도를 규제하기 위해 주간통상위원회Interstate Commerce Commission를 만들었다.[13] 현대적 연방정부가 탄생한 것이다.

현대 IT 기술의 글로벌 영향력은 사법 관할권을 넘어섰던 1880년대의 철도와 비슷하다. 그러나 지금은 주간통상위원회 같은 글로벌 기관이 없다. 그리고 당연하게도 그런 것을 만들 마음도 없다.

정부는 자신들보다 규모가 큰 기술을 어떻게 규제할까? 어쩌면 이것은 기술 규제의 미래가 직면한 가장 큰 수수께끼일 것이다. 그러나 일단 이렇게 질문을 하고 나면 한 가지 사실은 분명해진다. 각국 정부가 협력해야 한다는 점 말이다.

수많은 장애물을 극복해야 할 것이다. 우리가 살고 있는 이 시대에는 지정학적 역풍이 거세게 몰아치면 수많은 정부가 오히려 움츠러들 것이다. 여러 정부가 무역 공동체를 떠나거나 오래된 조약을 깬다는 이야기가 온갖 헤드라인을 장식하는 이때에 여러 국가를 뭉치게 하는 데 비약적인 발전이 있을 거라고 기대하기도 힘들다. 더구나 많은 정부가 자신들만의 문제에 대해서조차 의사결정에 어려움을 겪고 있다.

그러나 이런 압박 속에서도 기술의 거침없는 행보는 더 많은 국제 협력을 강력히 요구하고 있다. 이 책에서 보았듯이 정부 감시 개혁이나 프라이버시 보호, 사이버보안 안전장치 같은 이슈들은 모두 각국 정부가 서로를 새로운 방식으로 상대할 것을 요구한다. 이는 마이크로소프트에서 시작한 수많은 운동들이 국제 발전에 필요한 공동체 형성 지원에 초점을 맞추고 있는 이유이기도 하다. 2016년 초 이후 워너크라이 공동 대응, 사이버보안 기술 합의, 여러 이해관계가자가 참여한 파리 크라이스트처치 요청, 미국-유럽연합간 프라이버시보호안, 클라우드법의 국제 합의 공식화, 디지털 제네바 협정을 위한 장기 비전 등이 모두 공동체 형성 노력의 일환이었다. 이 기간에 미국과 유럽에서는 더 강력한 프라이버시 보호 조치가 나타났고, AI와 윤리에 관한 새로운 글로벌 대화가 등장했다. 국수주의가 증가하는 시대에 이런 유형의 진전이 가능하다면, 국제사회의 추가 다시 중심을 향해 갈 때는 더 많은 발전의 희망이 있다.

먼저 우리는 뜻이 있는 집단들·사이에 계속해서 연합을 형성해가야 한다. 워너크라이에 공개적으로 대응하기 위해 6개 정부와 2개 기업이 힘을 합쳤다. 34개 기업이 사이버보안 기술 합의를 발족했고, 최초 51개 정부가 파리 요청을 지지하는 다중 이해관계자에 이름을 올렸다. 매번 중요한, 어쩌면 필수적인 참가자들은 빠져 있었다. 그러나 누가 빠졌는지만 따지고 있어서는 발전이 없다. 누구를 설득해 합류시킬 것이냐에 집중해야 한다. 그러면 우리는 계속해서 모멘텀을 이어갈 수 있고 나중에는 영향의 범위가 더욱 확대될 것이다.

우리는 또한 글로벌 합의가 이뤄지는 이슈도 있고, 그렇지 못한 이슈도 있다는 사실을 인정해야 한다. 오늘날 많은 기술적 이슈에 포함된 프라이버시, 표현의 자유, 인권 등의 문제는 전 세계적 지지가 이뤄지고 있지 않다. 뜻이 있는 집단들 사이의 연합체는 아마도 전 세계 민주 국가의 협력을 필요로 할 것이다. 이는 작은 집단이 아니다. 오늘날 대략 75개 민주 국가의 인구를 합치면 40억에 육박한다.[14] 역사상 그 어느 때보다 많은 사람들이 민주사회에 살고 있다는 뜻이다. 그러나 최근 전 세계 민주주의는 건전성을 조금씩 상실하고 있다. 민주사회의 장기적인 행복을 위해서는 기술과 그 영향력을 관리할 새로운 협력이 그 어떤 때보다 많이 요구될 것이다.

그렇기 때문에 미국 정부가 오랫동안 수행해왔던 외교적 역할을 다시 맡아 이런 유형의 다자간 운동에 필요한 리더십을 지지하고 제공할 때까지 모멘텀을 유지하는 것이 더욱 중요해진다. 미국이 독자 노선을 걸을 경우 전 세계 민주사회의 힘이 줄어든다는 사실은 의심의 여지가 없다.

지속적 발전을 위해서는 각국 정부가 기술을 규제하는 데서 그치지 않고 스스로를 규제하는 것도 필요하다는 사실을 인식해야 한다. 사이버보안이나 가짜 정보와 같은 이슈들은 전쟁의 미래를 규정하고 민주적 절차를 보호하는 데 결정적 영향을 미칠 것이다. 역사상 그 어느 산업도 스스로 자기 규제에 온전히 성공하지 못했던 것처럼, 어느 국가도 순전히 민간부문에만 기대거나 심지어 민간부문만을 규제해서 스스로를 보호한 적이 없다. 각국 정부는 함께 행동해야 할 것이다. 그러려면 국가 행위에 한계를 정할 새로운 국제표준과 규칙이 필요하며, 그런 규칙을 어긴 국가는 책임을 지게 만들어야 할 것이다.

그렇게 되면 국제 규칙 이점에 관한 새로운 토론이 일어날 수밖에 없다. 어떤 국가는 규칙을 따르고 다른 국가는 규칙을 따르지 않을 가능성에 대한 우려의 목소리가 벌써 들린다. 1800년대 말 이후 전 세계는 군비확장 금지 및 제한에 관한 규칙을 갖고 있었지만 100년이 넘도록 논란이 계속된 것도 늘 같은 문제 때문이었다. 일부 국가는 이런 합의를 위반할 것이라는 게 엄중한 현실이다. 그러나 국제표준이나 규칙이 마련되어 있다면 나머지 국가들이 효과적으로 대응하기가 좀더 쉬울 것이다.

디지털 기술이 불러오는 새로운 난관들은 전통적 기관의 경계를 넘어 좀더 적극적으로 협력할 것을 요구한다. 예를 들어 10장과 13장에서 설명했던 것처럼 기술의 폭넓은 사회적 영향을 관리하기 위한 프로젝트가 성공하기 위해서는 정부와 비영리 집단, 기업이 힘을 합쳐 일자리 문제를 해결하고 사람들이 새로운 기술을 개발하게 만들어야 할 수도 있다. 이런 식의 합동 작전은 저렴한 주택공급과 같은 지역사회 문제 해결에도 도움이 될 수 있다. 최근 시애틀 인근에서 시작된 운동처럼 말이다.

그런데 이렇게 새로운 형태의 협업이 필요하고 또 협업 기회가 제공되는 분야는 사회적 이슈에 한하지 않는다. 지금은 그 어느 때보다 기본적 인권 보호를 위해서도 정부와 비정부단체, 기업들이 함께 조치를 취하는 것이 필요하다. 더 많은 데이터가 클라우드로 옮겨가고 더 많은 정부가 데이터 센터를 자기네 국경 안에 건설하라고 압박하면서 이 문제는 계속해서 두드러질 것이다. 21세기의 이슈들을 해결하기 위한 조치에는 여러 국가와 이해관계자의 협조가 필요할 수밖에 없다.

여러 이해관계자가 협력하기 위한 핵심 열쇠는 각 집단이 각자의 역할을 인식하는 것이다. 특히 민주사회라면 정부 관료들은 사회적 의사결정을 내리라고 사람들이 선출한 사람들인 만큼 고유한 리더십 역할을 수행해야 한다. 공교육의 방향을 설정하고 우리 모두를 지배하는 법률을 만들고 적용할 권한과 책임을 가진 사람은 그들뿐이다. 기업이나 비정부 단체들은 시민정신을 발휘해 정부를 보완하고 정부와 파트가 되어 추가적인 자원과 전문지식을 가져오고 공공부문이 필요로 하는 데이터를 제공할 수도 있다. 기업과 비정부 단체들은 특히 국경을 초월해 더 빨리 실험하고 움직이면서 새로운 아이디어를 테스트할 수도 있다. 우리는 모두 감사하는 마음으로 각자의 역할을 존중해야 한다.

타협이 필요한 이슈도 많을 것이다. 세계에서 가장 가치 있는 기업을 만든, 성공한 비즈니스 리더들로서는 타협이 반드시 쉽지는 않을 것이다. 그들은 자기만의 방식으로 일을 처리해 불가능해 보이던 확률을 뚫고 성공한 경우가 많기 때문이다.

규제는 미래에 그들의 자유를 제한할 것이다. 어쩌면 이것이 일부 IT 기업의 리더들이 공공연하게, 혹은 사적인 자리에서는 더 단호하게, 혁신의 가장 큰 위험은 정부의 과잉 조치와 과잉 규제라고 주장하는 이유일 수도 있다. 그것도 분명 위험 요인이긴 하지만 과잉 규제의 위험에 빠지는 것은 아직은 요원한 얘기다. 여러 정치가와 관료들이 규제를 요구하기 시작했지만, 아직은 행동보다는 말로만 떠드는 경우가 훨씬 더 많다. IT 업계는 과잉 규제의 위험을 걱정하기보다는 똑똑한 규제란 어떤 형태가 되어야 할지를 고민하는 편이 나을 것이다.

마지막으로 생각해봐야 할 가장 중요한 문제가 있다. 이들 이슈는 어느 한 개인이나 기업, 업계, 심지어 기술 자체보다 큰 문제이다. 민주적 자유와 인권이라는 기본적 가치와도 연관되어 있다. IT 업계는 바로 민주적 자유에 힘입어 탄생했고 성장했다. 우리는 우리나 우리 제품들이 무대에서 사라지고 난 한참 후까지도 자유와 인권의 가치가 살아남고 번창하게 만들어야 할 책임이 있다. 이것은 미래에 대한 우리의 의무다.

그렇다면 이제 명확해진다. 가장 큰 위험은 전 세계가 이들 문제를 해결하기 위해 과잉 조치를 취하지 않을까 하는 점이 아니다. 가장 큰 위험은 전 세계가 너무 적은 조치를 취하는 것이다. 우리의 문제는 정부가 너무 빨리 움직이는 것이 아니다. 문제는 정부가 너무 느리지 않을까 하는 점이다.

기술 혁신이 느려지는 일은 없을 것이다. 기술을 관리하기 위한 노력이 속도를 내야 한다.

# 감사의 글

우리 두 사람은 책을 써본 적이 없었다. 그래서 책을 내는 긴 과정을 헤쳐나가기 위해 많은 사람들에게 의지해야 했다. 어찌 보면 당연한 말이겠지만 우리는 책을 읽는 것과 쓰는 것 사이에는 큰 차이가 있다는 사실을 알게 됐다. 좋은 책을 한 권 읽는 것은 작은 모험이지만, 책을 한 권 쓰는 것은 《일리아스》와 같은 여정을 떠나는 일이었다.

우리의 여정이 시작된 것은 뉴욕 그래머시 파크Gramercy Park에 있는 어느 이탈리안 식당에서 윌리엄 모리스 엔데버William Morris Endeavor의 티나 베넷Tina Bennett을 만나면서였다. 출판계에 문외한이었던 우리는 그녀가 우리의 출판 에이전트가 되어주겠다고 했을 때 조금은 놀라면서도 기쁘기 이를 데 없었다. 티나는 실제로 그 일을 해냈다! 티나는 우리가 밟아가야 할 단계들을 알려주었을 뿐만 아니라 그 길을 우리와 함께 걸어갔다. 티나는 우리 안에 내재하고 있던 책을 찾아내도록 도와주었고, 한 발 한 발 길을 알려주고, 각 장과 페이지, 심지어 단어를 다듬을 수 있게 조언해주었다. 윌리엄 모리스 엔데버에 있는 티나의 동료 로라 보너Laura Bonner와 트레이시 피셔Tracy Fisher도 우리와 밀접히 작업하면서 국제 출판 프로세스를 안내해주는 등 많은 도움을 주었다.

티나의 가장 큰 도움을 꼽자면 우리를 펭귄출판사Penguin Press로 안내해준 것이다. 우리는 스콧 모이어스Scott Moyers의 사무실에 앉자마자 그가 우리가 찾던 편집자라는 사실을 알 수 있었다. 우리는 숨을 죽이고 출판 제안서가 도착하기를 기다렸고, 스콧 역시 우리만큼이나 열정적이라는 사실을 알게 되었을 때 안도의 한숨을 내쉬었다. 그날 이후로 스콧은 친절하면서도 명확한 피드백을 제공해주었고, 우리는 그의 의견을 경청했다. 스콧과 부편집자 미아 카운슬Mia Council이 자료를 처리하는 속도는 우리가 IT 업계에서 목격한 그 어느 것에도 뒤지지 않을 만큼 빨랐고, 그 덕분에 우리는 정신없는 스케줄을 맞출 수 있었다. 집필과 편집이 끝났을 때는 콜린 보일Colleen Boyle, 매슈 보이드Matthew Boyd, 세라 허슨Sarah Hutson, 케이틀린 오쇼네시 Caitlin O'Shaughnessy를 비롯한 펭귄의 일류 마케팅팀이 우리 책의 마케팅을 맡았다. 처음부터 끝까지 즐거운 파트너십이었다.

마이크로소프트에 있는 몇몇 사람들의 지원이 아니었다면 이 책의 출판은 불가능했을 것이다. 먼저 본인도 책을 낸 바 있는 사티아 나델라는 기술이 세상에 제기하는 여러 이슈와 관련해 이 책이 더 깊이 생각할 수 있는 기회를 제공함은 물론, 폭넓게 소통할 수 있는 채널이 되어줄 것이라는 사실을 높이 사주었다. 또한 사티아는 집필이 진행되는 동안 원고를 읽고 피드백을 주었다. 회사의 홍보 업무를 총괄하고 있는 프랭크 쇼Frank Shaw는 이 책의 초안을 읽고 날카로운 시각과 훌륭한 판단력을 보태주었다. 에이미 후드Amy hood는 늘 그렇듯이 날카로운 지성과 실용적 지혜를 공유해줌과 동시에 우리의 사기를 북돋워주고 복도에서 웃음을 터뜨릴 수 있게 해주었다.

집필을 하는 동안 고맙게도 시간을 내어 조금은 멀리서 폭넓은 시각을 제공해준 분들로부터도 큰 도움을 받았다. 먼저 캐런 휴즈Karen Hughes는 홍보와 관련된 다채로운 전문지식을 토대로 초안에 대한 의견을 들려주었다. 워싱턴 D.C.에서 캐런과 함께했던 저녁 식사 자리는 마치 상세한 편집자 리뷰 겸 날카로운 홍보 워크샵을 치르는 시간 같았다. 홍보와 관련해 큰 어려움이 있을 때마다 우리가 그녀의 조언을 구하게 되는 이유를 다시 한 번 깨닫게 해준 시간이었다.

원고 완성이 다가오면서 우리는 데이비드 브래들리David Bradley와 캐서린 브래들리Katherine Bradley, 그리고 이들의 아들 카터Carter에게서 큰 도움을 받았다. 세 사람은 고맙게도 시간을 내어 우리 원고를 읽고 직접 또는 메모를 통해 상세한 반응을 공유해주었다. 여러 세대에 걸쳐 있는 이들의 사려깊은 피드백 덕분에 우리 책의 여러 군데를 더 좋게 고칠 수 있었다.

결승선이 다가올 때 데이비드 브레스먼David Pressman은 전체 원고를 꼼꼼히 읽고 약점을 평가하고, 그 약점을 해결할 수 있는 건설적인 제안을 해주었다. 그는 오늘날 IT 업계에 점점 더 결정적 영향을 미치고 있는 인권과 국제관계상의 어려움에 대해 노련한 외교관의 시각을 제공해주었다.

집필과 편집 과정 내내 자료조사와 사실관계를 확인하는 데 도움을 주고 크나큰 역할을 해준 사람들이 있다. 그중 한 사람인 제시 메러디스Jesse Meredith는 우리가 만났을 당시 워싱턴대학교의 역사과 포스트닥 학생이었는데, 지금은 메인주에 있는 콜비칼리지Colby College에서 교수로 재직 중이다. 마이크로소프트 라이브러리Microsoft Library의 사서인 스테파니 커닝햄Stephanie Cunningham은 우리가 아무리 흐리멍덩한 질문을 해도 기막히게 빠르고 정확한 답을 주었다. 마이크로소프트 라이브러리는 레드먼드 캠퍼스에서 없어서는 안 될 자료의 보고다. 매디 오서Maddie Orser는 역사학 석사 출신의 오래된 기억을 끄집어내어 우리가 인용했던 역사적 사건에 대한 사실 확인을 해주고 일화들을 꼼꼼히 검토해주었다. 마이크로소프트의 탄 탠Thanh Tan에게도 특별한 고마움을 표한다. 탄 탠은 좋은 스토리를 기막히게 잘 찾아냈을 뿐만 아니라 그 이야기를 들려줄 수 있는 사람을 찾아 자택에서의 저녁 식사 자리까지 마련해주었다.

우리는 도미닉 카Dominic Carr에게서도 큰 도움을 받았다. 도미닉 카는 이 책의 처음 콘셉트에 대해 비판적이었으나 단계마다 우리를 도와주었고 이 책을 통해 촉구하고 싶었던 폭넓은 대중 논의에 접근하는 방법에도 많은 조언을 주었다. 우리는 업무와 집필을 오가면서 일해야 했는데, 마이크로소프트 레드먼드 캠퍼스에서 같은 복도를 쓰고 있는 팀원들이 많은 도움을 주었다. 특히 케이트 벤켄Kate Behncken, 애나 파인Anna Fine, 리즈 완Liz Wan, 마이클 에스펠랜드Mikel Espeland, 사이먼 라이폴드Simon Liepold, 케이티 베이츠Katie Bates, 케슬리 놀즈Kelsey Knowles 등에게 고맙다. 마이크로소프트를 대표해 출판 계약을 협상해준 변호사 매트 페나치크Matt Penarczyk에게도 고맙다.

마지막 단계에서 사실을 검토하고 확인하는 데 도움을 준 동료와 친구들이 많다. 마이크로소프트 내부에서는 에릭 호비츠Eric Horvitz, 냇 프리드먼Nat Friedman, 해리 섬Harry Shum, 프레드 험프리즈Fred Humphries, 줄리 브릴Julie Brill, 크리스천 빌레이디Christian Belady, 데이브 하이너Dave Heiner, 데이브 하워드David Howard, 존 파머Jon Palmer, 존 프랭크John Frank, 제인 브룸Jane Broom, 호세인 노바Hossein Nowbar, 리치 소어Rich Sauer, 셸리 맥킨리Shelley McKinley, 폴 가넷Paul Garnett, 데브 스타코프Dev Stahlkopf, 리즈 완Liz Wan, 도미닉 카Dominic Carr, 리사 탄지Lisa Tanzi, 타일러 풀러Tyler Fuller, 에이미 호건버니Amy Hogan-Burney, 지니 배더니스Ginny Badanes, 데이브 레이트먼Dave Leichtman, 더크 보너먼Dirk Bornemann, 타냐 뱀Tanja Boehm 등이 도움을 주었다. 하디 파토비Hadi Partovi와 나리아 산타루시아Naria Santa-Lucia는 자신들의 단체와 관련해 우리가 쓴 내용이 정확한지 확인해주었다. 코빙턴앤벌링Covington & Burling의 짐 갈랜드Jim Garland와 그 팀원들은 민감한 몇몇 이슈와 관련해 면밀한 법적 검토를 해주었다. 새로운 컨설팅 회사에서 일하는 네이트 존스Nate Jones도 마찬가지다. 책 표지 디자인을 도와준 마이크로소프트의 그래픽 디자이너 메리 페일 제이컵스Mary Feil-Jacobs와 잭 라먼스Zach LaMance에게도 특별한 고마움을 전한다.

이 책에서 담아낸 여러 사건에서 중요한 역할을 했던 마이크로소프트 내외의 많은 동료, 친구, 지인들에게도 어마어마한 빚을 졌다.

먼저 대단한 3인방 빌 게이츠와 스티브 발머, 사티아 나델라는 회사의 CEO로서 정말로 놀라운 역사를 썼다. 세 명 모두와 가까이서 함께 일할 기회를 가졌던 사람은 매우 적다. 세 사람은 각자 다르지만, 세상을 바꾸는 데 필요한 폭넓은 호기심과 탁월함을 향한 열정을 공통적으로 가지고 있었다. 여기까지가 시작이다.

특히 중요한 분들은 마이크로소프트의 고위 지도부와 이사회 구성원들, 그리고 법무팀의 고위 지도부다. 여러모로 이들은 우리가 운 좋게도 알고 지내는 수많은 사람 중에 극히 일부다. 우리 각자는 세상을 바꾸는 기술에 기여할 기회를 찾아 IT 업계에 들어왔다. 하지만 훌륭한 사람들과 함께 일하고 오래도록 지속될 우정을 쌓을 수 있다는 점은 우리를 계속 여기 남아 있게 하는 커다란 이유다.

또한 여러 기업들, 전 세계 정부들, 비영리단체, 세계의 수많은 저널리스트 등 계속해서 우리가 함께 일할 수 있는 많은 분들에게도 감사를 표하고 싶다. 여러분에 대해 언급한 부분이 적어도 합리적 수준에서 공정하기를 바란다. 그게 우리 목표였다. 우리는 종종 이들 이슈를 서로 다른 관점에서 접근하지만 결국에는 다 함께 얼마나 공통된 이해를 형성할 수 있느냐가 기술과 세상의 관계를 결정지을 것이다.

우리는 마이크로소프트의 라제시 자Rajesh Jha 밑에서 일하는 그룹과 개인들의 공로도 인정하지 않을 수 없다. 이들이 만든 툴 덕분에 우리는 생산적이고 효과적으로 작업할 수 있었다. 이런 책을 쓸 때는 마이크로소프트 워드 프로그램이 저자에게는 최고의 친구다. 어떤 사람들에게는 워드 프로그램의 이토록 다양한 기능이 당연할지 모른다. 하지만 우리에게는 그렇지 않았다. 수백 개의 각주를 쓰고, 워드 온라인Word Online을 이용해 서로 다른 위치에서 같은 원고로 집필과 편집을 동시에 진행하는 이 모든 작업들이 당연하지 않았다. 원노트 OneNote나 팀즈Teams 같은 다른 제품들도 협업으로 조사와 인터뷰, 각주 등을 처리하는 데 도움을 주었다. 원드라이브OneDrive와 셰어포인트SharePoint는 우리 작업을 공유하고, 저장하고, 조직화하는 데 도움이 됐다. 우리가 가장 좋아했던 툴 중에 하나는 마이크로소프트의 신제품 중 하나인 투두To-do 앱이었다. 투두 앱 덕분에 우리는 이 프로젝트를 진행하는 데 필요한 수많은 업무 목록을 다 함께 공유하며 그때그때 수정할 수 있었다.

이 책을 작업하는 1년 동안 우리는 '본업'을 위해 6개 대륙의 22개 국가에서 각종 미팅과 행사, 공공 발표에 참석했다. 미국 전역의 수많은 장소를 방문한 것은 물론이다. 이 모든 일들이 우리의 생각을 형성했고 그중 다수의 경험이 이 책에서 공유한 여러 이야기에 반영되었다. 하지만 그렇게 하려면, 특히나 집중적으로 이 책에 매달렸던 6개월간, 우리는 이른 아침이나 늦은 밤, 주말, 심지어 휴가 중에도 작업을 해야 했다.

이 모든 상황이 우리 가족들에게는 큰 희생이었기에 가족들에게 가장 큰 고마움을 표한다. 전 세계로 출장을 다니고 주말에도 업무가 끼어드는 상황에서도 가족들은 늘 사랑과 지지를 보내주었다. 또한 이 책은 가족들의 도움도 많이 받았다. 우리 두 사람의 배우자들, 그러니까 캐시 수러스 스미스Kathy Surace-Smith와 케빈 브라운Kevin Browne은 아마 원하는 것 이상으로 많은 원고를 읽었을 것이다. 두 사람은 도움이 되는 여러 통찰과 제안을 제공했고 프로젝트 내내 성인군자와 같은 인내심으로 우리를 지지해주었다. 우리 두 사람은 각각 두 명의 자녀가 있다. 이 책은 어찌 보면 조금은 가족 사업처럼 된 면이 없지 않다. 종종 삶과 일이 보조를 맞출 수 있도록 두 가족은 함께 모이기도 했다. 낮에는 편집을 하고 밤에는 가족들과 보드 게임을 했던 그 시간을 떠올리면 언제나 미소가 떠오를 것이다.

이처럼 이 책을 작업한 과정은 행복한 모험임과 동시에 고된 여정이었다. 이 책을 마무리하는 지금, 그동안 도와준 모든 분들께 감사드린다.

워싱턴주 벨뷰에서
브래드 스미스와 캐럴 앤 브라운

# 주

## 들어가며

**1)** 최초의 기록 보관소는 지금 같으면 데이터 센터에 들어 있을 법한 자료들을 보관했다. 한 예로 고고학자들은 고대 시리아 에블라 유적지에서 기원전 2300년 경 파괴된 왕실 기록 보관소 터를 발견했다. 여기에서는 수메르 신화가 담긴 글을 비롯해 왕실 필경사가 사용한 여러 문서는 물론, 행정 기록이 빼곡한 2000여 점의 점토판까지 나왔다. 그 속에는 직물과 금속뿐만 아니라 곡물, 올리브 오일, 땅, 동물 등을 어떻게 배분했는지 자세히 적혀 있었다. Lionel Casson, *Libraries in the Ancient World* (New Haven, CT: Yale University Press, 2001), 3-4. 오늘날에도 비슷한 데이터 세트를 가지고 데이터 분석팀이 작업하는 모습을 쉽게 연상할 수 있다.

이후 수백 년 동안 도서관은 그리스의 번성하던 도시 국가들로, 그다음은 알렉산드리아로, 마지막으로 로마까지 고대 메소포타미아 문명 전역에 확산됐다. 인류가 자신의 목소리를 발견하고 저작물을 점토판이 아닌 파피루스에 기록하게 되면서 도서관의 소장품은 다양화됐다: 기원전 300년 경에 설립된 알렉산드리아 중앙도서관에는 49만 통의 문서가 있었다. Casson, Libraries, 36. 같은 시기에 동아시아에서는 사설 도서관들이 속속 생겨났다. 서기 121년 중국에서 종이가 발명된 것이 중요한 기폭제였고, "동양이 서양보다 수백 년 앞서 정교한 행정 시스템과 관료 체제를 만들 수 있는 기틀을 마련했다." James W. P. Campbell, *The Library: A World History* (Chicago: The University of Chicago Press, 2013), 95.

**2)** 서류 캐비닛이 발명된 일화는 시간이 지나면서 데이터 저장에 대한 수요가 어떻게 바뀌었는지를 잘 보여준다. 1898년 미국의 보험 대리인이었던 에드윈 시벌Edwin Siebel은 당시의 데이터 저장 기술이 무척 실망스러웠다. 사우스캐롤라이나에 살던 시벌은 현지에서 생산된 면화가 대서양을 건너 유럽의 방직공장까지 안전하게 도달하는 것을 보장하는 보험을 팔았다. 여기에는 상당히 많은 문서작업이 필요했고 해당 문서들을 안전하게 보관해야 했다. 시벌이 살던 시절, 장사를 하던 사람들은 장부를 나무로 만든 칸막이함에 넣어서 바닥부터 천장까지 쌓아두었다. 종이는 접어서 봉투에 넣어 벽장 칸막이에 끼웠는데 꺼내려면 사다리를 타고 올라가야 하는 경우도 많았다. 결코 정보를 쉽고 효율적으로 보관하는 방법은 아니었다. 문서를 하나 찾아야 하는데 어디에 넣어두었는지 확실치 않을 때는 특히 곤란했다.

훌륭한 발명가이기도 했던 시벌은 이 문제를 해결해보기로 했다. 그는 간단하지만 기발한 아이디어를 하나 생각해냈다. 나무 상자에 수직으로 서류를 쌓아올리는 방법이었다. 그는 신시내티에 있는 어느 제조업자와 협력해서 서류를 세워서 넣을 수 있는 서랍 달린 박스 5개를 만들었다. 그렇게 하면 직원은 봉투를 하나하나 열어보지 않아도 빠르게 파일을 넘기며 읽을 수 있었다. 서류들은 폴더로 묶여 있고 그 사이사이에 색인을 쓴 식별판을 넣어서 분리했다. 현대식 서류 캐비닛이 탄생한 것이다. James Ward, *The Perfection of the Paper Clip: Curious Tales of Invention, Accidental Genius, and Stationery Obsession* (New York: Atria Books, 2015), 255-56.

**3)** David Reinsel, John Gantz, and John Rydning, *Data Age 2025: The Digitization of the World From Edge to Core* (IDC White Paper-#US44413318, Sponsored by Seagate), November 2018, 6, https://www.seagate.com/files/www-content/our-story/trends/files/idc-seagate-dataage-whitepaper.pdf.

**4)** Joao Marques Lima, "Data centres of the world will consume 1/ 5 of Earth's power by 2025," *Data Economy*, December 12, 2017, https://data-economy.com/data-centres-world-will-consume-1-5-earths-power-2025/.

**5)** Ryan Naraine, "Microsoft Makes Giant Anti- Spyware Acquisition," *eWEEK*, December 16, 2004, http://www.eweek.com/news/microsoft-makes-giant-anti-spyware-acquisition.

6) 대서사시와 같았던 마이크로소프트의 독점금지법 위반 소송의 역사는 많은 것을 이야기해준다. 정부 당국의 관심을 끄는 우려 사항에 대해 기업이 제대로 대처하지 못했을 경우 이렇게 철저한 조사를 진행하고 사법당국이 절차를 밟는 데 믿기지 않을 만큼 오랜 시간이 걸린다는 사실도 보여주었다. 우리는 2000년대 초반 미국에서 문제를 해결한 후에도 2009년 12월이 되어서야 유럽연합 집행위원회와 브뤼셀에서 주요 사항에 대한 최종 합의에 이를 수 있었다. European Commission, "Antitrust: Commission Accepts Microsoft Commitments to Give Users Browser Choice," December 16, 2009, http://europa.eu/ rapid/ press-release_IP-09-1941_en.htm.

마이크로소프트에 대한 그 많은 수사와 소송은 처음부터 끝까지 따지면 거의 30년이 걸렸다. 마이크로소프트 독점금지법 위반 이슈의 포문을 열면서 1990년 6월 연방통상위원회가 공개한 윈도 운영체제의 마케팅, 라이센싱, 유통 관행에 대한 검토서는 널리 잘 알려져 있다. Andrew I. Gavil Harry First, *The Microsoft Antitrust Cases: Competition Policy for the Twenty-First Century* (Cambridge, MA: The MIT Press, 2014.) 소송은 수많은 우여곡절을 지나 28년도 더 지난 2018년 12월 21일에야 최종 마무리되었다. 27개국에 걸친 수사와 소송을 통해 어찌 보면 최초로 전 세계적으로 독점 금지 논란을 일으킨 사건이었다. 이 사건의 범위가 어디까지 넓어졌는지는 마지막 소송이 캐나다 3개주(퀘백, 온타리오, 브리티시컬럼비아) 소비자 집단소송이었다는 점만 보아도 잘 알 수 있다.

30년이라는 시간이 언뜻 기술 정책 이슈 치고는 충격적일 만큼 길게 느껴질 수도 있지만, 대부분의 사람이 상상하는 것보다는 여러모로 아주 흔한 사례다. 1999년 마이크로소프트가 가장 큰 소송을 치르고 있을 때 나는 20세기에 일어난 대규모 독점금지법 위반 소송들을 꼼꼼히 훑어볼 시간을 가졌고, 해당 기업과 CEO가 당시 소송에서 어떻게 대처했는지 살펴보았다. 거기에는 스탠더드오일, US스틸U.S. Steel, IBM, AT&T를 비롯해 당대 최고의 기술을 호령한 기업들이 모두 포함되어 있었다. 미국 정부가 최초로 독점금지법 위반 소송을 제기한 것은 1913년 AT&T를 상대로 한 것이었다. 주요 사건이 종종 중단되기는 했으나, 이 문제가 완전히 종결된 것은 1982년 AT&T가 독점금지법 위반으로 세 번째 대형 소송을 당해 마침내 회사를 조개기로 결정했을 때였다. 마찬가지로 IBM이 정부를 상대로 대형 소송을 시작한 것은 1932년이었다. 메인프레임 컴퓨터의 지배적 지위와 관련한 논쟁은 1984년 IBM이 유럽연합 집행위원회와 주요 소송을 마무리할 때까지 계속됐다. IBM의 지배적 지위가 약화되어서 워싱턴 D. C. 및 브뤼셀에 합의서에 따른 감독을 그만 끝내달라는 청원을 넣는 데까지는 다시 또 10년이 걸렸다. Tom Buerkle, "IBM Moves to Defend Mainframe Business in EU," *New York Times*, July 8, 1994, https:// www.nytimes.com/1994/07/08/business/worldbusiness/IHT-ibm-moves-to-defendmainframe-business-in-eu.html.

이런 소송전이 얼마나 장기화됐는지 보면서 나는 기술 기업이 독점금지법 위반 기타 규제 이슈에 어떤 식으로 접근해야 하는지에 대한 교훈을 얻었다. 당시 나는 기술 기업이 성공하기 위해서는 당국과 협력하고, 관계를 강화하고, 궁극적으로는 각국 정부와 보다 안정적인 관계를 건설하기 위해 주도적으로 방향을 제시해야 한다고 결론 내렸다.

## 01 감시

**1)** Glenn Greenwald, "NSA Collecting Phone Records of Millions of Verizon Customers Daily," *Guardian*, June 6, 2013, https://www.theguardian.com/world/2013/jun/06/nsa-phone-records-verizon-court-order.

**2)** Glenn Greenwald and Ewen MacAskill, "NSA Prism Program Taps In to User Data of Apple, Google and Others," *Guardian*, June 7, 2013, https://www.theguardian.com/world/2013/jun/06/us-tech-giants-nsa-data.

**3)** Benjamin Dreyfuss and Emily Dreyfuss, "What Is the NSA's PRISM Program? (FAQ)," CNET, June 7, 2013, https://www.cnet.com/news/what-is-the-nsas-prism-program-faq/.

**4)** 당시 국가 정보 국장이었던 제임스 클래퍼James Clapper는 나중에 해당 프로그램을 이렇게 묘사했다. "법원의 감독 하에 정부가 전자통신 서비스 제공자로부터 해외 정보를 합법적으로 수집하는 것을 용이하게 해주는 정부 내부 컴퓨터 시스템." Robert O'arrow Jr., Ellen Nakashima, and Barton Gellman, "U.S., Company Officials: Internet Surveillance Does Not Indiscriminately Mine Data," *Washington Post*, June 8, 2013, https://www.washingtonpost.com/world/national-security/us-company-officials-internet-surveillance-does-not-indiscriminately-mine-data/2013/06/08/5b3bb234-d07d-11e2-9f1a-1a7cdee20287_story.html?utm_term=.b5761610edb1.

**5)** Glenn Greenwald, Ewen MacAskill, and Laura Poitras, "Edward Snowden: The Whistleblower Behind the NSA Surveillance Revelations," *Guardian*, June 11, 2013, https://www.theguardian.com/world/2013/jun/09/edward-snowden-nsa-whistleblowersurveillance.

**6)** Michael B. Kelley, "NSA: Snowden Stole 1.7 Million Classified Documents and Still Has Access to Most of Them," *Business Insider*, December 13, 2013, https://www. businessinsider.com/how-many-docs-did-snowden-take-2013-12.

**7)** Ken Dilanian, Richard A. Serrano, and Michael A. Memoli, "Snowden Smuggled Out Data on Thumb Drive, Officials Say," *Los Angeles Times*, June 13, 2013, http://articles. latimes.com/2013/jun/13/nation/la-na-nsa-leaks-20130614.

**8)** Nick Hopkins, "UK Gathering Secret Intelligence Via Covert NSA Operation," *Guardian*, June 7, 2013, https://www.theguardian.com/technology/2013/jun/07/uk-gathering-secret-intelligence-nsa-prism; see also Mirren Gidda, "Edward Snowden and the NSA Files-Timeline," Guardian, August 21, 2013, https://www.theguardian.com/world/2013/jun/23/edward-snowden-nsa-files-timeline.

**9)** William J. Cuddihy, *The Fourth Amendment: Origins and Meaning, 1602-1791* (Oxford: Oxford University Press, 2009), 441.

**10)** 위의 자료, 442.

**11)** 위의 자료, 459.

**12)** Frederick S. Lane, *American Privacy: The 400-Year Most Contested Right* (Boston: Beacon Press, 2009), 11.

**13)** David Fellman, *The Defendant's Rights Today* (Madison: University of Wisconsin Press, 1976), 258.

**14)** William Tudor, *The Life of James Otis, of Massachusetts: Containing Also, Notices of Some Contemporary Characters and Events, From the 1775* (Boston: Wells and Lilly, 1823), 87-88. 1776년 7월 2일 미국 건국의 아버지들이 필라델피아에서 영국으로부터

독립하기로 투표한 다음날 존 애덤스는 오티스의 발언이 매사추세츠 사람들에게 미친 영향력을 다시 한 번 생각했다. 애덤스는 아침 일찍 일어나 아내인 애비게일에게 쓴 편지에서 오티스의 발언이 얼마나 중요한지 회상했다. Brad Smith, "Remembering the Third of July," *Microsoft on the Issues* (blog), Microsoft, July 3, 2014, https:// blogs.microsoft.com/on-the-issues/2014/07/03/remembering-the-third-of-july/

**15)** David McCullough, *John Adams* (New York: Simon & Schuster, 2001), 62. William Cranch, *Memoir of the Life, Character, and Writings of John Adams* (Washington, DC : Columbian Institute, 1827), 15. 흥미롭게도 오티스의 주장이나 그 발언의 중요성을 알고 있었던 애덤스의 발언은 오늘날까지도 미국의 공공정책이나 법률에 영향을 끼치고 있다. 미국 연방 대법원장 존 로버츠는 용의자의 스마트폰 내용물을 검사하기 위해서는 사법당국이 사전에 수색 영장을 받아야 한다는 전원일치 판결문을 쓰면서 두 사람의 발언을 인용했다. Riley v. California, 573 U.S._(2014), https://www.supremecourt.gov/opinions/13pdf/13-132_8l9c.pdf, at 27-28. 로버츠 판사는 2018년에도 경찰이 휴대전화에 저장된 기록에 접근하려면 영장이 필요하다는 내용의 다수 의견서를 작성하면서 두 사람의 발언을 또 한 번 인용했다. Carpenter v. United States, No. 16-402, 585 U.S. (2017), https://www.supremecourt.gov/opinions/17pdf/16-402_h315.pdf, at 5.

**16)** Thomas K, Clancy, *The Fourth Amendment: Its History and Interpretation* (Durham, NC: Carolina Academic Press, 2014), 69-74.

**17)** 미국 수정헌법 제4조.

**18)** Brent E. Turvey and Stan Crowder, *Ethical Justice: Applied Issues for Criminal Justice Students and Professionals* (Oxford: Academic Press, 2013), 182-83.

**19)** Ex parte Jackson, 96 U.S. 727 (1878).

**20)** Cliff Roberson, *Constitutional Law and Criminal Justice*, second edition (Boca Raton, FL: CRC Press, 2016), 50; Clancy, *The Fourth Amendment*, 91-104.

**21)** Charlie Savage, "Government Releases Once-Secret Report on Post-9/ 11 Surveillance,"

*New York Times*, April 24, 2015, https://www.nytimes.com/interactive/2015/04/25/us/25stellar wind-ig-report.html.

**22)** Terri Diane Halperin, *The Alien and Sedition Acts of 1798: Testing the Constitution* (Baltimore: John Hopkins University Press, 2016), 42-43.

**23)** 위의 자료, 59-60.

**24)** David Greenberg, "Lincoln' Crackdown," *Slate*, November 30, 2001, https://slate.com/news-and-politics/2001/11/lincoln-s-suspension-of-habeas-corpus.html.

**25)** T. A. Frail, "The Injustice of Japanese-American Internment Camps Resonates Strongly to This Day," *Smithsonian*, January 2017, https://www.smithsonianmag.com/history/injustice-japanese-americans-internment-camps-resonates-strongly-180961422/.

**26)** Barton Gellman and Ashkan Soltani, "NSA Infiltrates Links to Yahoo, Google Data Centers Worldwide, Snowden Documents Say," *Washington Post*, October 30, 2013, https://www.washingtonpost.com/world/national-security/nsa-infiltrates-links-to-yahoo-google-data-centers-worldwide-snowden-documents-say/2013/10/30/e51d661e-4166-11e3-8b74-d89d714ca4dd_story.html?noredirect=on&utm_term=.5c2f99fcc376.

**27)** "Evidence of Microsoft' Vulnerability," *Washington Post*, November 26, 2013, https://www.washingtonpost.com/apps/g/page/world/evidence-of-microsofts-vulnerability/621/.

**28)** Craig Timberg, Barton Gellman, and Ashkan Soltani, "Microsoft, Suspecting NSA Spying, to Ramp Up Efforts to Encrypt Its Internet Traffic," *Washington Post*, November 26, 2013, https://www.washingtonpost.com/business/technology/microsoft-suspecting-nsa-spying-to-ramp-up-efforts-to-encrypt-its-internet-traffic/2013/11/26/44236b48-56a9-11e3-8304-caf30787c0a9_story.html?utm_term=.69201c4e9ed8.

**29)** "Roosevelt Room,"White House Museum, accessed February 20, 2019, http://www.whitehousemuseum.org/west-wing/roosevelt room.htm.

**30)** 핑커스가 오바마 대통령에게 스노든의 사면을 건의한 사실에 주목했던 언론 보도가 둘 있다. Seth Rosenblatt, "'Pardon Snowden,'One Tech Exec Tells Obama, Report Says," *Cnet*, December 18, 2013, https://www.cnet.com/ news/pardon-snowden-one-tech-exec-tells-obama-report-says/; Dean Takahashi, "Zynga' Mark Pincus Asked Obama to Pardon NSA Leaker Edward Snowden," *VentureBeat*, December 19, 2013, https://venturebeat.com/2013/12/19/zyngas-mark-pincus-asked-president-obama-to- pardon-nsa-leaker-edward-snowden/.

**31)** "Transcript of President Obama' Jan. 17 Speech Reform," *Washington Post*, January 17, 2014, https://www.washingtonpost.com/text-of-president-obamas-jan-17-speech-on-nsa-reforms/2014/01/17/fa33590a-7f8c-9556-4a4bf7bcbd84_story.html?utm_term=.c8d2871c4f72.

## 02 기술과 공공 안전

**1)** "Reporter Daniel Pearl Is Dead, Killed by His Captors in Pakistan," *Wall Street Journal*, February 24, 2002, http://online.wsj.com/public/resources/documents/pearl-022102.htm.

**2)** Electronic Communications Privacy Act of 1986, Public Law 99-508, 99th Cong., 2d sess.(October 21, 1986), 18 U.S.C. § 2702.b.

**3)** Electronic Communications Privacy Act of 1986, Public Law 99-508, 99th Cong., 2d sess.(October 21, 1986), 18 U.S.C. Chapter 121 §§ 2701 et seq.

**4)** Electronic Communications Privacy Act of 1986, Public Law 99-508, 99th Cong., 2d sess.(October 21, 1986), 18 U.S.C. § 2705.b.

**5)** "Law Enforcement Requests Report,"Corporate Social Responsibility, Microsoft, last modified June 2018, https://www.microsoft.com/en-us/about/corporate-responsibility/lerr/.

**6)** "Charlie Hebdo Attack: Three Days of Terror," *BBC News*, January 14, 2015, https://www.bbc.com/news/world-europe-30708237.

**7)** "Al-Qaeda in Yemen Claims Charlie Hebdo Attack," *Al Jezeera*, 14 Jan 2015, https://www.aljazeera.com/news/middleeast/2015/01/al-qaeda-yemen-charlie-hebdo-paris-attacks-201511410323361511.html.

**8)** 위의 자료.

**9)** "Paris Attacks: Millions Rally for Unity in France," *BBC News*, January 11, 2015, https://www.bbc.com/ news/world-europe-30765824.

**10)** Alissa J. Rubin, "Paris One Year On," *New York Times*, November 12, 2016, https://www.nytimes.com/2016/11/13/world/europe/paris-one-year-on.html.

**11)** "Brad Smith: New America Foundation: 'windows Principles,'" *Stories* (blog), Microsoft, July 19, 2006, https://news.microsoft.com/speeches/brad-smith-new-america-foundation-windows-principles/.

**12)** 명확한 원칙들을 개발하는 데는 수개월이 걸렸다. 이 작업을 이끈 사람은 당시 마이크로소프트의 제품 담당 선임 변호사였고 지금은 스포티파이Spotify의 법무팀장으로서 폭넓은 사업을 책임지고 있는 호라시오 구티에레즈Horacio Gutierrez였다. 호라시오는 예리한 마케팅 감각을 지닌 클린턴 행정부 출신의 마크 펜Mark Penn과 손발을 맞췄다. 호라시오는 사내 다양한 부문을 아우르는 내부 팀을 조직했다. 그리고 보스턴컨설팅그룹에서 팀을 초청해 고객들이 무엇을 가장 중시하는지 설문조사를 실시했다. 그렇게 호라시오와 팀원들은 4개 원칙을 개발했고 나는 그 내용을 2015년 5월 마이크로소프트의 클라우드 헌장으로 공개했다. Microsoft Worldwide Partner Conference, Orlando, July 15, 2015, video of keynote, https:// www.youtube.com/watch?v=RkAwAj1Z9rg.

**13)** "Responding to Government Legal Demands for Customer Data," *Microsoft on the Issues*(blog), Microsoft, July 16, 2013, https://blogs.microsoft.com/on-the-issues/2013/07/16/responding-to-government-legal-demands-for-customer-data/.

**14)** *United States v. Jones*, 565 U.S. 400 (2012), https:// www.law.cornell.edu/ supremecourt/ text / 10-1259.

**15)** 위의 자료, 4.

**16)** *Riley v. California*, 573 U.S. _ (2014).

**17)** 위의 자료, 20.

**18)** 위의 자료, 21.

**19)** Steve Lohr, "Microsoft Sues Justice Department to Protest Electronic Gag Order Statute," *New York Times*, April 14, 2016, https://www.nytimes.com/2016/04/15/ technology/microsoft-sues-us-over-orders-barring-it-from-revealing-surveillance.html?_ r=0.

**20)** Brad Smith, "Keeping Secrecy the Exception, Not the Rule: An Issue Consumers and Businesses," *Microsoft on the Issues* (blog), Microsoft, April 14, blogs.microsoft.com/ on-the-issues/2016/04/14/keeping-secrecy-exception-issue-consumers-businesses/.

**21)** Rachel Lerman, "Long List of Groups Backs Microsoft Involving Digital- Data Privacy," *Seattle Times*, September 2, 2016, https://www.seattletimes.com/business/ microsoft/ex-federal-law-officials-back-microsoft-in-case-involving-digital-data-privacy/?utm_source=RSS& utm_medium= Referral& utm_campaign=RSS_all.

**22)** Cyrus Farivar, "Judge Sides with Microsoft, Order'Challenge to Advance," *ArsTechnica*, February 9, 2017, https://arstechnica.policy/2017/02/judge-sides-with-microsoft-allows-gag-order-challenge-to-advance/.

**23)** Brad Smith, "DOJ Acts to Curb the Secrecy Orders. Now It' Congress'Turn," *Microsoft on the Issues* (blog), Microsoft, 23, 2016, https://blogs.microsoft.com/on-the-issues/2017/10/23/doj-acts-curb-overuse-secrecy-orders-now-congress-turn/.

## 03 프라이버시

**1)** Tony Judt, *Postwar: A History of Europe since 1945* (New York: Penguin, 2006), 697.

**2)** Anna Funder, *Stasiland: Stories from Behind the Berlin Wall* (London: Granta, 2003), 57.

**3)** Brad Smith and Ann Browne, "Lessons on Protecting Privacy," *Today in Technology*(video blog), accessed April 7, 2019, https://blogs.microsoft.com/today-in-tech/videos/.

**4)** Jake Brutlag, "Speed Matters,"Google AI Blog, June 23 2009, https://ai.googleblog.com/ 2009/06/speed-matters.html.

**5)** 양국 사이의 긴장은 1807년 정점에 달했다. 미국 군함 체사피크Chesapeake 호에 영국군 탈영병 네 명이 타고 있다고 믿었던 영국 군함 레오파드Leopard 호는 버지니아 앞바다에서 시위를 하며 해당 선원들을 내놓으라고 요구했다. 체사피크 호가 요구를 거절하자 레오파드 호는 대포 7발을 쏘아 체사피크 호를 항복시켰다. 레오파드 호는 선원 네 명을 구출했고 체사피크 호는 맥없이 항구로 돌아갔다. 제퍼슨은 영국 군함들에게 미국의 항구를 걸어 잠갔고 수출입 금지를 선포했다. Craig L. Symonds, *The U.S. Navy: A Concise History* (Oxford : Oxford University Press, 2016), 21.
교역 중단은 영국뿐만 아니라 미국에도 당연히 타격을 주었다. 어느 역사가는 이렇게 표현했다. "제퍼슨의 수출입 금지 조치가 전국적으로 얼마나 큰 충격을 주었던지 시골 사람들은 제퍼슨이 영국이 아니라 자신들에게 전쟁을 선포한 줄 알았다." A.J. Langguth, *Union 1812 : The Americans Who Fought the Second War of Independence* (New York: Simon & Schuster, 2006), 134. 1809년 제임스 매디슨이 대통령에 취임하기 사흘 전에 의회는 수출입 금지 조치를 해제했으나 영국과의 교역은 계속해서 통제했다. 영국은 계속 강제 징집대를 사용했고, 1811년 영국의 소형 구축함은 뉴저지 해안이 바로 보이는 곳에서 상선을 세워 미국인 선원 한 명을 살해했다. Symonds, 23.

**6)** "Treaties, Agreements, and Asset Sharing," U.S. Department of State, https://www.state.gov/j/inl/rls/nrcrpt/2014/vol2/222469.htm.

**7)** Drew Mitnick, "The urgent need for MLAT reform," *Access Now*, September 12, 2014, https://www.accessnow.org/the-urgent-needs-for-mlat-reform/.

**8)** 우연히도 같은 시기에 PC를 가지고 나타난 법원 직원이 한 명 더 있었다. 에번 모글린 Eben Moglen이라는 친구였는데 그 친구는 폴리광장 법원 건물 22층의 복도 건너편 판사 밑에서 일했다. 우리는 종종 PC라는 공통의 관심사에 관해 이야기를 나누곤 했다. 이후 에번은 인상적인 학자이자 오픈소스 운동의 리더가 되어, 컬럼비아대학교 법학과 교수이자 SFLCSoftware Freedom Law Center 의장이 됐다. 2000년대 초반에 우리는 소프트웨어 지적재산권 문제와 관련해 서로 반대편에 서서 법적 공방을 벌여야 했다.

**9)** 입법 절차는 2015년 초부터 본격적으로 시작됐다. 양당의 상원의원 세 명과 하원의원 두 명이 주축이 되어 리즈법LEADS Act, Law Enforcement Access to Data Stored Abroad이라는 법안을 소개했다. 상원에서는 오린 해치Orrin Hatch, 크리스 쿤스Chris Coons, 딘 헬러Dean Heller 의원이, 하원에서는 톰 마리노Tom Marino 의원과 수전 델베네이Suzan DelBene 의원이 공동 발의했다. Patrick Maines, "The LEADS Act and Cloud Computing," *The Hill*, March 30, 2015, https://thehill.com/blogs/ pundits-blog/technology/237328-the- leads-act-and-cloud-computing.

**10)** 2014년 프랜시스 판사 앞에서 패소한 이후 2018년 대법원 계단 앞에 도착할 때까지 우리 앞에는 길고 굴곡진 여정이 기다리고 있을 수밖에 없었다. 먼저 우리는 지방법원 차원에서 진행된 그다음 소송에서 졌다. 2014년 7월 로리타 프레스카Loretta Preska 판사는 우리 측 패소 결정을 내렸다. 프레스카 판사 앞에서 2시간 동안 격렬한 논쟁이 오갔는데, 정부 측 변호사는 미국 정부가 기업들에게 전 세계 사업 기록을 요구할 수 있다는 논리를 폈다. 우리는 늘 우리가 기본적으로 지적하듯이, 사람들의 이메일은 우리 것이 아니므로 우리 회사의 사업 기록이 아니라고 주장했다. 그러나 프레스카 판사는 우리 주장을 받아들이지 않고 양쪽의 구두 변론이 끝나자마자 구두로 판결을 내려 우리를 깜짝 놀라게 했다. Ellen Nakashima, "Judge Orders Microsoft to Turn Over Data Held Overseas," *Washington Post*, July 31, 2014, https://www.washingtonpost.com/world/national-security/judge-orders-microsoft-to-turn-over-data-held-overseas/2014/07/31/b07c4952-18d4-11e4-9e3b-7f2f110c6265_story.html?utm_term=.e913e692474e. 〈워싱턴 포스트〉가 지적했듯이 "프레스카 판사의 판결에 더욱 분개할 사람들은 아마도 해외 관료들, 특히 유럽 연합의 관료들일 것이다. 프레스카 판사의 판결은 잠재적으로 그들의 주권을 침범할

수 있기 때문이다." 실제로 그랬다.

다음으로 우리가 간 곳은 뉴욕과 코네티컷, 버몬트 주의 판결에 불복한 모든 항소를 다루는 연방 제2순회 항소법원이었다. 이 단계를 준비하면서 우리는 한편으로는 궁극적으로 입법이 이뤄져야 한다고 생각하면서도, 공적 논의를 넓혀 더 많은 목소리를 싣기로 했다. 우리는 여러 그룹에게 우리를 지지하는 '법정 조언자 의견서'를 부탁하는 대대적인 캠페인을 개시했다. 금세 다양한 단체로부터 지지를 확보했지만 정신없이 돌아가는 뉴스 사이클 속에서 과연 주목을 받을 수 있을지 걱정됐다.

우리는 아이디어를 하나 냈다. 우리가 직접 방송을 해서 이슈도 일으키고 지원을 얻어내면 어떨까? 데이터 센터가 등장하는 짧은 영상을 만들면 이 이슈를 좀 더 쉽게 설명할 수 있을 듯했다. 전문가들을 초청해서 이슈를 낱낱이 해부하고 왜 사람들이 이 문제에 관심을 갖고 개혁을 요구해야 하는지 설명할 것이다. 뉴욕에 새로 마련한 마이크로소프트 사무실에서 이벤트를 열면 될 성싶었다. 언론이 직접 와서 참관하는 중에 라이브 스트리밍 방송을 내보내는 것이다. 마음속에는 또 다른 중요한 시청자, 미국 의회를 염두에 두고 있었다. 우리는 이 문제를 자세히 짚어주고 진행자 역할을 해줄 존경 받는 저널리스트가 필요하다고 생각했다. 나는 프린스턴대학교 이사회에서 활동하면서 존경 받는 전직 ABC 뉴스 앵커 찰리 깁슨Charlie Gibson을 알게 됐다. 그는 저널리스트로서 까다로운 질문을 해도 된다면 기꺼이 진행을 맡겠다고 했다. 우리는 흔쾌히 그러자고 했다.

2014년 12월 몹시 추운 어느 아침이었다. 우리는 타임스퀘어에 있는 마이크로소프트의 뉴욕 사무실에서 전자 프라이버시 프로그램을 방송했다. 우리는 28개 기술 기업 및 미디어 기업과 21개의 무역협회 및 지지단체, 35인의 저명한 컴퓨터 과학자로부터 취합한 법정 조언자 의견서를 제출한다고 알렸다. 거기에 더해 아일랜드 정부가 보내준 지지 의견서도 있었다. 이런 사실을 밝히면서 나는 미국시민자유연합ACLU과 폭스 뉴스가 한편에 서서 서로 협조한 것은 아마 이게 최초일 거라고 농담을 했다. 그날의 영상자료 : https://ll.ms-studiosmedia.com/events/2014/1412/ElectronicPrivacy/live/ElectronicPrivacy.html. 이날의 이벤트는 미국 전역과 전 세계에 일제히 보도되었고 우리는 뜻하던 바를 이루었다. 그리고 아마도 가장 중요한 점은 이렇게 소속된 진영이 다른 단체들까지 한뜻으로 우리의 접근법을 지지함으로써 더 많은 국회의원들이 이 일에 관심을 갖기 시작했다는 점일 것이다. 뉴욕에서 구두 변론이 있고 7개월 이상이 지난 2016년 7월 항소법원 재판부의 판사 3인은 만장일치로 우리 손을 들어주었다. Brad Smith, "Our Search Warrant Case: An Important Decision for People Everywhere," *Microsoft on the Issues* (blog), Microsoft, July 14, 2016, https://blogs.microsoft.com/on-the-issues/2016/07/14/search-warrant-case-important-decision-people-everywhere/. 그러자 법무부는 이 사안을 심리하도록 대법원을 설득했고, 그 결과 2018년 우리는 대법원 계단 앞에 서게 됐다.

**11)** *Microsoft Corp. v. AT&T Corp.*, 550 U.S. 437 (2007).

**12)** Official Transcript, *Microsoft Corp. v. AT&T Corp.*, February 21, 2007.

**13)** Clarifying Lawful Overseas Use of Data Act of 2018, H.R. 4943, 115th Cong. (2018).

**14)** Brad Smith, "The CLOUD Act Is an Important Step Forward, but Now More Steps Need to Follow," *Microsoft on the Issues*(blog), Microsoft, April 3, 2018, https://blogs.microsoft.com/on-the-issues/2018/04/03/the-cloud-act-is-an-important-step-forward-but-now-more-steps-need-to-follow/.

**15)** Derek B. Johnson, "The CLOUD Act, One Year On," *FCW: The Business of Federal Technology*, April 8, 2019, https://fcw.com/articles/2019/04/08/cloud-act-turns-one.aspx.

## 04 사이버보안

**1)** "St Bartholomew' Hospital during World War Two,"BBC, December 19, 2005, https://www.bbc.co.uk/history/ww2peopleswar/stories/10/a7884110.shtml.

**2)** "What Does NHS England Do?"NHS England, accessed November 14, 2018, https://www.england.nhs.uk/about/about-nhs-england/.

**3)** Kim Zetter, "Sony Got Hacked Hard: What We Know and Don't Know So Far," *Wired*, December 3, 2014, https://www.wired.com/2014/12/sony-hack-what-we-know/.

**4)** Bill Chappell, "WannaCry Ransomware: What We Know Monday," NPR, May 15, 2017, https://www.npr.org sections/thetwo-way/2017/05/15/528451534/wannacryransomware-what-we-know-monday.

**5)** Nicole Perlroth and David E. Sanger, "Hankers Hit Dozens of Countries Exploiting Stolen N.S.A. Tool," *New York Times*, May 12, 2017, https://www.nytimes.com/2017/05/12/world/europe/uk-national-health-service-cyberattack.html.

**6)** Bruce Schneier, "Who Are the Shadow Brokers?" *The Atlantic*, 23 May 2017. https://www.theatlantic.com/technology/archive/2017/05/shadow-brokers/527778/.

**7)** Nicole Perlroth and David E. Sanger, "Hackers Hit Dozens of Countries Exploiting Stolen N.S.A. Tool," *New York Times*, May 12, 2017, https://www.nytimes.com/2017/05/12/world/europe/uk-national-health-service-cyberattack.html.

**8)** Brad Smith, "The Need for Urgent Collective Action to Keep People Safe Online: Lessons from Last Week' Cyberattack," *Microsoft on the Issues* (blog), Microsoft, May 14 2017, https://blogs.microsoft.com/on-the-issues/2017/05/14/need-urgent-collective-action-keep-people-safe-online-lessons-last-weeks-cyberattack/.

**9)** Choe Sang-Hun, David E. Sanger, and William J. Broad, "North Korean Missile Launch Fails, and a Show of Strength Fizzles," *New York Times*, April 15, 2017, https://www.nytimes.com/2017/04/15/world/asia/north-korea-missiles-pyongyang-kim-jong-un.html.

**10)** Lily Hay Newman, "How an Accidental 'Kill Switch'Slowed Friday' Massive Ransomware Attack," *Wired*, May 13, 2017, https://www.wired.com/2017/05/accidental-kill-switch-slowed-fridays-massive-ransomware-attack/.

**11)** Andy Greenberg, "The Untold Story of NotPetya, the Most Devastating Cyberattack in History," *Wired*, August 22, 2018, https://www.wired.com/story/notpetya-cyberattack-ukraine-russia-code-crashed-the-world/.

**12)** 위의 자료; Stilgherrian, "Blaming Russia for NotPetya Was Coordinated Diplomatic

Action," *ZD Net*, April 12, 2018, https://www.zdnet.com/article/blaming-russia-for-notpetya-was-coordinated-diplomatic-action.

**13)** Josh Fruhlinger, "Petya Ransomware and NotPetya Malware: What You Need to Know Now," October 17, 2017, https://www.csoonline.com/article/3233210/petya-ransomware-and-notpetya-malware-what-you-need-to-know-now.html.

**14)** Greenberg, "The Untold Story of NotPetya."

**15)** Microsoft, "RSA 2018: The Effects of NotPetya,"YouTube video, 1:03, produced by Brad Smith, Carol Ann Browne, and Thanh Tan, April 17, 2018, https://www.youtube.com/watch?time_continue=1&v=QVhqNNO0DNM.

**16)** Andy Sharp, David Tweed, and Toluse Olorunnipa, "U.S. Says North Korea Was Behind WannaCry Cyberattack," *Bloomberg*, December 18, 2017, https:/ www.bloomberg.com/news/articles/2017-12-19/u-s-blames-north-korea-for-cowardly-wannacry-cyberattack.

## 05 민주주의 지키기

**1)** Max Farrand, ed., *The Records of the Federal Convention of 1787* (New Haven, CT: Yale University Press, 1911), 3:85.

**2)** 처음에 우리가 수사관들과 전직 검사들을 영입한 것은 위조 및 불법복제 방지 활동을 위해서였지만, 이후로도 디지털범죄유닛은 발전을 거듭해 신기술과 관련된 범죄에 대처하고 있다. 중요한 터닝 포인트가 됐던 순간은 2000년대 초반 토론토 경찰서장이 레드먼드를 찾아왔을 때였다. 그는 경찰이 전 세계 아동 포르노 및 아동 착취에 맞서 싸울 수 있게 대규모 투자 지원을 부탁하려고 먼 걸음을 한 참이었다. 그를 만나러 회의실로 내려갈 때 나는 우리가 이 새로운 미션을 감당하기에는 예산의 여유가 없다고 확신하고 있었다. 하지만 90분 뒤 회의실을 나올 때는 인터넷 시대의 가장 끔찍한 소산물의 하나가 된 온라인 착취에 대응하는 데 우리가 반드시 도움이 되어야 한다고 확신했다. 우리는 다른 곳의 예산

을 절감하고 새로운 디지털범죄유닛 팀을 출범시켰다. 이후 디지털범죄유닛은 기술과 법적 작전을 결합해 아동 보호 활동을 돕고 있다.

또 한 번의 터닝 포인트가 찾아온 것은 우리 몇몇이 서울을 방문했을 때였다. 대한민국 정부가 국가 사이버범죄 수사대 본부를 구경시켜주었다. 우리는 그곳의 고급 인력뿐만 아니라 우리 본사의 그 어느 시설보다도 우수한 최첨단 설비에 깊은 감명을 받았다. 미국으로 돌아온 우리는 디지털범죄유닛을 위해 레드먼드 캠퍼스에 세계 최고의 툴과 자원을 갖춘 사이버범죄센터를 설립하기로 했다. 거기에는 디지털범죄유닛이 사법 당국이나 다른 단체와 합동 작전을 수행할 때 객원 수사관이나 변호사들이 사용할 수 있는 별도의 사무 공간까지 마련했다.

2012년 디지털범죄유닛은 새로운 혁신을 시도했다. 사이버 범죄자들이 '봇넷botnet'이라는 것을 이용해 세계 곳곳의 PC를 감염시키고 장악하는 것에 대처하기 위해서였다. Nick Wingfield and Nicole Perlroth, "Microsoft Raids Tackle Internet Crime," *New York Times*, March 26, 2012, https://www.nytimes.com/2012/03/26/technology/microsoft-raids-tackle-online-crime.html. 디지털범죄유닛 소속의 변호사 리처드 보스코비치는 먼저 상표권 침해 논리 및 심지어 그보다 더 오래된 '동산 침해' 방어라는 법적 개념을 기초로 이들 단체의 서버를 장악할 법적 기술을 개발했다. 우리가 컴퓨터 보호에 사용하는 법적 개념이 원래는 소 떼들을 보호하려고 영국에서 처음 개발된 것이라는 게 재미있었다.

최근 디지털범죄유닛은 사기성 전화나 짜증나는 전화 및 각종 기술 사기와 전쟁을 벌이고 있다. 사기범들은 집에 있는 사람들에게 당신의 PC나 스마트폰이 감염되었으니 새로운 보안 소프트웨어 설치하려면 돈을 보내라고 한다. 마이크로소프트의 법무팀 부팀장 코트니 그레고어Courtney Gregoire는 인도를 비롯한 세계 곳곳에서 이런 문제를 근본적으로 해결할 수 있는 혁신적 작업을 이끌고 있다. Courtney Gregoire, "New Breakthroughs in Combatting Tech Support Scams," *Microsoft on the Issues*(blog), Microsoft, November 29, 2018, https://blogs.microsoft.com/on-the-issues/2018/11/29/new-breakthroughs-in-combatting-tech-support-scams/.

**3)** Brandi Buchman, "Microsoft Turns to Court to Break Hacker Ring,"Courthouse News Service, August 10, 2016, https://www.courthousenews.com/microsoft-turns-to-court-to-break-hacker-ring/.

**4)** April Glaser, "Here Is What We Know About Russia and the DNC Hack," *Wired*, July 27, 2016, https://www.wired.com/2016/07/heres-know-russia-dnc-hack/.

**5)** Alex Hern, "Macron Hackers Linked to Russian-Affiliated Group Behind US Attack," *Guardian*, May 8, 2017, https://www.theguardian.com/world/2017/may/08/macron-hackers-linked-to-russian-affiliated-group-behind-us-attack.

**6)** Kevin Poulsen and Andrew Desiderio, "Russian Hackers' New Target: A Vulnerable Democratic Senator," *Daily Beast*, July 26, 2018, https://www.thedailybeast.com/russian-hackers-new-target-a-vulnerable-democratic-senator?ref=scroll.

**7)** Griffin Connolly, "Claire McCaskill Hackers Left Behind Clumsy Evidence That They Were Russian," *Roll Call*, August 23, 2018, https://www.rollcall.com/news/politics/mccaskill-hackers-evidence-russian.

**8)** Tom Burt, "Protecting Democracy with Microsoft AccountGuard," *Microsoft on the Issues*(blog), Microsoft, August 20, 2018, https://blogs.microsoft.com/on-the-issues/2018/08/20/protecting-democracy-with-microsoft-accountguard/.

**9)** Brad Smith, "We Are Taking New Steps Against Broadening Threats to Democracy," *Microsoft on the Issues*(blog), Microsoft, August 20, 2018, https://blogs.microsoft.com/on-the-issues/2018/08/20/we-are-taking-new-steps-against-broadening-threats-to-democracy/.

**10)** Brad Smith, "Microsoft Sounds Alarm on Russian Hacking Attempts," interview by Amna Nawaz, *PBS News Hour*, August 22, 2018, https://www.pbs.org/newshour/show/microsoft-sounds-alarm-on-russian-hacking-attempts.

**11)** "Moscow: Microsoft' Claim of Russian Meddling Designed to Exert Political Effect," *Sputnik International*, August 21, 2018, https://sputniknews.com/us/201808211067354346-us-microsoft-hackers/.

**12)** Tom Burt, "Protecting Democratic Elections Through Secure, Verifiable Voting," *Microsoft on the Issues*(blog), May 6, 2019, https://blogs.microsoft.com/on-the-issues/2019/05/06/protecting-democratic-elections-through-secure-verifiable-voting/.

# 06 소셜 미디어

1) *Freedom Without Borders*, Permanent Exhibition, Vabamu Museum of Occupations and Freedom, Tallin, Estonia, https://vabamu.ee/plan-your-visit/permanent-exhibitions/freedom-without-borders.

2) 올가가 태어난 직후 우크라이나의 소란과 기근으로부터 벗어나고 싶었던 아버지는 모스크바 철길 근처에 있는 어느 병원의 외과과장 자리를 수락했다. 그렇게 해서 최종적으로는 북쪽으로, 에스토니아로 이주할 생각이었다. 하지만 바람은 이뤄지지 않았다. 영양실조로 몸이 약해져 있던 올가의 어머니가 갑자기 수막염으로 숨지면서 가족의 계획은 중단되었다. 수년간 볼셰비키의 눈을 따돌려왔던 아버지는 홀로되고 얼마 후 시베리아 수용소에 투옥됐다. 당시 두 살이던 올가와 일곱 살이던 오빠는 엉성하게 급조한 그물로 인근 연못에서 물고기를 잡아먹으며 연명했다. 어찌어찌하여 남매가 방치되었다는 소식을 전해들은 탈린의 외삼촌이 철도회사에 아는 사람과 적십자의 도움을 받아 남매를 에스토니아로 안전하게 데려왔다. 올가는 위탁양육 가정에 맡겨졌다. 너그러운 이들 가족은 두 번의 점령과 세계대전이 지나도록 올가를 키워주었고 결국 타르투대학교에까지 보내 의학 학위를 받게 해주었다. 제2차 세계대전 말미에 올가는 퇴각하던 독일군 병사들과 함께 도망쳤고 독일에 있는 미국군 점령지에 도착했다. 올가는 다시 한 번 낯선 이들의 친절한 도움으로 무사히 위기를 넘길 수 있었는데, 사람들은 발 디딜 틈 없는 에를랑겐행 기차의 창문으로 그녀를 들여보내주었다. 올가는 결국 자유의 품에 안겼다. Ede Schank Tamkivi, "The Story of a Museum," Vabamu, Kistler-Ritso Eesti Sihtasutus, December 2018, 42.

3) Ede Schank Tamkivi, "The Story of a Museum," Vabamu, Kistler- Ritso Eesti Sihtasutus, December 2018, 42.

4) Damien McGuinness, "How a Cyber Attack Transformed Estonia," *BBC News*, April 27, 2017, https://www.bbc.com/news/39655415.

5) Rudi Volti, *Cars and Culture: The Life Story of a Technology* (Westport, CT: Greenwood Press, 2004), 40.

6) 위의 자료, 39.

**7)** 위의 자료.

**8)** Sherry Turkle, *Alone Together: Why We Expect More from Technology and Less from Each Other* (New York: Basic Books, 2011), 17.

**9)** Philip N. Howard, Bharath Ganesh, Dimitra Liotsiou, John Kelly, and Camille François, "The IRA, Social Media and Political Polarization in the United States, 2012–2018"(working paper, Computational Propaganda Research Project, University of Oxford, 2018), https://fas.org/irp/congress/2018_rpt/ira.pdf.

**10)** 위의 자료.

**11)** Ryan Lucas, "How Russia Used Facebook to Organize 2 Sets of Protesters," NPR, November 1, 2017, https://www.npr.org/2017/11/01/561427876/how-russia-used-facebook-to-organize-two-sets-of-protesters.

**12)** Deepa Seetharaman, "Zuckerberg Defends Facebook Against Charges It Harmed Political Discourse," *Wall Street Journal*, November 10, 2016, https://www.wsj.com/articles/zuckerberg-defends-facebook-against-charges-it-harmed-political-discourse-1478833876.

**13)** Chloe Watson, "The Key Moments from Mark Zuckerberg' Testimony to Congress," *Guardian*, April 11, 2018, https://www.theguardian.com/technology/2018/apr/11/mark-zuckerbergs-testimony-to-congress-the-key-moments.

**14)** Mark R. Warner, "Potential Policy Proposals for Regulation of Social Media and Technology Firms"(draft white paper, Senate Intelligence Committee, 2018), https://www.scribd.com/document/385137394/MRW-Social-Media-Regulation-Proposals-Developed.

**15)** 1996년 의회에서 통과시킨 통신질서법에는 230(c)(1)이라는, "쌍방향 컴퓨터 서비스를 제공하거나 이용하는 사람은 그 어떤 다른 정보 콘텐츠 제공자가 공급하는 정보의 출판

자나 대변인으로 취급되어서는 안 된다."라는 구절이 포함되어 있었다. 47 U.S.C. § 230, at https://www.law.cornell.edu/uscode/text/47/230. 어느 저자가 이야기한 것처럼 "의회에서 처음 법률을 제정했을 때 230조는 여러 웹사이트에 폭넓은 법적 보호를 제공하고 인터넷이 아이디어의 진정한 시장으로 성장할 수 있게 하여 월드와이드웹에 개방성과 혁신을 조성하려는 의도였다. 당시 온라인에서의 표현의 자유를 지지하던 사람들은 인터넷 통신에 오프라인처럼 빡빡한 통제를 적용한다면 끊임없는 소송 위험 때문에 개인들이 중요한 공적 문제에 끼어드는 것이 위축될 거라고 주장했다. Marie K. Shanahan, *Journalism, Online Comments, and the Future of Public Discourse* (New York: Routledge, 2018), 90.

**16)** 위의 자료, 8.

**17)** Kevin Roose, "A Mass Murder of, and for, the Internet," *New York Times*, March 15, 2019, https://www.nytimes.com/2019/03/15/technology/facebook-youtube-christchurch-shooting.html.

**18)** 위의 자료.

**19)** Matt Novak, "New Zealand' Prime Minister Says Social Media Can' Be 'All Profit, No Responsibility,'" *Gizmodo*, March 19, 2019, https://gizmodo.com/new-zealands-prime-minister-says-social-media-cant-be-a-1833398451.

**20)** 위의 자료.

**21)** Milestones: Westinghouse Radio Station KDKA, 1920, *Engineering and Technology History Wiki*, https://ethw.org/Milestones:Westinghouse_Radio_Station_KDKA,_1920.

**22)** Stephen Smith, "Radio: The Internet of the 1930's," *American RadioWorks*, November 10, 2014, http://www.americanradioworks.org/segments/radio-the-internet-of-the-1930s/.

**23)** 위의 자료.

**24)** Vaughan Bell, "Don' Touch That Dial! A History of Media Technology Scares, from the Printing Press to Facebook," *Slate*, February 15, 2010, https://slate.com/technology/2010/02/a-history-of-media-technology-scares-from-the-printing-press-to-facebook.html.

**25)** Vincent Pickard, "The Revolt Against Radio: Postwar Media Criticism and the Struggle for Broadcast Reform," in *Moment of Danger: Critical Studies in the History of U.S. Communication Since World War II* (Milwaukee: Marquette University Press, 2011), 35–56.

**26)** 위의 자료, 36.

**27)** Vincent Pickard, "The Battle Over the FCC Blue Book: Determining the Role of Broadcast Media in a Democratic Society, 1945–1948," Media, Culture & Society 33(2), 171– 91, https://doi.org/10.1177/ 0163443710385504. 또 다른 학자는 이렇게 말했다. "블루북은 단순히 연방통신위원회의 규제 역사에서 눈에 띄는 한 순간이 아니다. 블루북은 미국 역사에서 광고와 방송에 관해 가장 폭넓은 공적 논의가 이뤄지게 만든 촉매제였다." Michael Socolow, "Questioning Advertising's Influence over American Radio: The Blue Book Controversy of 1945– 1947," *Journal of Radio Studies* 9(2), 282, 287.

**28)** 마이클 소콜로Michael Socolow는 이렇게 말했다. "블루북은 업계가 새로운 책임을 인식하게 만들었다." 위의 자료, 297. 이후 벌어진 여러 사건 중에서 특히 CBS와 NBC는 엄격한 자체 규제 규정을 채용했다. CBS는 다큐멘터리 부서를 만들었고, NBC는 그에 필적할 새로운 시리즈를 내놓았다. 위의 자료, 297– 98.

**29)** The Parliament of the Commonwealth of Australia, "Criminal Code Amendment (Sharing of Abhorrent Violent Material) Bill 2019, A Bill for an Act to Amend the Criminal Code Act 1995, and for Related Purposes," https://parlinfo.aph.gov.au/parlInfo/download/legislation/ bills/s1201_first-senate/toc_pdf/1908121.pdf;fileType=application% 2F.pdf, Jonathan Shieber, "Australia Passes Law to Hold Social Media Companies Responsible for 'Abhorrent Violent Material,'" *TechCrunch*, April 4, 2019, https://techcrunch.com/2019/04/04/australia-passes-law-to-hold-social-media-companies-responsible-for-abhorrent-violent-material/. 내가 웰링턴에서 이틀을 보내고 캔버라에서 하루를 보낸 지 8일 만에 호주에서 법률이 통과되었다. 그때까지만 해도 법안의 한 조각조차 공개되지 않았었다는 점을 생각하면 법률 제정이 얼마나 일사천리로 진행되었는지 알 수 있다.

**30)** 법안이 통과되기 일주일 전 캔버라에 있을 때 나는 더 강력하면서도 신중한 행동이 필요하다고 주장하려 했다. 〈오스트레일리아 파이낸셜 리뷰The Australian Financial Review〉와의 인터뷰에서 나는 이렇게 말했다. "각국 정부는 기술 이슈와 관련해 더 빠르게 움직일 필요가 있다고 생각합니다. 하지만 행동이 생각의 속도를 앞지르는 일은 없도록 아주 조심해야겠죠." 그리고 얼른 이렇게 덧붙였다. "당연히 저는 저 자신이나 다른 기업의 동료를 감옥에 보내는 일에 앞장서지는 않을 겁니다. 그렇게 되면 겁이 나서 해외 출장도 못 가겠죠. 전 세계 사람들이 우리 제품에 무엇을 바라는지 이해하려면 출장이 꼭 필요한데 말이에요." Paul Smith, "Microsoft President Says Big Tech Regulation Must Learn from History," *The Australian Financial Review*, April 2, 2019, https://www.afr.com/technology/technology-companies/microsoft-president-says- big-tech-regulation-must-learn-from-history-20190329-p518v2.

**31)** Warner, 9.

**32)** HM Government, *Online Harms White Paper*, April 2019, 7, https://assets.publishing.service.gov.uk/government/uploads/system/uploads/attachment_data/file/793360/Online_Harms_White_Paper.pdf.

**33)** "Restoring Trust & Accountability," *NewsGuard*, last modified 2019, https://www.newsguardtech.com/how-it-works/.

**34)** 위의 자료.

**35)** George C. Herring, *From Colony to Superpower*: U.S. Foreign Relations Oxford: Oxford University Press, 2008), 72.

**36)** 아이러니컬하게도 프랑스 혁명 기간에 권력을 잡은 자코뱅들은 이내 주네의 문서들

을 폐기해버리고 그의 체포와 처형을 요구했다. "워싱턴은 놀라운 아량으로 주네에게 망명을 허락했다. 미국의 첫 번째 정부를 기꺼이 전복하려 했던 이 프랑스 남자는 미국에 충성을 맹세하고 프랑스 시민권을 포기했으며, 뉴욕 주지사 조지 클린턴George Clinton의 딸과 결혼해 롱아일랜드 주 자메이카의 어느 농장으로 은퇴했다. 그는 오만한 젊은 시절 자신이 전복시키려 했던 나라를 결국 사랑하게 된 상류층 위선자로 죽었다." John Avalon, *Washington's Farewell: The Founding Father's Warning to Future Generations* (New York: Simon & Schuster, 2017), 66.

**37)** George Washington, "Washington' Farewell Address of 1796,"Avalon Project, Lillian Goldman Law Library, Yale Law School, http://avalon.law.yale.edu/18th_century/washing.asp.

## 07 디지털 외교

**1)** Robbie Gramer, "Denmark Creates the World' First Ever Digital Ambassador," *Foreign Policy*, January 27, 2017, https://foreignpolicy.com/2017/01/27/denmark-creates-the-worlds-first-ever-digital-ambassador-technology-europe-diplomacy/.

**2)** Henry V. Poor, *Manual of the Railroads of the United States for 1883* (New York: H. V. & H. W. Poor, 1883), iv.

**3)** James W. Ely Jr., *Railroads & American Law* (Lawrence: University Press of Kansas, 2003). Another particularly good book that charts the long arc of technology regulation for railroads is Steven W. Usselman, *Regulating Railroad Innovation* (Cambridge, UK: Cambridge University Press, 2002).

**4)** Brad Smith, "Trust in the Cloud in Tumultuous Times," March 1, 2016, RSA Conference, Moscone Center San Francisco, video, 30:35, https://www.rsaconference.com/events/us16/agenda/sessions/2750/trust-in-the-cloud-in-tumultuous-times.

**5)** Siemens AG, *Charter of Trust on Cybersecurity*, July 2018, https://www.siemens.com/

content/dam/webassetpool/mam/tag-siemens-com/smdb/corporate-core/topic-areas/
digitalization/ cybersecurity/charteroftrust-standard-presentation-july2018-en-1.pdf.

**6)** Brad Smith, "The Need for a Digital Geneva Convention," *Microsoft on the Issues*(blog),
Microsoft, February 14, 2017, https://blogs.microsoft.com/on-the-issues/2017/02/14/
need-digital-geneva-convention/.

**7)** Elizabeth Weise, "Microsoft Calls for Digital Geneva Convention," *USA Today*,
February 14, 2017, https://www.usatoday.com/story/tech/news/2017/02/14/microsoft-
brad-smith-digital-geneva-convention/97883896/.

**8)** Brad Smith, "We Need to Modernize International Agreements to Create a Safer
Digital World," *Microsoft on the Issues*(blog), Microsoft, November 10, 2017, https://
blogs.microsoft.com/on-the-issues/2017/11/10/need-modernize-international-
agreements-create-safer-digital-world/.

**9)** 직접 경험을 담은 훌륭한 설명은 냉전 시대 협상의 한 축을 맡았던 폴 니체가 1989년
출판한 책을 통해 접할 수 있다. Paul Nitze, *From Hiroshima to Glasnost: At the Center of
Decision, A Memoir* (New York: Grove Weidenfeld, 1989).

**10)** David Smith, "Movie Night with the Reagans: WarGames, Red Dawn... and Ferris
Bueller' Day Off," *Guardian*, March 3, 2018, https://www.theguardian.com/us-news
2018/mar/03/movie-night-with-the-reagans.

**11)** *WarGames*, directed by John Badham (Beverly Hills: United Artists, 1983).

**12)** Fred Kaplan, *Dark Territory: The Secret History of Cyber War* (New York: Simon &
Schuster,
2016), 1–2.

**13)** Seth Rosenblatt, "Where Did the CFAA Come From, and Where Is It Going?" *The
Parallax*, March 16, 2016, https://the-parallax.com/2016/03/16/where-did-the-cfaa-

come-from-and-where-is-it-going/.

**14)** Michael McFaul, *From Cold War to Hot Peace: An American Ambassador in Putin's Russia* (Boston: Houghton Mifflin Harcourt, 2018).

**15)** Paul Scharre, *Army of None: Autonomous Weapons and the Future of War* (New York: W. W. Norton, 2018), 251.

**16)** 국제적십자위원회는 오늘날 각국이 제네바협정을 따르도록 홍보와 실천 측면에서 매우 중요한 역할을 수행하고 있다. 비록 다음과 같이 말하는 법학자들도 있지만 말이다. "국제적십자위원회 활동의 권한에 대해 제네바협정에 명시된 조항들은 불완전하다. 그래서 실제로 위원회가 수행하고 있거나 사람들이 널리 생각하는 위원회의 활동은 협정에 나와 있는 내용과는 큰 차이가 있다." Giladi and Steven Ratner, "The Role of the International Committee of the Red Cross," in Andrew Clapham, Paola Gaeta, and Marco Sassoli, eds., *The 1949 Geneva Conventions: A Commentary* (Oxford : Oxford University Press, 2015). 국제적십자위원회의 성공은 비정부단체가 장기간에 걸쳐 신뢰성을 구축할 수만 있다면 어떤 고유한 역할을 수행할 수 있는지 잘 보여준다.

**17)** Jeffrey W. Knopf, "GOs, Social Movements, and Arms Control," in *Arms Control: History, Theory, and Policy, Volume 1: Foundations of Control*, ed. Robert E. Williams Jr. and Paul R. Votti (Santa Barbara: Praeger, 2012), 174-75.

**18)** Bruce D. Berkowitz, *Calculated Risks: A Century of Arms Control, Why It Has Failed, and How It Can Be Made to Work* (New York: Simon Schuster, 1987), 156.

**19)** 그런 노력들 중에 가장 영향력이 있었던 것은 에스토니아 탈린에 있는 NATO의 사이버공동방위센터에 국제 전문가 집단이 두 차례 모인 일이었다. 이들이 가장 최근에 내놓은 중요한 결과물이 바로 '탈린 매뉴얼 2.0 Tallinn Manual 2.0'이다. 탈린 매뉴얼 2.0에는 전문가들이 "사이버 전쟁을 관장하는 국제법"이라고 생각하는 154개의 규칙이 들어 있다. Michael N. Schmitt, ed., *Tallinn Manual 2.0 on the International Law Applicable to Cyber Operations* (Cambridge, UK: Cambridge University Press, 2017), 1.

20) 사이버 무기에 관한 생어의 정확한 설명은 다음을 참조. David Sanger, *The Perfect Weapon: War, Sabotage, and Fear in the Cyber Age* (New York: Crown, 2018), xiv.

21) 국제 규범을 확인하고 집행하는 데 정부가 아닌 주체가 잠재적으로 중요한 역할을 수행한 것이 처음 있는 일은 아니다. 다음과 같이 이야기한 저자도 있다. "95개국이 가입한 국제 NGO '랜드마인 모니터Landmine Monitor'는 오타와 협정Ottawa Convention 위반 사례 수집에 핵심적 역할을 수행하고 있다. 비록 오타와 협정에 랜드마인 모니터가 공식적으로 언급되어 있지는 않지만, 랜드마인 모니터가 알아낸 내용들은 가입국들의 연례 콘퍼런스에서 발표되고 있고 공식적으로 협정 위반을 주장하는 데 사용되고 있다." Mark E. Donaldson, "NGOs and Arms Control Processes," in Williams and Votti, 199.

22) "About the Cybersecurity Tech Accord," Tech Accord, accessed November 14, 2018, https://cybertechaccord.org/about/.

23) Brad Smith, "The Price of Cyber-Warfare," April 17, 2018, RSA Conference, Moscone Center San Francisco, video, 21:11, https://www.rsaconference.com/events/us18/agenda/sessions/11292-the-price-of-cyber-warfare.

24) "Charter of Trust," Siemens, https://new.siemens.com/global/en/company/topic-areas/digitalization/cybersecurity.html.

25) Emmanuel Macron, "Forum de Paris sur la Paix: Rendez-vous le 11 Novembre 2018 | Emmanuel Macron," YouTube video, 3:21, July 3, 2018, https://www.youtube.com/watch?v=-tc4N8hhdpA&feature=youtube.

26) "Cybersecurity: Paris Call of 12 November 2018 for Trust and Security in Cyberspace," France Diplomatie press release, November 12, 2018, https://www.diplomatie.gouv.fr/en/french-foreign-policy/digital-diplomacy/france-and-cyber-security/article/cybersecurity-paris-call-of-12-november-2018-for-trust-and-security-in.

27) 위의 자료.

28) Charlotte Graham-McLay and Adam Satariano, "New Zealand Seeks Global Support for Tougher Measures on Online Violence," *New York Times*, May 12, 2019, https://www.nytimes.com/2019/05/12/technology/ardern-macron-social-media-extremism.html?searchResultPosition=1; Jacinda Ardern, "Jacinda Ardern: How to Stop the Next Christchurch Massacre," *New York Times*, May 11, 2019, https://www.nytimes.com/2019/05/11/opinion/sunday/jacinda-ardern-social-media.html?searchResultPosition=4.

29) Jeffrey W. Knopf, "NGOs, Social Movements, and Arms Control," in Arms Control: History, Theory, and Policy, Volume 1: Foundations of Arms Control, ed. Robert E. Williams Jr. and Paul R. Votti (Santa Barbara: Praeger, 2012), 174–5.

30) 위의 자료, 180.

31) 위의 자료.

32) 여기서 하려는 말은 '탈린 매뉴얼'이 중요하지 않다는 얘기가 아니다. 정반대로 탈린 매뉴얼은 매우 중요한 역할을 해왔다. 하지만 소셜 미디어가 지배하는 시대에 공공 외교도 발전이 필요한데 탈린 매뉴얼에는 폭넓으면서도 간단명료한 메시지를 줄 수 있는 '브랜드 네임'이 없다.

33) Casper Klynge's Twitter account: Casper Klynge (@DKTechAmb), http://twitter.com/DKTechAmb.

34) Boyd Chan, "Microsoft Kicks Off Digital Peace Now Initiative Stopcyberwarfare," *Neowin*, September 30, 2018, https://www.neowin.net/news/kicks-off-digital-peace-now-initiative-to-stopcyberwarfare; Microsoft, Digital https://digitalpeace.microsoft.com/.

35) Albert Einstein, "The 1932 Disarmament Conference," *Nation*, August 23, 2001, https://www.thenation.com/article/1932-disarmament-conference-0/.

# 08 소비자 프라이버시

**1)** European Union Agency for Fundamental Rights, *Handbook on European Data Protection Law, 2018 Edition* (Luxembourg: Publications Office of the European Union, 2018), 29.

**2)** 위의 자료, 30.

**3)** 우리는 국회 인터넷 전당대회에 앞서 국회에서 열린 연설을 통해 연방 차원의 입법을 촉구했다. 우리는 연방법에 네 가지 요소가 포함되어야 한다고 요구했다. 첫째 전 세계 프라이버시법과 상통하며 온라인과 오프라인 모두에 적용할 수 있는 통일된 형식의 기준. 둘째 개인 정보의 수집과 사용, 공개에 대한 투명성 제고. 셋째 개인 정보의 사용 및 공개를 개인이 통제할 수 있어야 함. 넷째 개인 정보의 저장 및 전송에 대한 최소한의 보안 요구조건. Jeremy Reimer, "Microsoft Advocates the Need Comprehensive Federal Data Privacy Legislation," *Ars Technica*, November 3, 2005, https://arstechnica.com/uncategorized/2005/11/5523-2/. For the original materials, see Microsoft Corporation, *Microsoft Advocates Comprehensive Federal Privacy Legislation*, November 3, 2005, https://news.microsoft.com/2005/11/03/microsoft-advocates-comprehensive-federal- privacy-legislation/; Microsoft PressPass, *Microsoft Addresses Need for Comprehensive Federal Data Privacy Legislation*, November 3, 2005, https://news.microsoft.com/2005/11/03/microsoft-addresses- need-for-comprehensive-federal-data-privacy-legislation/; video of Brad Smith at Congressional Internet Caucus, November 3, 2005, https://www.youtube.com/watch?v=Sj10rKDpNHE.

**4)** Martin A. Weiss and Kristin Archick, *U.S.-EU Data Privacy: From Safe Harbor to Privacy Shield* (Washington, DC: Congressional Research Service, 2016), https://fas.org/sgp/crs/misc/R44257.pdf.

**5)** Joseph D. McClendon and Fox Rothschild, "The EU-U.S. Privacy Shield Agreement Is Unveiled, but Its Effects and Future Remain Uncertain," *Safe Harbor*(blog), Fox Rothschild, March 2, 2016, https://dataprivacy.foxrothschild.com/tags/safe-harbor/.

**6)** David M. Andrews, et. al., *The Future of Transatlantic Economic Relations* (Florence, Italy: European University Institute, 2005), 29; https://www.law.uci.edu/faculty/full-time/shaffer/pdfs/2005%20The%20Future%20of%20Transatlantic%20Economic%20Relations.pdf.

**7)** Daniel Hamilton and Joseph P. Quinlan, *The Transatlantic Economy 2016* (Washington, DC: Center for Transatlantic Relations, 2016), v.

**8)** 슈렘스의 사건이 진행되고 있을 당시 나온 흥미로운 설명은 다음을 참조. Robert Levine, "Behind the European Privacy Ruling That's Confounding Silicon Valley," *New York Times*, 9 Oct. 2015. https://www.nytimes.com/2015/10/11/business/international/behind-the-european-privacy-ruling-thats-confounding-silicon-valley.html.

**9)** Kashmir Hill, "Max Schrems: The Austrian Thorn in Facebook' Side," *Forbes*, February 7, 2012, https://www.forbes.com/sites/kashmirhill/2012/02/07/the-austrian-thorn-in-facebooks-side/#2d84e427b0b7.

**10)** Court of Justice of the European Union, "The Court of Justice Declares That the Commission's US Safe Harbour Decision Is Invalid," Press Release No. 117/ 15, October 6, 2015, https://curia.europa.eu/jcms/upload/docs/application/pdf/ 2015-10/cp150117en.pdf.

**11)** Mark Scott, "Data Transfer Pact Between U.S. and Europe Is Ruled Invalid," *New York Times*, October 6, 2015, https://www.nytimes.com/2015/10/07/technology/european-union-us-data-collection.html.

**12)** John Frank, "Microsoft's Commitments, Including DPA Cooperation, Under the EU-US Privacy Shield," *EU Policy Blog*, Microsoft, April 11, 2016, https://blogs.microsoft.com/eupolicy/2016/04/11/microsofts-commitments-including-dpa-cooperation-under-the-eu-u-s-privacy-shield/.

**13)** Grace Halden, *Three Mile Island: The Meltdown Crisis and Nuclear Power in American*

*Popular Culture* (New York: Routledge, 2017), 65.

14) Julia Carrie Wong, "Mark Zuckerberg Apologises for Facebook's Mistakes' over Cambridge Analytica," *Guardian*, March 22, 2018, https://www.theguardian.com/technology/2018/mar/21/mark-zuckerberg-response-facebook-cambridge-analytica.

15) See Shoshana Zuboff, *The Age of Surveillance Capitalism: The Fight for a Human Future at the New Frontier of Power* (New York: PublicAffairs, 2019)

16) Julie Brill, "Millions Use Microsoft's GDPR Privacy Tools to Control Their Data — Including 2 Million Americans," *Microsoft on the Issues*(Blog), Microsoft, September 17, 2018, https://blogs.microsoft.com/on-the-issues/2018/09/17/millions-use-microsofts-gdpr-privacy-tools-to-control-their-data-including-2-million-americans/.

## 09 지역별 광대역 통신

1) "Wildfire Burning in Ferry County at 2500 Acres," *KHQ-Q6*, August 2, 2016, https://www.khq.com/news/wildfire-burning-in-ferry-county-at-acres/article_95f6e4a2-0aa1-5c6a-8230-9dca430aea2f.html.

2) Federal Communications Commission, *2018 Broadband Deployment Report*, February 2, 2018, https://www.fcc.gov/reports-research/reports/broadband-progress-reports/2018-broadband-deployment-report.

3) Jennifer Levitz and Valerie Bauerlein, "Rural America Is Stranded in the Dial-Up Age," *Wall Street Journal*, June 15, 2017, https://www.wsj.com/articles/rural-america-is-stranded-in-the-dial-up-age-1497535841.

4) Julianne Twining, "A Shared History of Web Browsers and Broadband Speed," NCTA, April 10, 2013, https://www.ncta.com/platform/broadband-internet/a-shared-history-of-web-browsers-and-broadband-speed-slideshow/.

**5)** Microsoft Corporation, *An Update on Connecting Rural America: The 2018 Microsoft Airband Initiative*, https://blogs.microsoft.com/uploads/prod/sites/5/2018/12/MSFT-Airband_InteractivePDF_Final_12.3.18.pdf.

**6)** 연방통신위원회의 접근법이 가진 또 다른 문제점은 "미국 통계청이 사용하는 지리적 최소 단위인 인구조사 구획을 사용한다는 점이다(인구조사 구획의 규모가 상당히 큰 경우도 있다. 가장 큰 알래스카의 경우 22,014제곱킬로미터가 넘는다). 인터넷 서비스 제공자가 어느 인구조사 구획에 있는 고객 한 명에게 광대역 통신 서비스를 제공하면, 연방통신위원회는 해당 구획 전체가 광대역 통신을 보유한 것으로 간주한다." 위의 자료.

**7)** "Internet/Broadband Fact Sheet," Pew Research Center, February 5, 2018, https://www.pewinternet.org/fact-sheet/internet-broadband/.

**8)** Industry Analysis and Technology Division, Wireline Competition Bureau, *Internet Access Services: Status as of June 30, 2017* (Washington, DC: Federal Communications Commission, 2018), https://docs.fcc.gov/public/attachments/DOC-355166A1.pdf.

**9)** 2018년 우리는 핵심적인 사회 이슈와 관련한 업무를 보조하기 위해 전담 데이터 과학 팀을 만들었다. 우리는 마이크로소프트에서 가장 경험 많은 데이터 과학자인 존 캐핸John Kahan을 팀장으로 임명했다. 존은 이전에도 대규모 팀을 이끌며 데이터 분석을 활용해 회사의 판매동향과 제품 사용을 추적하고 분석했고, 나는 그 작업이 우리 사업 실적을 어떻게 향상시키는지 매주 열리는 고위 지도부 미팅에서 직접 목격했다. 존은 또한 무척 폭넓은 관심사를 갖고 있었다. 그것은 존의 팀이 유아돌연사증후군의 원인을 더 잘 진단할 수 있는 데이터 과학 활용법을 연구한 것과도 관련이 있었다. 존과 그의 아내는 10여 년 전 유아돌연사증후근으로 어린 아들을 잃었다. Dina Bass, "Bereaved Father, Microsoft Data Scientists Crunch Numbers to Combat Infant Deaths," *Seattle Times*, June 11, 2017, https://www.seattletimes.com/business/bereaved-father-microsoft-data- scientists-crunch-numbers-to-combat-infant-deaths/.
신설팀에게 처음 맡긴 프로젝트 중에는 연방통신위원회의 전국 광대역 통신 이용현황 지도와 관련된 것도 있었다. 몇 달 후 존의 팀은 연방통신위원회와 퓨리서치센터의 데이터 그리고 마이크로소프트의 소프트웨어 및 서비스 성능 및 보안 개선을 위해 수집된 익명 처리 데이터 등을 가지고 전국의 광대역 통신 격차를 분석했다. 2018년 12월 우리는 그 첫 결론을 발표했다. Microsoft, "An Update on Connecting Rural America: The 2018 Microsoft Airband Initiative," 9. 존의 팀은 이 결과를 연방통신위원회 직원들 및 행정부 사람들과 공유했고, 개별 주 내에서도 어떤 데이터 격차가 있는지 의회에서 마이크로소프 트의 대형 서피스 허브Surface Hub를 사용해 보여주었다.

존의 팀은 2019년에도 작업을 이어가면서 연방통신위원회와 국회의원들에게 이 문제에 더 많은 관심을 가져줄 것을 요청했다. 그해 4월 우리는 연방통신위원회 데이터의 정확성 을 개선할 수 있는 구체적 제안을 발표했다. John Kahan, "It's Time for a New Approach for Mapping Broadband Data to Better Serve Americans," *Microsoft on the Issues*(blog), Microsoft, April 8, 2019, https://blogs.microsoft.com/on-the-issues/2019/04/08/its-time-for-a-new-approach-for-mapping-broadband-data-to-better-serve-americans/. 같은 달 상 원 통상과학교통위원회는 이 문제를 집중적으로 조사하기 위해 공청회를 열었다. 위원장 로저 위커Roger Wicker는 지금의 자료에 결함이 있다는 사실을 지적하고 "디지털 격차를 해 소하기 위해서는 특정 속도로 광대역 통신을 할 수 있는 곳과 안 되는 곳을 정확히 알 수 있는 광대역 통신 지도가 필요하다"고 말했다. Mitchell Schmidt, "FCC Broadband Maps Challenged as Overstating Access," *The Gazette*, April 14, 2019, https://www.thegazette. com/subject/news/government/fcc-broadband-maps-challenged-as-overstating-access-rural-iowans-20190414. 미국텔레콤연합United States Telecom Association의 대표이사 회장인 조너선 스팰터Jonathan Spalter는 이 공청회에서 "인구조사 구획을 이용하는 지금의 기준은 부적절하다. 지금의 방식은 통신 사업자가 해당 구획 내의 한 곳에만 서비스를 제공하면 모든 지역에 서비스가 되는 것으로 간주한다."라고 말했다. 위의 자료.

**10)** Schmidt, "FCC Broadband Map."

**11)** "November 8, 2016 General Election Results,"Washington Office of the Secretary of State, November 30, 2016, https://results.vote.wa.gov/results/ 20161108/President-Vice-President_ByCounty.html.

**12)** "About the Center for Rural Affairs," Center for Rural Affairs, last updated 2019, https://www.cfra.org/about.

**13)** Johnathan Hladik, *Map to Prosperity* (Lyons, NE: Center for Rural Affairs, 2018), https:// www.cfra.org/sites/www.cfra.org/files/publications/Map%20to%20Prosperity.

pdf, 2, citing Arthur D. Little, "Socioeconomic Effects of Broadband Speed," Ericsson ConsumerLab and Chalmers University of Technology, September 2013, http://nova. ilsole24ore.com/wordpress/wp-content/uploads/2014/02/Ericsson.pdf.

**14)** 위의 자료.

**15)** Jennifer Levitz and Valerie Bauerlein, "Rural America Is Stranded in the Dial-Up Age."

**16)** 위의 자료.

**17)** 연방통신위원회의 보편적 서비스 메커니즘은 '커넥트 아메리카Connect America' 기금 및 기존 프로그램들을 통해 유선통신 사업자에게 대략 40억 달러를 공급한다. 반면에 이 동전화 기금이나 기존 프로그램을 통해 무선통신 사업자에게 공급되는 자금은 5억 달러 수준에 불과하다.

**18)** Sean Buckley, "Lawmakers Introduce New Bill to Accelerate Rural Broadband Deployments on Highway Rights of Way," Fiercetelecom, March 13, 2017, http://www. fiercetelecom.com/telecom/lawmakers-introduce-new-bill-to-accelerate-rural-broadband-deployments-highway-rights-way.

**19)** Microsoft Corporation, "United States Broadband Availability and Usage Analysis: Power BI Map," *Stories*(blog), Microsoft, December 2018, https://news.microsoft.com/rural-broadband/.

**20)** "Voice Voyages by the National Geographic Society," *The National Geographic Magazine*, vol. 29, March 1916, 312.

**21)** 위의 자료, 314.

**22)** Connie Holland, "Now You"re Cooking with Electricity!" *O Say Can You See?* (blog), Smithsonian National Museum of American History, August 24, 2017, http://

americanhistory.si.edu/blog/cooking-electricity.

23) 위의 자료.

24) "Rural Electrification Administration," Roosevelt Institute, February 25, 2011, http://
rooseveltinstitute.org/rural-electrification-administration/.

25) Chris Dobbs, "Rural Electrification Act," *New Georgia Encyclopedia*, August 22, 2018,
http://www.georgiaencyclopedia.org/articles/business-economy/rural-electrification-act.

26) "REA Energy Cooperative Beginnings," REA Energy Cooperative, accessed January
25, 2019, http://www.reaenergy.com/rea-energy-cooperative-beginnings.

27) "Rural Electrification Administration," Roosevelt Institute.

28) 위의 자료.

29) Rural Cooperatives, "Bringing Light to Rural America," March— April 1998, vol. 65,
issue 2, 33.

30) "Rural Electrification Administration," Roosevelt Institute.

31) "REA Energy Cooperative Beginnings." REA Energy Cooperative.

32) 위의 자료.

33) Gina M. Troppa, "The REA Lady: A Shining Example, How OneWoman Taught
Rural Americans How to Use Electricity," *Illinois Currents*, https://www.lib.niu.edu/2002/
ic020506.html.

## 10 인재 격차

**1)** Jon Gertner, *The Idea Factory: Bell Labs and the Great Age of American Innovation* (New York: Penguin Press, 2012).

**2)** Brad Smith and Carol Ann Browne, "High-Skilled Immigration Has Long Been Controversial, but Its Benefits Are Clear," *Today in Technology*(blog), LinkedIn, December 7, 2017, https://www.linkedin.com/todaypulse/dec-7- forces-divide-us-bring-together-brad-smith/.

**3)** Brad Smith and Carol Ann Browne, "The Beep Heard Around the World," *Today in Technology*(blog), LinkedIn, October 4, 2017, https://www.linkedin.com/pulse/today-technology-beep-heard-around-world-brad-smith/.

**4)** 자폴스키는 신속하게 움직여 아마존의 자원을 동원했고 그 덕분에 위싱턴주 법무장관 밥 퍼거슨은 성공적으로 첫 번째 여행 금지령에 대한 소송을 제기할 수 있었다. Stephanie Miot, "Amazon, Expedia Back Suit Over Trump Immigration Ban," PCMag.com, January 31, 2017, https:// www.pcmag.com/news/351453/amazon-expedia-back-suit-over-trump-immigration-ban. Monica Nickelsburg, "Washington AG Explains How Amazon, Expedia, and Microsoft Influenced Crucial Victory Over Trump," *Geekwire*, February 3, 2017, https://www.geekwire.com/2017/washington-ag-explains- amazon-expedia-microsoft-influenced-crucial-victory-trump/.

**5)** Jeff John Roberts, "Microsoft: Feds Must 'Go Through Us' to Deport Dreamers," *Fortune*, September 5, 2017, http://fortune.com 2017/09/05/daca-microsoft/.

**6)** Office of Communications, "Princeton, a Student and Microsoft File Federal Lawsuit to Preserve DACA," Princeton University, November 3, 2017, https://www.princeton.edu/news/2017/11/03/princeton-student-and-microsoft-file-federal-lawsuit-preserve daca.

**7)** Microsoft Corporation, *A National Talent Strategy*, December 2012, https://news.

microsoft.com/download/presskits/citizenship/MSNTS.pdf.

8) Jeff Meisner, "Microsoft Applauds New Bipartisan Immigration and Education Bill," *Microsoft on the Issues*(blog), Microsoft, January 29, 2013, https://blogs.microsoft.com/on-the-issues/2013/01/29/microsoft-applauds-new-bipartisan-immigration-and-education-bill/.

9) Mark Muro, Sifan Liu, Jacob Whiton, and Siddharth Kulkarni, *Digitalization and the American Workforce* (Washington, DC: Brookings Metropolitan Policy Program, 2017), https://www.brookings.edu/wp-content/uploads/2017/11/mpp_2017nov15_digitalization_ full_report.pdf.

10) 위의 자료.

11) Nat Levy, "Q& A: Geek of the Year Ed Lazowska Talks UW's Future in Computer Science and Impact on the Seattle Tech Scene," *Geekwire*, May 5, 2017, https://www.geekwire.com/2017/qa-2017-geek-of-the-year-ed-lazowska-talks-uws- future-in-computer-science-and-impact-on-the-seattle-tech-scene/. Lazowska라조프스카 교수는 고등 교육을 포함한 컴퓨터 과학에 대한 접근성 확대를 부단히 주장해왔고 좋은 성과를 거뒀다. 그가 처음 워싱턴대학교에 왔을 당시 컴퓨터 과학과에는 교수가 열두 명밖에 없었고 마이크로소프트는 조그만 스타트업에 불과했다. 빌 게이츠와 스티브 발머가 마이크로소프트를 전 세계적 기술 리더로 만드는 동안 라조프스카 교수는 워싱턴대학교가 세계를 선도하는 컴퓨터 과학 수업을 마련하는 데 결정적인 역할을 했다. 마이크로소프트와 워싱턴대학교는 강력한 파트너십과 서로의 성공을 통해 상호 도움을 주고받았다. 이는 기술 부문과 최고 대학 사이에 종종 존재하는 공생관계를 잘 보여준다. Taylor Soper, "Univ. of Washington Opens New Computer Science Building, Doubling Capacity to Train Future Tech Workers," *Geekwire*, February 28, 2019, https:// www.geekwire.com/ 2019/photos-univ-washington-opens-new-computer-science-building-doubling-capacity-train-future-tech-workers/.

12) "AP Program Participation and Performance Data 2018," College Board, https:// research.collegeboard.org/programs/ap/data/participation/ap-2018.

13) 위의 자료.

14) David Gelles, "Hadi Partovi Was Raised in a Revolution. Today He Teaches Kids to Code," *New York Times*, January 17, 2019, https://www.nytimes.com/2019/01/17/business/hadi-partovi-code-org-corner-office.html.

15) "Blurbs and Useful Stats," Hour of Code, accessed January 25, 2019, https://hourofcode.com/us/promote/stats.

16) Megan Smith, "Computer Science for All," https://obamawhitehouse.archives.gov/blog/2016/01/30/computer-science-all.

17) "The Economic Graph," LinkedIn, accessed February 27, 2019, https://economicgraph.linkedin.com/.

18) 마클 재단Markle Foundation에서 추진하는 '스킬풀Skillful' 운동은 기술 지향의 채용과 훈련, 교육 과정 개발에 혁신적인 작업을 선도해왔고 그중에는 링크드인과의 협업을 바탕으로 한 것도 있다. Steve Lohr, "A New Kind of Tech Job Emphasizes Skills, Not a College Degree," *New York Times*, June 29, 2017, https://www.nytimes.com/2017/06/28technology/tech-jobs-skills-college-degree.html. 콜로라도에서 시험 사업이 성공을 거둔 후에 스킬풀 운동은 인디애나주까지 사업을 확장했다. 마찬가지로 마이크로소프트의 호주 지부도 링크드인 호주 지부 및 지방 정부와 함께 디지털 기술이 경제에 더 많이 편입될 때 수요가 가장 많아질 기술은 무엇인지 링크드인 데이터를 활용해서 알아보고 있다. Microsoft Australia, *Building Australia's Future-Ready Workforce*, February 2018, https:// msenterprise.global.ssl.fastly.net/wordpress/2018/02/Building-Australias-Future-Ready-Workforce.pdf. 세계은행은 자연히 글로벌 접근법을 취하고 있다. 세계은행은 링크드인과 함께 100여 개국의 기술과 업계 채용, 인재 이민에 관한 지표를 만들고 검증하고 있다.
Tingting Juni Zhu, Alan Fritzler, and Jan Orlowski, *Data Insights: Jobs, Skills and Migration Trends Meth-odology & Validation Results*, November 2018, http://documents.worldbank.org/curated/en/827991542143093021/World-Bank-Group-LinkedIn-Data-Insights-Jobs-Skills-and-Migration-Trends-Methodology-and-Validation-Results.

**19)** Paul Petrone, "The Skills New Grads Are Learning the Most," *The Learning Blog* (LinkedIn), May 9, 2019, https://learning.linkedin.com/blog/top-skills/the-skills-new-grads-are-learning-the-most.

**20)** 워싱턴주 기회 장학금 프로그램이 만들어진 이후 나는 줄곧 이사회 의장을 지냈다. 크리스틴 그레고어Christine Gregoire 주지사가 먼저 나를 그 자리에 임명했고, 제이 인슬리Jay Inslee 주지사가 재임명했다.

**21)** Katherine Long, "Washington's Most Generous Scholarship for STEM Students Has Helped Thousands. Could You Be Next?" *Seattle Times*, December 28, 2018, https://www.seattletimes.com/education-lab/the-states-most-generous-scholarship-for-stem-students-has-helped-thousands-could-you-be-next/; Washington State Opportunity Scholarship, *2018 Legislative Report*, December 2018, https://www.waopportunityscholarship.org/wp-content/uploads/2018/11/WSOS-2018-Legislative-Report.pdf.

**22)** Alan Greenspan and Adrian Wooldridge, *Capitalism in America: A History* (New York: Penguin Press, 2018), 393, citing Raj Chetty et al., "The Fading American Dream: Trends in Absolute Income Mobility Since 1940," NBER Working Paper No. 22910, National Bureau of Economic Research, March 2017.

**23)** Brad Smith, Ana Mari Cauce, and Wayne Martin, "Here's How Microsoft and UW Leaders Want to Better Fund Higher Education," *Seattle Times*, March 20, 2019, https://www.seattletimes.com/opinion/how-the-business-community-can-support-higher-education-funding/.

**24)** 위의 자료.

**25)** Hanna Scott, "Amazon, Microsoft on Opposite Ends of Tax Debate in Olympia," *MyNorthwest*, April 5, 2019, https://mynorthwest.com/1335071/microsoft-amazon-hb-2242-tax/.

**26)** Emily S. Rueb, "Washington State Moves Toward Free and Reduced College Tuition,

With Businesses Footing the Bill," *New York Times*, May 8, 2019, https://www.nytimes.com/2019/05/08/education/free-college-tuition-washington-state.html.

**27)** Katherine Long, "110,000 Washington Students a Year Will Get Money for College, Many a Free Ride," *Seattle Times*, May 5, 2019, https://www.seattletimes.com/education-lab/110000-washington-students-a-year-will-get-money-for-college-many-a-free-ride/.

**28)** College Board, "AP Program Participation and Performance Data 2018," https://www.collegeboard.org/membership/all-access/counseling-admissions-financial-aid-academic/number-girls-and-underrepresented.

**29)** "Back to School by Statistics," *NCES Fast Facts*, National Institute of Education Sciences, August 20, 2018, https://nces.ed.gov/fastfacts/display.asp?id=372.

**30)** Maria Alcon- Heraux, "Number of Girls and Underrepresented Students Taking AP Computer Courses Spikes Again," College Board, August 27, 2018, https://www.collegeboard.org/membership/all-access/counseling-admissions-financial-aid-academic/number-girls-and-underrepresented).

**31)** 1888년 8월 5일 아침 베르타 벤츠와 10대의 두 아들 리처드 및 유진은 독일 만하임에 있는 자택 진입로에서 말을 사용하지 않는 운송 수단을 만들어 처음으로 운전했다. 그들은 이 운송수단을 파르조이크 미트 가스모토렌베트리브Fahrzeug mit Gasmotorenbetrieb라고 불렀다. 남편 칼도 모르게 베르타는 칼의 바퀴 셋 달린 장치를 타고 어머니가 있는 포르츠하임까지 갔다. 100킬로미터 남짓한 이 여행은 나중에 최초의 장거리 자동차 여행으로 알려지게 된다. 쉬운 여정은 아니었다. 베르타와 두 아들은 가파른 비탈길과 울퉁불퉁한 바위 지형을 지나야 했다. 세 사람은 하이델베르크에서 비즐로크까지 이 '연기 나는 괴물'을 밀어서 진흙투성이 언덕을 넘어야 했고, 동네 약국에서 구입한 용제로 계속해서 엔진을 채워줘야 했다. 그날 저녁 흙먼지를 뒤집어쓰고 지칠 대로 지친 채 외할머니집에 도착한 베르타와 두 아들은 칼에게 전보를 쳐서 여행에 성공했음을 알렸다. 이들의 자동차 여행은 가종 헤드라인을 장식하면서 자동차 시내를 활짝 여는 무대를 마련했고, 장차 큰 성공을 거둘 메르세데스벤츠 자동차 회사의 초석이 됐다. Brad Smith and Carol Ann Browne, "The Woman Who Showed the World How to Drive," *Today in Technology*(blog), LinkedIn,

August 5, 2017, https://www.linkedin.com/pulse/august-5-automobiles-first-road-trip-great-inventions-brad-smith/.

**32)** "Ensuring a Healthy Community: The Need for Affordable Housing, Chart 2," *Stories*(blog), Microsoft, https://3er1viui9wo30pkxh1v2nh4w-wpengine.netdna-ssl.com/wp-content/uploads/prod/sites/552/2019/01/Chart-2-Home-Price-vs.-MHI-1000x479.jpg.

**33)** Daniel Beekman, "Seattle City Council Releases Plan to Tax Businesses, Fund Homelessness Help," *Seattle Time*s, April 20, 2018, https://www.seattletimes.com/seattle-news/politics/seattle-city-council-releases-plan-to-tax-businesses-fund-homelessness-help/.

**34)** Matt Day and Daniel Beekman, "Amazon Issues Threat Over Seattle Head- Tax Plan, Halts Tower Construction Planning," *Seattle Times*, May 2, 2018, https://www.seattletimes.com/ business/amazon/amazon-pauses-plans-for-seattle-office-towers-while-city-council-considers-business-tax/.

**35)** Daniel Beekman, " About-Face: Seattle City Council Repeals Head Tax Amid Pressure From Businesses, Referendum Threat," *Seattle Times*, June 12, 2018, https://www.seattletimes.com/seattle-news/politics/about-face-seattle-city-council-repeals- head-tax- amid- pressure- from-big-businesses/.

**36)** "Ensuring a Healthy Community: The Need for Affordable Housing," *Stories*(blog), Microsoft, https://news.microsoft.com/affordable-housing/.

**37)** "2015년 시애틀 인근에서 통근에 90분 이상이 소요되는 사람은 대략 5만 7,000명으로 2010년에 비해 거의 2만 4,000명이 증가했다. 이는 5년 사이 거의 72퍼센트가 증가한 것으로, 미국 50대 도시 중 장거리 통근자 증가율 3위에 해당한다." Gene Balk, "Seattle's Mega-Commuters: We Spend More Time Than Ever Traveling to Work," *Seattle Times*, June 16, 2017, https:// www.seattletimes.com/seattle-news/data/seattles-mega-commuters-we-are-spending-more-time-than-ever-traveling-to-work/.

**38)** Brad Smith and Amy Hood, "Ensuring a Healthy Community: The Need for Affordable Housing," *Microsoft on the Issues*(blog), Microsoft, January 16, 2019, https://blogs.microsoft.com/on-the-issues/2019/01/16/ensuring-a-healthy-community- the-need-for-affordable-housing/.

**39)** Paige Cornwell and Vernal Coleman, "Eastside Mayors View Microsoft's $500 Million Housing Pledge with Enthusiasm, Caution," *Seattle Times*, January 23, 2019, https://www.seattletimes.com/seattle-news/homeless/for-eastside-mayors-microsofts-500-million-pledge-for-affordable-housing-is-tool-to-address-dire-need/.

**40)** 시애틀 지역에서 중하위 소득 가구의 주택 공급을 늘리려면 장기적인 노력이 필요하고, 이는 정치, 경제적으로 쉽지 않은 도전이 될 것이다. 이토록 심각한 주택 공백은 하루 아침에 생긴 문제가 아니므로 해결에도 오랜 시간이 소요될 것이다. 이 문제에 참여하기로 결정을 내릴 당시 마이크로소프트 내부에서도 이미 인지했던 일이지만, 이처럼 복잡한 이슈와 관련해서는 분명 어느 정도 논란이 생길 일도 있을 것이다. 하지만 우리는 마냥 방관자가 되어 상황이 계속 악화되는 것을 지켜보는 것보다는 문제에 동참하는 것이 중요하다고 느꼈다.

우리가 기꺼이 이 문제에 동참하게 된 이유 중에 하나는 전직 워싱턴 주지사 크리스틴 그레고어의 영향이었다. 주 법무장관으로서 3기, 주지사로서 2기를 보낸 그레고어는 2013년 넘치는 에너지와 시간으로 앞으로 무슨 일을 할지 선택할 기회를 갖게 됐다. 우리는 우리 지역 대형 기업들이 시민들에게 더 많은 기여를 할 수 있도록 서로 힘을 합치는 '챌린지 시애틀Challenge Seattle' 운동을 설립하고 CEO가 되어 달라고 그레고어를 설득했다. 그레고어는 주택 문제에 깊은 열의를 갖고 있었고 이 지역에 신망이 두터웠으며 정치적 스펙트럼도 넓었기 때문에 우리는 우리도 이 문제에 의미 있는 방식으로 도움을 줄 수 있을 거라는 믿음을 갖게 됐다. 챌린지 시애틀에 관한 정보는 다음을 참조. https://www.challengeseattle.com/.

## 11 AI와 윤리

**1)** Accenture, "Could AI Be Society's Secret Weapon for Growth? – WEF 2017 Panel Discussion," World Economic Forum, Davos, Switzerland, YouTube video, 32:03, March

15, 2017, https://www.youtube.com/watch?v=6i_4y4lSC5M.

2) 아시모프는 로봇의 3법칙을 상정했다. 첫째 "로봇은 인간을 해하거나 인간이 해를 당하는 모습을 그냥 지켜보고 있어서는 안 된다." 둘째 "로봇은 인간의 모든 명령에 복종해야 한다. 단, 첫 번째 법칙과 충돌하는 경우는 예외다." 셋째 "첫 번째 법칙 및 두 번째 법칙과 충돌하지 않는 한 로봇은 스스로를 보호해야 한다." Isaac Asimov, "Runaround," in *I, Robot* (New York: Doubleday, 1950).

3) 1984년과 1987년 사이에는 '전문가 시스템'을 발전시켜 의학, 공학, 과학에 적용하는 데 관심이 모아졌다. 심지어 AI를 위해 만든 특수 컴퓨터까지 있었다. 하지만 이런 시스템은 곧 붕괴되어 'AI 겨울'이 왔고 1990년대 중반까지도 그런 상황이 지속됐다.

4) W. Xiong, J. Droppo, X. Huang, F. Seide, M. Seltzer, A. Stolcke, D. Yu, and G. Zweing, *Achieving Human Parity in Conversational Speech Recognition: Microsoft Research Technical Report MSR-TR-2016-71*, February 2017, https://arxiv.org/pdf/ 1610.05256. pdf.

5) Terrence J. Sejnowski, The Deep Learning Revolution(Cambridge, MA: MIT Press, 2018), 31. 1986년 에릭 호비츠가 공동 집필한 선도적 논문은 전문가 시스템이 확장될 수 없다는 주장을 펼쳤다. D.E. Heckerman and E.J. Horvitz, "The Myth of Modularity in Rule- Based Systems for Reasoning with Uncertainty," *Conference on Uncertainty in Artificial Intelligence*, Philadelphia, July 1986; https://dl.acm.org/citation.cfm?id=3023728.

6) 위의 자료.

7) Charu C. Aggarwal, *Neural Networks and Deep Learning: A Textbook* (Cham, Switzerland : Springer, 2018), 1. 최근 이런 발달에 힘입어 만들어진 분야들이 융합된 과정에 대해서는 다음을 참조. S.J. Gershman, E.J. Horvitz, and J.B. Tenenbaum, Science 349, 273- 78 (2015).

8) Aggarwal, *Neural Networks and Deep Learning*, 1.

**9)** 위의 자료, 17-30.

**10)** 지난 20년간 인공신경망의 발전을 이끈 상세한 발달사에 관해서는 세즈노스키의 앞선 책을 참조.

**11)** Dom Galeon, "Microsoft's Speech Recognition Tech Is Officially as Accurate as Humans," Futurism, October 20, 2016, https://futurism.com/microsofts-speech-recognition- tech-is-officially-as-accurate-as-humans/; Xuedong Huang, "Microsoft Researchers Achieve New Conversational Speech Recognition Milestone," *Microsoft Research Blog*, Microsoft, August 20, 2017, https://www.microsoft.com/en-us/research/blog/microsoft-researchers-achieve-new-conversational-speech-recognition-milestone/.

**12)** 초지능의 부상을 처음으로 주장한 사람은 브레츨리 파크Bletchley Park(제2차 세계대전 당시 연합군의 암호 해독 작전 기지가 있던 곳. - 옮긴이)에서 암호학자로 일했던 영국의 수학자 I. J. 굿I. J. Good이었다. 그는 동료인 앨런 튜링Alan Turing의 작업을 발전시켜 '지능 폭발'을 예상하고 '지독히 똑똑한 기계'가 더 똑똑한 기계를 설계하는 것이 가능해질 거라고 추측했다. I.J. Good, "Speculations Concerning the First Ultraintelligent Machine," *Advances in Computers* 6, 31– 88(January 1965). 그밖에 굿은 저 유명한 고삐 풀린 컴퓨터 할HAL이 등장하는 스탠리 큐브릭 감독의 영화 〈2001 : 스페이스 오딧세이〉에 자문을 제공하기도 했다.

마이크로소프트 연구소를 포함해 컴퓨터 과학 분야의 다른 사람들은 AI 시스템이 더 똑똑한 버전의 자기 자신을 설계한다거나 자가 사고를 바탕으로 인간의 통제를 벗어날 가능성에 대해서는 줄곧 회의적이다. 토마스 디터리히Thomas Dietterich와 에릭 호비츠가 말하듯이 "그런 생각은 오늘날 우리가 이해하고 있는, 계산의 복잡성 때문에 생기는 학습과 추론 알고리즘의 한계에 반한다." 두 사람은 "그러나 자가 설계와 최적화를 통해 컴퓨터의 능력이 비약적으로 발전할 가능성은 여전히 남아 있다"고 했다. T.G. Dietterich and E.J. Horvitz, "Rise of Concerns about AI : Reflections and Directions," *Communications of the ACM*, vol. 58, no. 10, 38–40(October http://erichorvitz.com/CACM_Oct_2015-VP.pdf. 옥스퍼드대학교 닉 보스트롬(Nick Bostrom) 교수가 최근 저작에서 이런 문제를 보다 폭넓게 다루었다. Nick Bostrom, *Superintelligence : Paths, Dangers, Strategies* (Oxford: Oxford University Press, 2014).

컴퓨터 과학 분야 내부에서는 '특이점'이라는 용어를 다른 뜻으로 쓰는 사람들도 있다. 그들은 컴퓨터의 계산 능력이 너무나 빠르게 성장해서 미래를 예측하는 것이 불가능하다는 뜻으로 특이점이라는 용어를 사용한다.

13) Julia Angwin, Jeff Larson, Surya Mattu, and Lauren Kirchner, "Machine Bias," *ProPublica*, May 23, 2016, https://www.propublica.org/article/machine-bias-risk-assessments-in- criminal-sentencing.

14) 이 기사를 계기로 알고리즘 내에서 편견을 어떻게 정의하고 그 위험성을 어떻게 측정할 것인지에 관해 활발한 토론이 이어졌다. 다음을 참조. Matthias Spielkamp, "Inspecting Algorithms for Bias," *MIT Technology Review*, June 12, 2017, https://www.technologyreview.com/s/607955/inspecting-algorithms-for-bias/.

15) Joy Buolamwini, "Gender Shades," Civic Media, MIT Media Lab, accessed November 15, 2018, https://www.media.mit.edu/projects/ gender-shades/overview/.

16) Thomas G. Dietterich and Eric J. Horvitz, "Rise of Concerns About AI: Reflection and Directions," *Communications of the ACM* 58, no. 10 (2015), http://erichorvitz.com/CACM_Oct_2015-VP.pdf.

17) Satya Nadella, "The Partnership of the Future," *Slate*, June 28, 2016, http://www.slate.com/articles/technology/future_tense/2016/06/microsoft_ceo_satya_nadella_humans_and_a_i_can_work_together_to_solve_society.html.

18) Microsoft, *The Future Computed: Artificial Intelligence and Its Role in Society* (Redmond, WA: Microsoft Corporation, 2018), 53–76.

19) Paul Scharre, *Army of None: Autonomous Weapons and the Future of War* (New York: W. W. Norton, 2018).

20) 위의 자료, 163-69.

21) Drew Harrell, "Google to Drop Pentagon AI Contract After Employee Objections to

the 'Business of War,' " *Washington Post*, June 1, 2018, https://www.washingtonpost.com/news/the-switch/wp/2018/06/01/google-to-drop-pentagon-ai-contract-after-employees-called-it-the-business-of-war/?utm_term=.86860b0f5a33.

**22)** Brad Smith, "Technology and the US Military," *Microsoft on the Issues* (blog), Microsoft, October 26, 2018, https://blogs.microsoft.com/on-the-issues/2018/10/26/technology-and-the-US-military/.

**23)** https://en.m.wikipedia.org/wiki/Just_war_theory; https://en.m.wikipedia.org/wiki/Mahabharata.

**24)** 우리는 이렇게 말했다. "우리가 이 시장에서 철수하는 것은 신기술을 책임 있는 방식으로 가장 잘 활용하는 방법에 관한 공공 논의에 참여할 기회를 축소시키는 일이 된다. 우리는 미래로부터 철수하지 않을 것이다. 우리는 미래 형성에 가장 긍정적인 방식으로 조력하도록 노력할 것이다." Smith, "Technology and the US Military."

**25)** 위의 자료.

**26)** Adam Satariano, "Will There Be a Ban on Killer Robots?" *New York Times*, October 19, 2018, https://www.nytimes.com/2018/10/19/technology/artificial-intelligence-weapons.html.

**27)** SwissInfo, "Killer Robots: 'Do Something' or 'Do Nothing'?" *EurAsia Review*, March 31, 2019, http://www.eurasiareview.com/31032019-killer-robots-do-something-or-do-nothing/.

**28)** Mary Wareham, "Statement to the Convention on Conventional Weapons Group of Governmental Experts on Lethal Autonomous Weapons Systems, Geneva," Human Rights Watch, March 29, 2019, https://www.hrw.org/news/2019/03/27/statement-convention-conventional-weapons-group-governmental-experts-lethal.

**29)** 지금 브루킹스연구소의 회장이자 미국 해병대 장군을 지낸 존 앨런John Allen은 몇몇

중요한 윤리적 도전에 관해 다음과 같이 근사하게 표현했다. "고대로부터 인간은 물리력을 사용할 때 저차원적인 본능을 통제하고 억제하려고 노력해왔다. 물리력의 파괴력을 제한하고 특히 무고한 사람들에게 잔혹한 결과가 가지 않게 하려고 했다. 시간이 지나면서 이런 제한은 국제법과 전문적 무력행사 속에 녹아들었고, 물리력과 폭력의 사용에 대한 지침을 마련하고 제한하려는 노력으로 나타났다. 바로 여기에 모순이 있다. 전쟁에서 적군에게 폭력과 파괴력을 행사할 때 우리는 필요성을 인정하면서도 방식을 완화해야 한다. 그래야만 전쟁 참가자들 가운데서도 차별을 둘 수 있고, 비례 원칙을 적용하라고 꾸짖을 수 있기 때문이다. John Allen, foreword to *Military Ethics: What Everyone Needs to Know* (Oxford : Oxford University Press, 2016), xvi. 다음 역시 참조. Deane-Peter Baker, ed., Key Concepts in *Military Ethics* (Sydney : University of New South Wales, 2015).

30) Brad Smith and Harry Shum, foreword to *The Future Computed*, 8.

31) Oren Etzioni, "A Hippocratic Oath for Artificial Intelligence Practitioners," Tech Crunch, March 14, 2018, https://techcrunch.com/2018/03/14/a-hippocratic-oath-for-artificial-intelligence-practitioners/.

32) Cameron Addis, "Cold War, 1945– 53," History Hub, accessed February 27, 2019, http://sites.austincc.edu/caddis/cold-war-1945-53/.


## 12 AI와 안면인식

1) *Minority Report*, directed by Steven Spielberg (Universal City, CA: DreamWorks, 2002).

2) Microsoft Corporation, "NAB and Microsoft leverage AI technology to build card- less ATM concept," October 23, 2018, https://news.microsoft.com/en-au/2018/10/23/ nab-and-microsoft-leverage-ai-technology-to-build-card-less-atm-concept/.

3) Jeannine Mjoseth, "Facial recognition software helps diagnose rare genetic disease," National Human Genome Research Institute, March 23, 2017, https://www.genome.

gov/27568319/facial-recognition-software-helps-diagnose-rare-genetic-disease/.

**4)** Taotetek (@taotetek), "It looks like Microsoft is making quite a bit of money from their cozy relationship with ICE and DHS," Twitter, June 17, 2018, 9:20 a.m., https://twitter.com/taotetek/status/1008383982533259269.

**5)** Tom Keane, "Federal Agencies Continue to Advance Capabilities with Azure Government," *Microsoft Azure Government*(blog), Microsoft, January 24, 2018, https://blogs.msdn.microsoft.com/azuregov/2018/01/24/federal-agencies-continue-to-advance-capabilities-with-azure-government/.

**6)** Elizabeth Weise, "Amazon Should Stop Selling Facial Recognition Software to Police, ACLU and Other Rights Groups Say," *USA Today*, May 22, 2018, https://www.usatoday.com/story/tech/2018/05/22/aclu-wants-amazon-stop-selling-facial-recognition-police/633094002/.

**7)** 마이크로소프트 직원들이 우려를 제기했던 것과 같은 달인 2018년 6월 아마존 직원들도 우려를 표명했으나 아마존 측은 11월 내부 회의를 가질 때까지 직원들에게 직접적 반응을 내놓지 않았다. Bryan Menegus, "Amazon Breaks Silence on Aiding Law Enforcement Following Employee Backlash," *Gizmodo*, November 8, 2018, https://gizmodo.com/amazon-breaks-silence-on-aiding-law-enforcement-followi-1830321057.

**8)** Drew Harwell, "Google to Drop Pentagon AI Contract After Employee Objections to the 'Business of War,'" *Washington Post*, June 1, 2018, https://www.washingtonpost.com/news/the-switch/wp/2018/06/01/google-to-drop-pentagon-ai-contract-after-employees-called-it-the-business-of-war/?noredirect=on& utm_term=.efa7f2973007.

**9)** Edelman, *2018 Edelman Trust Barometer Global Report*, https://www.edelman.com/sites/g/files/aatuss191/files/2018-10/2018_Edelman_Trust_Barometer_Global_Report_FEB.pdf.

**10)** 위의 자료, 30.

11) '변호가 필요한 아이들'은 이민 과정에서 부모와 생이별하게 된 아이들에게 무료 법률 조언을 제공하기 위해 2008년 설립되었다. https://supportkind.org/ten-years/. '변호가 필요한 아이들'은 설립 후 4만 2,000명이 넘는 자원자들을 훈련시켰고 현재 600개가 넘는 로펌과 기업, 로스쿨, 변호사협회와 협업하고 있다. 이 단체는 미국에서 가장 큰 무료 법률 서비스 단체 중 하나가 됐고 현재 영국에서도 활동을 추진 중이다. 웬디 영은 2009년 '변호가 필요한 아이들'이 공식적으로 법률 보조를 제공한 첫 날부터 이 단체를 이끌고 있다.

12) Annie Correal and Caitlin Dickerson, "'Divided,' Part 2: The Chaos of Reunification," August 24, 2018, in *The Daily*, produced by Lynsea Garrison and Rachel Quester, podcast, 31:03, https://www.nytimes.com/2018/08/24/podcasts/the-daily/divided-migrant-family-reunification.html.

13) Kate Kaye, "This Little-Known Facial-Recognition Accuracy Test Has Big Influence," International Association of Privacy Professionals, January 7, 2019, https://iapp.org/news/a/this-little-known-facial-recognition-accuracy-test-has-big-influence/.

14) Brad Smith, "Facial Recognition Technology: The Need for Public Regulation and Corporate Responsibility," *Microsoft on the Issues*(blog), Microsoft, July 13, 2018, https://blogs.microsoft.com/on-the-issues/2018/07/13/facial-recognition-technology-the-need-for-public-regulation-and-corporate-responsibility/.

15) Nitasha Tiku, "Microsoft Wants to Stop AI's 'Race to the Bottom,'" *Wired*, December 6, 2018, https://www.wired.com/story/microsoft-wants-stop-ai-facial-recognition-bottom/.

16) Eric Ries, *The Startup Way: How Modern Companies Use Entrepreneurial Management to Transform Culture and Drive Long- Term Growth* (New York: Currency, 2017), 96.

17) Brookings Institution, Facial recognition: Coming to a Street Corner Near You, December 6, 2018, https://www.brookings.edu/events/facial-recognition-coming-to-a-street-corner-near-you/.

**18)** Brad Smith, "Facial Recognition: It's Time for Action," *Microsoft on the Issues*(blog), December 6, 2018, https://blogs.microsoft.com/on-the-issues/2018/12/06/facial-recognition-its-time-for- action/.

**19)** 우리는 두 가지 조치를 결합해서 사용하자고 제안했다. 첫째 "입법 내용은 기술 기업들이 안면인식 서비스 기술의 능력과 한계에 관한 자료를 고객 및 소비자가 이해할 수 있는 언어로 제공하도록 요구해야 한다." 둘째 "새로운 법률은 또한 해당 안면인식 서비스에 대해 제3자가 독립적으로 정확성이나 부당한 편견에 관해 합리적인 테스트를 실시하고 그 결과를 발표하는 것을 허용하도록 상업적 안면인식 서비스 제공자에게 요구하여야 한다. 인터넷으로 안면인식 서비스를 제공하는 기술 기업은 애플리케이션 프로그래밍 인터페이스 기타 이 목적에 필요한 기술 자원을 제3자가 이용할 수 있게 해야 한다." Smith, "Facial Recognition."

**20)** 앞서 설명했듯이 새로운 입법 내용은 "법률이 소비자에게 영향을 미치는 '중요한 경우'에 대해서는 안면인식 업체가 최종 의사결정을 내리기에 앞서 그 결과에 대해 인간이 의미 있는 검토를 할 수 있도록 요구해야 한다. 여기에는 소비자에게 신체적, 감정적 해를 끼칠 우려가 있는 의사결정, 인권 또는 기본권에 대한 영향을 미칠 수 있는 의사결정, 소비자의 개인적 자유나 프라이버시가 침해될 수 있는 의사결정 등이 포함된다." Smith, "Facial Recognition."

**21)** 공항 보안검색대 같은 특정 장소에서 안면인식을 이용해 테러 용의자를 식별하게 도와주는 카메라가 그런 예다. 그러나 이 경우에 있어서조차 누군가를 구금하는 의사결정을 내리려면 훈련 받은 담당자가 인간의 의미 있는 검토를 실시하도록 요구해야 한다.

**22)** *Carpenter v. United States*, No. 16-402, 585 U.S. (2017), https://www.supremecourt.gov/opinions/17pdf/16-402_h315.pdf.

**23)** Brad Smith, "Facial Recognition: It's Time for Action," *Microsoft on the Issues*(blog), December 6, 2018, https://blogs.microsoft.com/on-the-issues/2018/12/06/facial-recognition-its-time-for-action/.

**24)** 우리가 지적한 것처럼 "미국에서 프라이버시 운동이 탄생한 것은 카메라 기술의 발전

을 통해서였다. 프라이버시를 옹호하는 데 첫걸음을 뗀 사람은 나중에 대법원 판사가 될 루이스 브랜데이스Louis Brandeis였다. 그는 1890년 동료 새뮤얼 워런Samuel Warren과 공동 집필하고 《하버드 로 리뷰Harvard Law Review》에 실린 글에서 '방해받지 않을 권리'를 주장했다. 두 사람은 '즉석 사진'이 발달하고 그 사진들이 상업적 이윤을 목적으로 신문을 통해 유통되면서 프라이버시에 대한 새로운 권리를 마련해 사람들을 보호할 필요성이 대두되었다고 주장했다." Smith, "Facial Recognition," quoting Samuel Warren and Louis Brandeis, "The Right to Privacy," *Harvard Law Review*, IV:5 (1890), http://groups.csail. mit.edu/mac/classes/6.805/articles/privacy/Privacy_brand_warr2.html. 우리가 지적한 것처럼 안면인식은 '즉석 사진'에 대해 아마도 브랜데이스와 워런은 상상도 하지 못했을 새로운 의미를 부여하고 있다.

**25)** Smith, "Facial Recognition."

**26)** 이런 생각에 흥미를 가진 주의회 의원 중에 로이븐 칼라일Reuven Carlyle이 있었다. 워싱턴주 상원의원으로 시애틀에 살고 있는 칼라일은 2009년 주의회 의원이 되기 전에 기술 부문에서 일한 적이 있다. https://en.wikipedia.org/wiki/Reuven_Carlyle. 칼라일은 폭넓은 프라이버시 법안을 옹호하고 싶어 했고 그 안에 안면인식과 관련된 규칙을 포함하는 데도 관심이 있었다. 칼라일은 몇 달에 걸쳐 법안 초안을 작성하고 다른 주 상원의원들과 세부 내용에 관해 이야기를 나눴다. 그 결과 안면인식에 관한 새로운 규칙을 포함한 그의 법안은 초당적인 지지를 얻어 2019년 3월 초 46대 1이라는 표차로 상원을 통과했다. 2019. Joseph O'Sullivan, "Washington Senate Approves Consumer- Privacy Bill to Place Restrictions on Facial Recognition," *Seattle Times*, March 6, 2019, https://www. seattletimes.com/seattle-news/politics/senate-passes-bill-to-create-a-european-style-consumer-data-privacy-law-in-washington/.

**27)** Rich Sauer, "Six Principles to Guide Microsoft's Facial Recognition Work," *Microsoft on the Issues*(blog), December 17, 2018, https://blogs.microsoft.com/on-the-issues/2018/12/17/six-principles-to-guide-microsofts-facial-recognition-work/.

## 13 AI와 노동력

**1)** "Last of Boro's Fire Horses Retire; 205 Engine Motorized," *Brooklyn Daily Eagle*, December 20, 1922, Newspapers.com, https://www.newspapers.com/image/60029538.

**2)** "1922: Waterboy, Danny Beg, and the Last Horse- Driven Engine of the New York Fire Department," *The Hatching Cat*, January 24, 2015, http://hatchingcatnyc. com/2015/01/24/last-horse-driven-engine-of-new-york-fire-department/.

**3)** "Goodbye, Old Fire Horse; Goodbye!" *Brooklyn Daily Eagle*, December 20, 1922.

**4)** Augustine E. Costello, *Our Firemen: A History of the New York Fire Departments, Volunteer and Paid, from 1609 to 1887* (New York: Knickerbocker Press, 1997), 94.

**5)** 위의 자료, 424.

**6)** "Heyday of the Horse," American Museum of Natural History, https://www.amnh. org/exhibitions/horse/how-we-shaped-horses-how-horses-shaped-us/work/heyday-of-the-horse.

**7)** "Microsoft TechSpark: A New Civic Program to Foster Economic Opportunity for all Americans," *Stories*(blog), accessed February 23, 2019, https://news.microsoft.com/techspark/.

**8)** 테크스파크의 계기가 된 것 중 하나는 2016년 미국 대선 과정에서 너무나 극적으로 드러난 정치적 분열이었다. 선거 다음날 직원들의 질문과 요청에 따라 우리는 전에 없던 일을 했다. 우리는 대선 결과에 대한 우리의 반응을 블로그에 썼다. Brad Smith, "Moving Forward Together: Our Thoughts on the US Election," *Microsoft on the Issues*(blog), Microsoft, November 6, 2016, https://blogs.microsoft.com/on-the-issues/2016/11/09/moving-forward-together-thoughts-us-election/. 한 가지 우리가 주목했던 것은 정치적 분열이 미국의 경제적 분열을 반영한다는 사실이었다. 우리는 "급격한 변화의 시기에 모든 사람이 발전할 수 있는 포용적 경제 성장을 증진하도록 혁신할 필요가 있다"고 했다. 이후

우리는 미국 최대의 도심지가 아닌 곳에서, 동부 해안과 서부 해안에서 마이크로소프트가 기술 관련 경제 성장 증진을 위해 무엇을 더 할 수 있을지 고민해보게 됐다.

마이크로소프트의 케이트 벤켄Kate Behncken과 마이크 이건Mike Egan의 주도 아래 테크스파크 운동을 설립한 우리는 집중적으로 여섯 개 커뮤니티에서 다섯 개 전략을 추진했다. 우리는 2017년 파고Fargo에서 노스다코다 주지사이자 마이크로소프트 경영자를 지낸 더그 버검Doug Burgum과 함께 이 프로그램을 출범시켰다. Brad Smith, "Microsoft TechSpark : A New Civic Program to Foster Economic Opportunity for all Americans," LinkedIn, October 5, 2017, https://www.linkedin.com/pulse/ microsoft-techspark-new-civic-program-foster-economic-brad-smith/. 테크스파크는 고등학교에서 컴퓨터 과학 교육을 확대하고, 새로운 커리어를 추구하고 싶어 하는 사람들에게 더 많은 진로를 개척하고, 광대역 통신 서비스 범위를 넓히는 데 투자하고 있다. 또한 비영리 부문에 디지털 인프라를 제공하고 지역 경제 전반의 디지털 전환 촉진에도 투자하고 있다. https://news.microsoft.com/techspark/.

테크스파크 팀은 현지 커뮤니티 담당 매니저를 영입해서 테크스파크가 투자하고 있는 여섯 개 커뮤니티 각각의 업무를 총괄하도록 했다. 그 여섯 개 지역이란 버지니아 남부, 위스콘신 북동부, 텍사스주 엘파소 인근과 국경 너머 멕시코, 노스 다코다의 파고, 와오밍의 샤이엔, 워싱턴주 중부다. 초창기 가장 집중적으로 투자한 곳 중에는 미식축구팀 그린베이 패커스Green Bay Packers와 파트너십을 맺고 위스콘신주 그린베이의 램보필드Lambeau Field 경기장 맞은편에 투자한 사례가 있다. 마이크로소프트와 패커스는 각각 500만 달러를 출연해서 '타이틀타운테크TitleTownTech'라는 것을 만들어 이 지역 기술 혁신을 추진했다. Richard Ryman, "Packers, Microsoft Bring Touch of Silicon Valley to Titletown District," *Green Bay Press Gazette*, October 20, 2017, https://www.greenbaypressgazette.com/story/news/2017/10/19/packers-microsoft-bring-touch-silicon-valley-titletown-district/763041001/; Opinion, "TitletownTech: Packers, Microsoft Partnership a 'Game Changer' for Greater Green Bay," *Green Bay Press Gazette*, October 21, 2017, https://www.greenbaypressgazette.com/story/opinion/editorials/2017/10/21/titletowntech-packers-microsoft-partnership-game-changer-greater-green-bay/786094001/.

**9)** Lauren Silverman, "Scanning the Future, Radiologists See Their Jobs at Risk," NPR, September 4, 2017, https://www.npr.org/sections/alltechconsidered/2017/09/04/547882005/scanning-the-future-radiologists-see-their-jobs-at-risk; "The First Annual Doximity Physician Compensation Report," *Doximity*(blog), April 2017, https://blog.doximity.com/articles/the-first-annual-doximity-physician-compensation-report.

**10)** Silverman, "Scanning the Future."

**11)** Asma Khalid, "From Post-it Notes to Algorithms: How Automation Is Changing Legal Work," NPR, November 7, 2017, https://www.npr.org/sections/alltechconsidered/2017/11/07/561631927/from-post-it-notes-to-algorithms-how-automation-is-changing-legal-work.

**12)** Radicati Group, "Email Statistics Report, 2015- 2019," Executive Summary, March 2015, https://radicati.com/wp/wp-content/uploads/2015/02/Email-Statistics-Report-2015-2019-Executive-Summary.pdf.

**13)** Radicati Group, "Email Statistics Report, 2018– 2022," March 2018, https://www.radicati.com/wp/wp-content/uploads/2017/12/Email-Statistics-Report-2018-2022-Executive-Summary.pdf.

**14)** Kenneth Burke, "How Many Texts Do People Send Every Day (2018)?" *How Many Texts People Send Per Day*(blog), Text Request, last modified November 2018, https://www.textrequest.com/blog/how-many-texts-people-send-per-day/.

**15)** Bill Gates, "Bill Gates New Rules," *Time*, April 19, 1999, http://content.time.com/time/world/article/0,8599,2053895,00.html.

**16)** Smith and Browne, "The Woman Who Showed the World How to Drive."

**17)** McKinsey Global Institute, Jobs Lost, *Jobs Gained: Workforce Transitions in a Time of Automation* (New York: McKinsey & Company, 2017), https://www.mckinsey.com/~/media/McKinsey/Featured%20Insights/Future%20of%20Organizations/What%20the%20future%20of%20work%20will%20mean%20for%20jobs%20skills%20and%20wages/MGI-Jobs-Lost-Jobs-Gained-Report-December-6-2017.ashx.

18) 위의 자료, 43.

19) Anne Norton Greene, *Horses at Work: Harnessing Power in Industrial America* (Cambridge, MA: Harvard University Press, 2008), 273.

20) "Pettet, Zellmer R. 1880– 1962," WorldCat Identities, Online Computer Library Center, accessed November 16, 2018, http://worldcat.org/identities/lccn-no00042135/.

21) "Zellmer R. Pettet," *Arizona Republic*, August 22, 1962, Newspapers.com, https://www.newspapers.com/clip/10532517/pettet_zellmer_r_22_aug_1962/.

22) Robert J. Gordon, *The Rise and Fall of American Growth: The U.S. Standard of Living Since the Civil War* (Princeton, NJ: Princeton University Press, 2016), 60.

23) 위의 자료.

24) "Calorie Requirements for Horses," Dayville Hay & Grain, http://www.dayvillesupply.com/hay-and-horse-feed/calorie-needs.html.

25) Z.R. Pettet, "The Farm Horse," in U.S. Bureau of the Census, *Fifteenth Census, Census of Agriculture* (Washington, DC: Government Printing Office, 1933), 8.

26) 위의 자료, 71 – 77.

27) 위의 자료, 79.

28) 위의 자료, 80.

29) Linda Levine, *The Labor Market During the Great Depression and the Current Recession* (Washington, DC: Congressional Research Service, 2009), 6.

30) Ann Norton Greene, *Horses at Work: Harnessing Power in Industrial America*

(Cambridge, MA: Harvard University Press, 2008).

**31)** Lendol Calder, *Financing the American Dream: A Cultural History of Consumer Credit* (Princeton, NJ: Princeton University Press, 1999), 184.

**32)** John Steele Gordon, *An Empire of Wealth: The Epic History of American Economic Power* (NewYork: HarperCollins, 2004), 299–300.

## 14 미국과 중국

**1)** Seattle Times Staff, "Live Updates from Xi Visit," *Seattle Times*, September 22, 2015, https://www.seattletimes.com/business/chinas-president-xi-arriving-this-morning/.

**2)** "Xi Jinping and the Chinese Dream," *The Economist*, May 4, 2013, https://www.economist.com/leaders/2013/05/04/xi-jinping-and-the-chinese-dream.

**3)** Reuters in Seattle, "China's President Xi Jinping Begins First US Visit in Seattle," *Guardian*, September 22, 2015, https://www.theguardian.com/world/2015/sep/22/china-president-xi-jinping-first-us-visit-seattle.

**4)** Julie Hirschfeld Davis, "Hacking of Government Computers Exposed 21.5 Million People," *New York Times*, July 9, 2019, https://www.nytimes.com/2015/07/10/us/office-of-personnel-management-hackers-got-data-of-millions.html.

**5)** Jane Perlez, "Xi Jinping's U.S. Visit," *New York Times*, September 22, 2015, https://www.nytimes.com/interactive/projects/cp/reporters-notebook/xi-jinping-visit/seattle-speech-china.

**6)** Evelyn Cheng, "Apple, Intel and These Other US Tech Companies Have the Most at Stake in China-US Trade Fight," *CNBC*, May 14, 2018, https://www.cnbc.com/2018/05/14/as-much-as-150-billion-annually-at-stake-us-tech-in-china-us-fight.

html.

**7)** "Microsoft Research Lab—Asia," Microsoft, accessed January 25, 2019, https://www.microsoft.com/en-us/research/lab/microsoft-research-asia/.

**8)** Geoff Spencer, "Much More Than a Chatbot: China's XiaoIce Mixes AI with Emotions and Wins Over Millions of Fans," *Asia News Center*(blog), November 1, 2018, https://news.microsoft.com/apac/features/much-more-than-a-chatbot-chinas-xiaoice-mixes-ai-with-emotions-and-wins-over-millions-of-fans/.

**9)** "Microsoft XiaoIce, China's Newest Fashion Designer, Unveils Her First Collection for 2019," *Asia News Center*(blog), Microsoft, November 12, 2018, https://news.microsoft.com/apac/2018/11/12/microsofts-xiaoice-chinas-newest-fashion-designer-unveils-her-first-collection-for-2019/.

**10)** James Vincent, "Twitter Taught Microsoft's AI Chatbot to Be a Racist Asshole in Less Than a Day," *The Verge*, March 24, 2016, https://www.theverge.com/2016/3/24/11297050/tay-microsoft-chatbot-racist.

**11)** Richard E. Nisbett, *The Geography of Thought: How Asians and Westerners Think Differently...and Why* (New York: Free Press, 2003).

**12)** Henry Kissinger, *On China* (New York: Penguin Press, 2011), 13.

**13)** 위의 자료, 14-15.

**14)** Nisbett, *The Geography of Thought*, 2-3.

**15)** 위의 자료.

**16)** 마이크로소프트는 핵심적인 정부 단체들과 회원 가입이나 파트너십, 대화 진행을 통해 인권 문제에 관한 외부 시각을 확보하기 위해 노력해왔다. IT 업계 전반에 걸쳐 폭

넓은 시각과 인권에 대한 책임을 홍보하는 데 중요한 역할을 한 그룹으로는 GNIGlobal Network Initiative가 있다. GNI에는 여러 인권 단체와 IT 기업들이 회원으로 있는데, 이들은 공동의 원칙을 지키기로 하고 그 원칙들을 잘 고수하고 있는지 주기적 감사를 받는다. Global Network Initiative, "The GNI Principles," https://globalnetworkinitiative.org/gni-principles/. 유네스코의 가이 버거Guy Berger가 말했듯이 GNI는 "기업과 시민사회를 대화로 끌어들임으로써" 여러 이해관계자들과 접촉한다는 점이 독보적이다. Guy Berger, "Over-Estimating Technological Solutions and Underestimating the Political Moment?" *The GNI Blog*(Medium), December 5, 2018, https://medium.com/global-network-initiative-collection/over-estimating-technological-solutions-and-underestimating-the-political-moment-467912fa2d20. 버거가 지적한 것처럼 GNI는 또한 "전 세계 정부에 대해 이들 두 유권자 그룹의 공통 기반을 대표한다는 측면에서도 외부적으로" 중요한 역할을 담당하고 있다. 위의 자료.

인권단체와 비즈니스 커뮤니티가 한자리에 모일 수 있는 또 다른 계기를 제공한 곳은 뉴욕대학교 경영대학교 비즈니스 및 인권 센터다. 전 세계적으로 존경 받는 인권 변호사 마이클 포스너Michael Posner가 이끄는 이 센터는 비즈니스와 인권이 교차하는 영역에 주목한다. 그리고 기업들이 핵심 사업 과정에서 이들 문제에 더 잘 대처할 수 있는 실용적 방법들을 연구하고 있다. NYU Stern, "The NYU Stern Center for Business and Human Rights," https://www.stern.nyu.edu/experience-stern/about/departments-centers-initiatives/centers-of-research/business-and-human-rights.

**17)** He Huaihong, *Social Ethics in a Changing China: Moral Decay or Ethical Awakening?* (Washington, DC: Brookings Institution Press, 2015).

**18)** David E. Sanger, Julian E. Barnes, Raymond Zhong, and Marc Santora, "In 5G Race With China, U.S. Pushes Allies to Fight Huawei," *New York Times*, January 26, 2019, https://www.nytimes.com/2019/01/26/us/politics/huawei-china-us-5g-technology.html.

**19)** Sean Gallagher, "Photos of an NSA 'upgrade' factory shows Cisco router getting implant," ARS Technica, May 14, 2014, https://arstechnica.com/tech-policy/2014/05/photos-of-an-nsa-upgrade-factory-show-cisco-router-getting-implant/.

**20)** Reid Hoffman and Chris Yeh, *Blitzscaling: The Lightning- Fast Path to Building*

*Massively Valuable Businesses* (New York: Currency, 2018).

## 15 데이터의 미래

**1)** Kai-Fu Lee, *AI Superpowers: China, Silicon Valley, and the New World Order* (Boston: Houghton Mifflin Harcourt, 2018), 21.

**2)** 위의 자료, 169.

**3)** 위의 자료, 168 –69.

**4)** "Automotive Electronics Cost as a Percentage of Total Car Cost Worldwide From 1950 to 2030," Statista, September 2013, https://www.statista.com/statistics/277931/automotive-electronics-cost-as-a-share-of-total-car-cost-worldwide/.

**5)** "Who Was Fred Hutchinson?," Fred Hutch, accessed January 25, 2019, https://www.fredhutch.org/en/about/history/fred.html.

**6)** "Mission & Facts," Fred Hutch, accessed January 25, 2019, https://www.fredhutch.org/en/about/mission.html.

**7)** Gary Gilliland, "Why We Are Counting on Data Science and Tech to Defeat Cancer," January 9, 2019, LinkedIn, https://www.linkedin.com/pulse/why-we-counting-data-science-tech-defeat-cancer-gilliland-md-phd/.

**8)** 위의 자료.

**9)** Gordon I. Atwater, Joseph P. Riva, and Priscilla G. McLeroy, "Petroleum: World Distribution of Oil," *Encyclopedia Britannica*, October 15, 2018, https://www.britannica.com/science/petroleum/World-distribution-of-oil.

**10)** "China Population 2019," World Population Review, accessed February 28, 2019, http://worldpopulationreview.com/countries/china-population/.

**11)** "2019 World Population by Country (Live)," World Population Review, accessed February 27, 2019, http://worldpopulationreview.com/.

**12)** International Monetary Fund, "Projected GDP Ranking (2018– 2023)," Statistics Times, accessed February 27, 2019, http://www.statisticstimes.com/economy/projected-world-gdp-ranking.php.

**13)** 매슈 트러널, 비공개 메모.

**14)** Zev Brodsky, "Git Much? The Top 10 Companies Contributing to Open Source," WhiteSource, February 20, 2018, https://resources.whitesourcesoftware.com/blog-whitesource/git-much-the-top-10-companies-contributing-to-open-source.

**15)** United States Office of Management and Budget, "President's Management Agenda," White House, March 2018, https://www.whitehouse.gov/wp-content/uploads/2018/03/Presidents-Management-Agenda.pdf.

**16)** World Wide Web Foundation, *Open Data Barometer*, September 2018, https://opendatabarometer.org/doc/leadersEdition/ODB-leadersEdition-Report.pdf.

**17)** 트러널, 비공개 메모.

**18)** "Introduction to the CaDC," California Data Collaborative, accessed January 25, 2019, http://californiadatacollaborative.org/about.

## 16 결론

**1)** 루이빌에 있는 켄터키 맹인학교에 다니던 10대 시절 앤 테일러는 컴퓨터 과학을 배우

기로 결심했다. 그녀가 반나절을 보내야 했던 지역 공립 고등학교는 맹인인 학생이 컴퓨터를 배우는 것이 처음이었다. 앤은 컴퓨터 과학에서 열정을 발견했고 결국 웨스턴켄터키대학까지 진학하게 됐다. 그곳에서 그녀는 컴퓨터 과학 학위를 받고 졸업했다. 이후 앤은 전국맹인연합에서 일했고 기술업계 전반에 걸쳐 접근성 확대를 주장하는 팀을 이끌게 됐다. 2015년 마이크로소프트의 최고접근성책임자chief accessibility officer 제니 레이 플러리Jenny Lay-Flurrie는 앤에게 전화를 걸어 거절할 수 없는 제안을 했다. "마이크로소프트로 와서 일해봐요. 우리 엔지니어들과 직접 함께 일하면서 제품이 출시되기 전에 설계 단계에서 당신이 어떤 영향을 끼칠 수 있는지 한번 보자고요."

2) 프린스턴대학교의 게니자 연구실은 카이로 벤 에즈라 유대교회당에서 나온 방대한 문서를 보유하고 있다. 신성한 히브루 문자로 적힌 사적인 편지, 쇼핑 리스트, 법적 문서 같은 것들이 저장고에 보관되어 있었다. 기록된 유대교 필사본으로서는 가장 큰 규모다. 19세기 말 이래 전 세계 학자들이 이 유물을 연구해왔으나 작업은 끝나지 않았다. 러스토 팀은 AI 알고리즘과 컴퓨터 시각 장치를 결합해 수천 개의 디지털 파편들을 일일이 걸러냈다. 그렇게 찢어진 조각과 단어들, 잉크의 자름을 비교해서 수천 킬로미터 떨어진 곳에 보관되어 있던 동일 문서의 조각들을 서로 맞출 수 있었다. 이렇게 문서들을 '제 집'으로 보냄으로써 러스토는 10세기 이슬람 중동에서 유대인들과 이슬람교도들이 어떻게 공존할 수 있었는지 불완전했던 그림을 완성할 수 있었다. AI는 러스토 팀의 근동 연구 전문가들이 이전에는 극복할 수 없는 과제로 보였던 일을 겨우 몇 분 만에 끝내게 도와주었다. Robert Siegel, "Out of Cairo Trove, 'Genius Grant' Winner Mines Details of Ancient Life," NPR's *All Things Considered*, September 29, 2015, https://www.npr.org/2015/09/29/444527433/out-of-cairo-trove-genius-grant-winner-mines-details-of-ancient-life.

3) University of Southern California Center for Artificial Intelligence in Society, PAWS: Protection Assistant for Wildlife Security, accessed April 9, 2019, https://www.cais.usc.edu/ projects/wildlife-security/.

4) Satya Nadella, "The Necessity of Tech Intensity in Today's Digital World," LinkedIn, January 18, 2019, https://www.linkedin.com/pulse/necessity-tech-intensity-todays-digital-world-satya-nadella/.

5) Einstein, "The 1932 Disarmament Conference."

**6)** Hoffman and Yeh, *Blitzscaling*.

**7)** 또한 회사 이사회의 적절한 리더십도 필요하다. 이 부분에서도 많은 기술 기업들이 더 폭넓은 접근법을 취할 수 있는 여지가 있다. 한편으로 이사회는 강력하고 성공한 설립자에 게 너무 많은 것을 미뤄버릴 위험도 있다. 또 어려운 질문을 하기에는 회사 내부에서 어떤 일이 일어나고 있는지 이사회가 충분히 알지 못할 수도 있고, 질문이 명백함에도 불구하고 그런 질문을 할 용기가 없을 수도 있다. 다른 한편으로 이사회가 특정한 문제에 너무 깊이 뛰어든다면 회사를 통제하는 이사회의 역할과 회사를 이끌고 경영하는 CEO의 책임을 구 분하지 못하는 혼란을 초래할 수도 있다.

마이크로소프트에서는 감사위원회 의장 척 노스키Chuck Noski는 오랫동안 단순히 재무적 인 통제를 넘어서 내부 감사팀의 작업과 긴밀히 연계하여 명확한 목표가 있으면서도 엄격 한 과정을 진행하는 데 초점을 맞춰왔다. 2002년 콜린 콜라코틀리Colleen Kollar-Kotelly 판사 는 우리의 독점금지법 위반 소송 합의를 승인하면서 회사 이사회에 반독점 준수 위원회를 만들라는 조건을 달았는데 아이러니컬하게도 이게 우리에게는 좋은 일이 됐다. 그 의무가 사라진 지 10년이 지났지만 이사회는 전직 BMW CEO 헬무트 판케Helmut Panke가 이끄 는 규제 및 공공정책 위원회를 통해 마이크로소프트의 진화하는 여러 이슈에 계속 발맞춰 나가고 있다. 사이버보안과 같은 이슈에서 이사회 감사위원회와 긴밀히 협업하는 것 외에 도 규제 및 공공정책 위원회는 1년에 한 번 외부에서 하루 모임을 갖고 우리 경영팀과 함 께 지난해의 사회, 정치적 트렌드를 점검하고 그에 대해 우리가 얼마나 적극적으로 대응했 는지 함께 평가한다. 정례화된 이런 모임을 통해 우리는 다 같이 한 걸음 물러서서 나무가 아닌 숲을 바라보며 다가올 한 해를 준비한다.

이 모든 일은 이사회 이사들이 회사의 사업이나 조직, 사람과 이슈에 대해 진정한 통찰이 있어야 가능하다. 마이크로소프트의 이사들은 소규모의 다양한 경영진과 자주 만나고 있 고, 여러 회의에도 참석하며, 경영팀을 위한 연례 전략 워크숍에도 참석한다. 내가 이사회 구성원으로 있는 넷플릭스에서는 CEO 리드 헤이스팅스Reed Hastings가 이사들이 크고 작 은 다양한 직원회의에 배석할 수 있게 자리를 마련하고 있다.

**8)** Margaret O'Mara, *The Code: Silicon Valley and the Remaking of America* (New York: Penguin Press, 2019), 6.

**9)** 오마라가 말했듯이 기술 부문의 "기업가들은 외톨이 카우보이가 아니라 다른 많은 사람 들과 네트워크, 제도 덕분에 성공할 수 있었던 큰 재능을 가진 사람들이다. 그런 제도 중에

는 양당의 정치 지도자들이 강력히 비난했고 많은 기술 부문 리더들이 대놓고 적대적이거나 적어도 의구심어린 눈초리로 보았던 대형 정부 프로그램들도 있다. 원자폭탄에서 달 착륙 프로젝트, 인터넷의 중추에 이르기까지 공공 자금이 과학적 발견 및 기술적 발견이 폭발적으로 증가하는 동력을 제공했고, 스타트업 세대가 등장할 수 있는 토대를 마련했다." 위의 자료, 5.

오랫동안 수많은 공공 관료나 지적재산권 분야의 변호사들이 비슷한 현상을 지적해왔다. 기술 기업들은 규제에 저항하지만 실제로 기술 기업이 막대한 시장 가치를 누릴 수 있었던 것은 투자자나 개발자가 자신이 만든 지적재산권을 소유할 수 있게 해준 저작권이나 특허권, 상표법 등이 있었기 때문이다.

**10)** 오히려 반대로 737맥스 기종 승인 과정에서 규제 인증을 위해 연방항공청이 보잉에 인력을 파견하자 관료나 대중은 불안한 반응을 보였다. 그래서 비행기의 안전 문제에 대해 연방항공청은 추가적인 외부 검토를 바탕으로 평가해야 한다는 쪽으로 금세 반응이 모아졌다. Steve Miletich and Heidi Groover, "Reacting to Crash Finding, Congressional Leaders Support Outside Review of Boeing 737 MAX Fixes," *Seattle Times*, April 4, 2019, https://www.seattletimes.com/business/boeing-aerospace/reacting-to-crash-finding-congressional-leaders-support-outside-review-of-boeing-737-max-fixes/.

**11)** Ballard C. Campbell, *The Growth of American Government: Governance from the Cleveland Era to the Present* (Bloomington: Indiana University Press, 2015), 29.

**12)** Ari Hoogenboom and Olive Hoogenboom, *A History of the ICC: From Panacea to Palliative* (New York: W. W. Norton, 1976); Richard White, *Railroaded: The Transcontinentals and the Making of Modern America* (New York: W. W. Norton, 2011); Gabriel Kolko, *Railroads and Regulation: 1877-1916* (Princeton, NJ: Princeton University Press, 1965), 12.

**13)** 위의 자료.

**14)** "Democracy Index 2018: Me Too? Political Participation, Protest and Democracy," *The Economist* Intelligence Unit, https:// www.eiu.com/ public/ topical_ report.aspx? campaignid= Democracy2018.

**옮긴이 이지연**

서울대학교 철학과를 졸업한 후 삼성전자 기획팀, 마케팅팀에서 일했다. 현재 전문 번역가로 활동 중이다. 옮긴 책으로는 《인간 본성의 법칙》, 《위험한 과학책》, 《룬샷》, 《제로 투 원》, 《만들어진 진실》, 《아이디어 불패의 법칙》, 《아웃퍼포머》, 《기하급수 시대가 온다》, 《빅데이터가 만드는 세상》, 《파괴적 혁신》, 《리더는 마지막에 먹는다》, 《빈곤을 착취하다》, 《시작의 기술》, 《다크 사이드》, 《포제션》 외 다수가 있다.